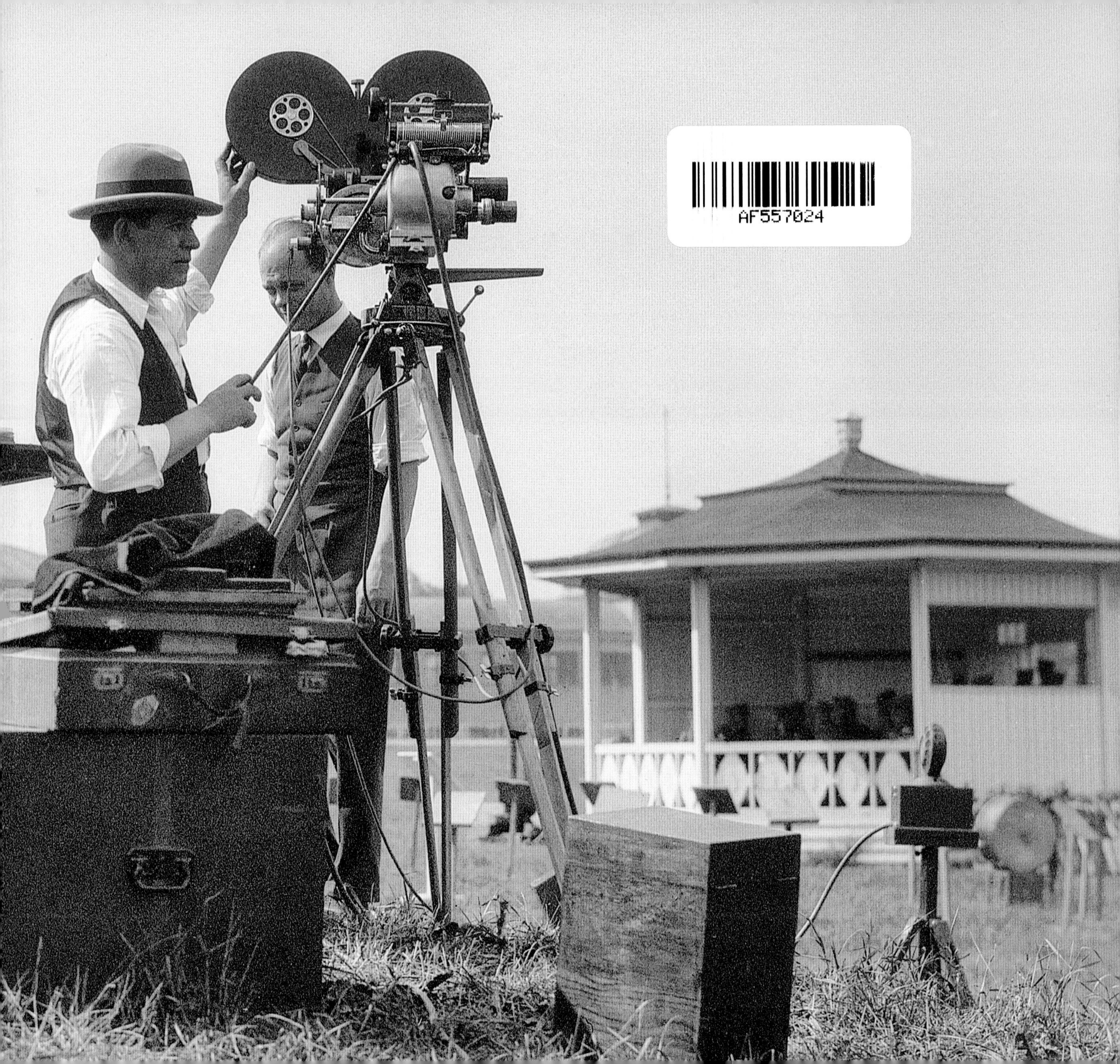

MATTHIAS MARSCHIK, MICHAELA PFUNDNER

Wiener Bilder

MATTHIAS MARSCHIK, MICHAELA PFUNDNER

Wiener Bilder

Fotografien von Lothar Rübelt

W-H EDITION WINKLER-HERMADEN

Das Umschlagbild dokumentiert das trotz Wirtschaftskrise pulsierende Großstadtleben in Wien um 1930. Ein Polizist regelt den Verkehr auf der Ringstraße (im Hintergrund das Café Prückel).

Vorsatz:
Das Foto zeigt ein Kamerateam der Fox News. Es baut an strategisch günstiger Stelle sein Equipment auf, um die Vereidigung der österreichischen Truppen 1928 am Trabrennplatz in der Krieau zu filmen. Im Hintergrund die markante Rotunde, die für die Weltausstellung 1873 errichtet wurde und 1937 einem Großbrand zum Opfer fiel.

Nachsatz:
Das Bild zeigt Wiens einst frequentiertesten Verkehrsknotenpunkt, die Opernkreuzung, im Jahr 1948. Im Hintergrund die im Wiederaufbau begriffene Staatsoper.

Gefördert von der Stadt Wien Kultur

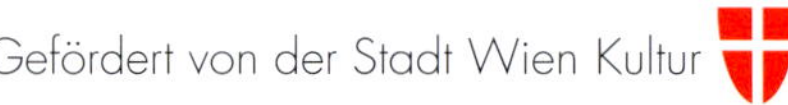

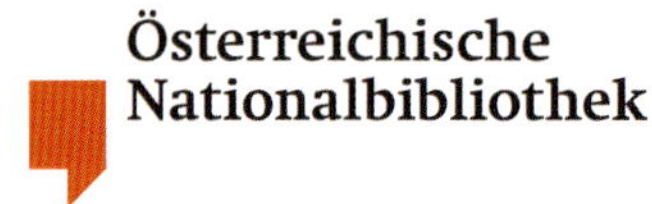

www.edition-wh.at
Printed in the EU
ISBN 978-3-9519804-0-9

Inhalt

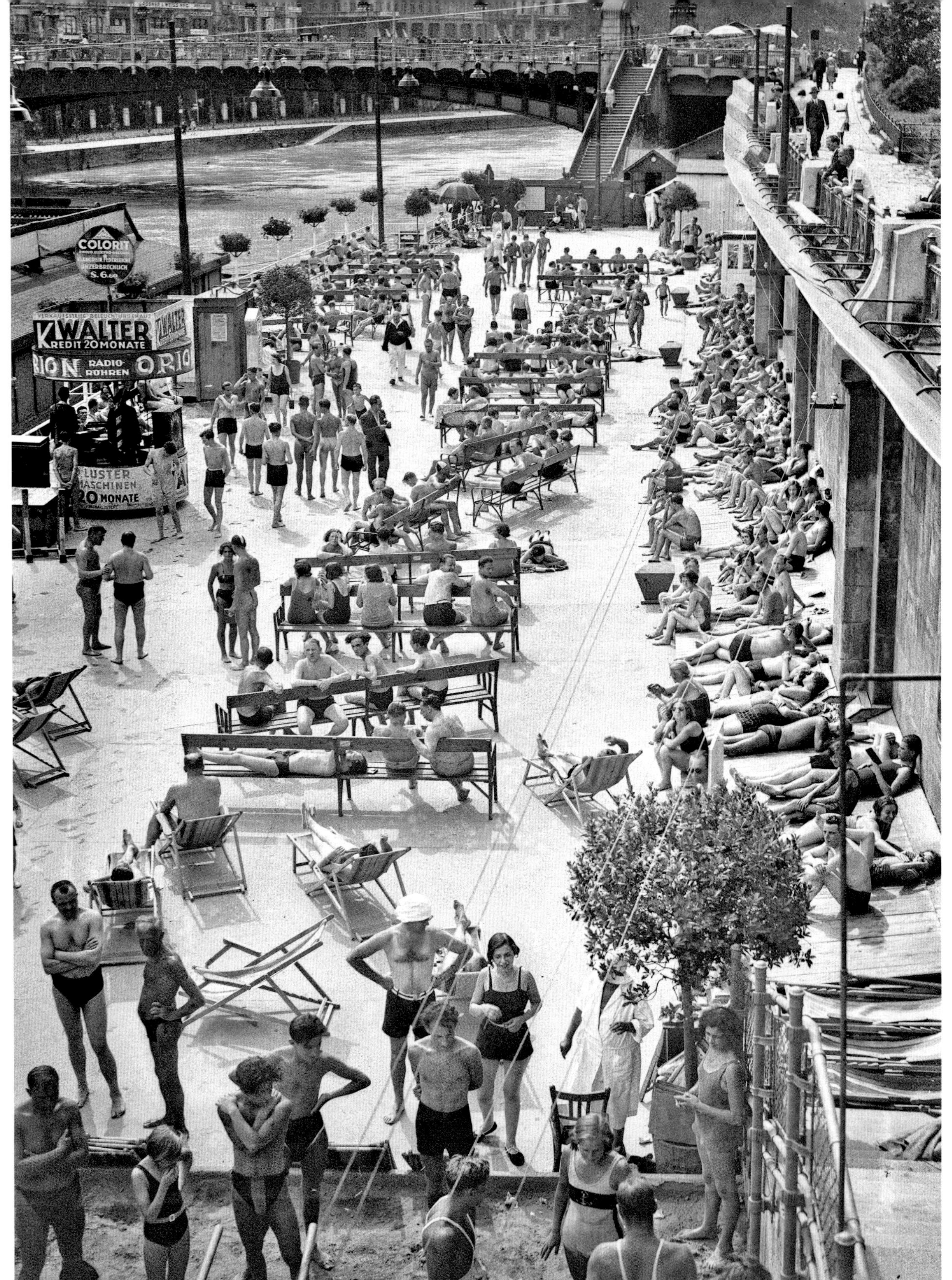

Nicht erst heute kann man am Donaukanal, wie etwa am Badeschiff, rasche Abkühlung finden. Auch in der Zwischenkriegszeit bot der Fluss zahlreiche Möglichkeiten für die Bevölkerung, ins kühle Nass zu springen. Das Strombad am Schwedenplatz gehörte zu den nobleren Schwimm-Etablissements.

Das Wien des Lothar Rübelt

Lothar Rübelt (1901–1990) gilt als einer der produktivsten und innovativsten Fotografen Wiens des 20. Jahrhunderts. Er war einer der „rasenden Reporter", die in der Zwischenkriegszeit und auch in der NS-Zeit den ständig wachsenden Markt der Bildillustrierten mit dem nötigen Fotomaterial versorgten. Rübelt war einer der Vorreiter der Beschleunigung des Medienbetriebes, der seine Waren immer rascher unter die Leute bringen wollte. Er trieb aber, gemeinsam mit seinem Bruder, auch die Veränderung der Bilddistribution voran, die zunehmend über Agenturen abgewickelt wurde. Und er wirkte daran mit, dass sich in dieser Zeit eine eigene Bildsprache entwickelte, die nicht mehr nur den Zeitungstext illustrierte, sondern neue Qualitäten erzeugte, wie sich das besonders im neu entstehenden Genre der Bildreportage manifestierte. In der aufgefächerten Bildgrammatik, vom Bannen des aktuellen Augenblicks bis zum Erzählen einer durch Fotos vermittelten Zeitdiagnose blieb Rübelt jedoch lange Zeit der Rasanz des Momentes näher.

Sport, Gesellschaft und Politik, aber auch Mode, Theater und Film gehörten zu seinen bevorzugten Sujets, mit denen er die unterschiedlichsten Zeitschriften, vom nationalsozialistischen „Notschrei" (später: „Das Zeitbild") bis zum sozialdemokratischen „Kuckuck", und vor allem das „Interessante Blatt" und die „Berliner Illustrirte", belieferte. Das Interesse der Redaktionen an packenden, lebendigen und aussagekräftigen Bildern war enorm, und Rübelt war ein begnadeter Öffentlichkeitsarbeiter für seine eigenen Fotografien.

Neben seiner Passion, der Sportfotografie, die er vor allem mit der Leica revolutionierte, blieb ausreichend Zeit für Ausflüge in andere Genres und Nischen der Fotografie. Diese waren ihm einerseits Broterwerb, doch auch Neugier und Interesse an der Innovation dienten als Triebfeder. Damit stellte er seine fotografische Vielseitigkeit unter Beweis, bewies aber ebenso generelle Aufgeschlossenheit allen Aspekten seines Berufsstandes gegenüber.

Rübelt sah sich nicht als Fotograf im eigentlichen Sinn, der das Bild des aufzunehmenden Objekts in allen Belangen gestaltet, sondern als „Bildberichter", der nach seiner Wahl aus dem Ablauf des Geschehens einen Augenblick herausgreift, der mit dokumentarischer Treue als Bericht für den ganzen Vorgang stehen kann. Nach 1945 blieb er fotografisch präsent, obwohl es zunehmend ruhiger um ihn wurde, so wie auch seine Motive und seine Arbeitsweise leiser wurden.

In diesem Band soll – im engsten Wortsinn – Lothar Rübelts Bild seiner Heimatstadt Wien nachgezeichnet

werden, die er 40 Jahre lang immer wieder fotografisch festhielt. Auch wenn Rübelt als Sportfotograf viel unterwegs war, blieben die Geschehnisse in Wien doch im Zentrum seiner Arbeit. Von seiner Wohnung in der Wollzeile aus hatte er die Stadt stets aus nächster Nähe vor seiner Linse. Wir erleben Rübelt als subtilen und vielschichtigen Bildchronisten seiner Heimatstadt, dessen Fotografien eine unverwechselbare Handschrift tragen und die immer eines zweiten oder genaueren Blickes wert sind.
Aus diesen Aufnahmen entsteht weit mehr als ein subjektives Stadtporträt. Denn die Auswahl seiner Motive reflektiert nicht nur persönliche Präferenzen, sondern ebenso die Bedürfnisse der Auftraggeber und nicht zuletzt eine gesellschaftliche Perspektive, welche Szenen, Geschehnisse und Blickwinkel es wert waren, fotografisch festgehalten und rezipiert zu werden. Es ist weniger ein Bild der politischen Auseinandersetzungen um die Stadt als vielmehr ein Versuch, die Entwicklung Wiens in seinen Kämpfen zwischen Moderne und Beharrung, zwischen Beschleunigung und Tradition nachzuzeichnen. Letztlich entsteht aber doch ein persönliches Ab-Bild Wiens, so wie Lothar Rübelt seinen Beruf auffasste: „Die Arbeit des Bildberichterstatters ist hart und mühselig, ja oft gefährlich und erfordert einen ganzen Mann, der sich auf seine Nerven und seinen Körper wie auf seine Kamera verlassen kann. Jagende Hast ist sein Lebenselement, stets muss er startbereit sein – wenige sind diesen Anforderungen gewachsen. Und doch ist die Aufgabe reizvoll, lockend und schön. Mit seinen Augen sehen Tausende die Ereignisse dieser Welt!"

Lothar Rübelt: eine biografische Skizze

Ein junger, durch die allgemeine Verpflegungslage abgemagerter Mittelschüler von 17 Jahren tritt, animiert von seinem Bruder, knapp vor Ende des Ersten Weltkrieges in die Leichtathletik-Sektion des Wiener Athletiksport-Clubs (WAC) ein. Der Allroundsportler und angehimmelte Star des WAC, Uli Lederer, immer wieder um Publicity bemüht, spricht den jungen Vereinskollegen bei einem Sportmeeting an, drückt ihm seine gespannte Kamera in die Hand und bittet darum, ihn beim Hochsprung aufzunehmen. „Du kannst die Bilder zu den Sportblättern bringen, die drucken so etwas und zahlen sogar dafür."

Die Aufnahmen gelangen auf Anhieb, die Bilder erschienen in drei Blättern gleichzeitig und wurden bezahlt, sodass neue Fotoplatten angekauft werden konnten – eine Kettenreaktion war in Gang gekommen.

Der technisch begeisterte, sportliche junge Mann hieß Lothar Rübelt, geboren 1901 in Wien als uneheliches Kind der Elsässerin Maria Rübelt und des Wieners Heinrich Ritter von Maurer. Die Liebe zur Fotografie lag wohl in der Familie. Schon die Mutter fotografierte sehr viel; mit ihrem Apparat unternahm er seine ersten Versuche auf diesem Gebiet. Das größte Hindernis dabei war die zu lange Belichtungszeit, die sich als ungeeignet erwies für das, was den jungen Fotografen am meisten faszinierte: das Festhalten des entscheidenden, seiner Natur nach flüchtigen Moments.

Den zündenden Funken erlebte Lothar Rübelt nun durch jene Hochsprungfotos beim WAC. Die Kamera, die ihm dafür zur Verfügung gestellt wurde, bot einen wesentlich größeren fotografischen Spielraum und ermöglichte ihm die erste Bewährungsprobe in der Sportfotografie. Dass sich mit dem Ausleben einer Neigung gutes Geld machen ließ, war ein faszinierender Umstand und eröffnete neue Perspektiven in Rübelts Leben. Als er an der Technischen Hochschule zu studieren begann, betätigte er sich gemeinsam mit seinem Bruder Ekkehard nebenbei als Bildberichterstatter, um sich zusätzliches Taschengeld zu verdienen.

Durch die Gründung neuer illustrierter Blätter, die großen Bedarf an Bildern hatten, blühte und gedieh der fotografische „Betrieb" der Brüder Rübelt. Der rasche finanzielle Erfolg erlaubte die Arbeit mit den leistungsfähigsten Kameras, und diese wiederum waren die Voraussetzung für die von der Presse so begehrten Bilder.

So fotografierte Rübelt von Anfang an mit einer relativ leichten 9x12-Sportkamera, während die meisten seiner Kollegen noch mit umständlichen 13x18-Glasplattenkameras herumhantierten.
1924 erwarben die beiden Brüder Motorräder und verwirklichten sich nicht nur einen Jugendtraum, sondern tätigten auch eine reale Geschäftsinvestition. Von nun an kamen ihre Bilder schneller zu den Zeitungsredaktionen als jene der Konkurrenz – somit waren sie die ersten motorisierten Bildberichterstatter Österreichs, wobei sie diese Tätigkeit noch immer als Nebenberuf ansahen.
Rübelts Interesse galt eine Zeit lang auch den bewegten Bildern, und er wagte einen Ausflug ins Filmœuvre. Der durchaus erfolgreiche Dolomitenfilm „Mit dem Motorrad über die Wolken!" war ein vielversprechendes Debüt, doch noch während der Fertigstellung des Filmes 1926 kam es zu einer persönlichen Tragödie. Bei einem Motorradunfall fand Ekkehard Rübelt den Tod. Der Verlust des in privater wie geschäftlicher Hinsicht so wichtigen Bruders führte zu einer Weichenstellung in Rübelts Leben. Er schien seine Berufung gefunden zu haben und entschloss sich, die Bildberichterstattung als Hauptberuf auszuüben. Das Technikstudium abzubrechen, fiel nicht zuletzt aufgrund der schlechten wirtschaftlichen Aussichten junger Akademiker nicht schwer.
1929 erwarb er schließlich seine erste Leica. Die Leica-Kameras waren 1925 auf der Leipziger Frühjahrsmesse erstmals vorgestellt worden. Diese neue, noch mobilere und auch technisch unabhängigere Kameratechnik (da kein schwerer Glasplattenvorrat mitzunehmen war) nutzte Rübelt für seinen fortschrittlichen Reportagestil.
Rübelt wurde in Österreich zum bekannten und begehrten Sport-Bildberichterstatter, der sich aber nicht nur auf sein Spezialgebiet beschränkte, sondern auch zahlreiche Reportagen zu zeitgeschichtlichen Themen (zum Beispiel zum Justizpalastbrand 1927) oder Reisereportagen veröffentlichte. Seine Fotos der Gerichtsprozesse gegen die Giftmörderinnen von Szolnok (1929) oder gegen den Eisenbahnattentäter Matuschka (1932) gingen durch die Weltpresse. Gerade seine Bildreportagen, die ihn als vielseitigen Chronisten der Zeitgeschichte ausweisen, bedürfen der besonderen Erwähnung und zeigen seinen unverwechselbaren Stil.
1935 verwirklichte sich für ihn der Wunschtraum jedes Fotojournalisten – er begann für die große und renommierte „Berliner Illustrirte" (Auflage: 1,5 Millionen Exemplare) zu arbeiten. In Berlin fiel er durch die Qualität seiner Fotos auf, die auf seine langjährige Kleinbilderfahrung zurückzuführen war. Aufgrund seiner fotografischen Leistungen und seines daraus resultierenden Bekanntheitsgrades wurde Lothar Rübelt zu einem offiziellen Bildberichterstatter der Olympischen Sommerspiele in Berlin 1936 bestellt. Die dabei entstandenen Reportagen bedeuteten Rübelts internationalen Durchbruch. Ein Höhepunkt in seiner beruflichen Laufbahn und „ein Triumph der Leica", wie er es Jahrzehnte später beschrieb.

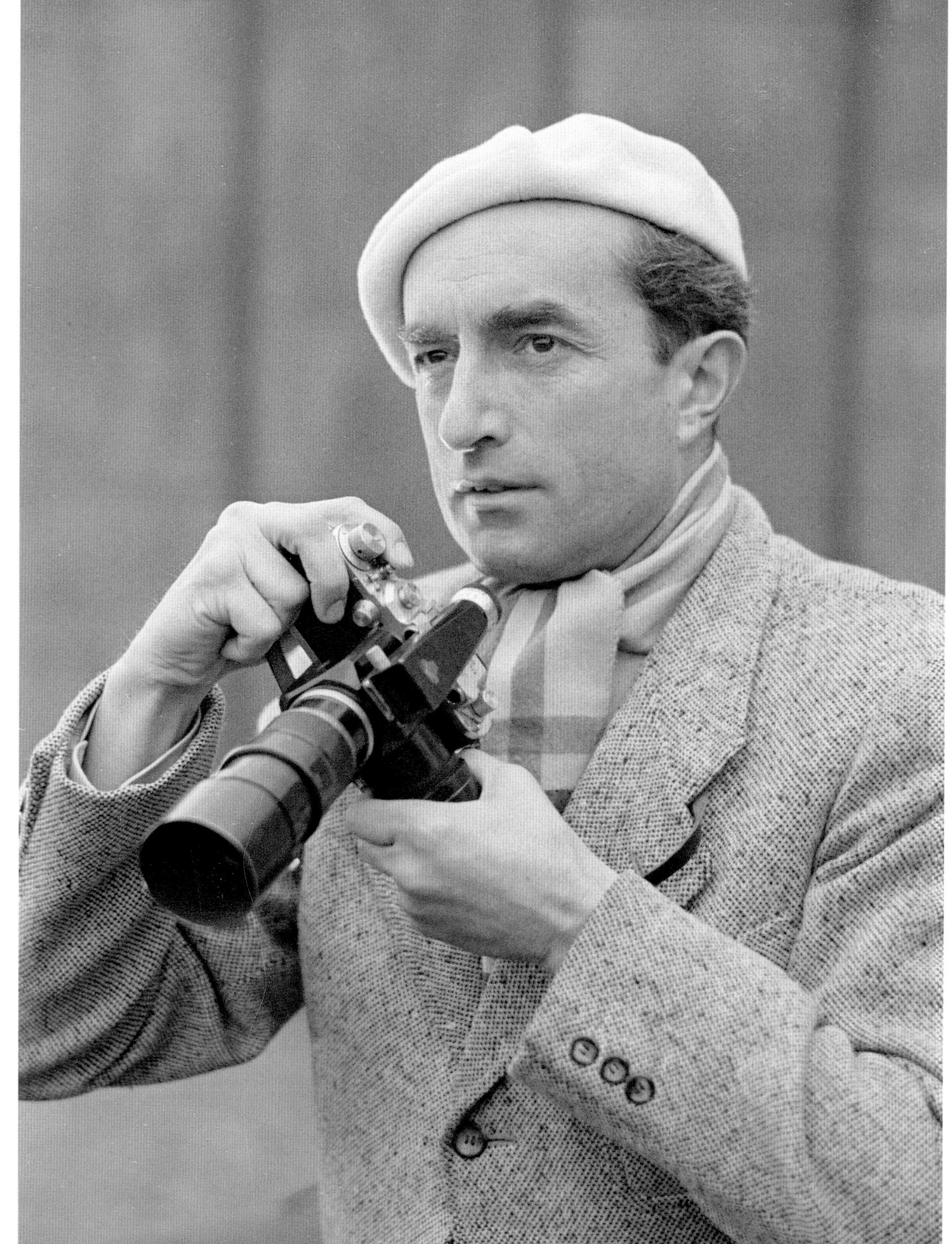

Lothar Rübelt im Jahr 1949 mit seiner obligaten Leica-Kleinbildkamera. In der typischen Pose des Fotografen hat er den Blick schon aufs nächste Sujet gerichtet. Zu dieser Zeit war er ein arrivierter Fotograf mit zahlreichen Aufträgen im Sport- und Politikbereich.

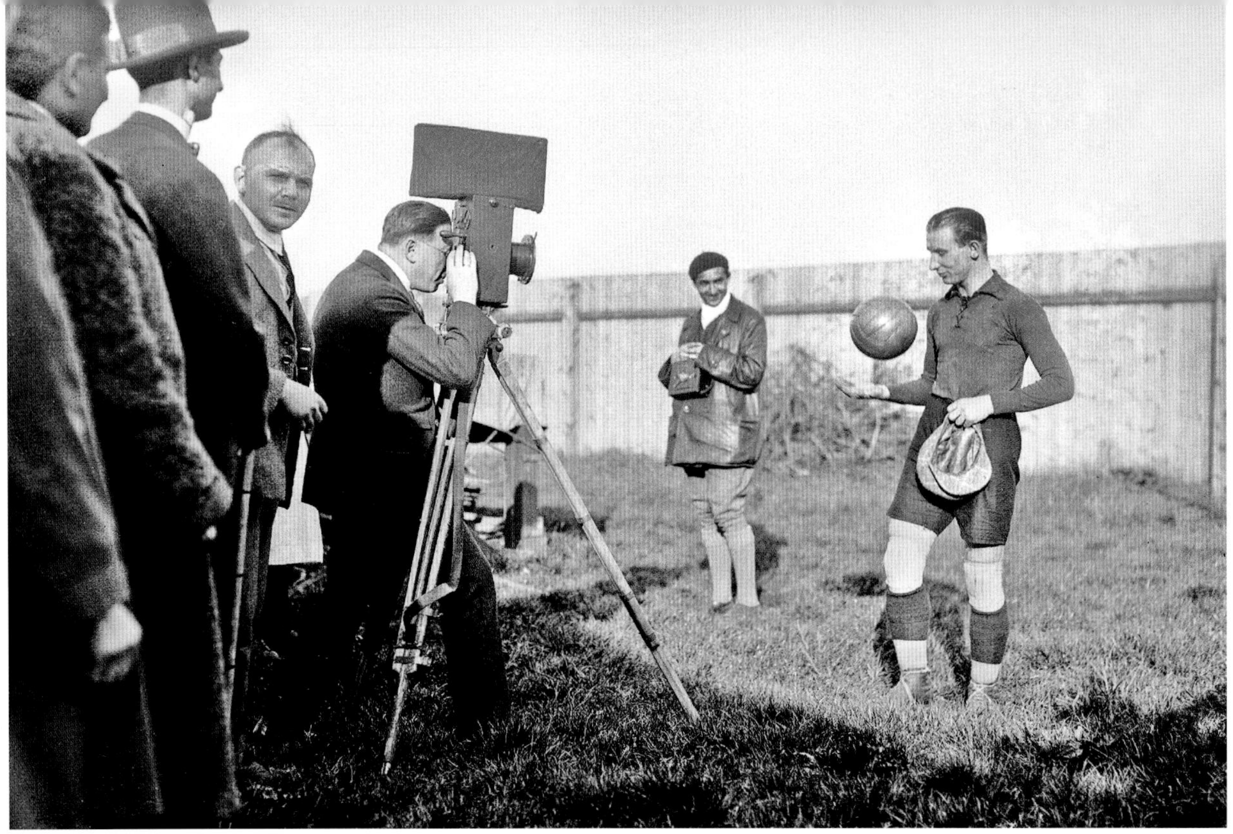

1925 beobachtete Lothar Rübelt amüsiert, mit einer kleinen Klappkamera ausgerüstet, wie der Simmering-Tormann Rudolf Aigner mit einer unhandlichen Stativ-Kamera fotografiert wird. Diese Art der Aufnahmen stand im diametralen Gegensatz zur rasanten Aufnahmetechnik Rübelts.

Im November 1936 ging Rübelt eine kurze Ehe ein, der ein Sohn entstammt. Das Familienleben lag ihm wenig, dazu war er zu sehr auf seine Arbeit fokussiert. Auch unter Kollegen galt er nicht unbedingt als „Kumpel", mit dem man zwanglos zusammensitzen und tratschen oder gar sich betrinken konnte. Vielmehr fühlten sie eine gewisse Distanz zu ihm, den korrekten Perfektionisten, dessen Kontakte zu seinen Mitmenschen in der Regel freundlich und höflich, aber unverbindlich waren.

Obwohl Lothar Rübelt über die Jahre der Sport-Bildberichterstattung treu blieb, nahmen in seiner späteren Laufbahn Reportagen zu anderen Themen, die sich durch eminenten zeitgeschichtlichen Wert und durch eigene Ästhetik und eigenen Stil auszeichnen, immer breiteren Raum ein.

Der Bedarf der nationalsozialistischen Propagandamaschinerie an routinierten Bildberichterstattern, die in der Lage waren, mit ihren Aufnahmen die Gefühle der Massen anzusprechen, kam den Fähigkeiten und Ambitionen Rübelts entgegen. Im September und Oktober 1938 war er als Bildberichter einer Propagandakompanie im Sudetenland eingesetzt und nahm als Kriegsberichterstatter am Polenfeldzug bis zum Jänner 1940 teil. 1940/1941 war er als Kriegsberichterstatter der Organisation Todt, einer paramilitärisch organisierten staatlichen Bauorganisation, in Russland tätig und anschließend in der Reserve einer Propagandakompanie.

Oben links: Der jugendliche Lothar Rübelt mit seinem ersten Fotoapparat, einer Balgenkamera. Dieses Gerät hatte er von seinem Vater geschenkt bekommen.

Rechts: Als Bildberichterstatter bei den Olympischen Spielen 1936 in Berlin, zu denen er nur dank seines deutschen Passes zugelassen wurde, gelang Lothar Rübelt der endgültige Durchbruch, der ihn in die erste Liga der Sportfotografen katapultierte.

Unten links: Ein Porträt aus den späten 1950er-Jahren. Wie immer posiert Rübelt mit seiner Leica-Kamera. In dieser Zeit wendete er sich zunehmend von der Bildberichterstattung ab und konzentrierte sich auf die statischere Werbe- und Industriefotografie.

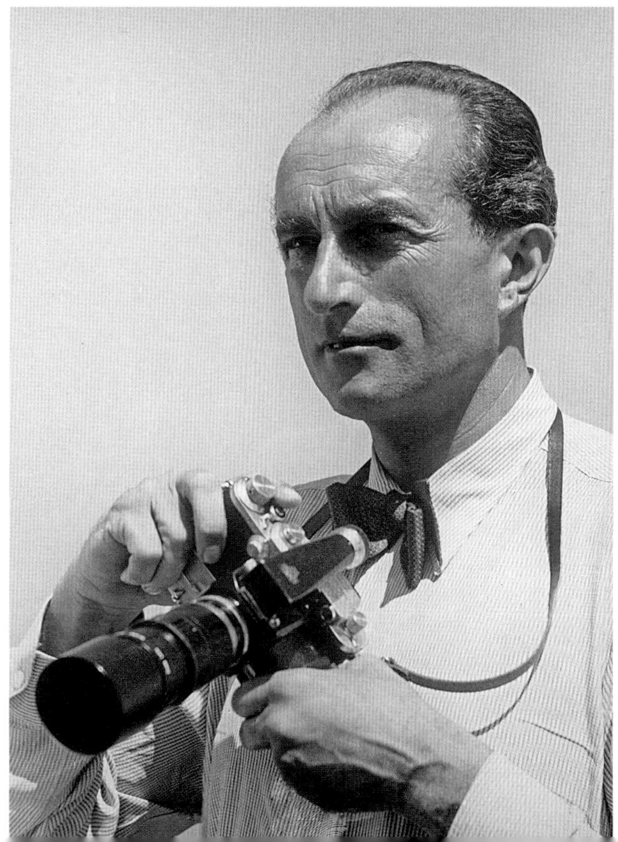

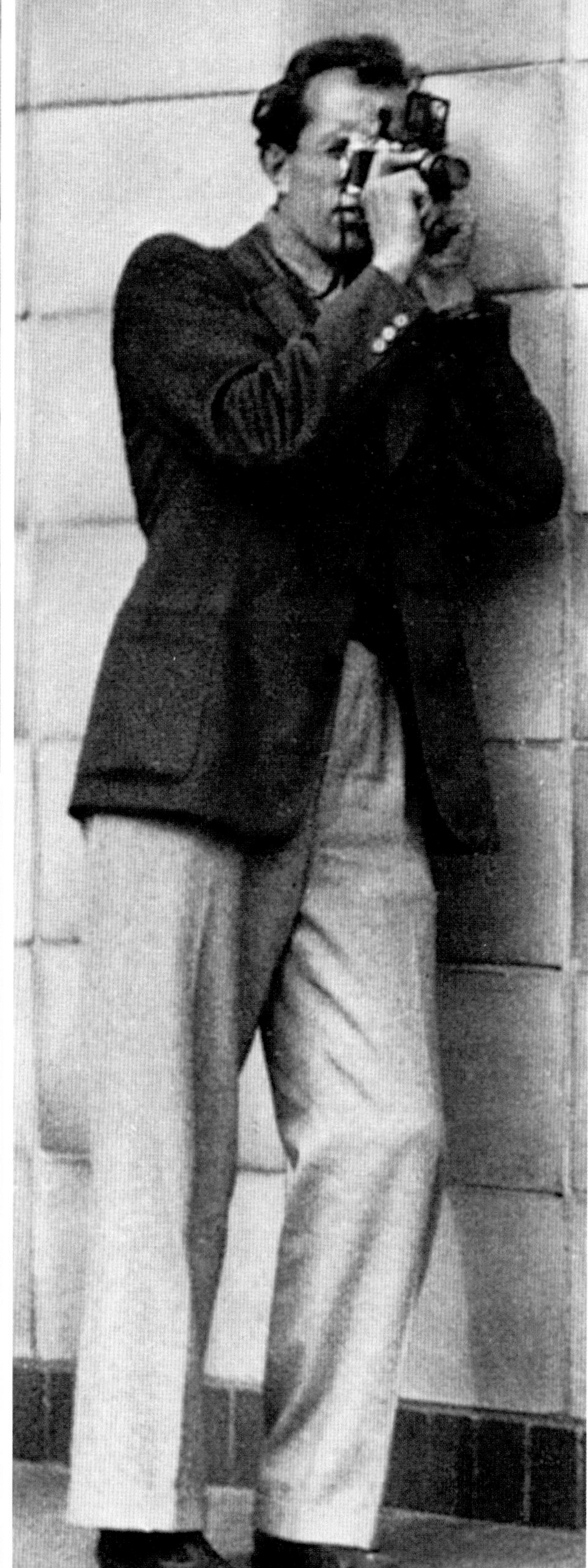

In dieser Zeit fotografierte er unter anderem für die illustrierte Zeitschrift „Koralle" und die NS-Auslandspropaganda-Illustrierte „Signal". Ab Oktober 1942 arbeitete er im Reservelazarett IX des Chirurgen Lorenz Böhler in Wien als Sanitäter, Filmer und Fotograf. Die „Koralle" widmete Böhler 1943 eine Reportage unter dem Titel „Ein Helfer der Heilung" mit Fotografien von Rübelt.

Dass Rübelt dem nationalsozialistischen Regime persönlich nahestand, auch wenn sein Ansuchen um Parteimitgliedschaft abgelehnt wurde, ist mehrfach bezeugt. So bewarb er sich, der bereits seit 1934 ein Gesellschafter des Wienzeile-Kinos war, um die Besitzanteile der jüdischen Mitgesellschafterin Charlotte Hager an diesem Betrieb. 1938 wurde seinem Antrag stattgegeben. Die Arisierungskommission sprach ihm Anteile im Umfang von 18,75 Prozent zu. 1947 kam es zu einer Rückstellungsklage der Erbinnen nach Charlotte Hager wegen der arisierten Anteile des Kinos, die am 18. März 1949 mit einem Vergleich endete.

Nach Kriegsende widmete sich Rübelt für zahlreiche Illustrierte wieder der fotografischen Tätigkeit. Zu seinen größeren Arbeiten gehörten unter anderem zwei Reportagen für die von der amerikanischen Militärregierung in München herausgegebenen Illustrierten „Heute". 1947 berichtete er ausführlich über die Salzburger Festspiele, 1948 über die Olympischen Sommer- und Winterspiele in London und St. Moritz. Daneben arbeitete er für die „Wiener Illustrierte", die „Quick", den „Stern" und die „Picture Post". Zu seinen Themen gehörten dabei auch politische Fotoreportagen. So begleitete er Bundeskanzler Raab 1958 auf seinen Staatsbesuchen in die USA, nach Rom und Moskau.

Mit der Farbfotografie konnte er sich nie wirklich anfreunden. Obwohl die Presse bunte Bilder bevorzugte, stellte er eindeutig die Ästhetik über die Verkaufbarkeit. Er war ein Schwarz-Weiß-Fotograf. Seine Sportreportagen wurden immer seltener, da die Sportfotografie durch die Aktualität des Fernsehens in eine andere Rolle gedrängt wurde, in der sich Rübelt nicht mehr wiederfinden konnte. Die Olympischen Winterspiele 1964 in Innsbruck waren die letzten, an denen er als akkreditierter Pressefotograf teilnahm.

1985 fand eine große Ausstellung mit den fotografischen Highlights aus dem Schaffen von Lothar Rübelt statt – die erste Ausstellung von Werken eines lebenden Fotografen in der Albertina. Der Schwerpunkt seiner Arbeit lag zwar im Bereich der Sportfotografie, jedoch machten der lange Zeitraum seines Schaffens und die prominente Stelle, die er unter den Pressefotografen einnahm, seine Fotos weit über den Bereich des Sports hinaus bedeutend. Lothar Rübelt, einer der bedeutendsten Bildchronisten österreichischer Geschichte des 20. Jahrhunderts, starb im Sommer 1990 in Velden.

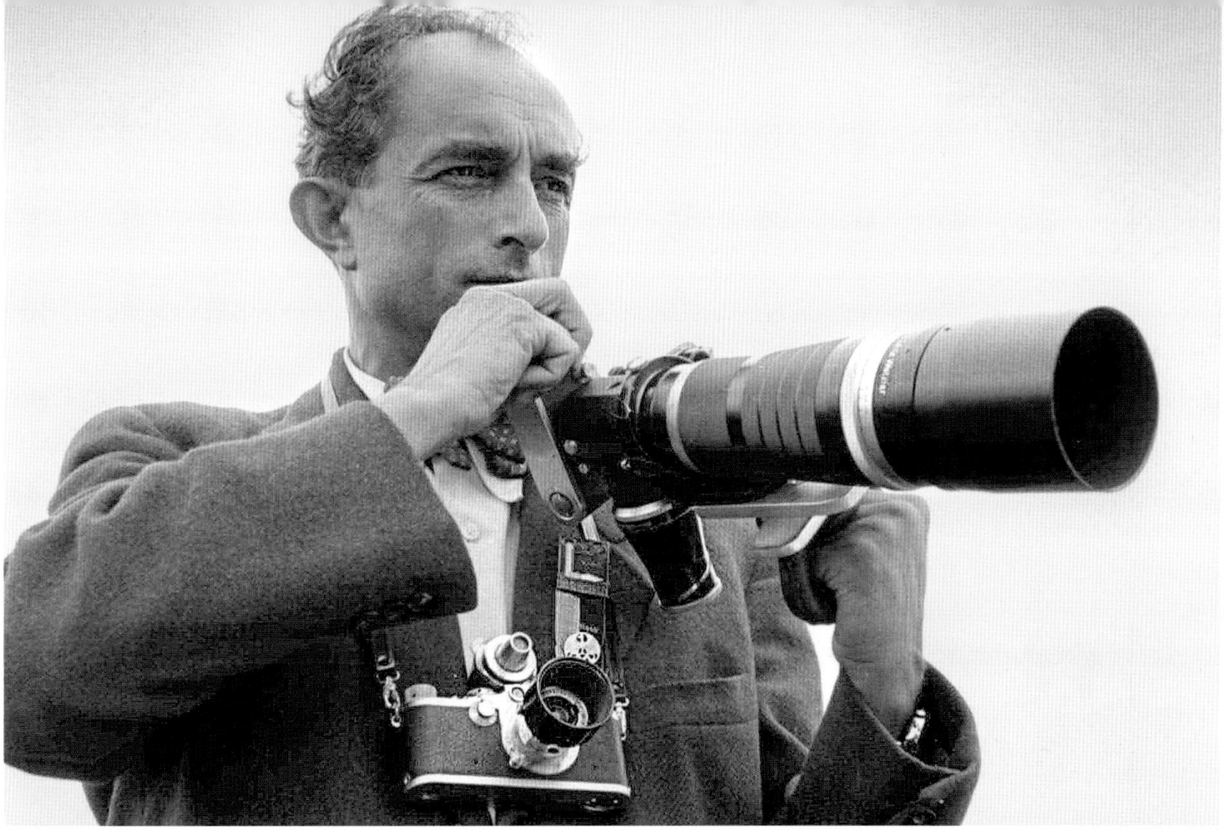

Oben: Bei den Olympischen Sommerspielen 1952 in Helsinki fotografierte Rübelt gleich mit zwei Leicas, eine davon mit einem beeindruckenden Teleobjektiv, zu dessen Stabilisierung er einen speziellen Haltegriff benötigte.

Unten links: Bis 1965 als professioneller Fotograf aktiv, zog es Lothar Rübelt, selbst ein begeisterter Skiläufer, weiterhin in die Wintersportgebiete.

Unten rechts: Die Pose blieb immer gleich: Zu seinem 75. Geburtstag ließ sich Lothar Rübelt nochmals mit seiner geliebten Leica fotografieren. Sie war ihm eine treue Begleiterin auch für (semi-) private Aufnahmen.

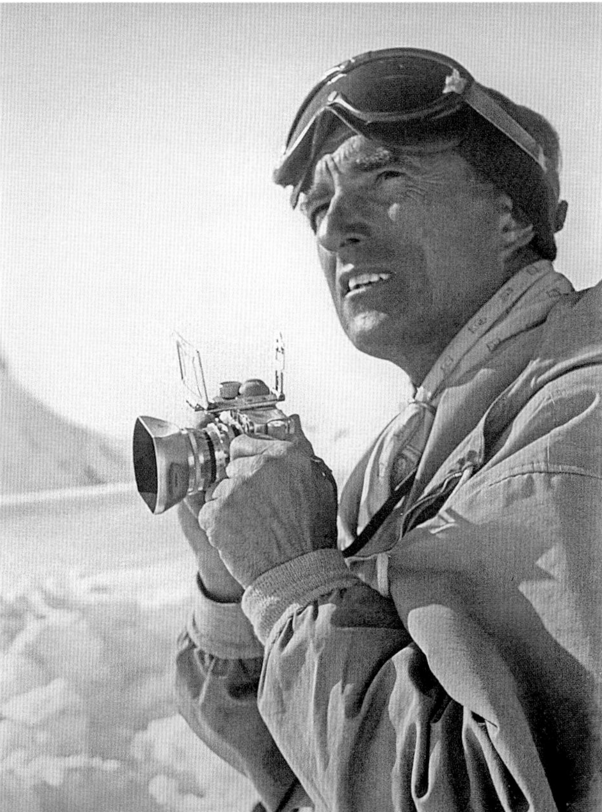

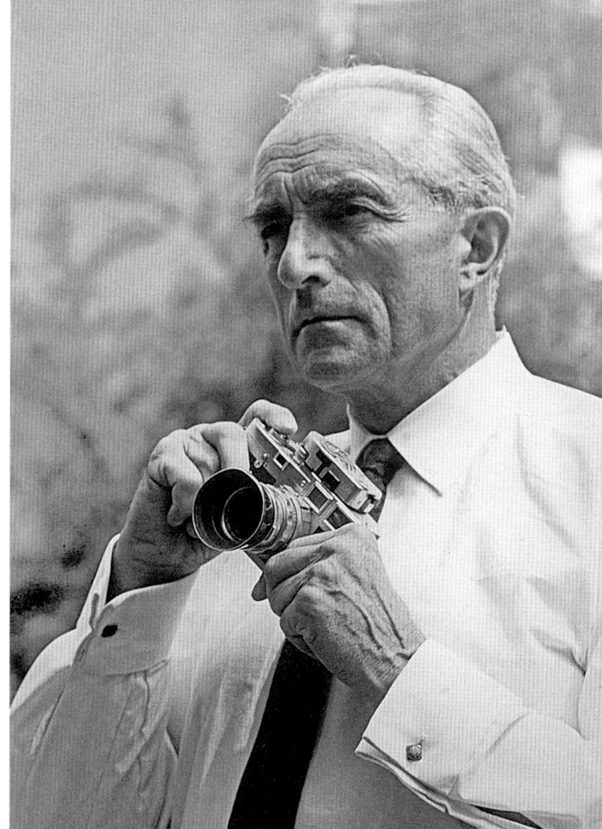

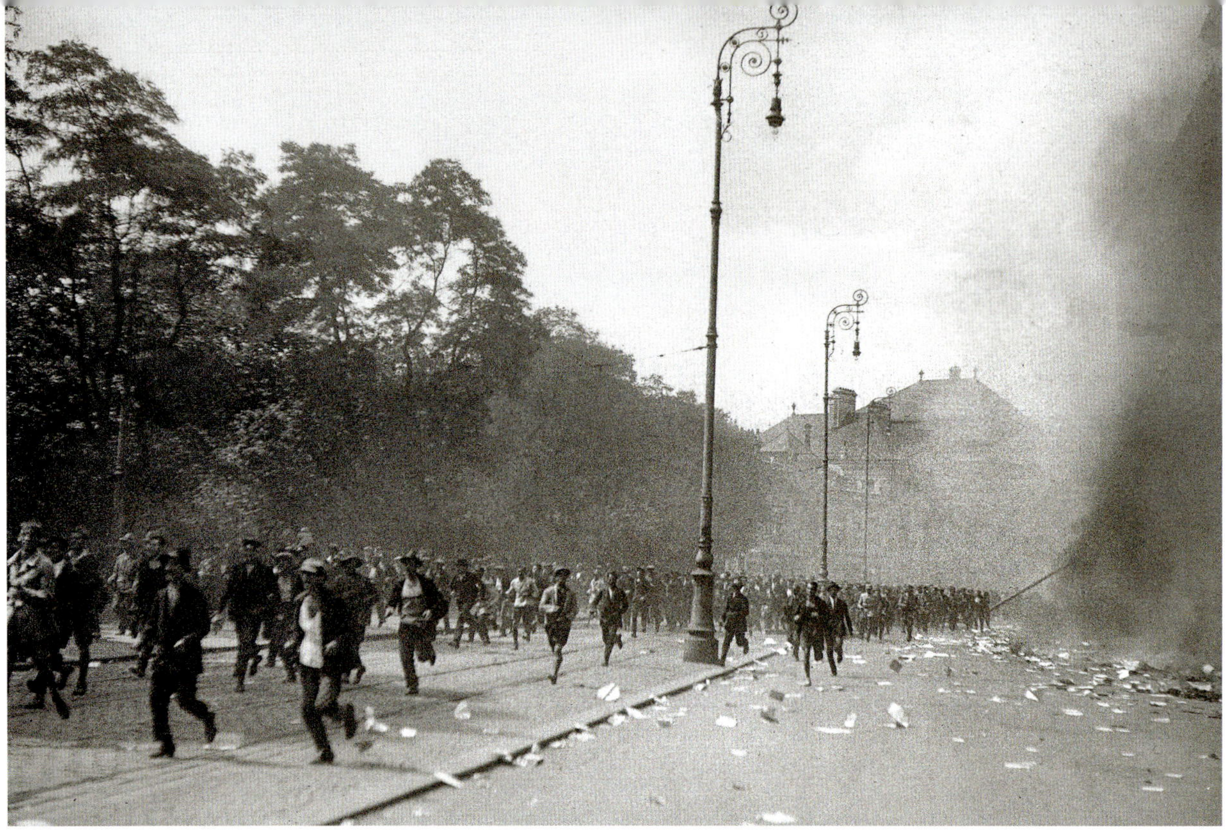

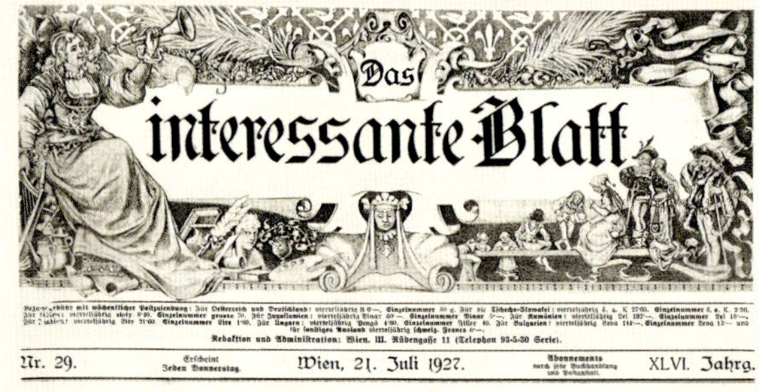

Das interessante Blatt

Bezugsgebühr mit wöchentlicher Postzusendung: Für Oesterreich und Deutschland: vierteljährig S 6·—, Einzelnummer 50 g. Für die Tschecho-Slowakei: vierteljährig č. s. K 27·60, Einzelnummer č. s. K. 2·30. Für Polen: vierteljährig zloty 8·40, Einzelnummer grosze 70. Für Jugoslawien: vierteljährig Dinar 60·—, Einzelnummer Dinar 5·—. Für Rumänien: vierteljährig Lei 192·—, Einzelnummer Lei 16·—. Für Italien: vierteljährig Lire 21·60, Einzelnummer Lire 1·80. Für Ungarn: vierteljährig Pengö 4·80, Einzelnummer Filler 40. Für Bulgarien: vierteljährig Leva 144·—, Einzelnummer Leva 12·— und für sonstiges Ausland vierteljährig schweiz. Francs 6·—.

Redaktion und Administration: Wien, III. Rüdengasse 11 (Telephon 93-5-30 Serie).

Nr. 29. | Erscheint jeden Donnerstag. | Wien, 21. Juli 1927. | Abonnements durch jede Buchhandlung und Postanstalt. | XLVI. Jahrg.

Der 15. Juli.

Ein Schreckenstag in der Geschichte Wiens.

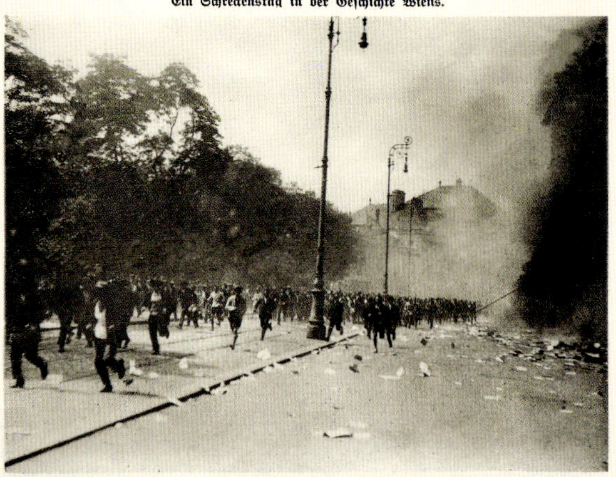

Die Polizei räumt die Museumstraße beim brennenden Justizpalast, um den Platz für Löscharbeiten freizubekommen. (S. S. 3.)

Nach einer photographischen Aufnahme.

Die boomenden Bildillustrierten der 1920er-Jahre boten für Fotografen und besonders auch für Fotografinnen ein wesentlich erweitertes Betätigungsfeld: Am 15. Juli 1927 gelang es Rübelt beim Brand des Justizpalastes meisterhaft, die Dynamik der flüchtenden Demonstranten, die von der Polizei verfolgt wurden, einzufangen. Die Dramatik dieses Ereignisses verdichtet sich in einem Foto. Das Bild wurde sechs Tage später auf der Titelseite des „Interessanten Blattes" veröffentlicht.

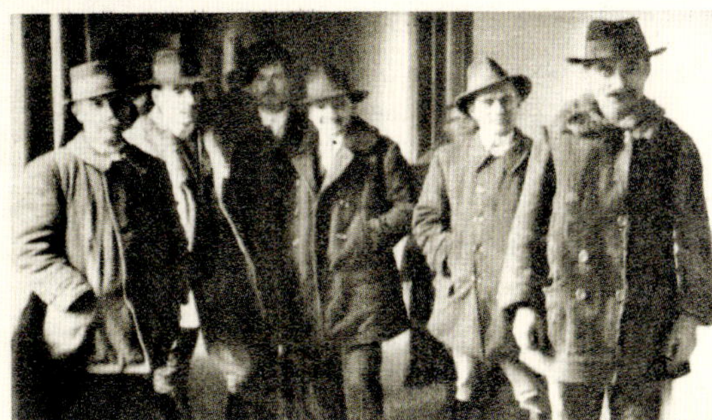

Der Giftmordprozeß in Szolnok: Bauern des Dorfes Tiszakürt, die als Zeugen erschienen sind.

Sonderaufnahme von L. Rübelt.

Ein Todesurteil im Szolnoker Giftmordprozeß.

(Zu unserem Titelbild und vier Abbildungen.)

In Szolnok wurde jetzt der Prozeß gegen vier Giftmörderinnen aus Theißwinkel verhandelt. Die Vorgeschichte dieses grauenerregenden Prozesses dürfte unseren Lesern noch erinnerlich sein; wir wiederholen nur kurz: In Tiszakürt starben gegen fünfzig Personen, Männer, Frauen und Kinder, ohne daß eine wirkliche Todesursache festgestellt werden konnte. Eine Anzeige, die der Kreisarzt einmal an die Gendarmerie gelangen ließ, wurde ad acta gelegt, da die zur Nachprüfung notwendige Exhumierung zu viel gekostet hätte. So glaubten sich die Frauen aus Tiszakürt sicher und mordeten darauf los. Das Gift, Arsenik, erhielten sie sämtlich von der Hebamme, genannt Tante Susi, die es aus arsenikhältigem Fliegenpapier selbst erzeugte. Im Juli vorigen Jahres erstattete der kalvinistische Kantor Barta die Anzeige, daß Frau Szabo ihn mit vergiftetem Wein bewirtet habe. Um dieselbe Zeit erhielt die Staatsanwaltschaft einen Brief, der bestimmte Angaben machte. Nun begann die Gendarmerie mit genauen Recherchen vorzugehen. Die Feststellung der Wahrheit war sehr schwer, Geständnisse wurden gemacht und wieder zurückgezogen. Diese Woche saßen in Szolnok die ersten der Giftmörderinnen auf der Anklagebank. Die Witwe Rosa Halyba, die ihren zweiten Mann durch Gift tötete, dann Juliane Lipka, die nicht weniger als sieben Morde auf dem Gewissen hat. Maria Köteles, die einzige, die während der Verhandlung Angst zeigte, soll ihren Mann, der sie brutal behandelte, umgebracht haben, die letzte der Angeklagten ist die greise Lydia Olah, die Schwester der Hebamme. Sie soll in vielen Fällen zum Morde angestiftet und mitgeholfen haben. Die Verhandlung gestaltete sich sehr dramatisch, alle vier Angeklagten gaben an: „Wir sind keine Mörderinnen, wir haben unsere Männer weder erschlagen noch erstochen, noch ertränkt. Sie sind einfach an Gift gestorben. Es war für sie ein leichter, schmerzloser Tod; das ist doch kein Mord." Frau Lipka wurde zum Tode durch den Strang verurteilt, die drei anderen zu lebenslänglichem Kerker.

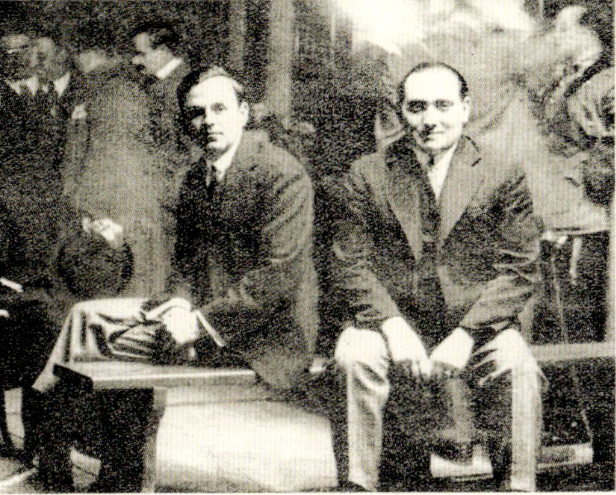

Staatsanwalt Dr. Kronberg und Verteidiger Dr. Virag während der Urteilsberatung im Gerichtssaal auf der Anklagebank sitzend.

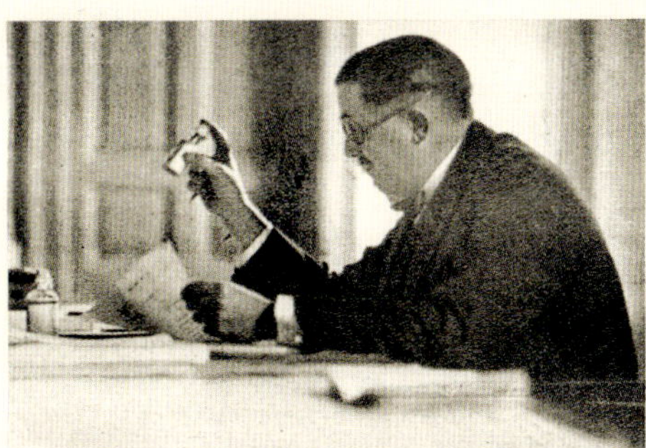

Präsident des Gerichtshofes Dr. Fuchs zeigt das Arsenikfläschchen, das die Bäuerin Köteles der Leiche ihres vergifteten Gatten merkwürdiger Weise ins Grab mitgab.

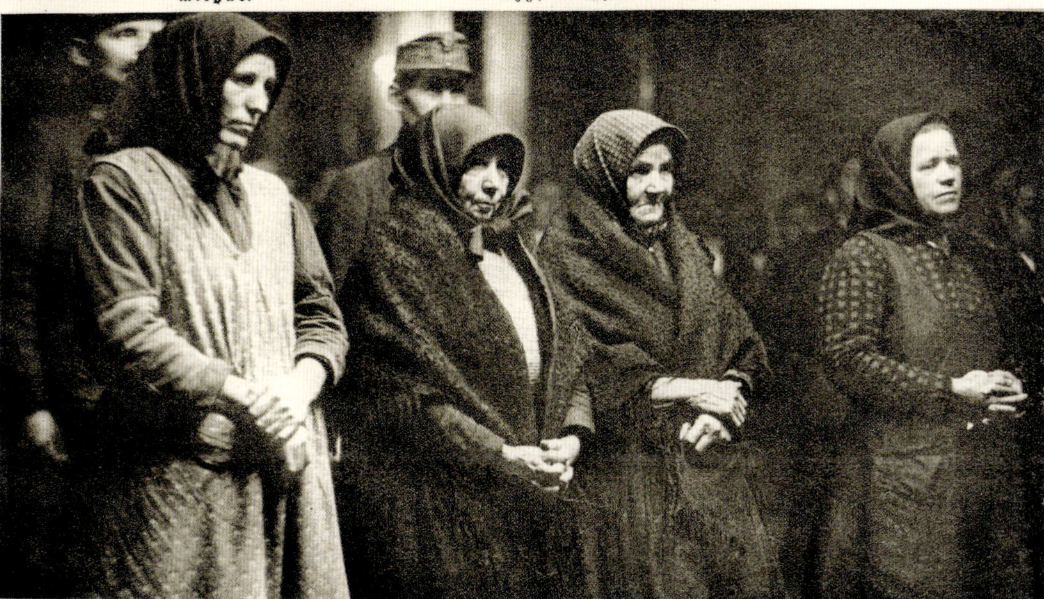

Die angeklagten Frauen Halyba, Sebestyen, Lipka und Köteles während der Verkündigung des Urteils.

Sonderaufnahme von L. Rübelt.

Ein neues Genre in den Bildillustrierten war die ganz- oder mehrseitige Fotoreportage. Rübelts fotografischer Bericht über den Giftmordprozess von Szolnok wurde 1929 im „Interessanten Blatt" veröffentlicht. Vier Frauen wurden angeklagt, zahlreiche Männer mit vergiftetem Wein ermordet zu haben.

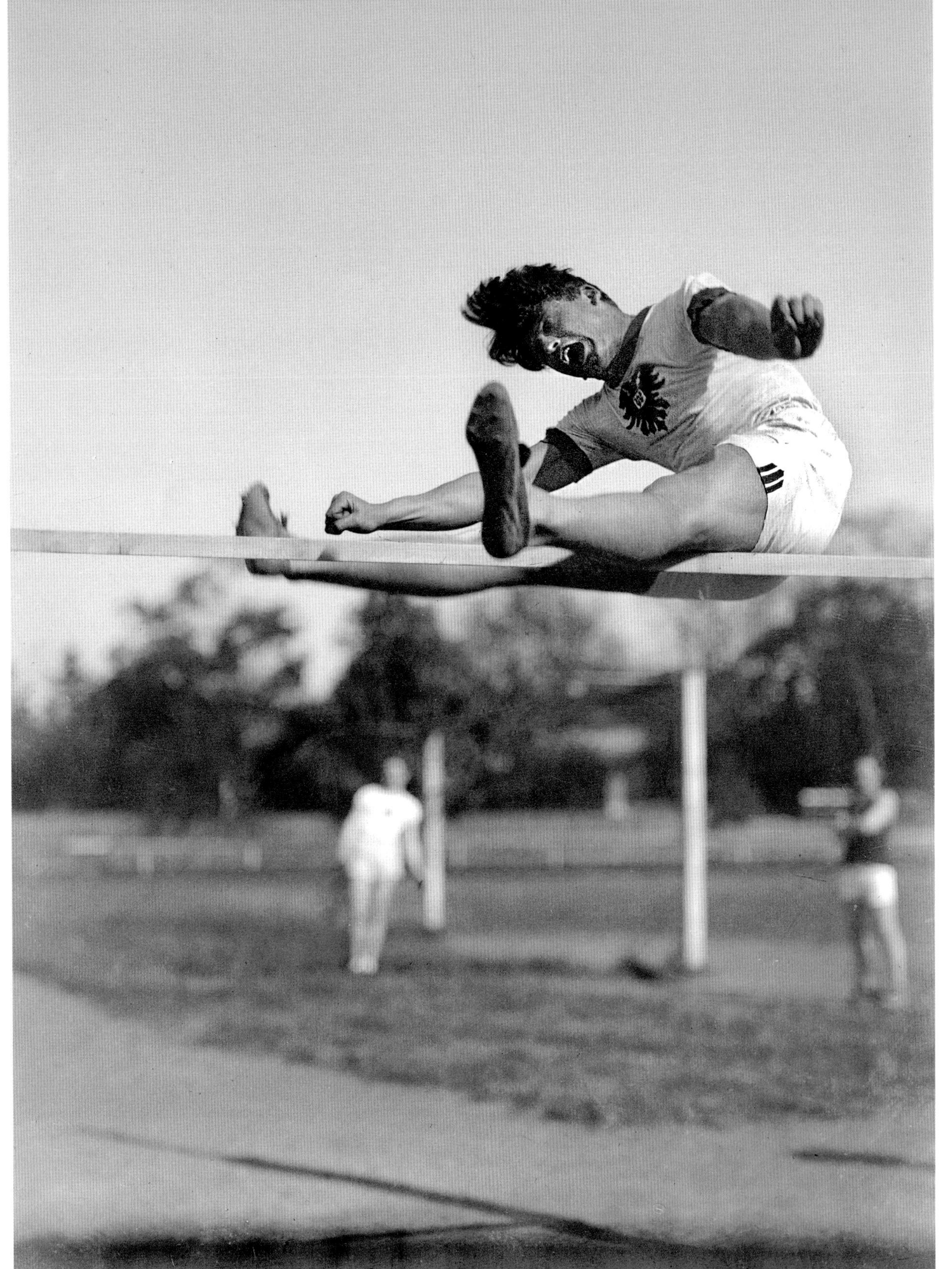

Lothar Rübelts erstes „professionelles" Sportfoto aus dem Jahr 1919, das er an Zeitungsredaktionen verkaufen konnte. Es zeigt den Wiener Leichtathleten Uli Lederer, der „auf der Latte sitzt". Dieser entscheidende Moment wurde von Rübelt meisterhaft eingefangen, damals eine Innovation.

1985 zeigte die Albertina eine große Schau mit Werken Lothar Rübelts. Das Plakat zur Ausstellung „Das Geheimnis des Moments" zierte ein Foto der beiden Wasserspringer Mädy Epply und Sepp Staudinger, eine ästhetische Meisterleistung aus den 1930er-Jahren.

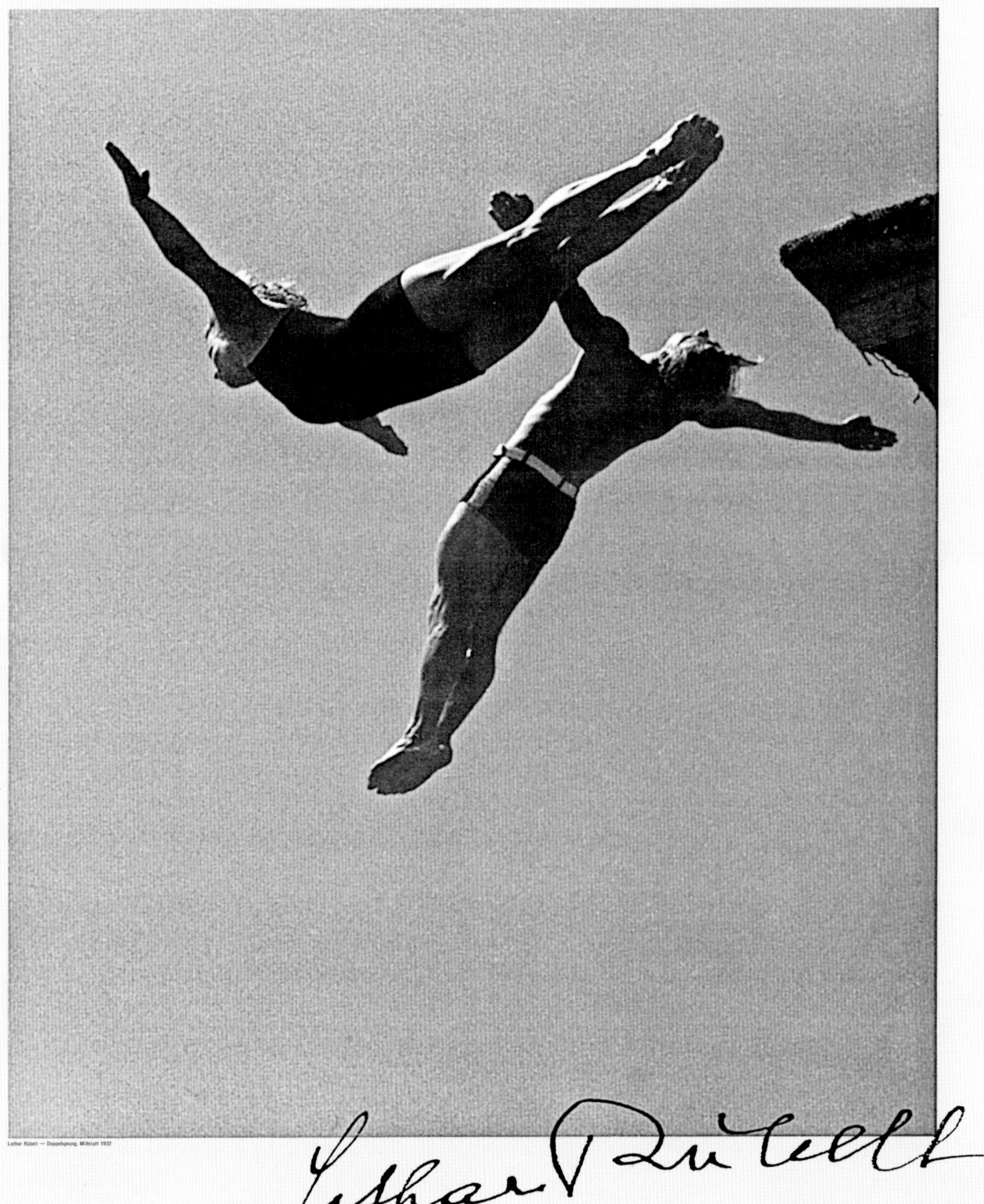

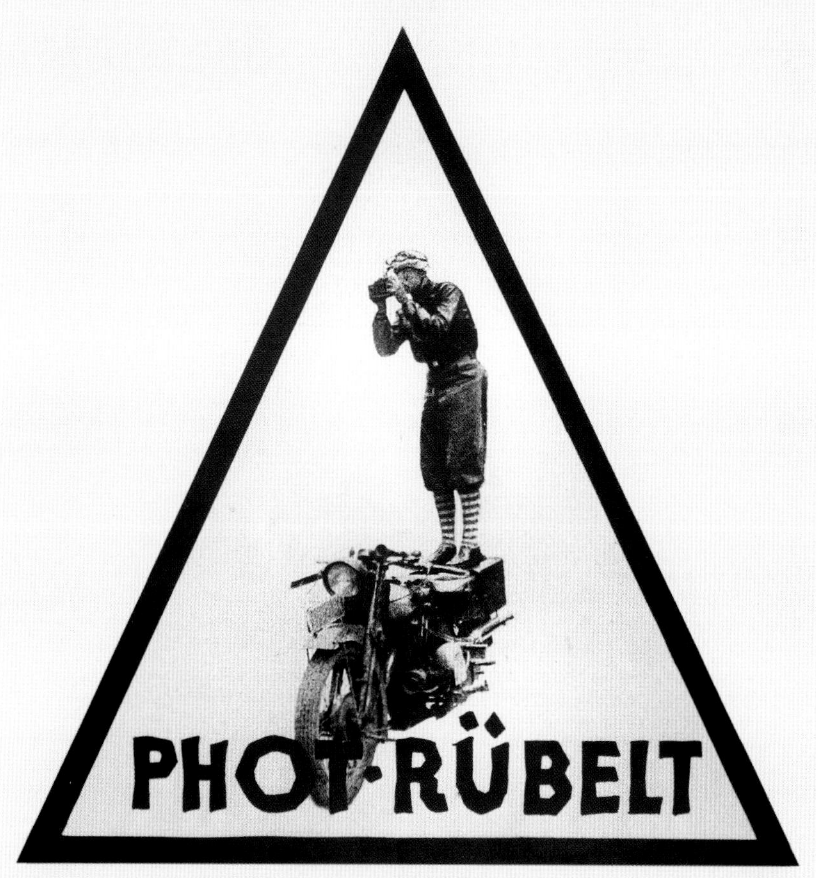

Auf der Werbetafel des Fotografen Rübelt sieht man ein weiteres seiner Arbeitsgeräte: Sein Motorrad ist als Hinweis auf das Tempo zu lesen, mit dem er die Bilder in die Zeitungsredaktionen brachte. Bei tagesaktuellen Ereignissen lieferte er damit schneller als die meisten seiner Kollegen.

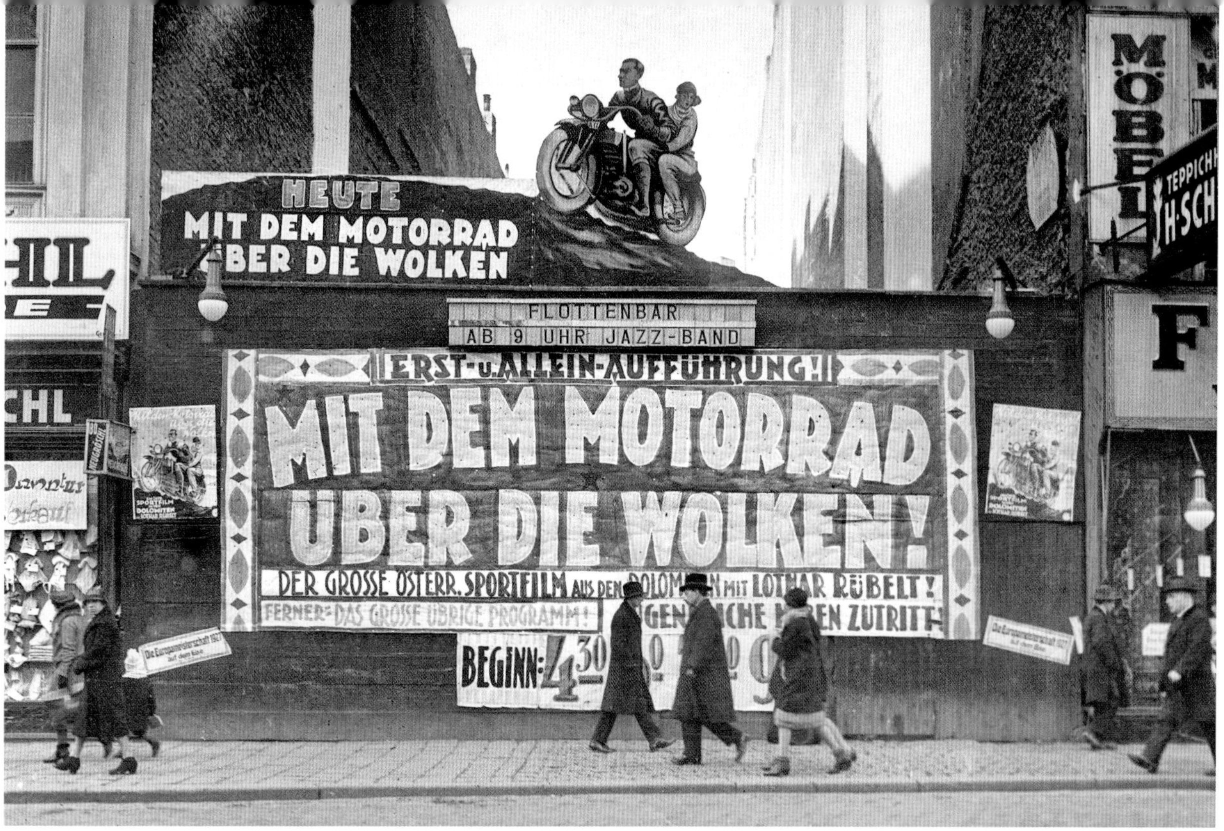

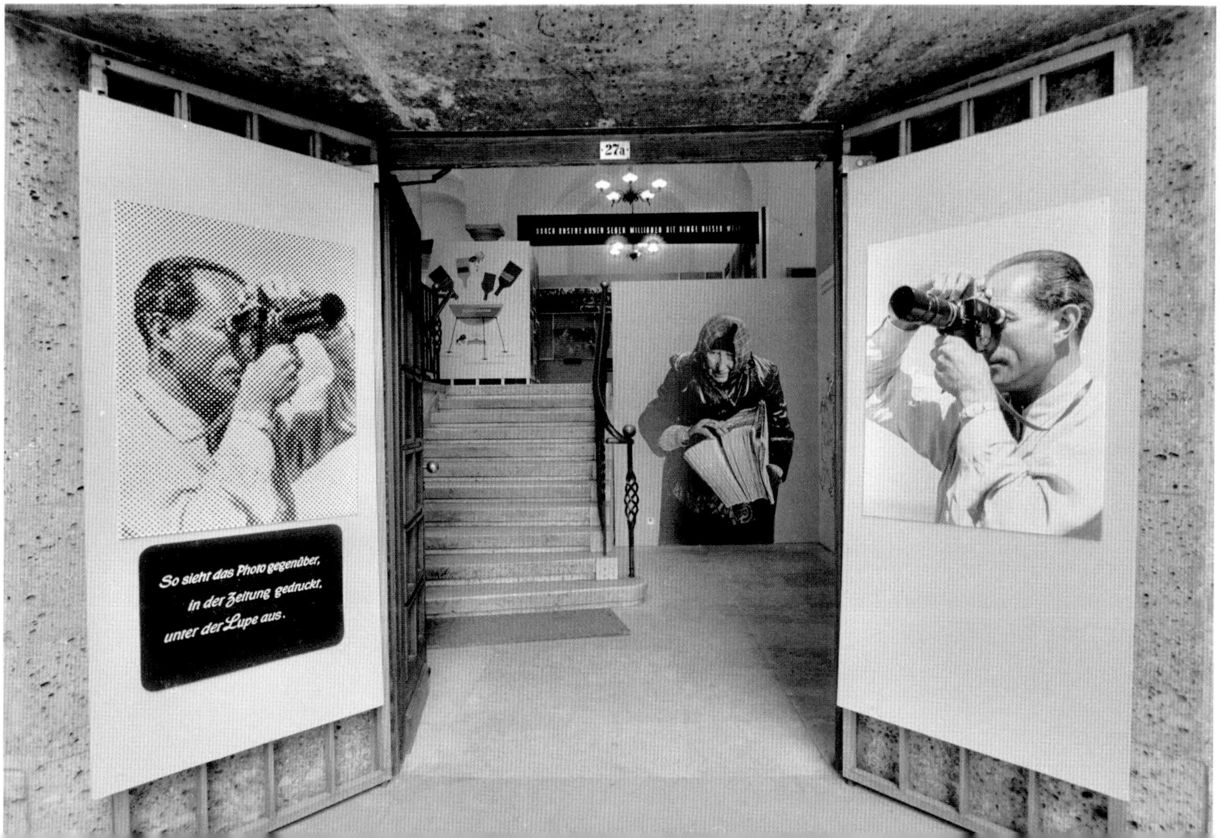

Oben: Gemeinsam mit seinem kurz darauf tödlich verunglückten Bruder Ekkehard drehte Lothar Rübelt den Dokumentarfilm „Mit dem Motorrad über die Wolken!", der 1926 im Wiener Flottenkino seine Premiere feierte. Es blieb der einzige Ausflug des Fotografen in das Filmgenre.

Unten: 1959 fand in Wien eine Fotoausstellung mit dem programmatischen Titel „Bildberichter am Werk" statt, in der auch Aufnahmen von Lothar Rübelt prominent vertreten waren. Ein Porträt von ihm wurde gerastert wiedergegeben, um auf die enge Verbindung der Fotografie zum Medium „Zeitung" hinzuweisen.

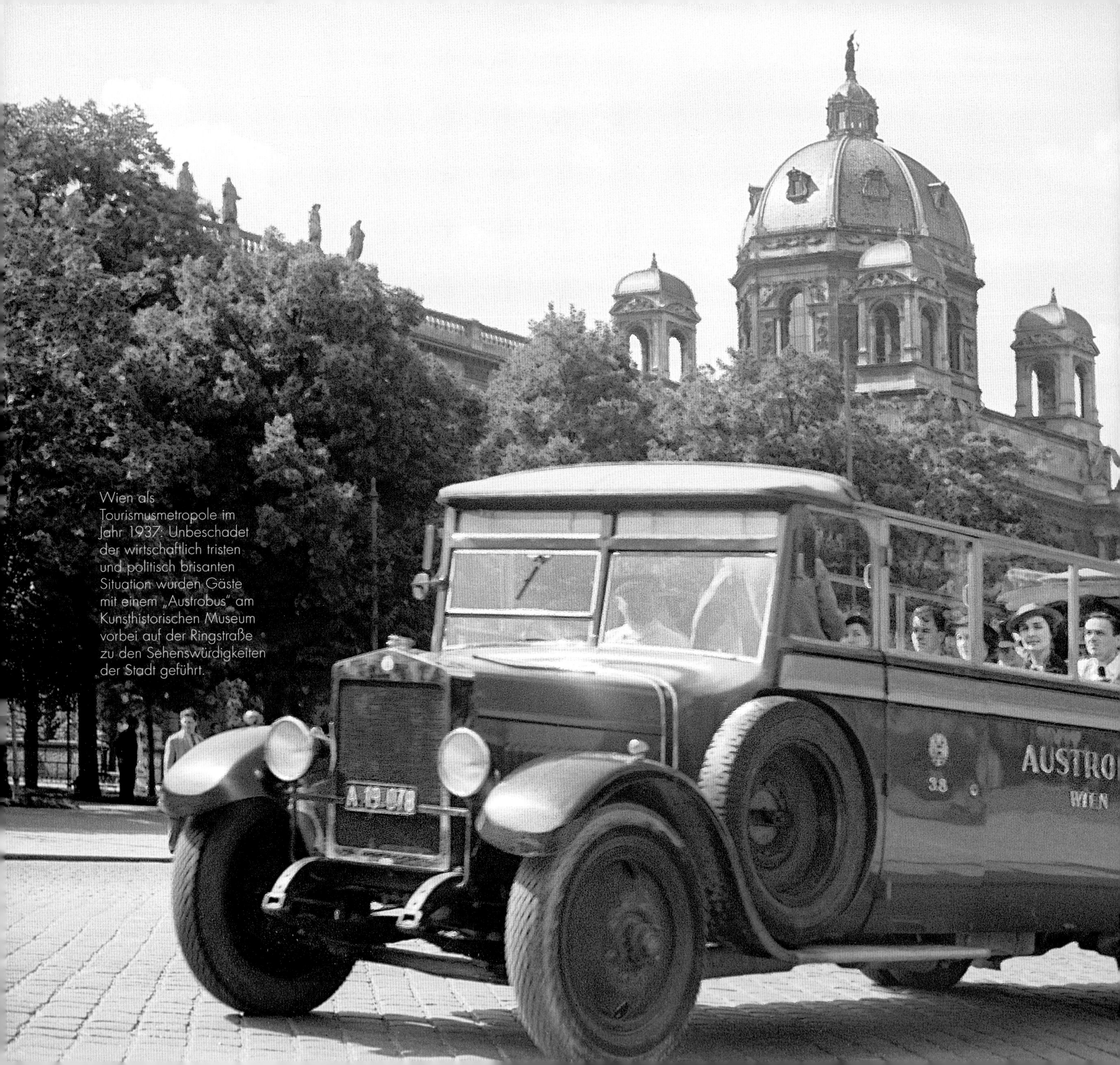

Wien als Tourismusmetropole im Jahr 1937: Unbeschadet der wirtschaftlich tristen und politisch brisanten Situation wurden Gäste mit einem „Austrobus" am Kunsthistorischen Museum vorbei auf der Ringstraße zu den Sehenswürdigkeiten der Stadt geführt.

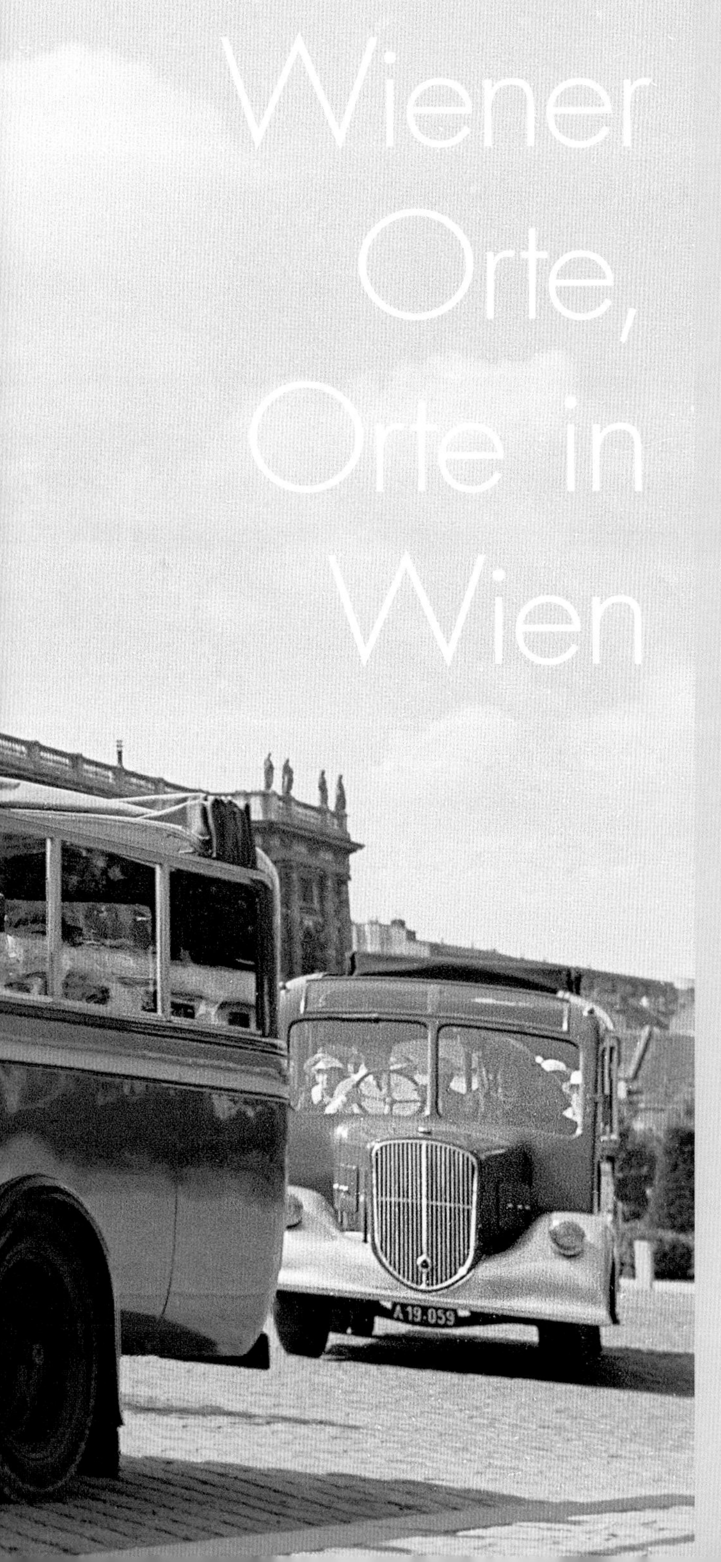

Wiener Orte, Orte in Wien

Es war ein kalter und schneereicher Winter 1931. Lothar Rübelt streift trotz der niedrigen Temperaturen durch die Stadt und hält die Ausnahmesituation mit seiner Kamera fest: Menschen, die frierend auf den Bus warten, die Reparatur einer defekten Ampelanlage und natürlich die Versuche, der Schneemassen Herr zu werden, sei es durch maschinelle Schneepflüge oder auch in Gestalt eines einsamen Schneeschauflers, der die „weiße Pracht", die die normalen Abläufe einer Großstadt stört oder zumindest verlangsamt, auf den Karren eines Pferdegespanns schaufelt.

In den Bildern Rübelts sind nicht einfach nur Straßenszenen zu erkennen, der Fotograf versucht gerade das Besondere des verschneiten Wiens zu vermitteln, das Einmalige ebenso wie die Aufrechterhaltung von Normalität. Die Gebäude und Straßenzüge im Bildhintergrund erweisen sich dabei nicht als auswechselbare urbane Kulisse, sondern geben gerade mit ihrer Schneelast Einblicke in den Charakter der Stadt. Es lässt sich auch an vielen anderen Beispielen zeigen: Lothar Rübelt ging keineswegs achtlos durch seine Geburts- und Heimatstadt. Egal ob politische oder künstlerische Ereignisse im Zentrum waren, ihn das Sportgeschehen oder ein Werbeauftrag in die Stadien beziehungsweise zu Tankstellen an der Peripherie führte, der berufsmäßige „Lichtbildner" wusste immer die Stadt ins rechte Licht zu rücken oder – um es im Fotografenjargon zu formulieren – die rechte Belichtung für die Gebäude und das Geschehen zu finden. Die Stadt kommt dabei in zweierlei Blickwinkeln ins Bild: Zum einen dient sie als Kulisse für Ereignisse, denen die Botschaft mitgegeben wird, dass sie sich hier ereignen (oder vielleicht überhaupt nur in Wien zutragen können). Zum anderen erscheint Wien oft als primäres Motiv, sei es als nächtlicher Blick auf das Sacher, als Dokumentation des neu errichteten Opernringhofes, der Eröffnung des Matteotti-Hofes oder durch die Abbildung der Schaulustigen bei einem Donauhochwasser. Sensationelles wie der Einsturz eines Hauses oder ein Ballonstart am Heldenplatz mischt sich mit Alltäglichem, etwa dem hektischen Treiben vor dem Westbahnhof. Und Rübelt vergisst auch nicht auf die Touristen und Touristinnen, die Wien bevölkern, und die Busse, die sie durch die Stadt befördern.

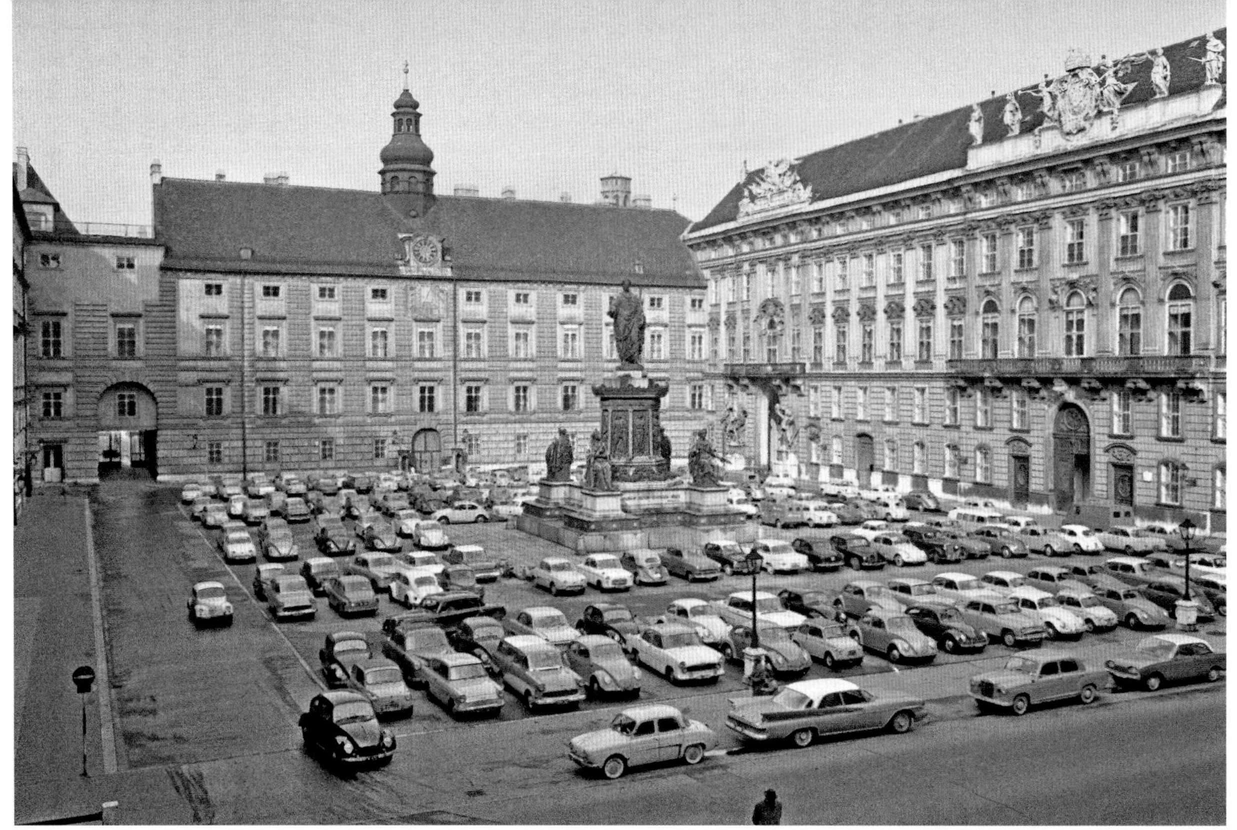

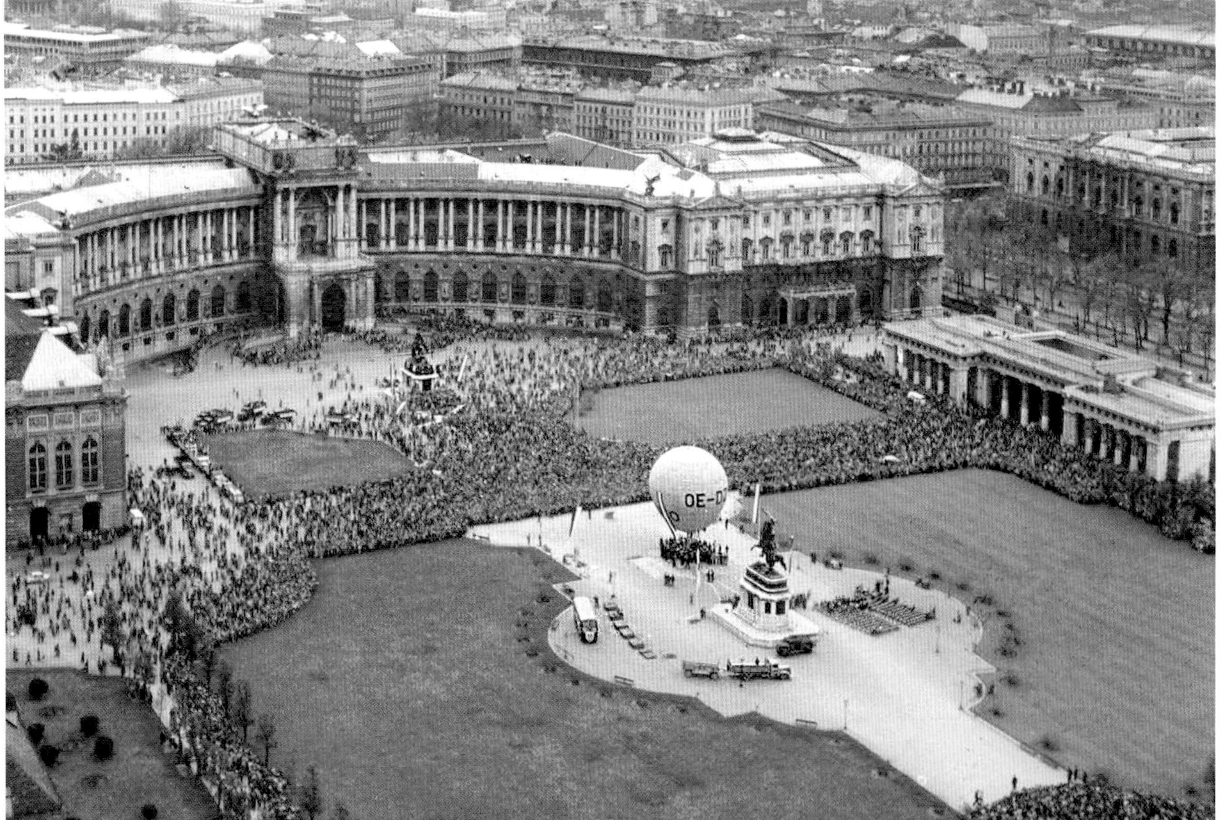

Oben: Der innere Burghof in der Wiener Hofburg war mit dem Denkmal des Kaisers Franz I. von Österreich ein Zentrum monarchistischer Machtfülle. Die Massenmotorisierung machte ihn um 1960 zu einem gefragten Parkareal der Innenstadt.

Unten: Der Heldenplatz war ursprünglich für Paraden und Kundgebungen und damit als Ort bewusster symbolischer Repräsentation konzipiert worden. Diesen Zweck erfüllt er in geänderter Form bis heute. 1956 führte der Aero-Club einen Ballonaufstieg zugunsten von SOS-Kinderdorf durch.

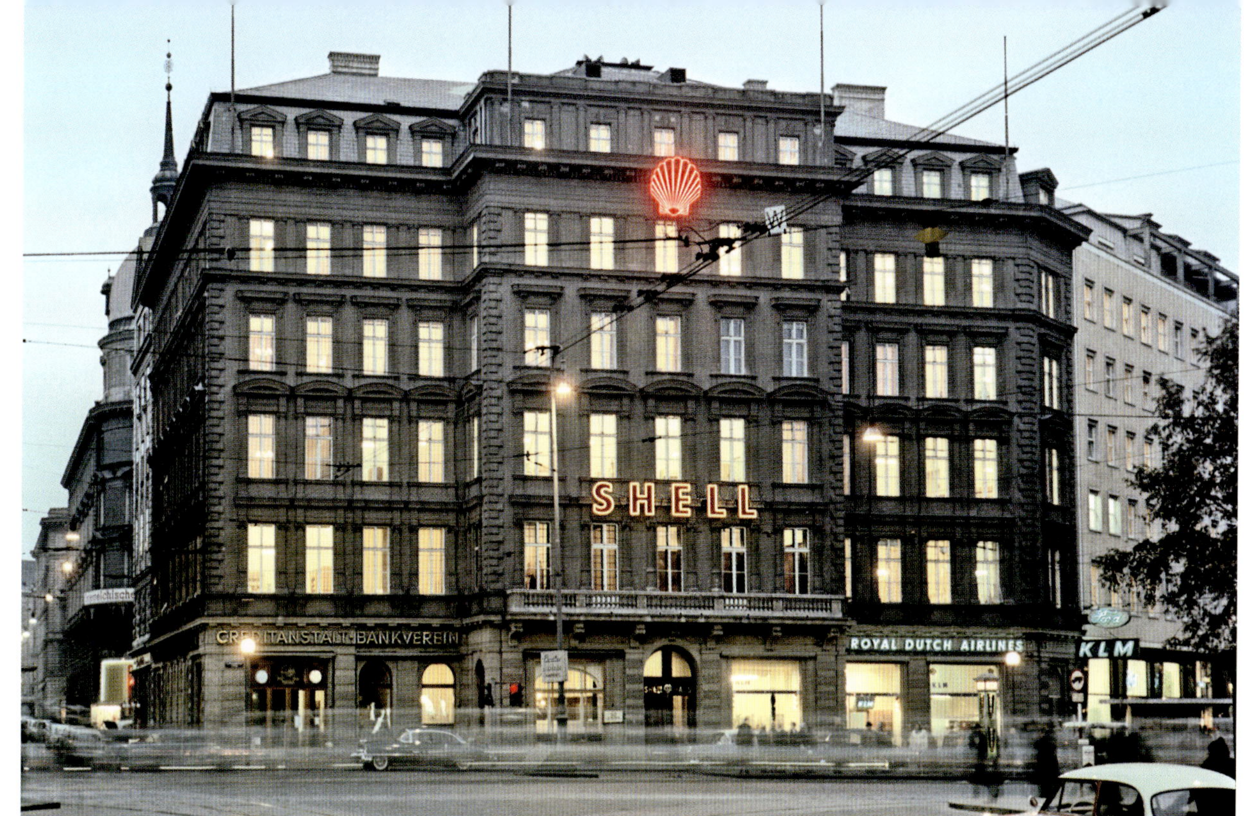

Oben: Neben Regierungsgebäuden, prachtvollen Palais und Hotels finden sich auf der Ringstraße auch repräsentative Zinshäuser. Am Schubertring 14 mietete sich nach 1945 der Mineralölkonzern Shell ein, in Nachbarschaft zum Haus der Industrie und mit Blick auf den Schwarzenbergplatz.

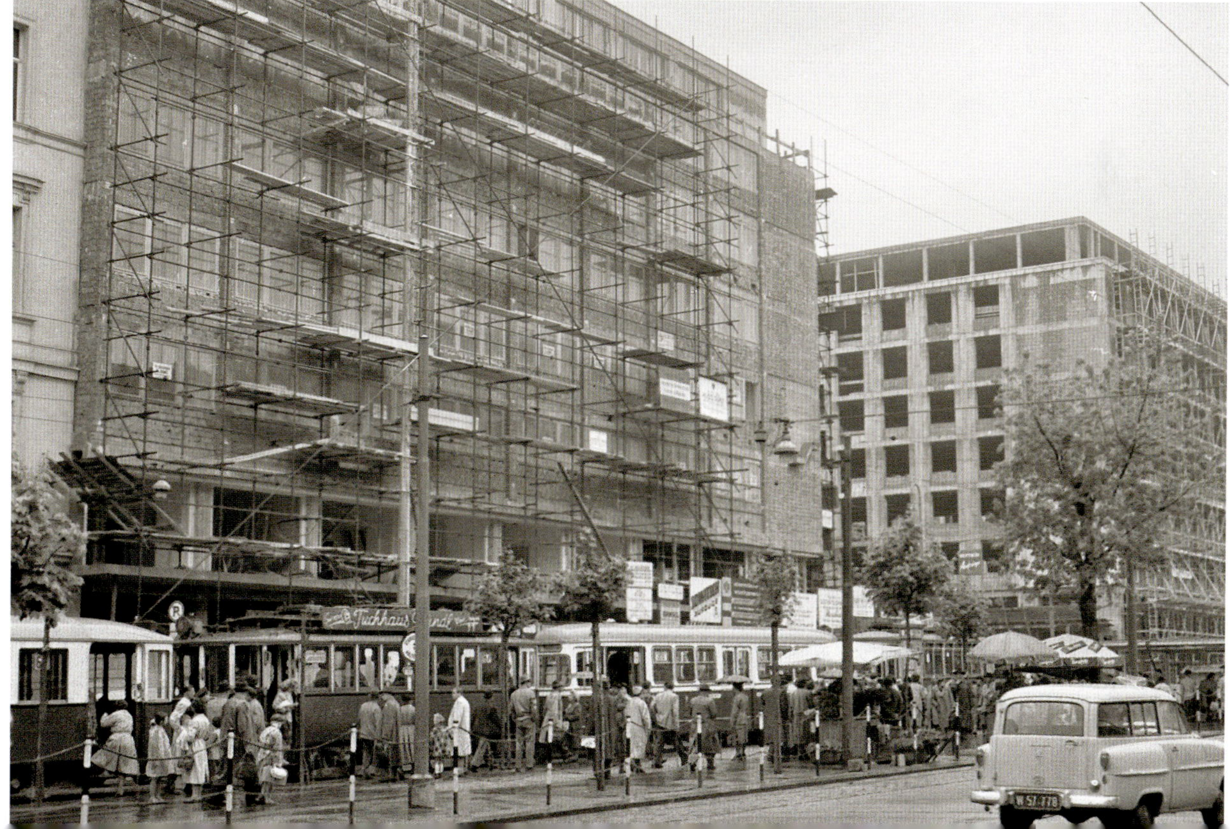

Unten: Wien im Wiederaufbau: Szene am Kärntner Ring gegenüber der Staatsoper. Die Gebäude waren im März 1945 bei Bombenangriffen fast völlig zerstört worden. Im Jahr 1956 war das „Meinl-Eck“ schon neu gebaut, der den Heinrichhof ersetzende Opernringhof stand knapp vor seiner Fertigstellung.

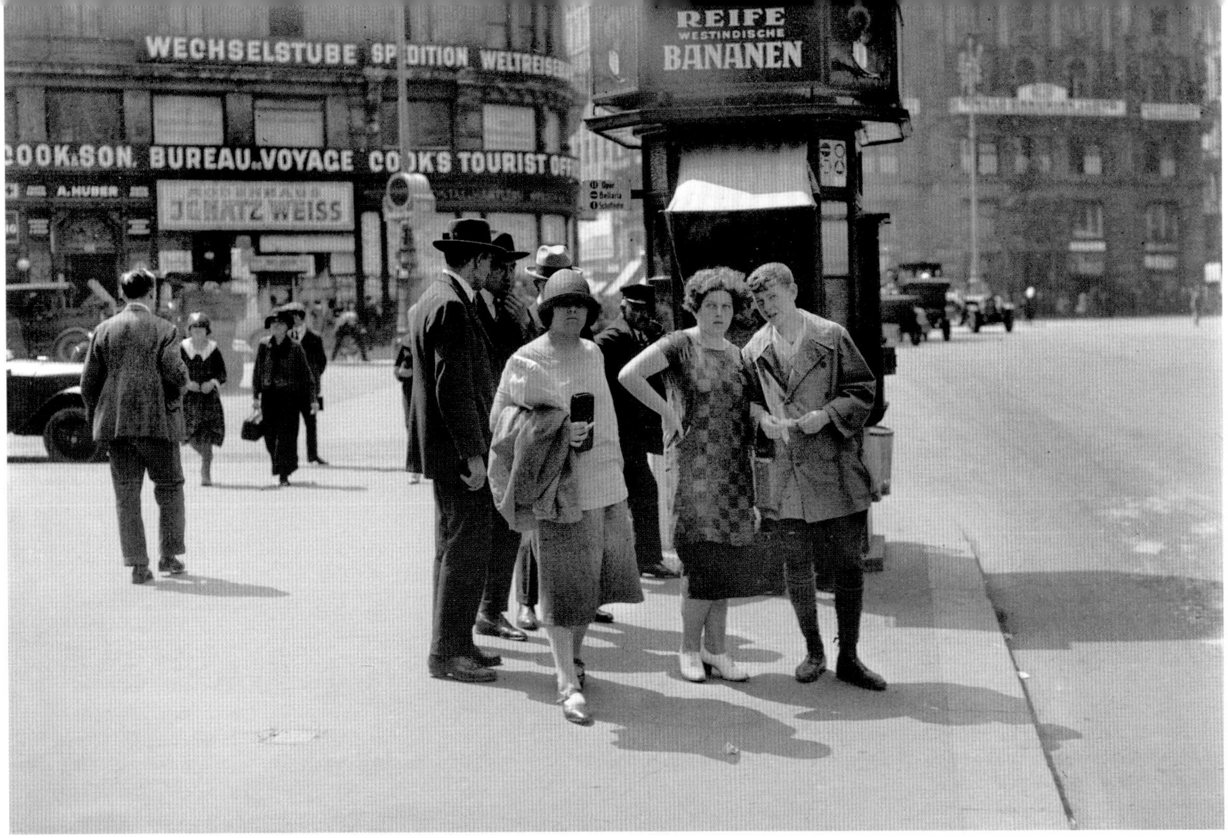

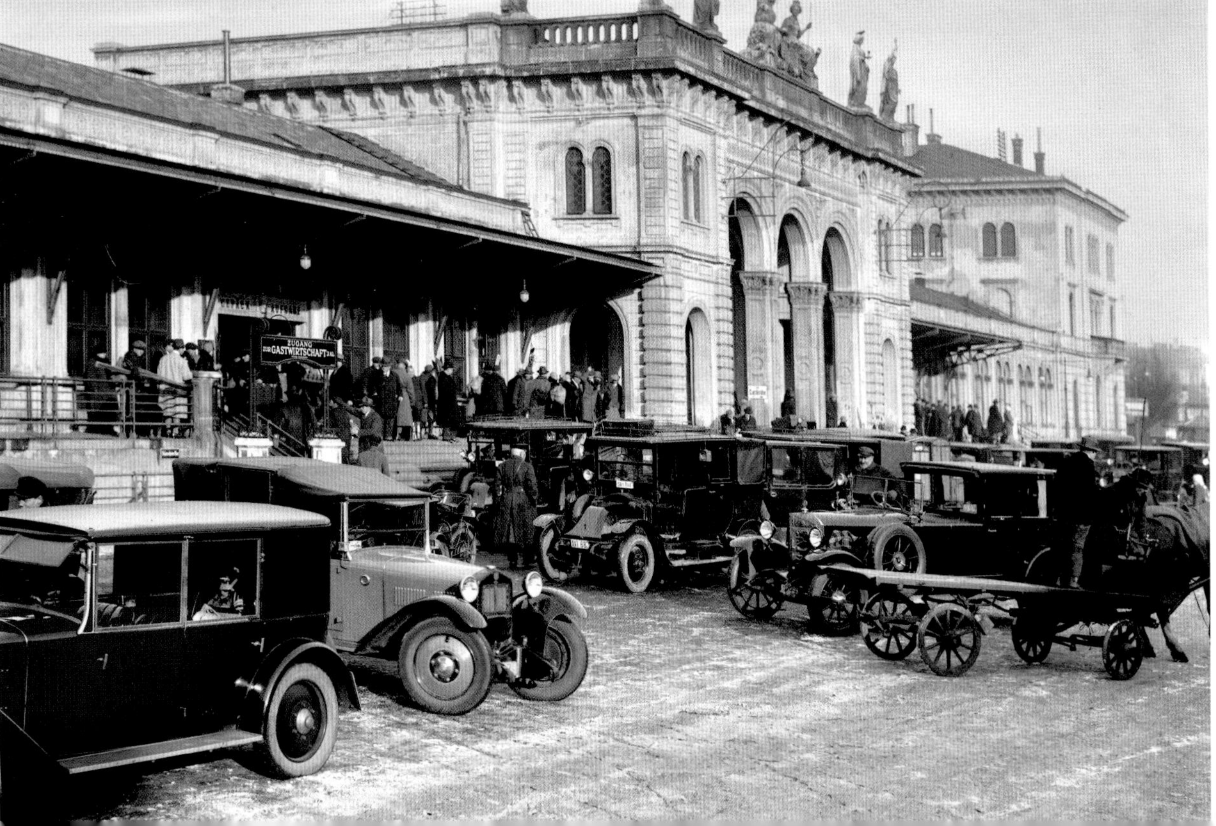

Oben: Straßenszene am Stephansplatz zu Beginn der 1920er-Jahre. Das republikanische Wien wird modern: Es gibt einen Stand mit reifen Bananen, und im Hintergrund ist die lokale Dependance des britischen Reisebüros Thomas Cook zu erkennen, das erstmals Pauschalreisen anbot.

Unten: Erst nach dem Ende der Monarchie, das viele der traditionellen Verbindungen Richtung Norden, Osten und Südosten nahezu gekappt hatte, wurden der Süd- und der Westbahnhof zu zentralen Bahnknotenpunkten Wiens. Taxis vor dem Westbahnhof Ende der 1920er-Jahre.

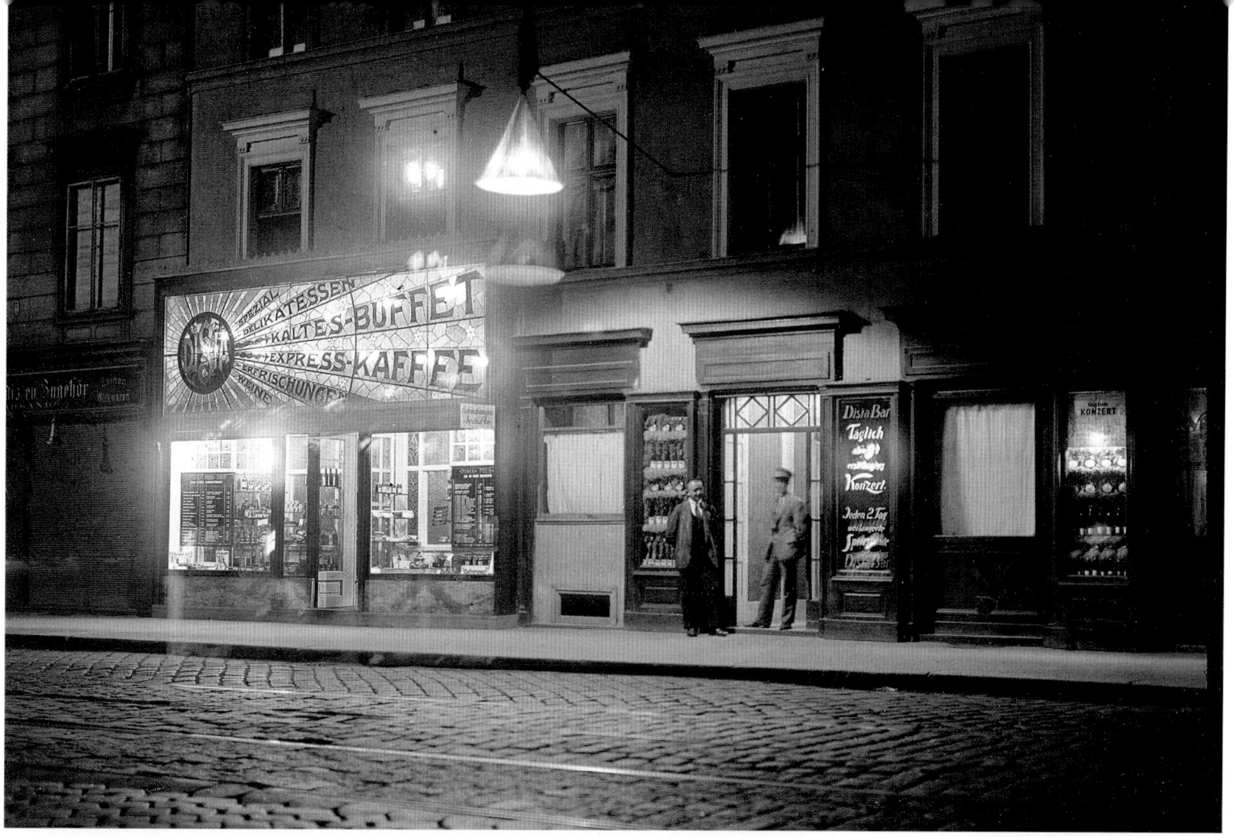

Nächtliches Leben nach dem Ersten Weltkrieg: Viele Wiener und Wienerinnen versuchten mit mehr oder weniger Erfolg, von den modernen Zeiten zu profitieren. Lothar Rübelt hat die Etablissements der großen Schieber und Spekulanten, aber auch der kleinen Gauner und der Halbwelt, das Wien der Modernisierungsgewinner und -verlierer fotografisch eingefangen, vom Tschocherl ums Eck bis zum Hotel Sacher.

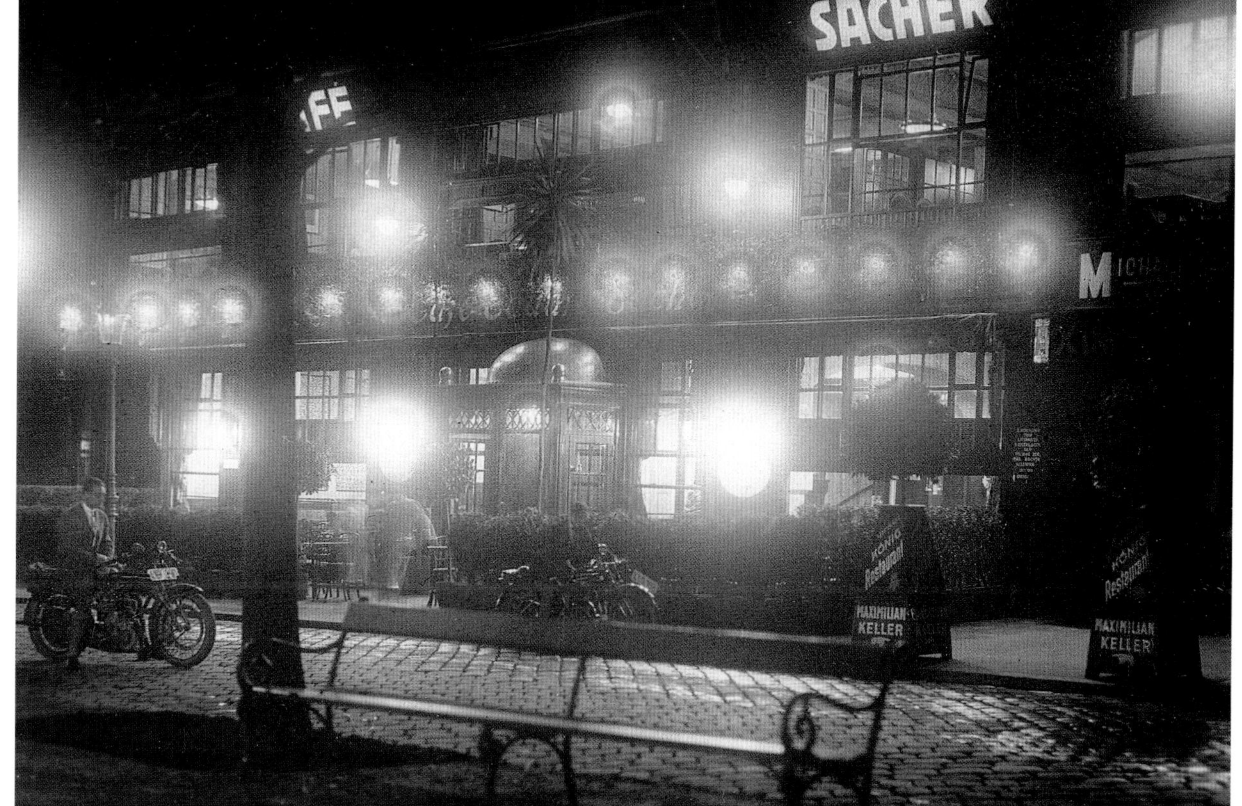

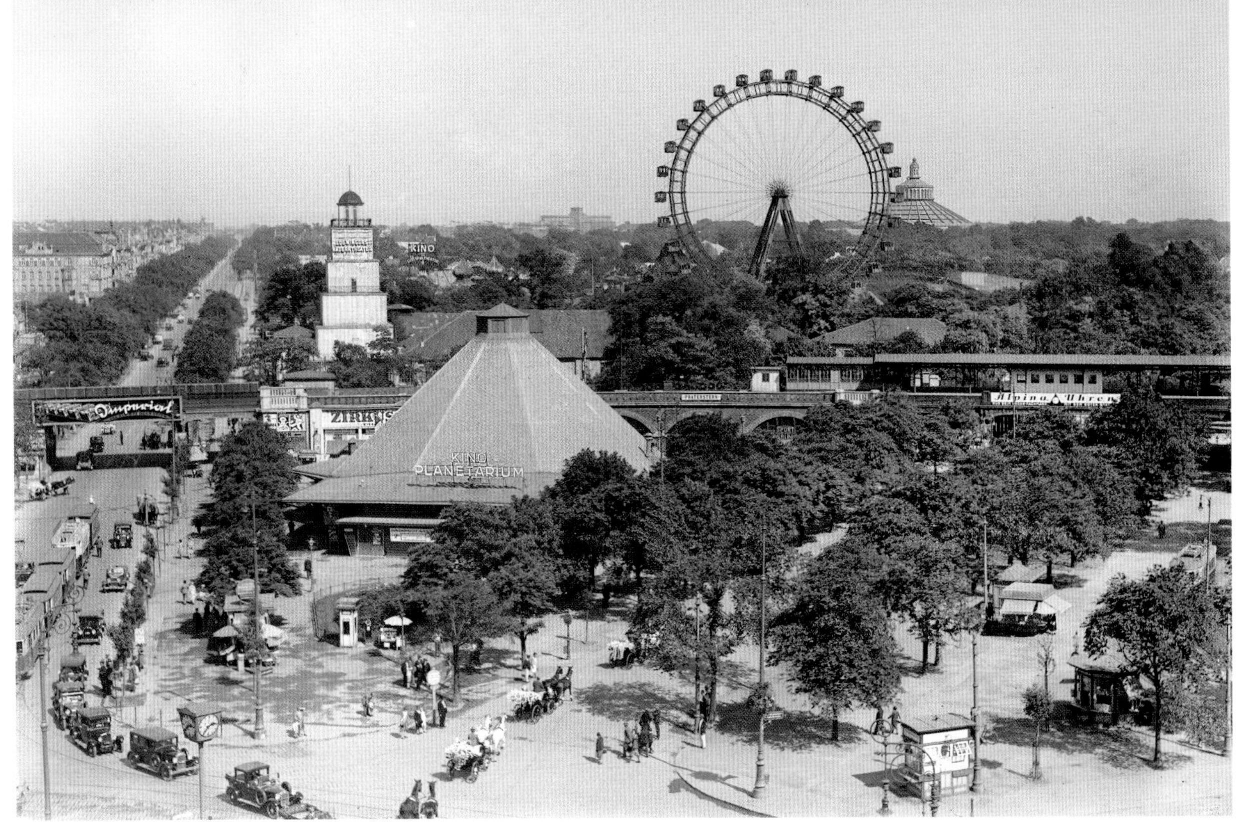

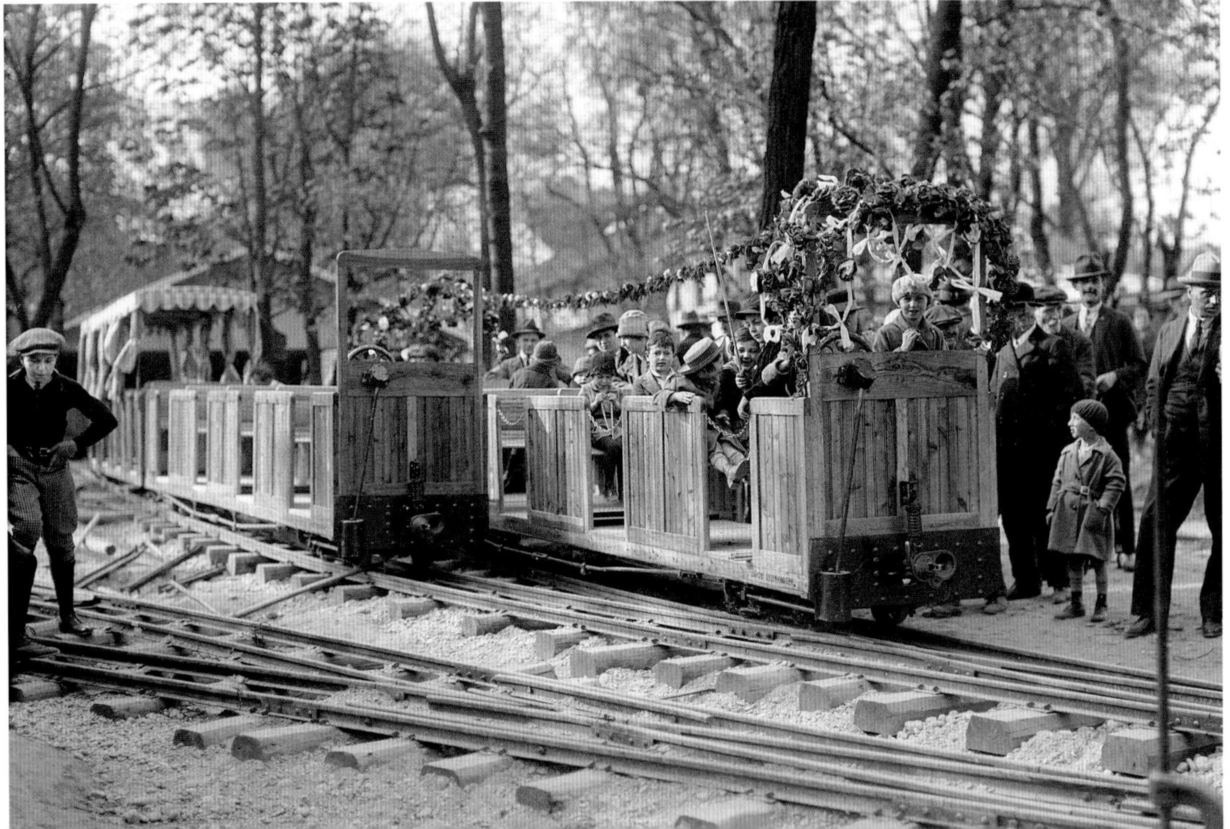

Der Prater war das größte und beliebteste Naherholungsgebiet Wiens. Blick vom Praterstern über Planetarium und Wurstelprater, Riesenrad und Rotunde zwischen Ausstellungsstraße und Hauptallee. Die Liliputbahn, 1928 anlässlich des Deutschen Sängerbundfestes im Prater errichtet, erwies sich nach anfänglicher Euphorie rasch als finanzieller Misserfolg. Sie befuhr einen Rundkurs vom Riesenrad bis zur Rotunde und wurde 1933 bis zum neu errichteten Praterstadion verlängert.

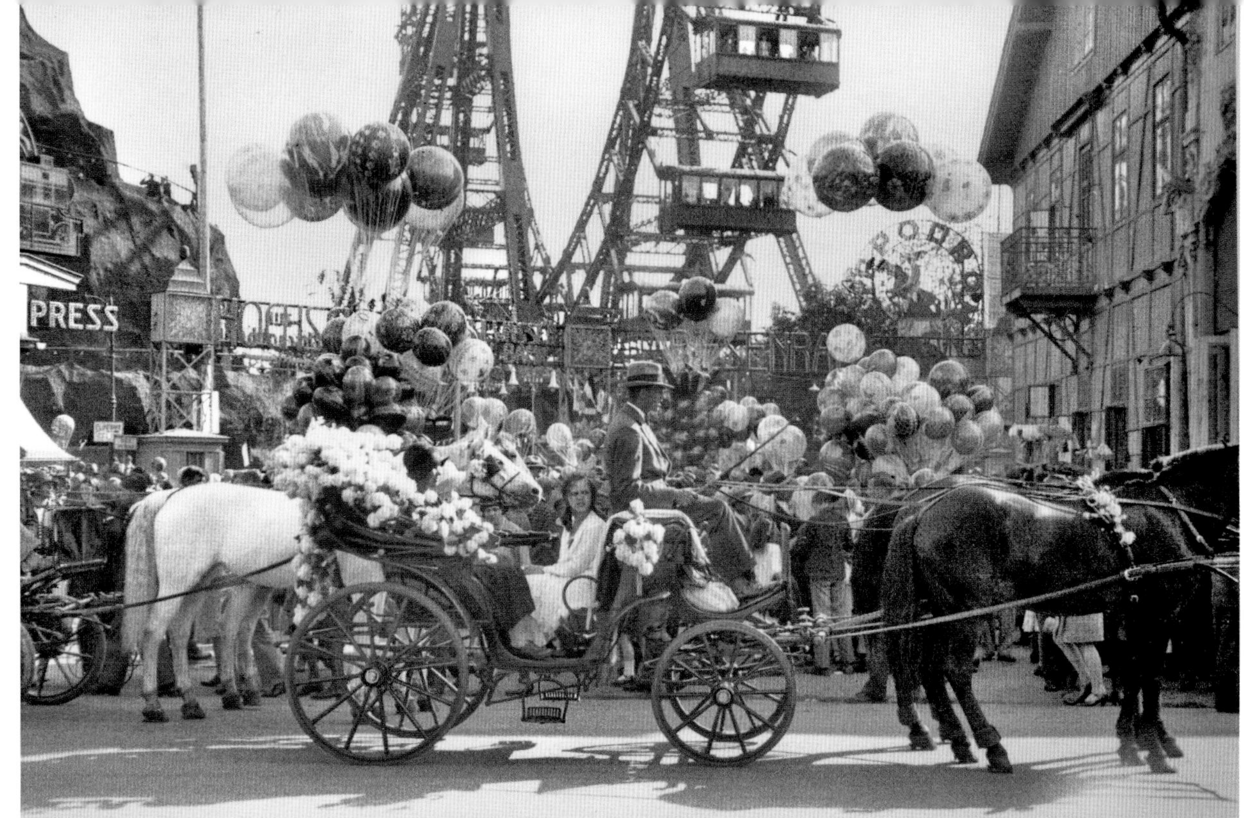

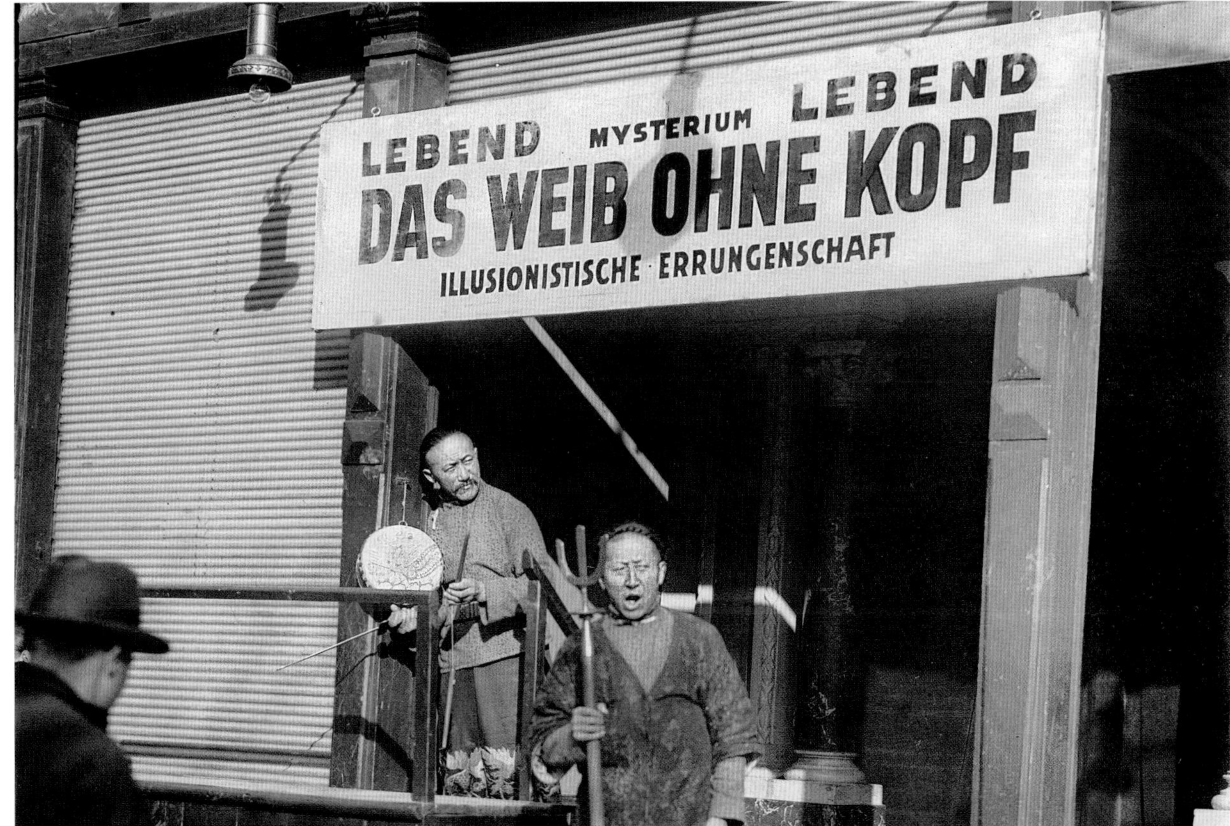

Durch seine ausgedehnten Wald- und Wiesenflächen war der Prater ein wichtiges Erholungsgebiet. Dank seiner Sportnutzung – Praterstadion, Trab- und Galopprennbahn, aber auch der von Läufern und Läuferinnen, Rad- und Motorradfahrern genutzten Hauptallee – war er ein zentraler Ort körperlicher Ertüchtigung. Berühmt geworden ist er allerdings für den Wurstelprater mit seinen Attraktionen: Firmlinge wurden mit dem Fiaker in den Prater ausgeführt, Erwachsene besuchten die Geisterbahn oder ergötzten sich an den zahlreichen Schaubuden. Am Ende führte der Weg ins Schweizerhaus.

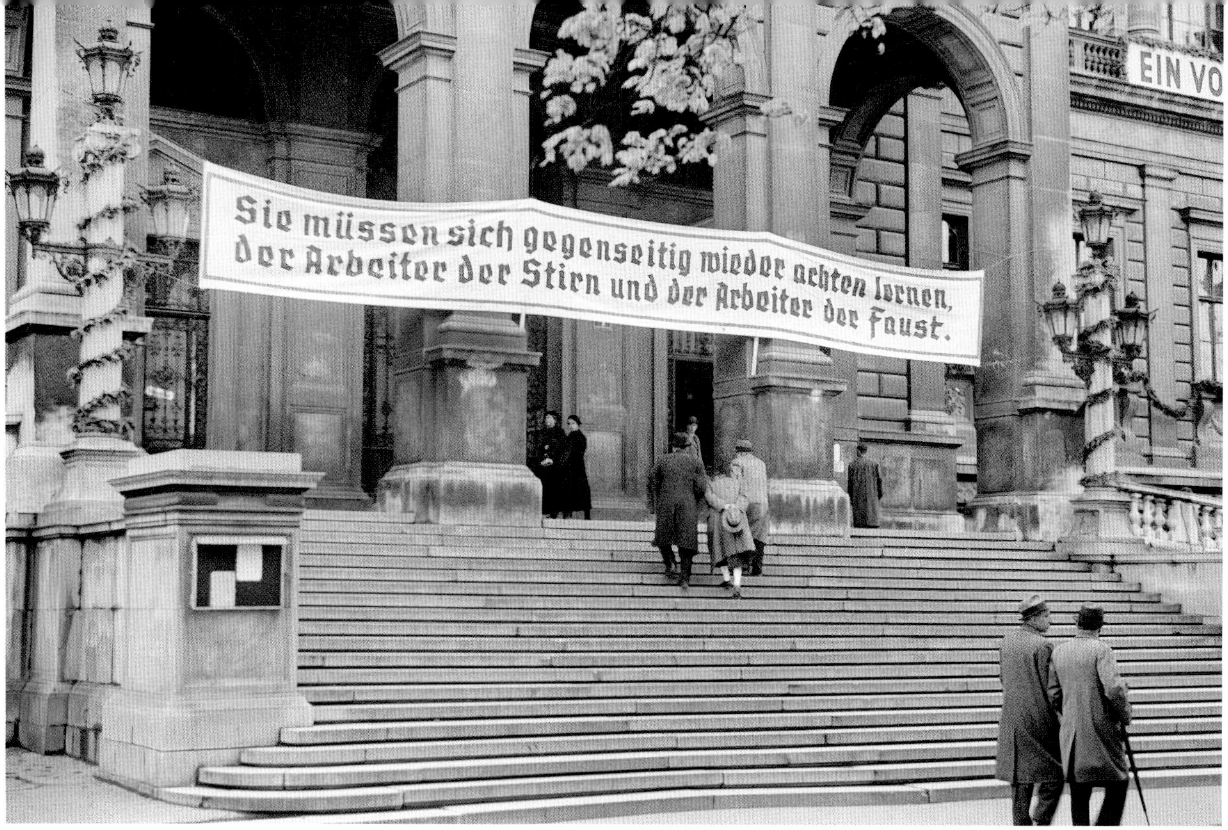

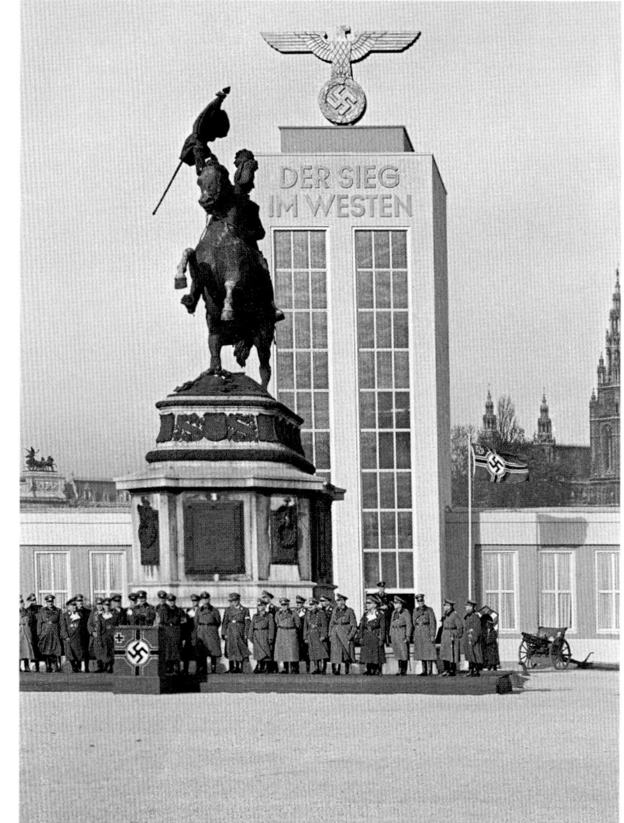

Innerhalb von nicht einmal zehn Jahren hatte sich das Stadtbild Wiens nachhaltig verändert: Nach dem „Anschluss" im März 1938 hatten die Nationalsozialisten ganz Wien mit einem Meer von Nazi-Ornamenten, Hakenkreuzfahnen und Spruchbändern versehen, die auf die neue Ordnung verwiesen, wie etwa am Universitätsgebäude. Nach Kriegsbeginn waren die Signale für einen bevorstehenden Sieg unübersehbar, von einer im November 1940 vom Heeresmuseum organisierten Kriegsausstellung am Wiener Heldenplatz bis zu Sammelaufrufen am „Tag der Wehrmacht".

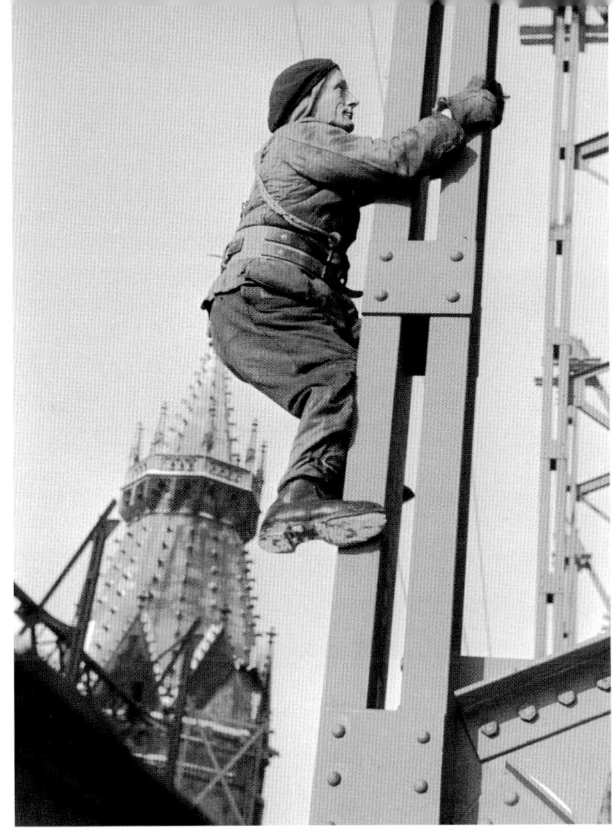

Alliierte Bombenangriffe verwandelten ab April 1944 weite Teile der Stadt in ein Ruinenfeld. Knapp vor Kriegsende wurde auch der Stephansdom ein Raub der Flammen. Die Renovierungsarbeiten am Wahrzeichen Wiens wurden jedoch zum deutlichen Signal des Wiederaufbaus.

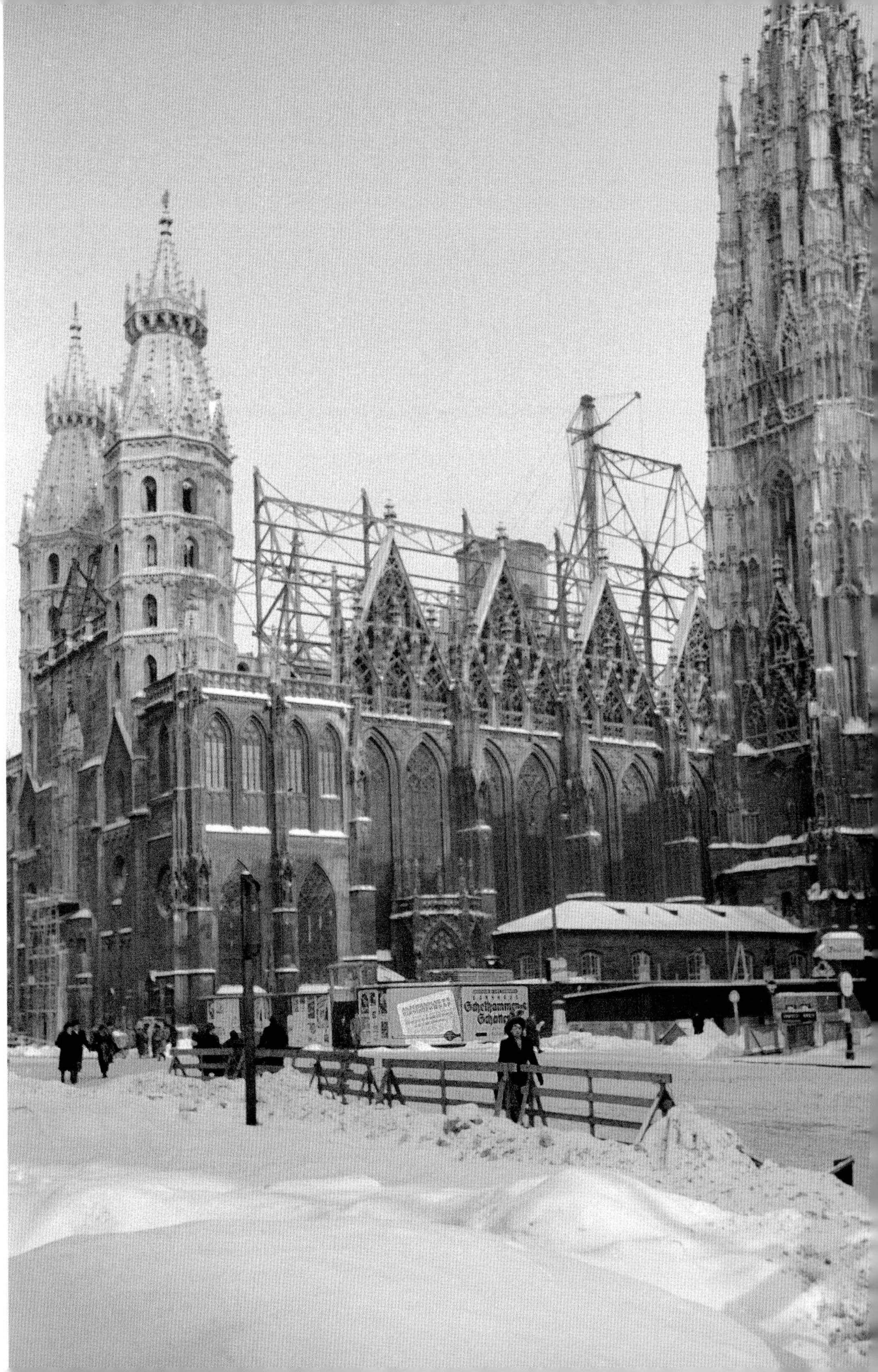

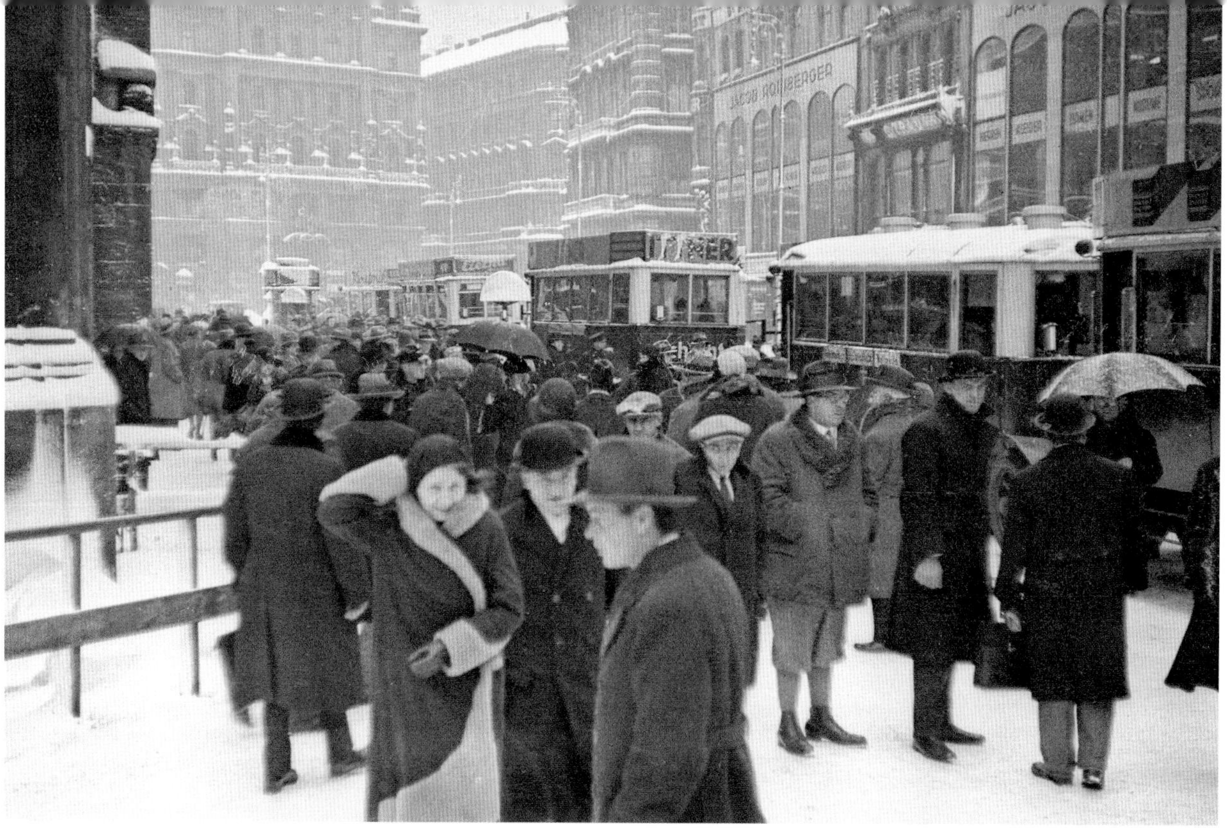

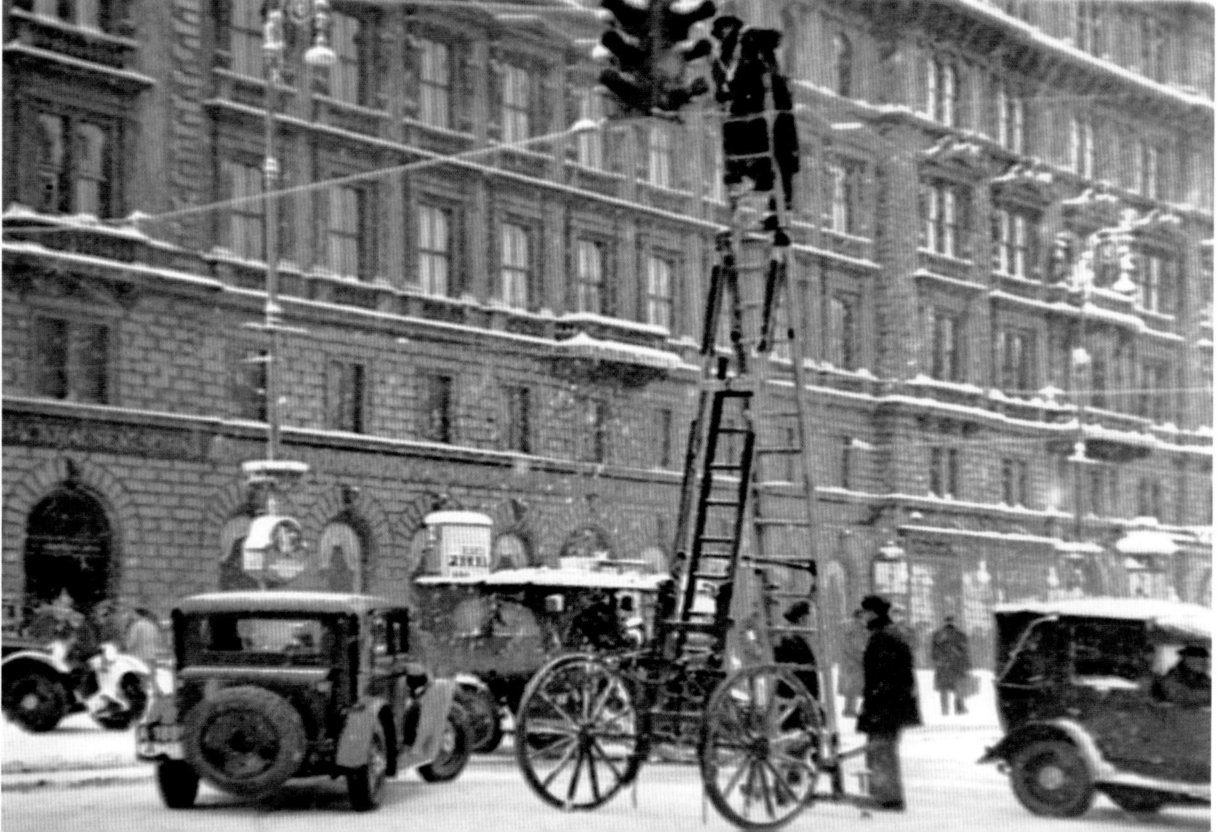

Das kontinentale Klima sorgte in Wien für meist strenge und oft auch schneereiche Winter. Während auf den Hängen des Wienerwalds Ski gefahren und gerodelt wurde und die Kinder Schneeballschlachten abhielten oder

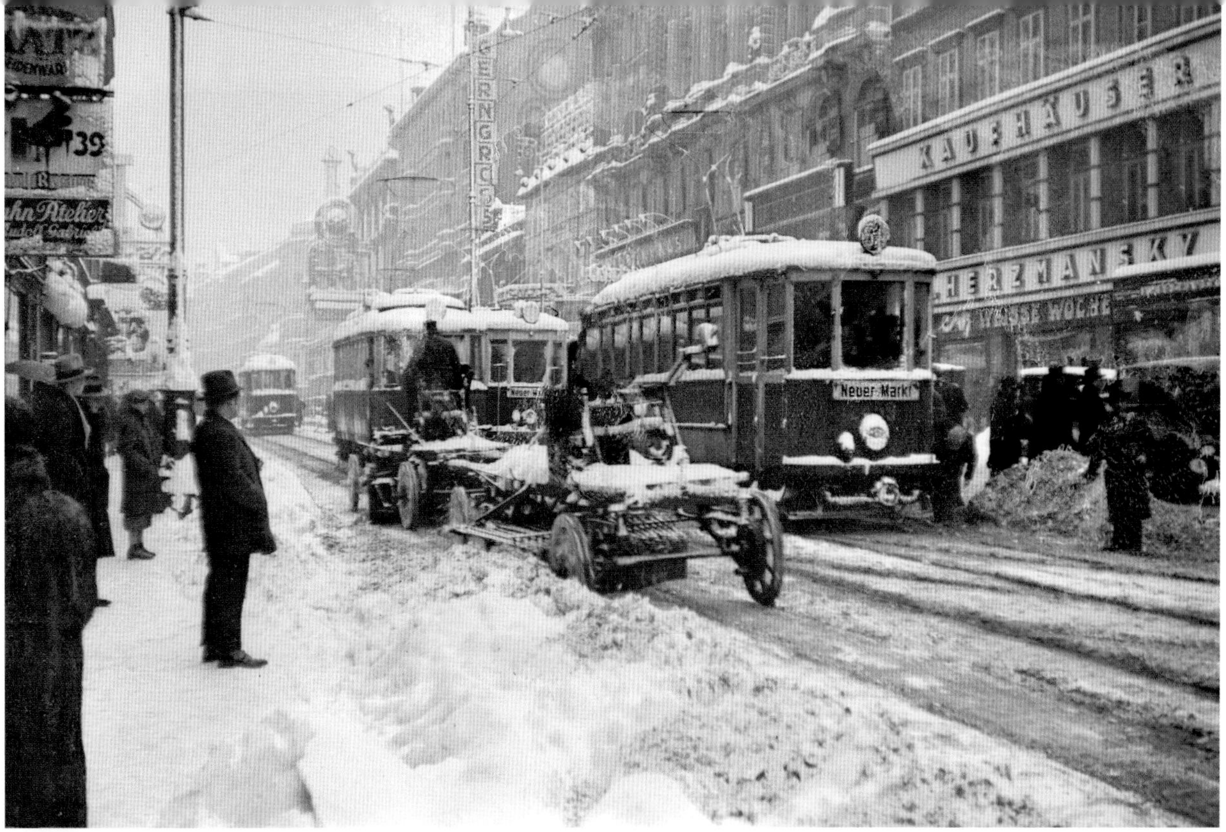

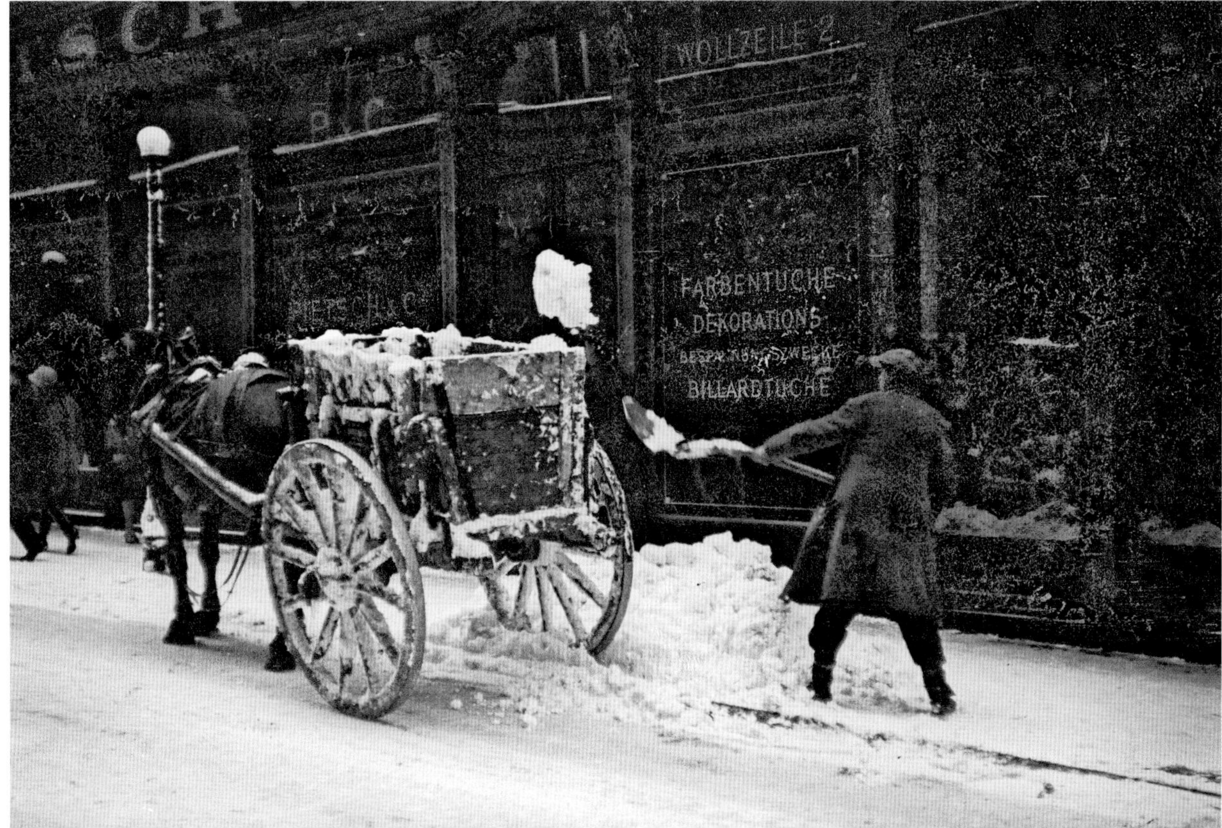

Schneemänner bauten, musste das Stadtzentrum von der „weißen Pracht" geräumt werden: Die Busse und Straßenbahnen mussten fahren, die Ampeln funktionieren, und die Gehsteige sollten zwischen 6 und 22 Uhr gesäubert werden.

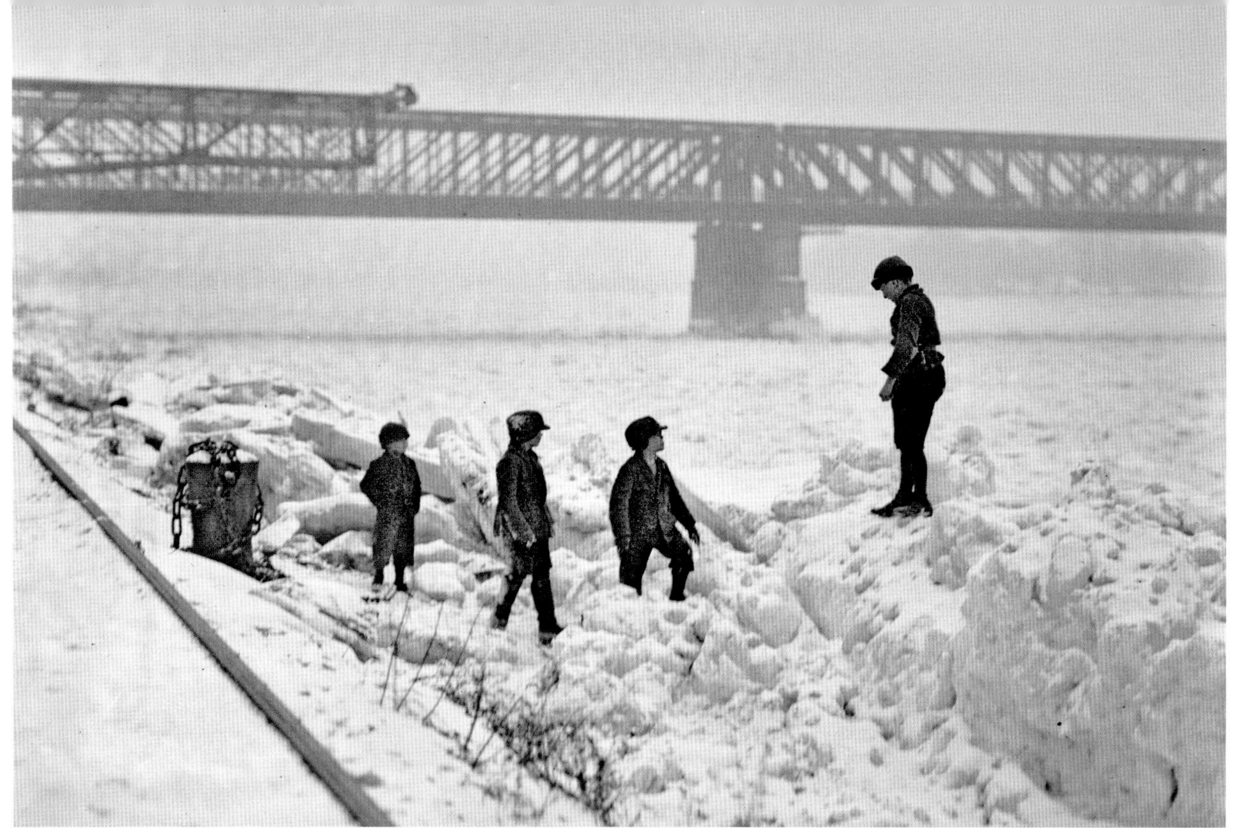

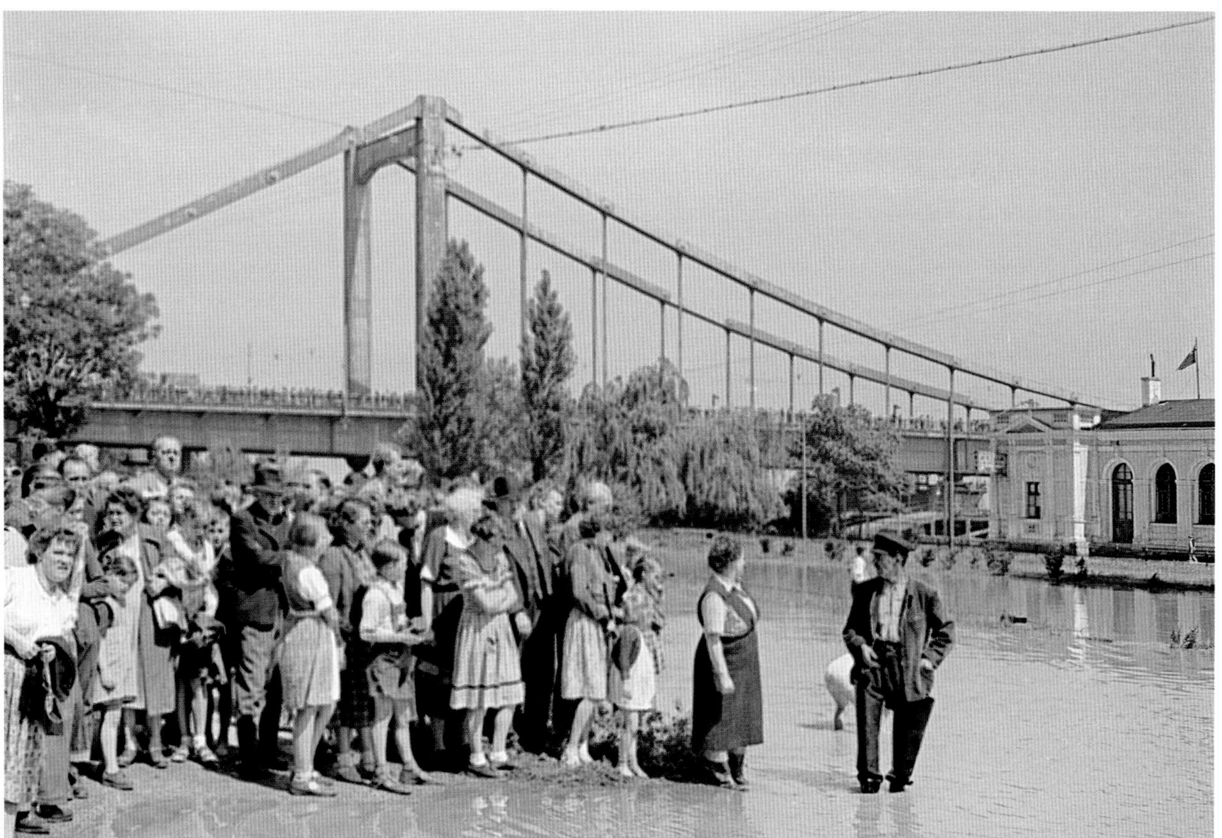

Der Donaustrom sorgte trotz seiner Regulierung im Jahr 1873 immer wieder für Attraktionen. Im Winter lockten Eisstöße, im Sommer Überschwemmungen zahlreiche Schaulustige an. 1929 waren die meterhohen Eisschollen so festgepresst, dass man 14 Tage lang zu Fuß über die Donau von Jedlesee nach Nussdorf gehen konnte. Und das Hochwasser von 1954 war so gewaltig, dass Sonderzüge der Straßenbahn die schaulustige Bevölkerung vom Stadtzentrum bis zur Reichsbrücke führten.

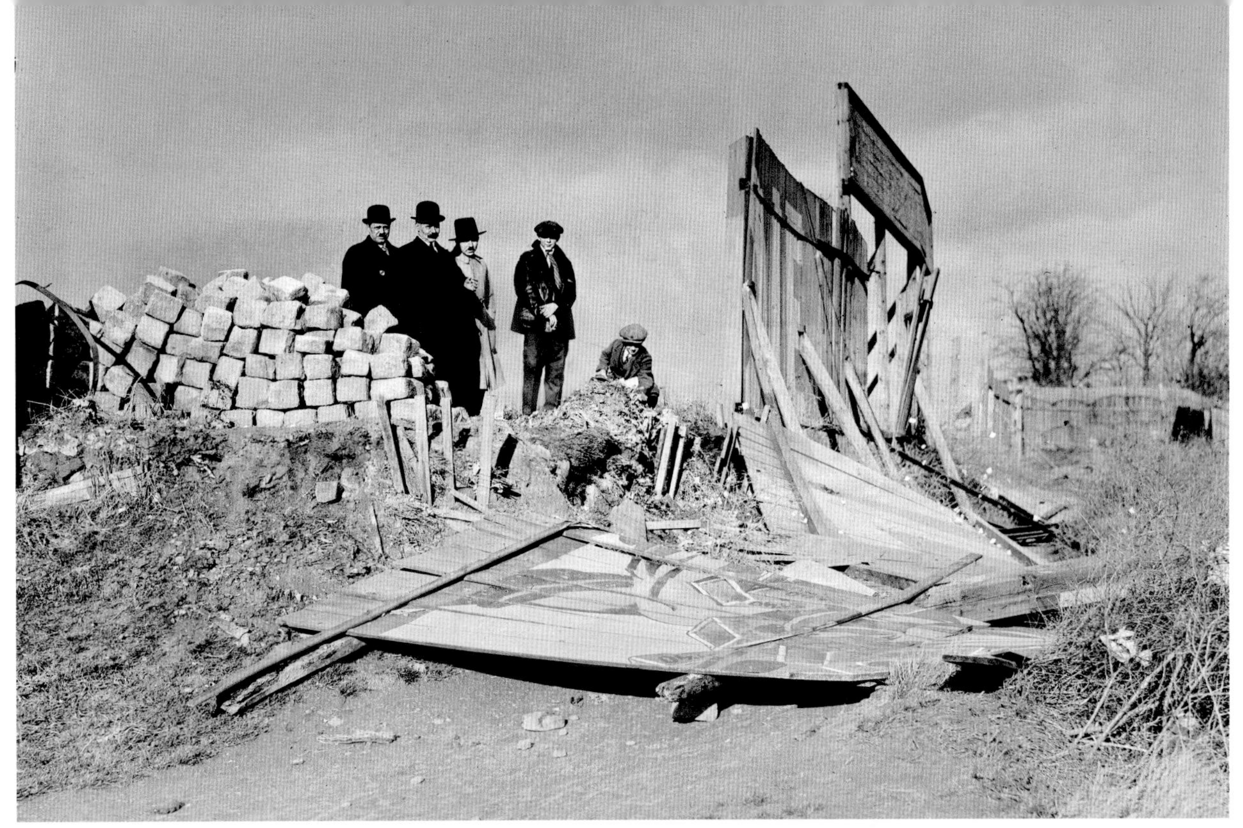

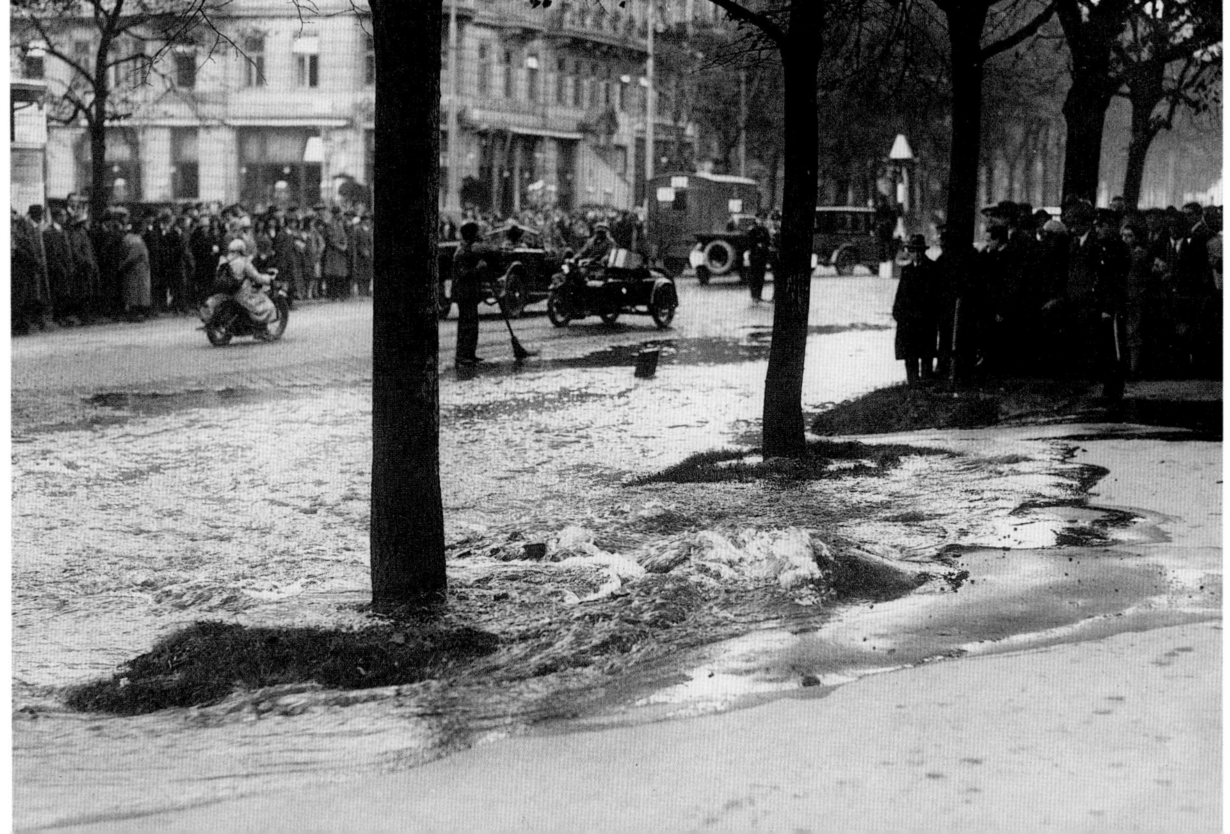

Unwetterkatastrophen wie Lawinen oder Murenabgänge gibt es in der Großstadt nicht. Dennoch locken extreme Witterungen den Fotografen an, wenn etwa ein Sturm über Wien braust und die Holzzäune des Sportstadions auf der Hohen Warte zum Einsturz bringt oder, wie im Jahr 1931, ein Wolkenbruch die Ringstraße für einige Minuten in einen Sturzbach verwandelt.

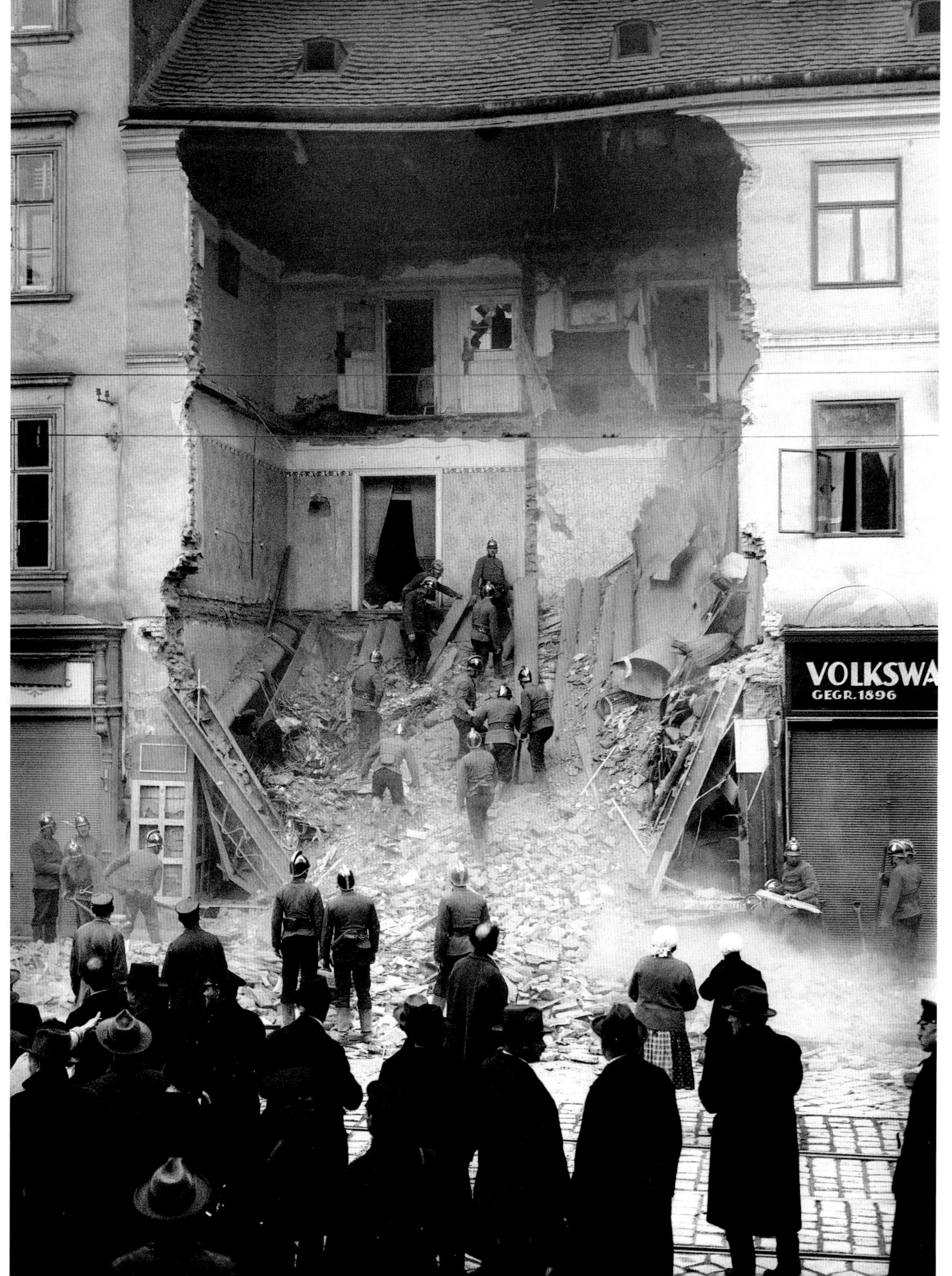

Der Einsturz eines Hauses in der Wiener Vorstadt legte Ende der 1920er-Jahre ungewollt die Zustände in einer abgewohnten Zinskaserne in den 1920er-Jahren frei. Man erkennt das ärmliche Leben der Bewohner und Bewohnerinnen, die nun auch noch ihres letzten Hab und Guts beraubt worden sind.

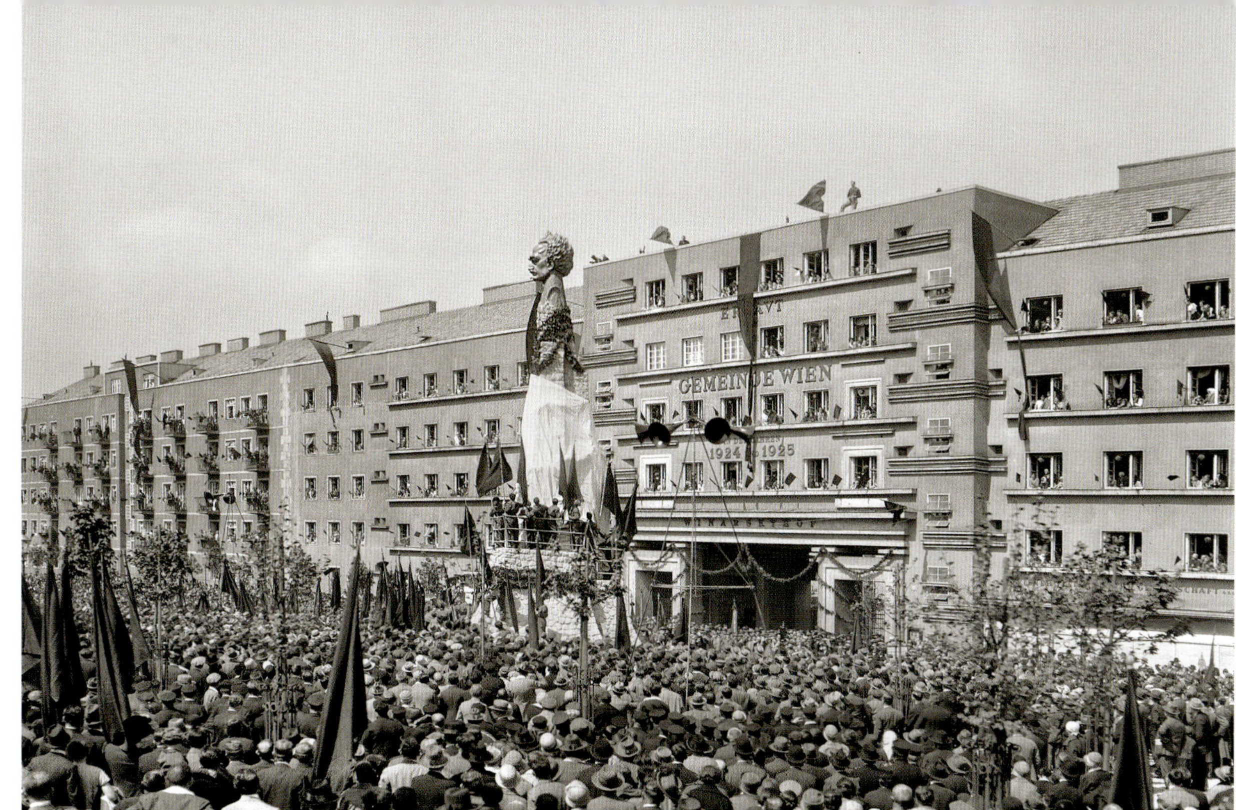

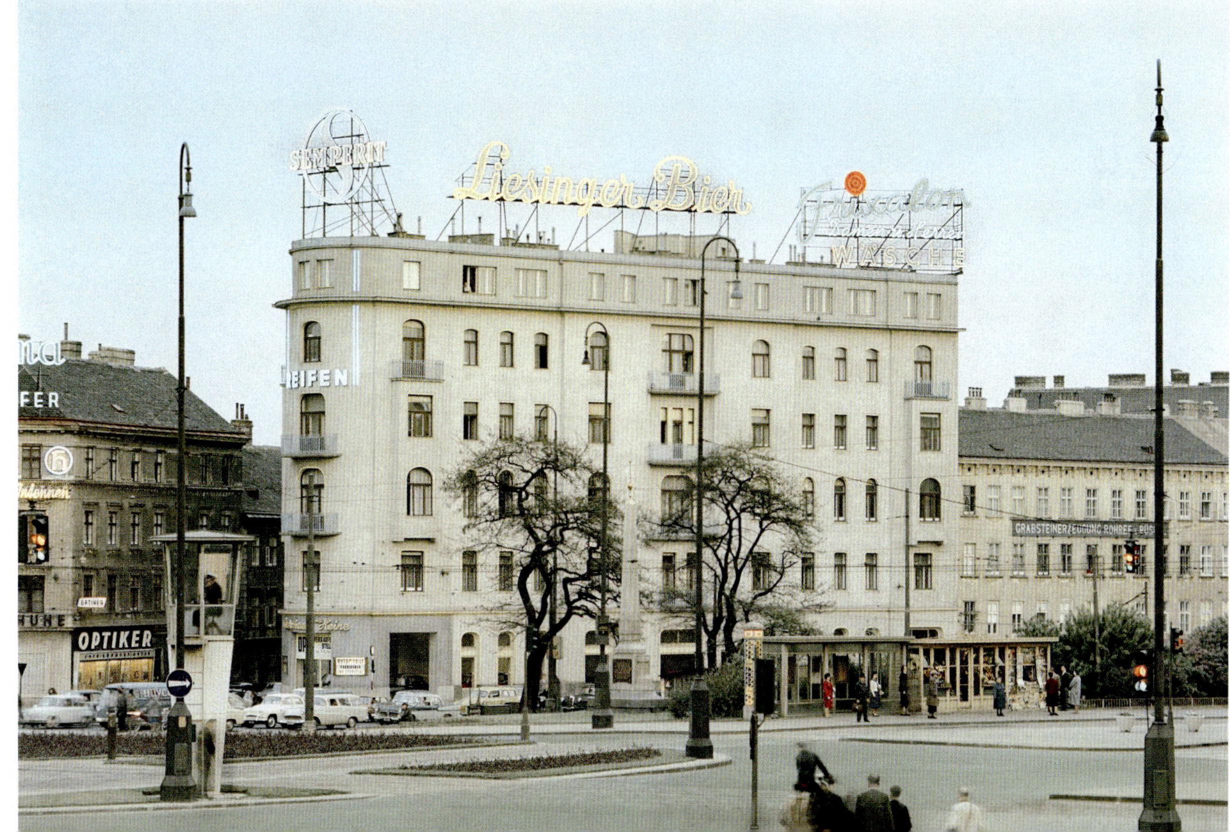

Oben: Die Stadt Wien wirkte durch Gemeindewohnungen, deren Mietzins höchstens vier Prozent des Monatslohns eines Arbeiters ausmachte, der desolaten Wohnsituation der Arbeiterschicht entgegen. 1927 wurde der Matteotti-Hof eingeweiht, der einen Teil der „Ringstraße des Proletariats" am Margaretengürtel bildete.

Unten: Ein Zinshaus in der Äußeren Mariahilfer Straße um 1960 mit den damals üblichen Leuchtreklamen auf dem Dach: Die Aufschriften existieren heute ebenso nicht mehr wie die meisten der beworbenen Firmen, etwa die Liesinger Brauerei oder die Wäschefirma Frixalon.

Der moderne Sport erobert die Stadt

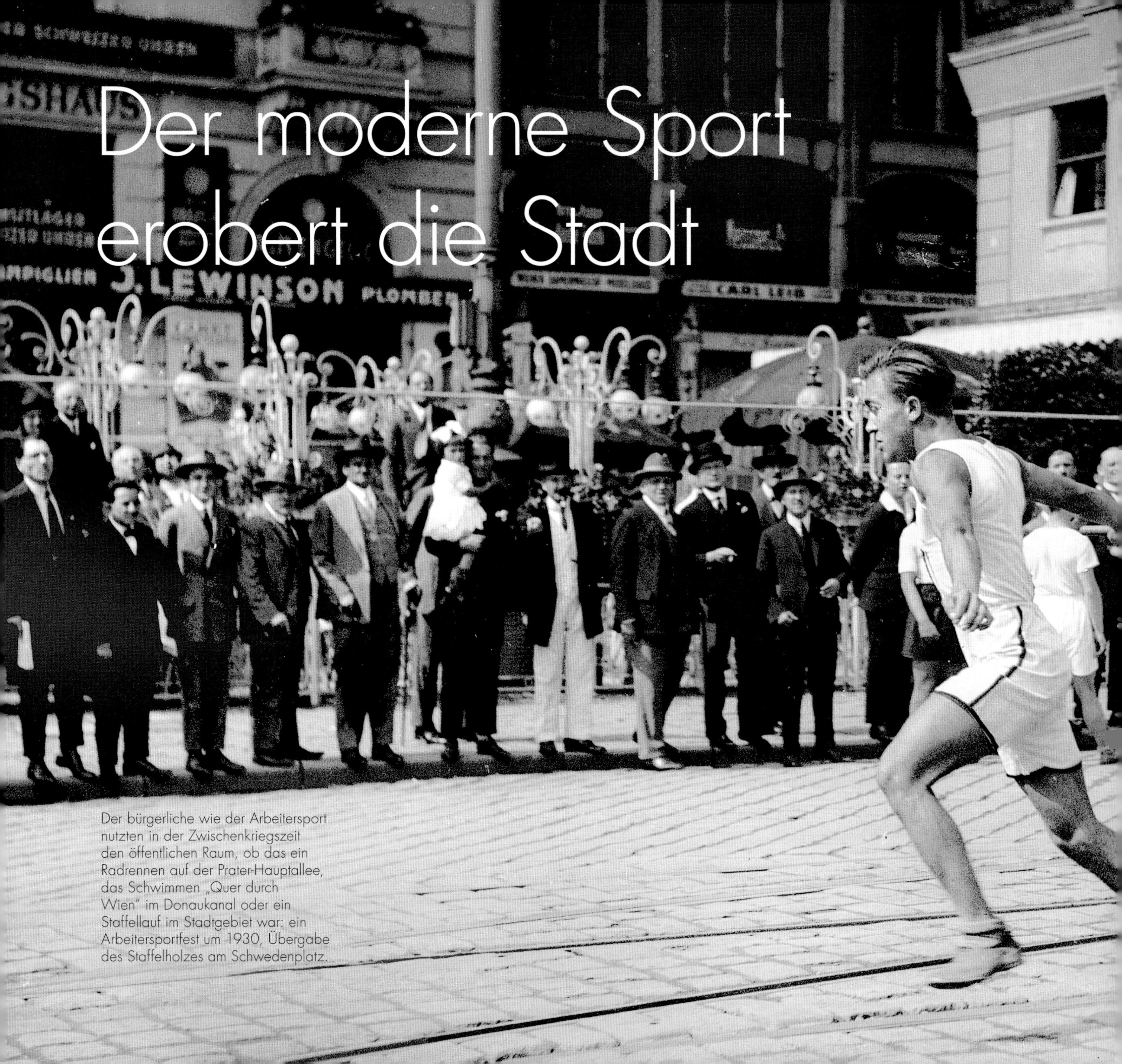

Der bürgerliche wie der Arbeitersport nutzten in der Zwischenkriegszeit den öffentlichen Raum, ob das ein Radrennen auf der Prater-Hauptallee, das Schwimmen „Quer durch Wien" im Donaukanal oder ein Staffellauf im Stadtgebiet war: ein Arbeitersportfest um 1930, Übergabe des Staffelholzes am Schwedenplatz.

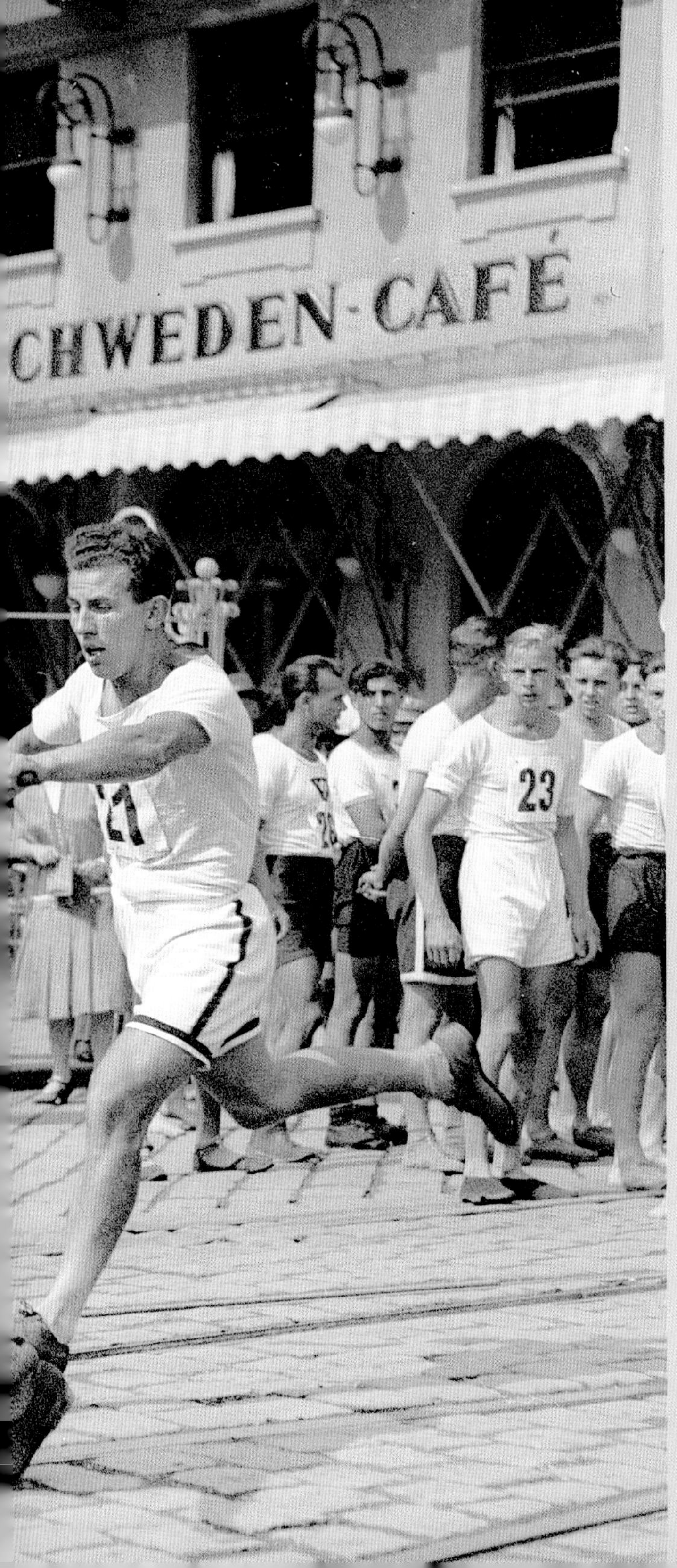

Das Sportleben in Wien nahm nach 1918 einen enormen Aufschwung. Nicht mehr vorwiegend Bürgerliche engagierten sich sportlich, sondern auch die Arbeiterschaft und viele Frauen. In bestimmten Sportarten, allen voran im Radsport und im Schwimmen, entstanden Massenkulturen, im populärsten Sport, dem Fußball, entwickelte sich ab 1924 ein professioneller Betrieb mit Zehntausenden von Zuschauern und Zuschauerinnen. Das war genau das Metier des Lothar Rübelt. Nicht nur, dass er selbst in seiner Jugend Leichtathlet gewesen war und später erfolgreicher Motorsportler wurde: Die Rasanz des Sportgeschehens wird ihn, den begeisterten Motorradfahrer, fasziniert haben; sie kam aber auch seiner Arbeitsweise entgegen. Rübelt, stets auf die Nutzung der modernsten Fototechniken bedacht, vor allem der Kleinbildkamera mit ihren raschen Verschlusszeiten, fand im Sportgeschehen die geeigneten Motive, um Neues auszuprobieren und seine fotografischen Fähigkeiten unter Beweis zu stellen.

Waren im Winter die Skipisten der österreichischen oder Schweizer Alpen Rübelts bevorzugtes Sportmotiv, war er im Sommer oft auf den Wiener Sportstätten anzutreffen, wobei die Quantität seiner Aufnahmen, aber auch seine Aufzeichnungen belegen, dass er zumindest am Wochenende von einer Veranstaltung zur anderen unterwegs gewesen sein dürfte. Er bildete Boxer und Gewichtheber ab, Leichtathleten und Leichtathletinnen sowie Motorsportler. Im Mittelpunkt standen aber stets der Fußball und der Wassersport. Ersteres sicher, weil damit gutes Geld zu verdienen war, Letzteres vielleicht, weil ihn die Schwimmerinnen besonders faszinierten. Verdient hat Rübelt mit der Sportfotografie sicher gut. Und das zu Recht, denn das einfach zu fotografierende Motiv war Rübelts Sache nicht. Und wenn sie die Wahl hatten, veröffentlichten Zeitungen sicher lieber die Nahaufnahmen aus oft interessanten Blickwinkeln, wie sie Rübelts Fotos auszeichneten. Oft wechselte Rübelt auch die Perspektive und richtete sein Kameraobjektiv auf wartende Athleten und Athletinnen oder gleich ins Publikum.

Die Unmittelbarkeit seiner Aufnahmen kam Rübelt mit der Zeit allerdings abhanden. In seiner späten Phase ab den 1950er-Jahren versuchte er, das Ganze in den Blick zu nehmen.

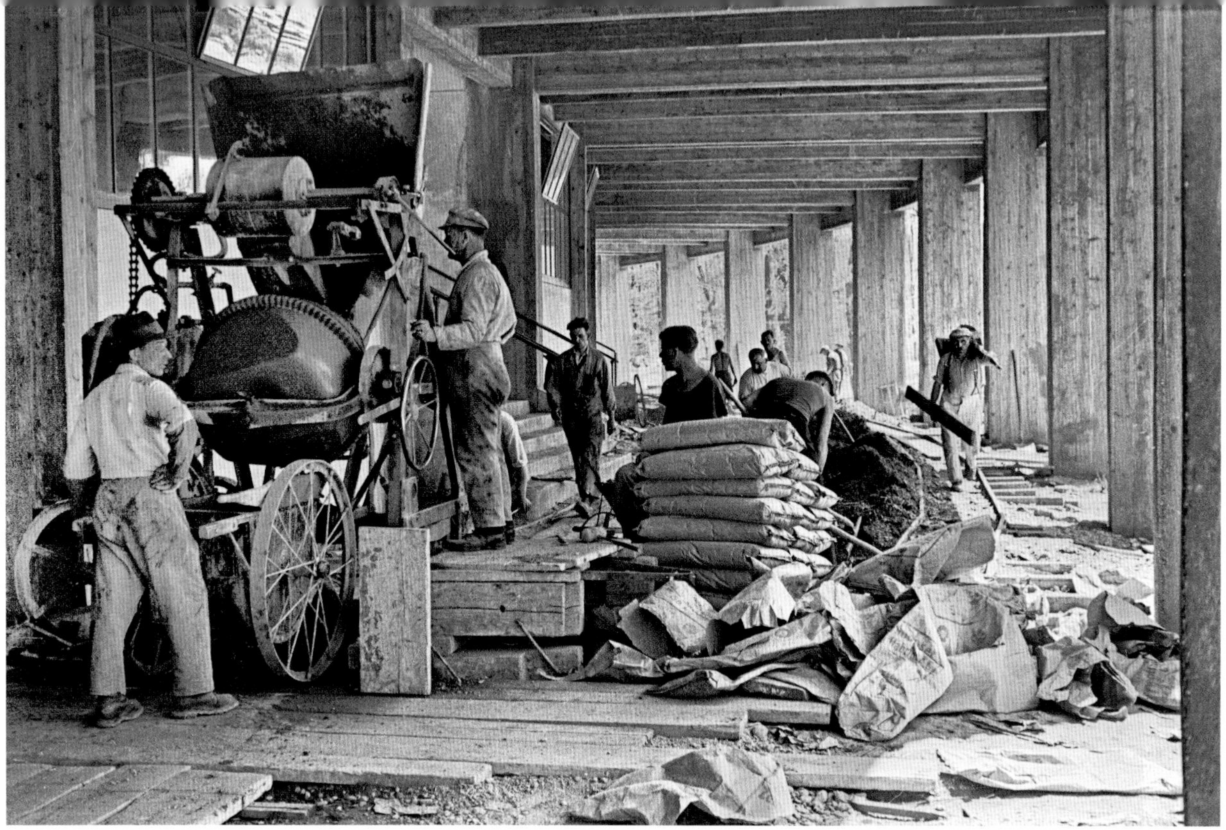

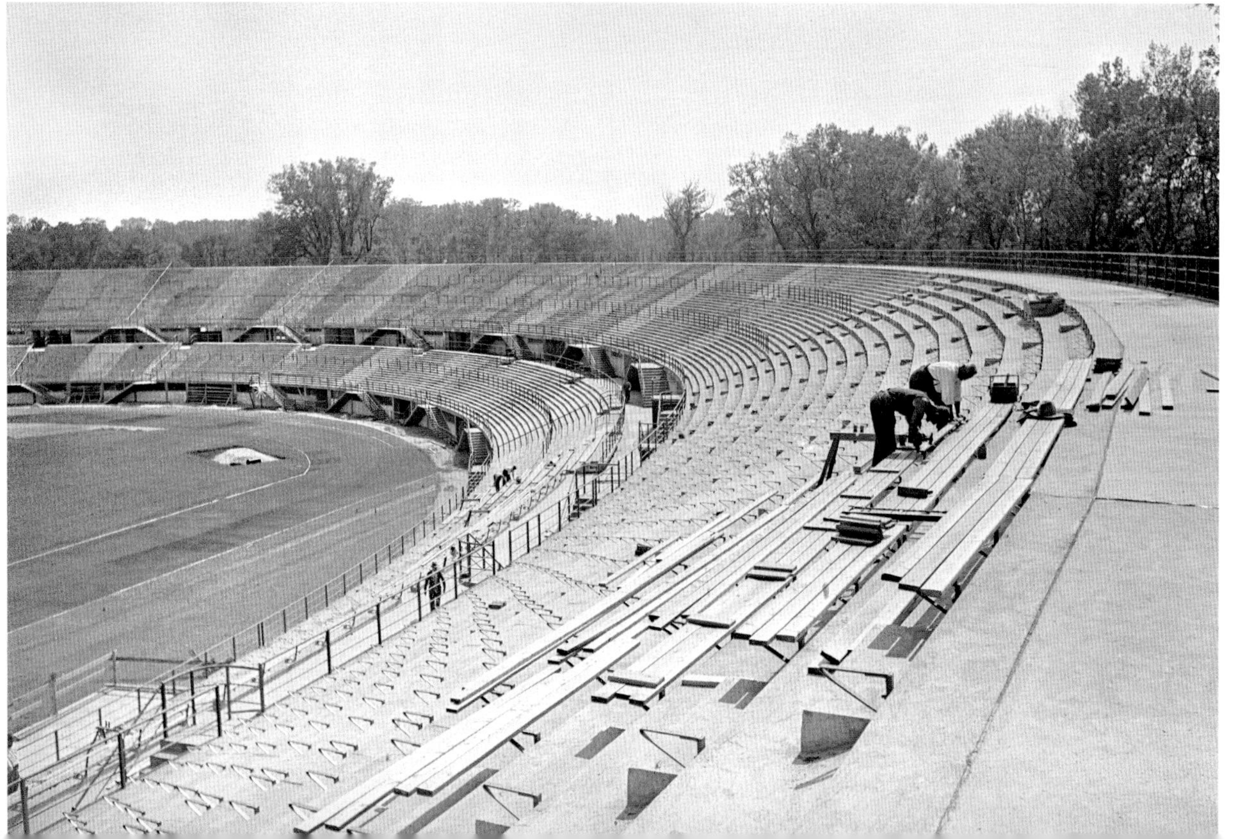

Zum zehnjährigen Bestand der Republik, im November 1928, wurde der Grundstein für das Wiener Praterstadion gelegt, einen Symbolbau des Roten Wien, der 1931 fertiggestellt wurde. Das Stadion mit einem Fassungsraum von etwa 60.000 Menschen wurde nach modernsten Standards errichtet, was die Baustoffe, aber auch eine egalitäre Nutzung betrifft, und es war Kernpunkt eines multifunktionalen Sportzentrums mit dem Stadionbad, einer

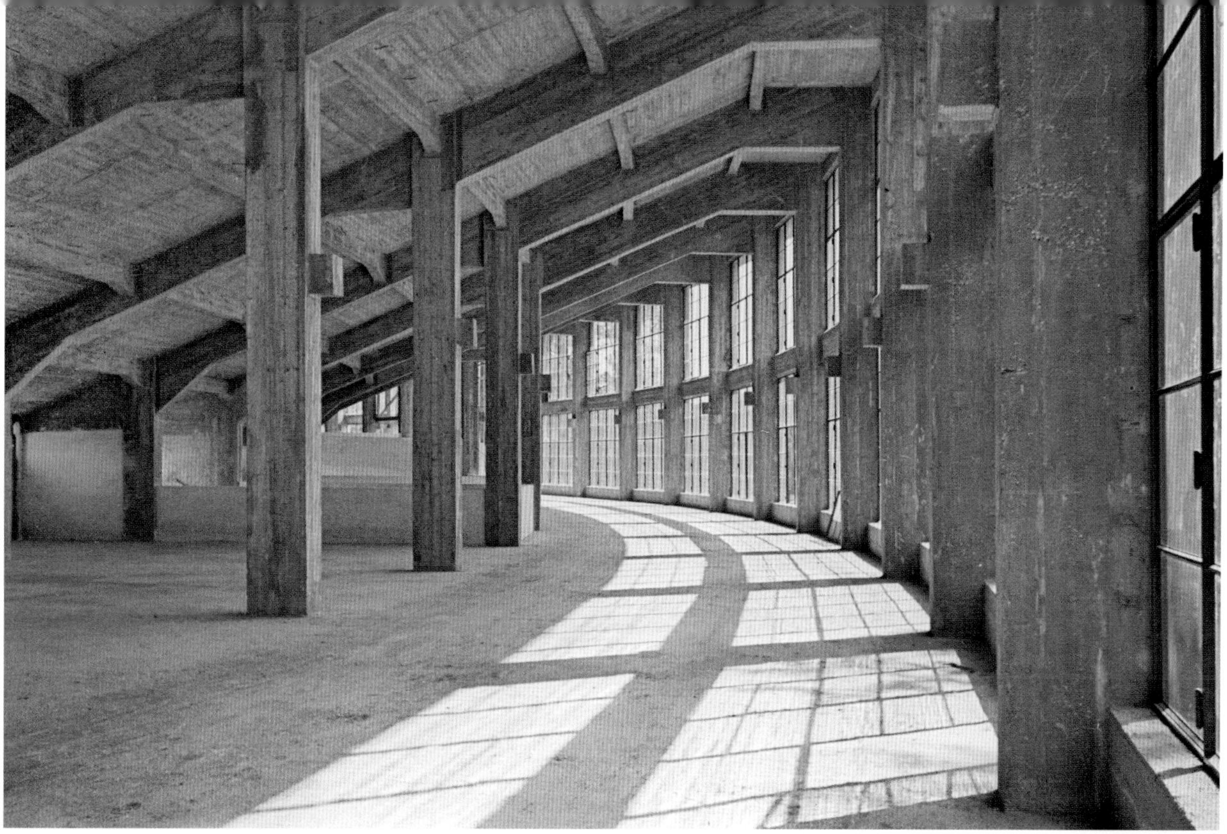

Radrennbahn, aber auch einer Sportschule. Die Eröffnung erfolgte mit einem Spiel der Arbeiterfußballer durch Stadtrat Julius Tandler, Bundespräsident Wilhelm Miklas und Bürgermeister Karl Seitz. Eine Woche später bestand das Stadion mit der Arbeiter-Olympiade die erste große Bewährungsprobe. Im September 1931 übersiedelte das Fußball-Nationalteam ins Praterstadion: Deutschland wurde vom „Wunderteam" 5:0 besiegt.

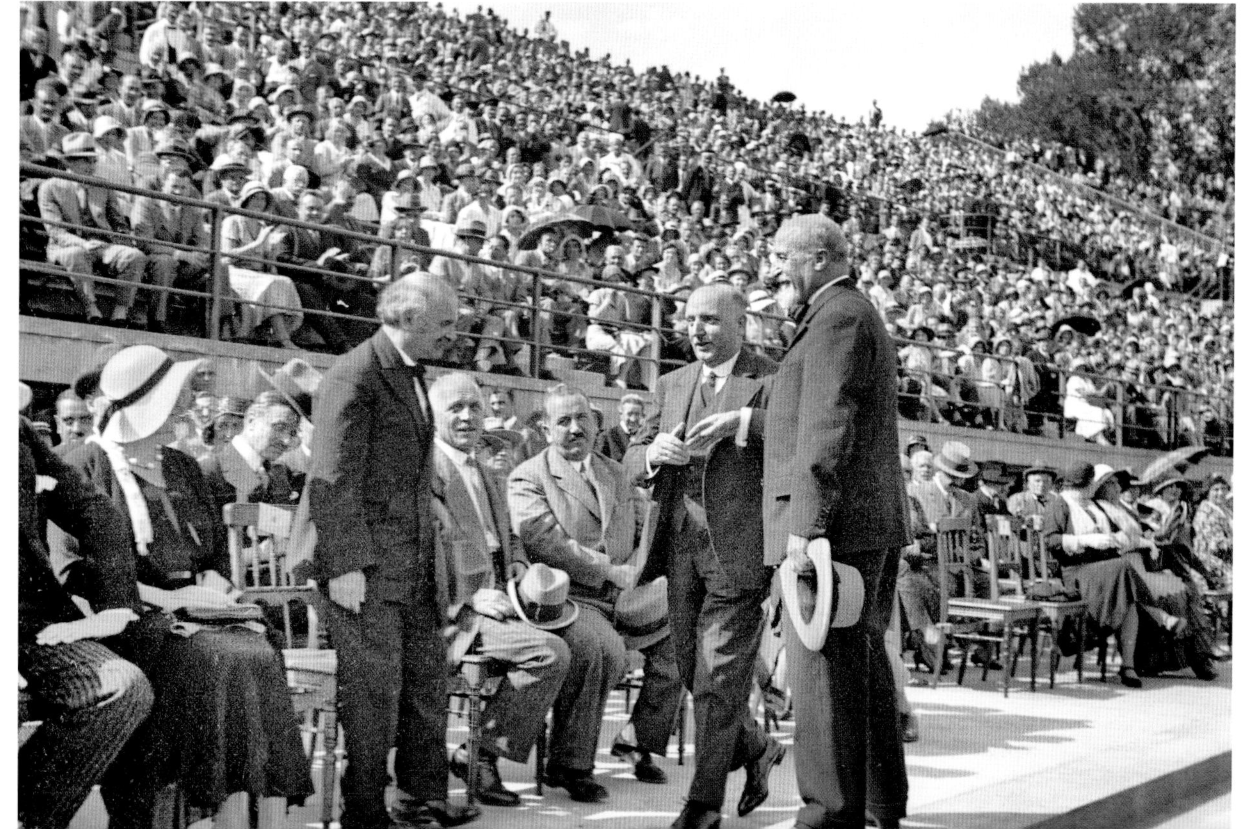

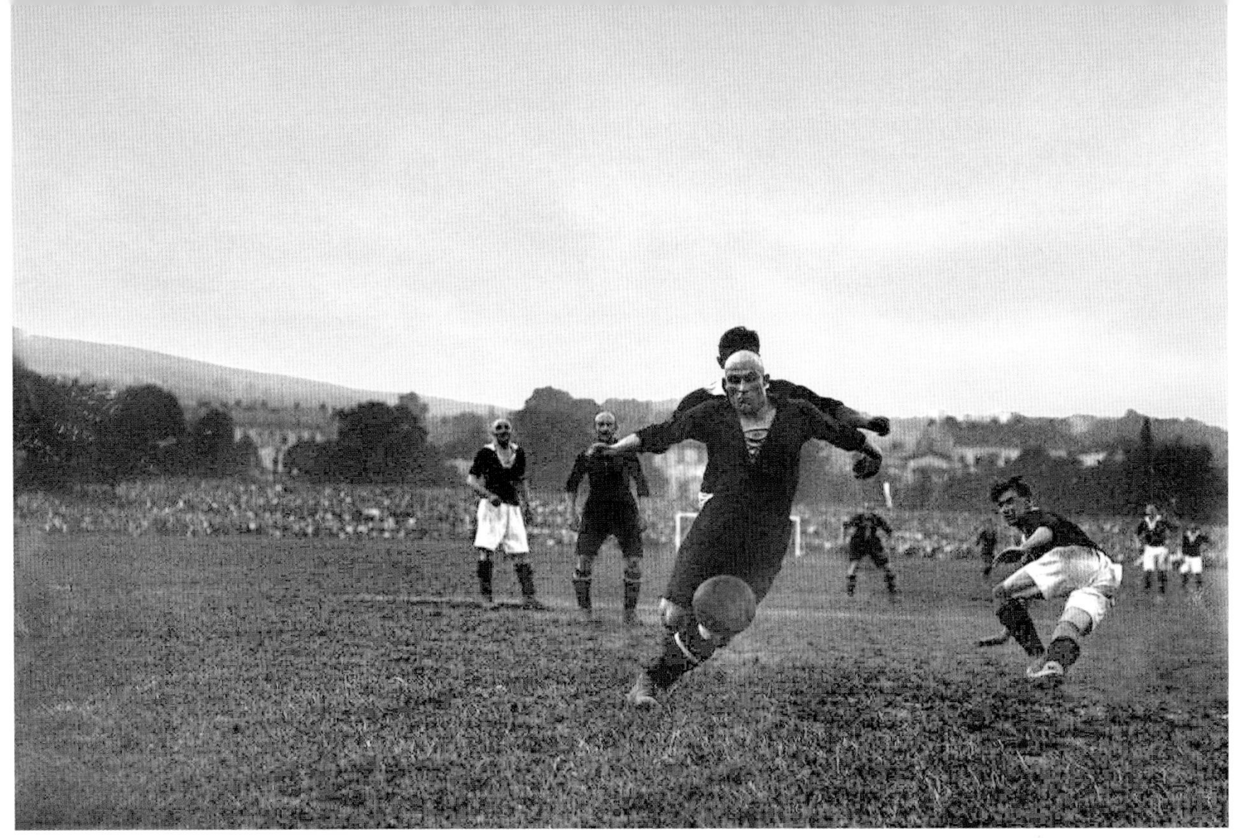

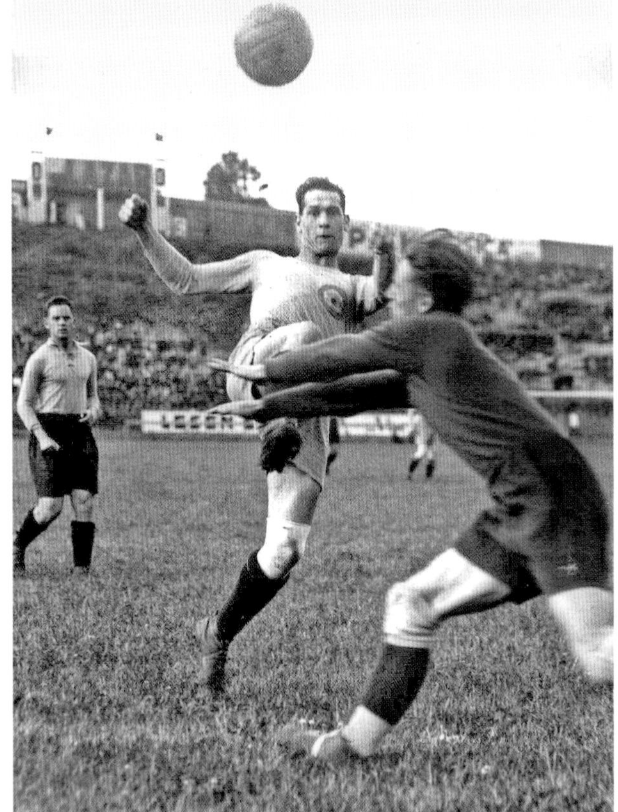

Oben: Das wohl bekannteste Fußballfoto von Lothar Rübelt zeigt Rapid-Stürmer Josef Uridil und seinen Vereinskollegen Richard Kuthan im Jahr 1920 bei einem Spiel gegen Sparta Prag. Im Gegensatz zur eher statischen Sportfotografie jener Zeit gelang es ihm, die Kraft und Dynamik der Szene einzufangen.

Unten: Vienna-Stürmer Fritz Gschweidl bei einem Torschuss auf der Hohen Warte im Jahr 1926. Rübelt fängt den entscheidenden Moment des Erfolges ein, in dem sich der Schütze nicht auf den herauseilenden Keeper, sondern auf das Tor konzentriert, in welches er den Ball befördern möchte.

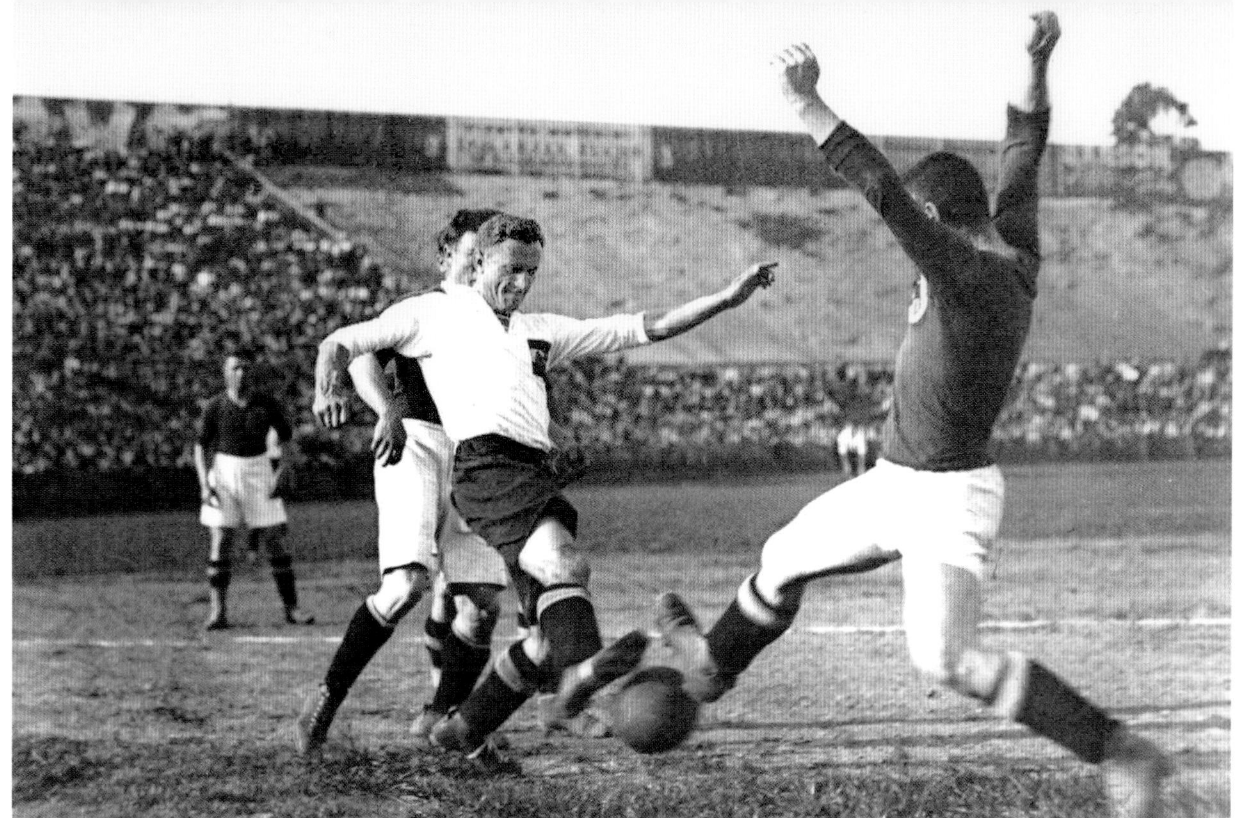

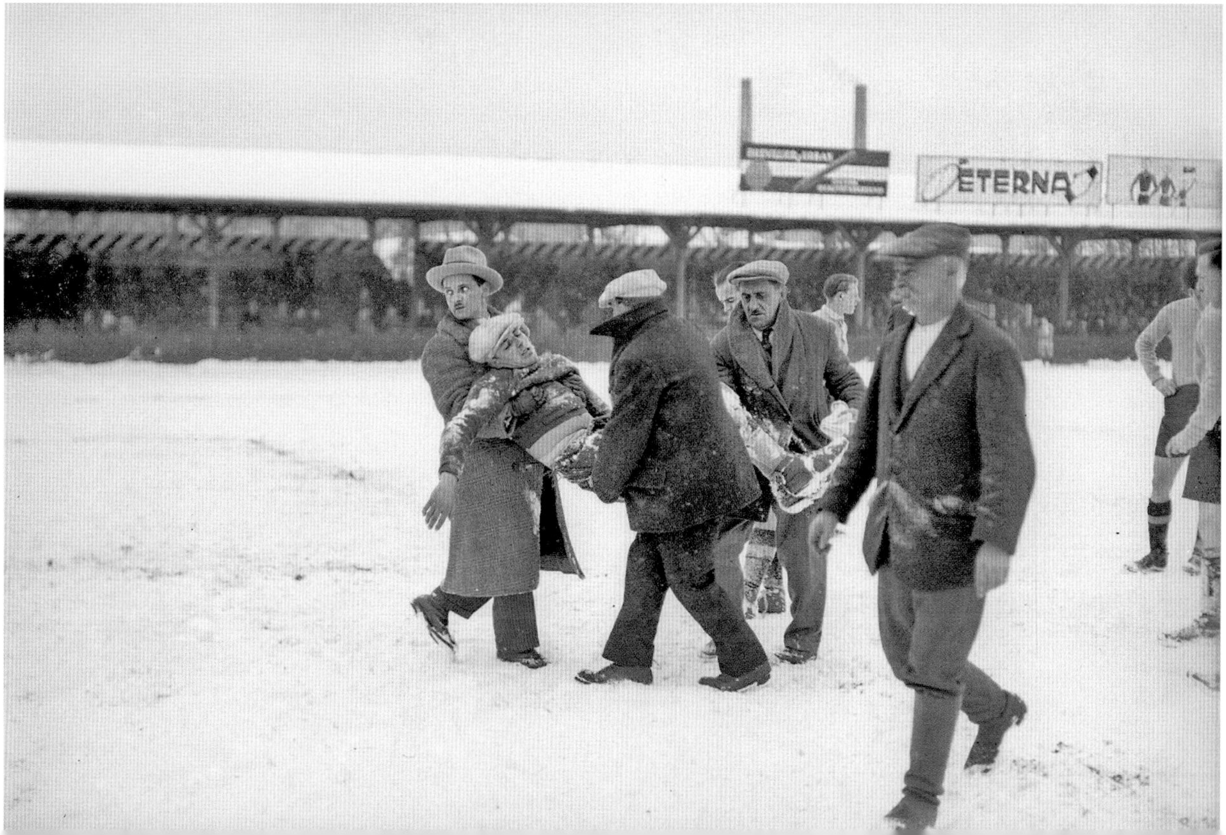

Oben: Im September 1922 trennen sich Österreich und Ungarn auf der Hohen Warte mit 2:2. Ferdinand Swatosch und Károly Fogl im Kampf um den Ball. Meist mussten die Zeitungen wegen der langen Verschlusszeiten solche Fotos mit eingeklebten Bällen retuschieren, nicht so bei Rübelt.

Unten: Lothar Rübelt interessierte sich nicht ausschließlich für das Fußballspiel, sondern auch für das Umfeld. Das Stadion selbst, das Publikum oder wie hier die Bergung eines verletzten Tormanns durch Ordner und Funktionäre erregten stets sein besonderes Interesse.

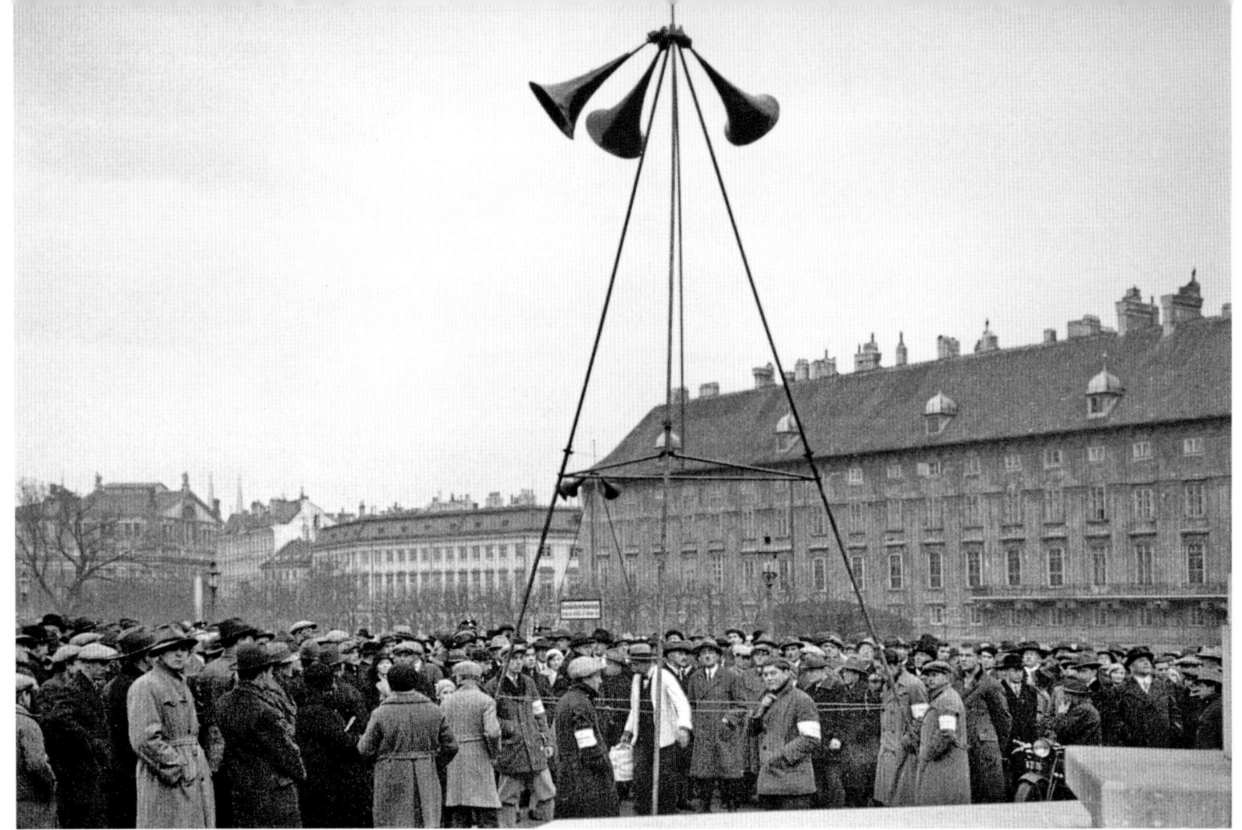

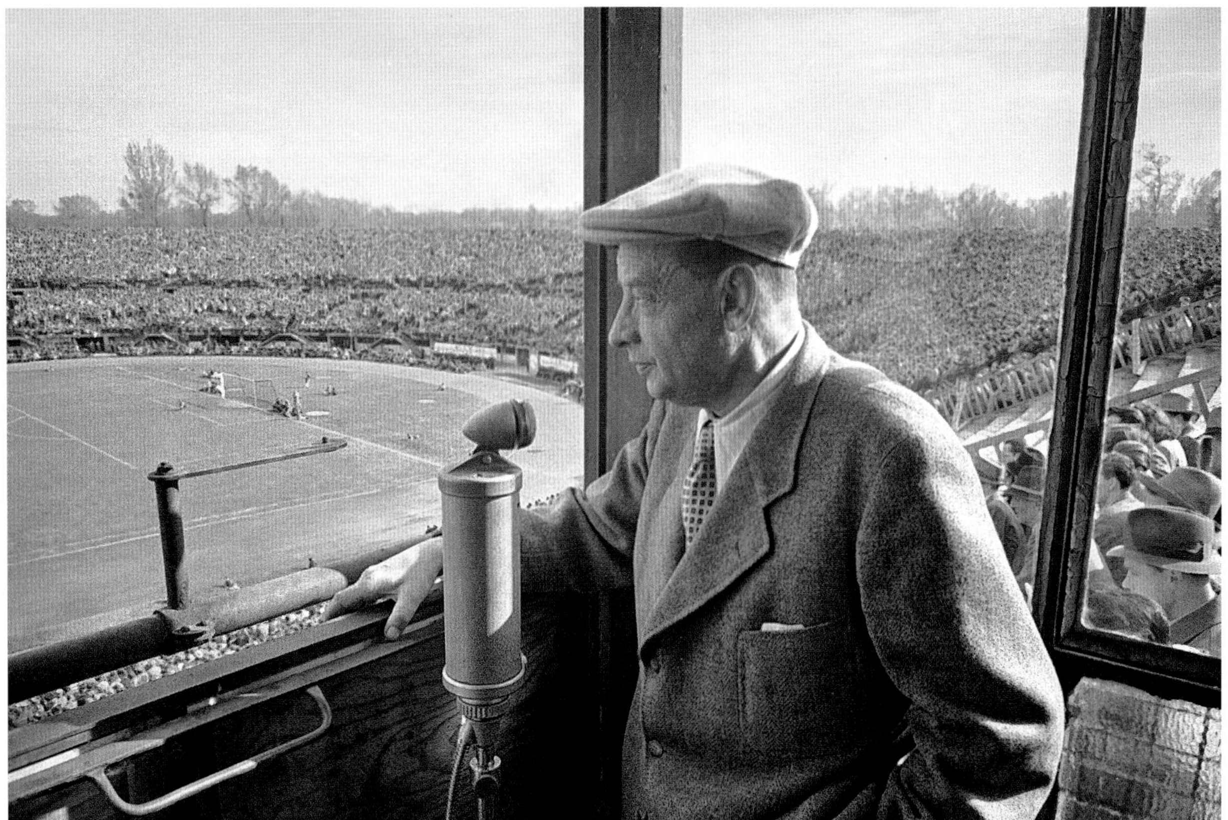

Das seit 1924 professionalisierte Fußballgeschehen in Wien war ein Medienereignis: Das Spiel des Wunderteams gegen England im Dezember 1932 wurde per Unterseekabel live übertragen, unter anderem durch eine Lautsprecheranlage auf dem Heldenplatz. Legendär waren die anschaulichen Schilderungen des Sportreporters und Journalisten der „Kronen-Zeitung", Willy Schmieger, der das Geschehen in die Wohnzimmer der Anhänger verlagerte. Hier bei einem Länderspiel gegen die Schweiz 1948 im Praterstadion.

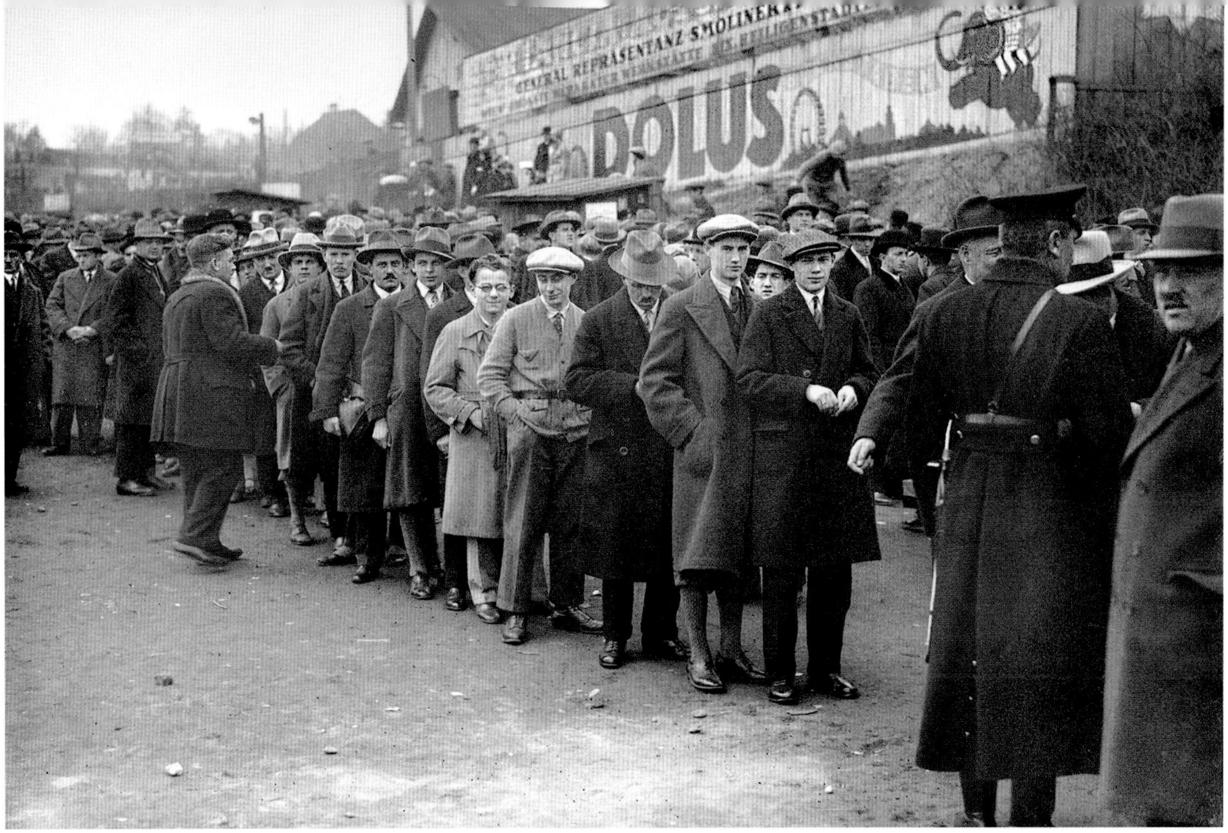

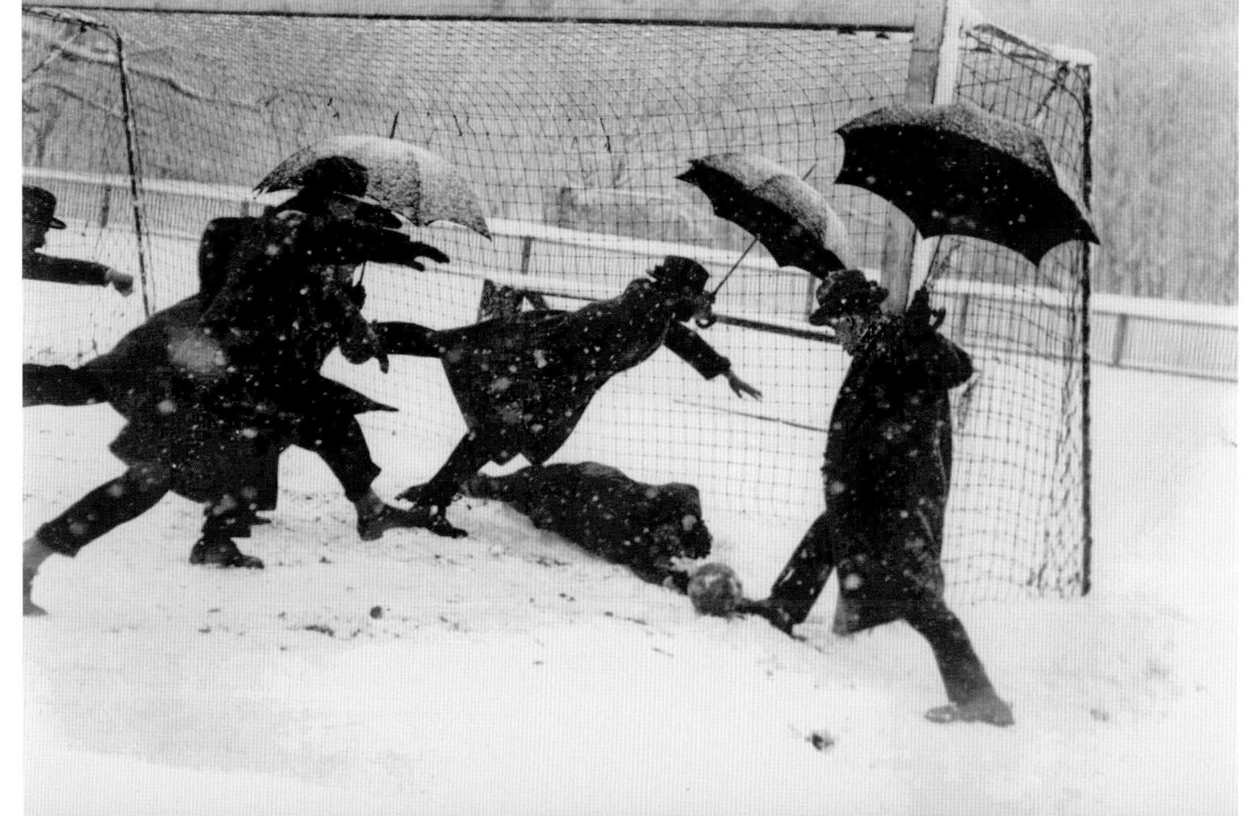

Anfang und – unübliches – Ende eines Fußballkampfes: Vor den Matches bildeten sich vor den Kassenhäuschen lange Warteschlangen, wie hier am oberen Bild auf der Hohen Warte im Jahr 1930. Gespielt wurde auch bei Regen, Matsch und Minustemperaturen. Wenn aber eine allzu hohe Schneedecke doch einmal eine Austragung verhinderte, vergnügten sich die Anhänger auf ihre Weise: Szene auf dem WAC-Platz 1925.

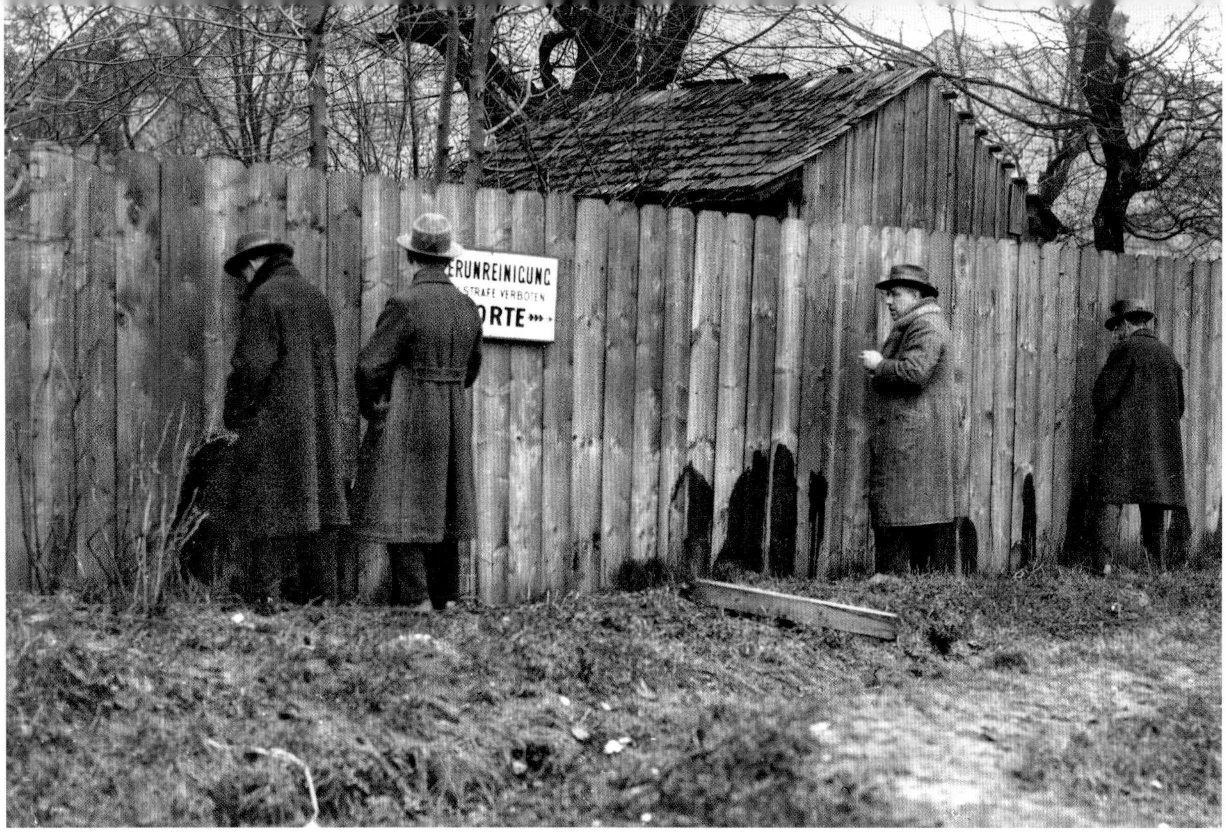

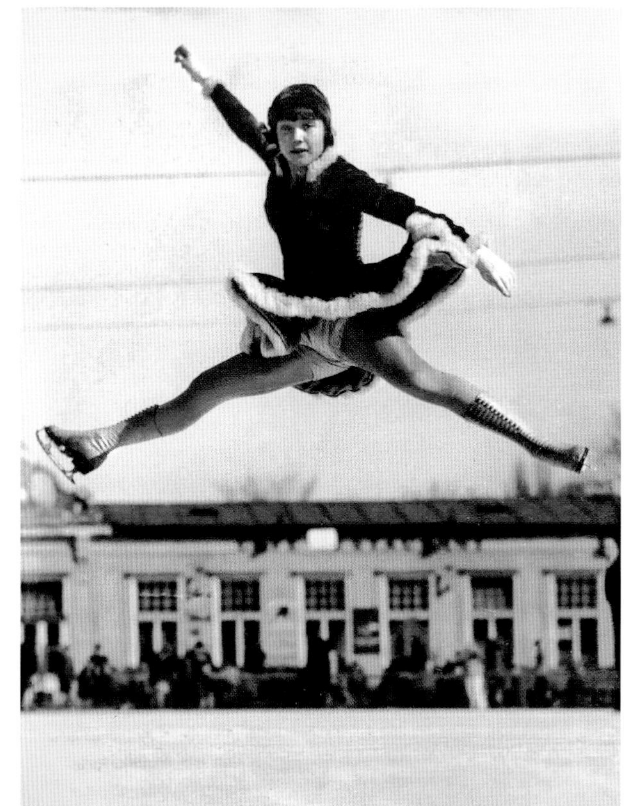

Das Sportgeschehen der Zwischenkriegszeit und bis in die 1960er-Jahre war eindeutig ein Männerraum. Auch wenn der Anteil der Frauen im Leichtathletiksport etwa 30 Prozent und jener im Eiskunstlauf 50 Prozent betrug, wurden doch die Regeln von Männern formuliert. Der Sport war von Männern organisiert und wurde Teil einer Männerkultur. Wettkampfsport für Frauen sollte überhaupt untersagt werden, Frauensport sollte ästhetisch sein und dem Männerauge gefallen. Indirekt hat Lothar Rübelt auch diese Entwicklungen dokumentiert, indem er Männer fotografierte, die den Sportplatz als ihr Terrain „markierten", und indem er vorwiegend die weiblichen Reize von Sportlerinnen abbildete, seien es Schwimmerinnen oder Eiskunstläuferinnen wie Hilde Holovsky (um 1931).

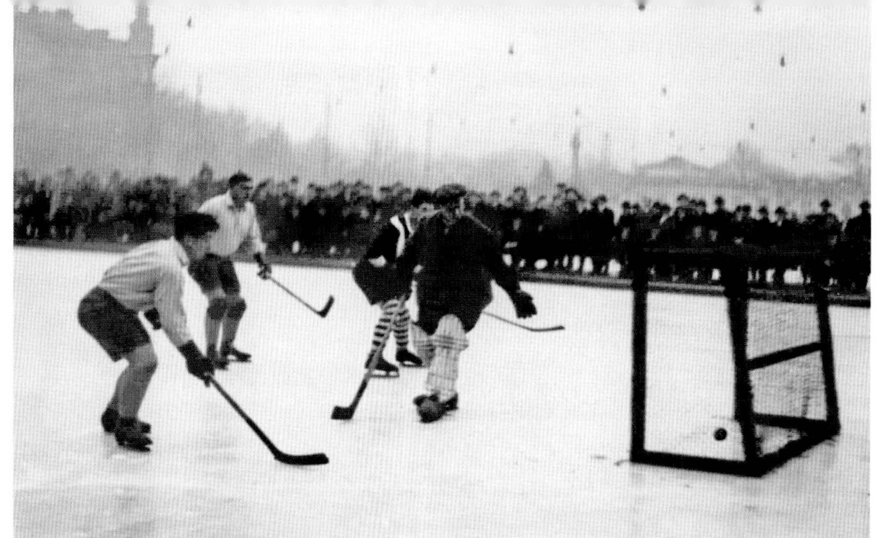

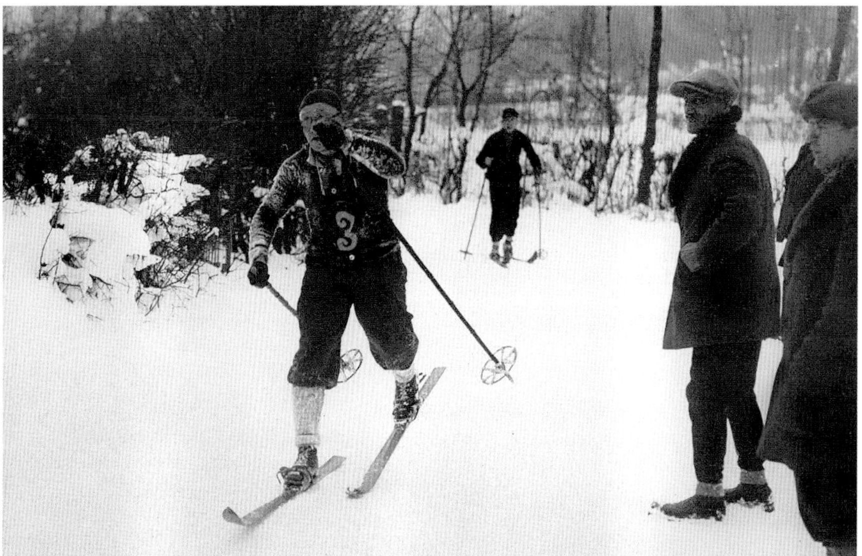

Lothar Rübelt, selbst ein begeisterter Skiläufer, fotografierte in den Wintermonaten gern bei den großen skisportlichen Ereignissen in Westösterreich und in der Schweiz. Aber auch der Wintersport in Wien war immer wieder ein Thema, etwa die Eishockeyspiele beim Engelmann, der ersten Freilufteisbahn der Welt in der Jörgerstraße, oder am WEV-Platz am Heumarkt (Bild oben), ein Wettbewerb im Skilanglauf im Wienerwald (Bild Mitte) oder der Schneepalast in der Halle des Nordwestbahnhofs. Dort wurde im Winter 1927/28 ein komplettes Wintersportambiente mit Skisprungschanze, Slalompiste und Rodelbahn aufgebaut. Statt Schnee- gab es allerdings Sodaflocken.

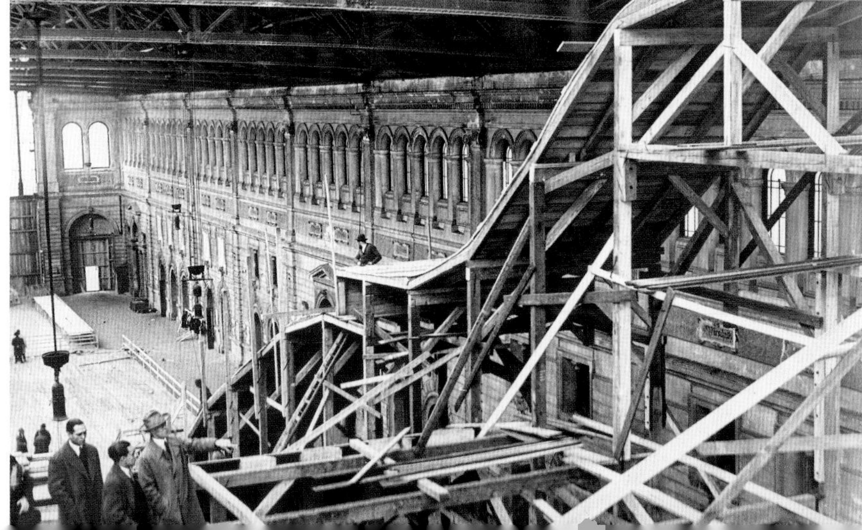

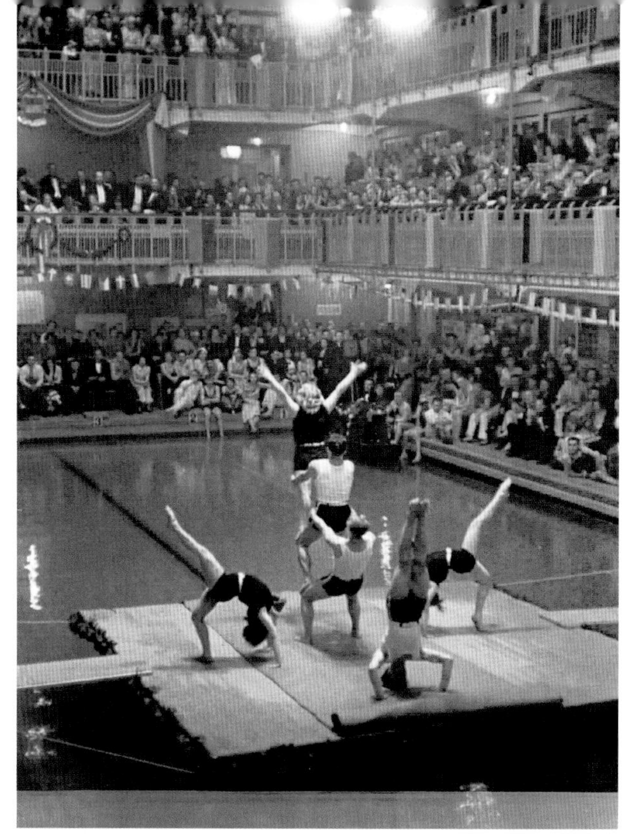

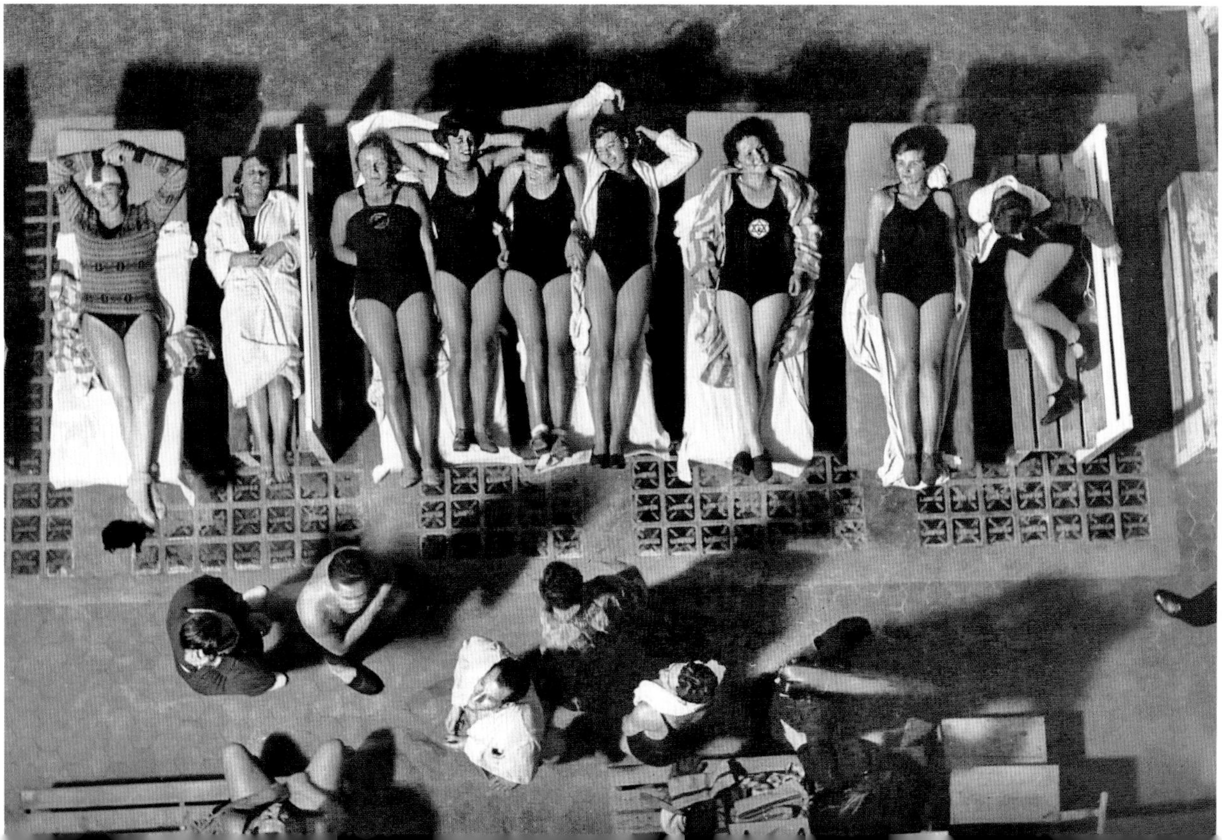

Der Wassersport war im Wien der Zwischenkriegszeit enorm populär. Zum einen aus sportlichen Gründen, weil etliche österreichische Athleten und Athletinnen auch international beachtete Spitzenleistungen erbrachten, zum anderen wegen seiner politischen Brisanz, dominierten im Schwimmen, Turmspringen und Wasserball doch mit dem national-deutschen Ersten Wiener Amateurschwimm-Klub (EWASK) und der zionistischen Hakoah zwei Vereine, die für ihre Anhängerschaft ein

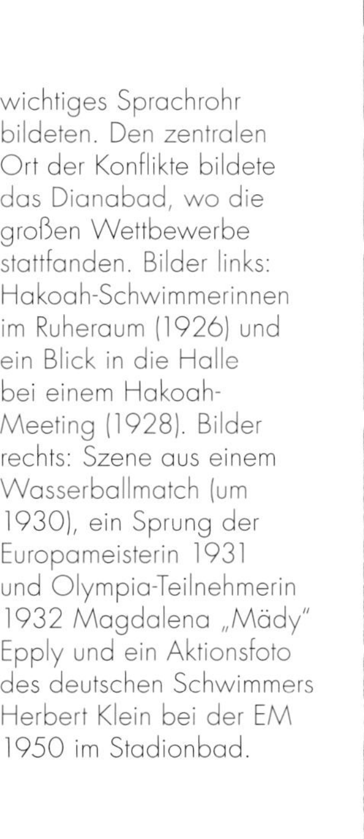

wichtiges Sprachrohr bildeten. Den zentralen Ort der Konflikte bildete das Dianabad, wo die großen Wettbewerbe stattfanden. Bilder links: Hakoah-Schwimmerinnen im Ruheraum (1926) und ein Blick in die Halle bei einem Hakoah-Meeting (1928). Bilder rechts: Szene aus einem Wasserballmatch (um 1930), ein Sprung der Europameisterin 1931 und Olympia-Teilnehmerin 1932 Magdalena „Mädy" Epply und ein Aktionsfoto des deutschen Schwimmers Herbert Klein bei der EM 1950 im Stadionbad.

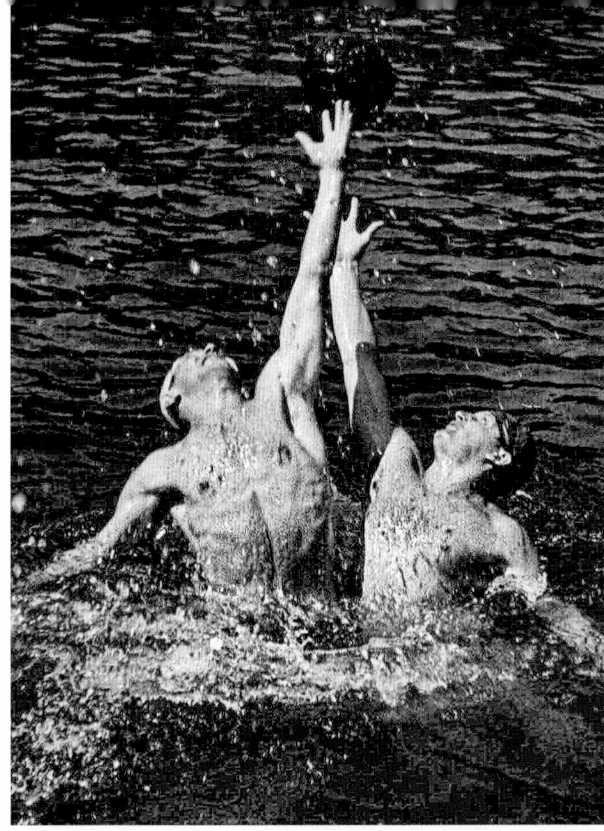

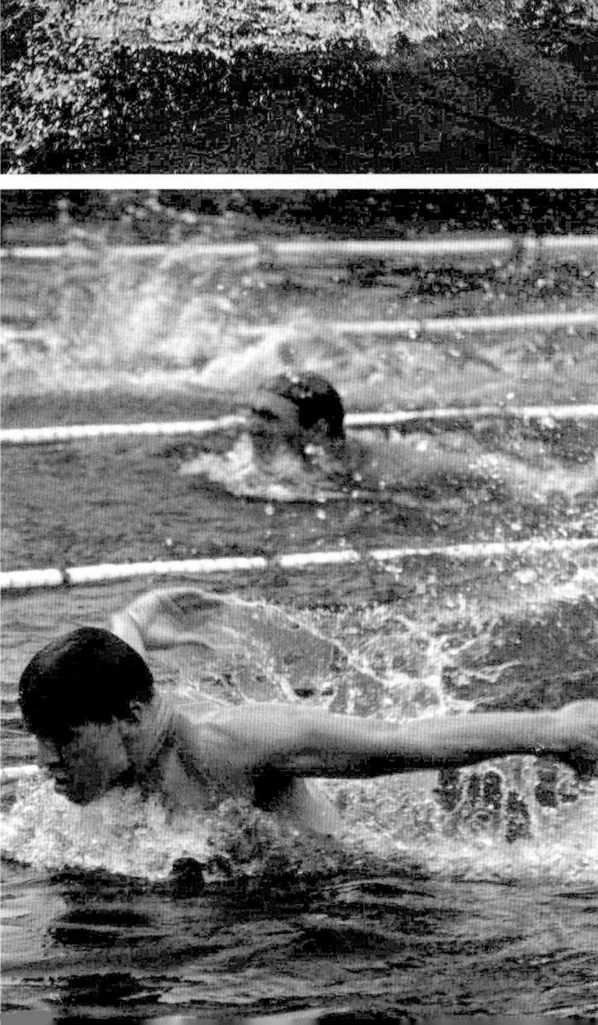

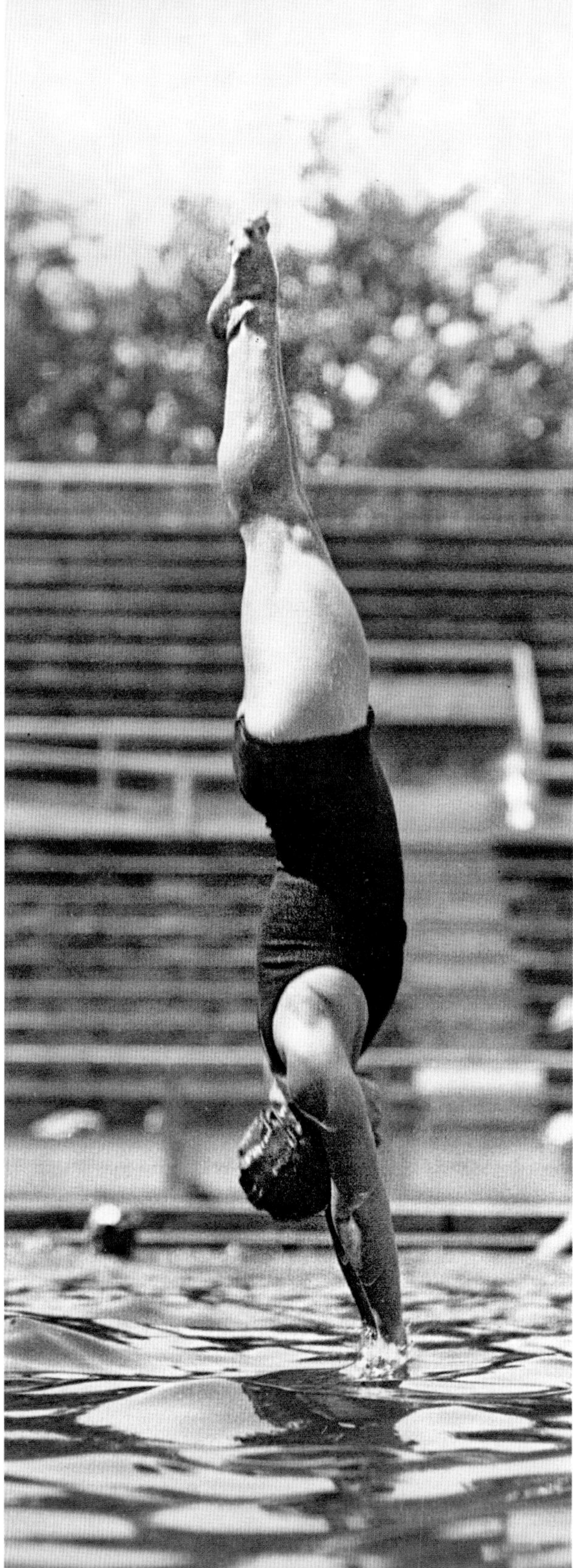

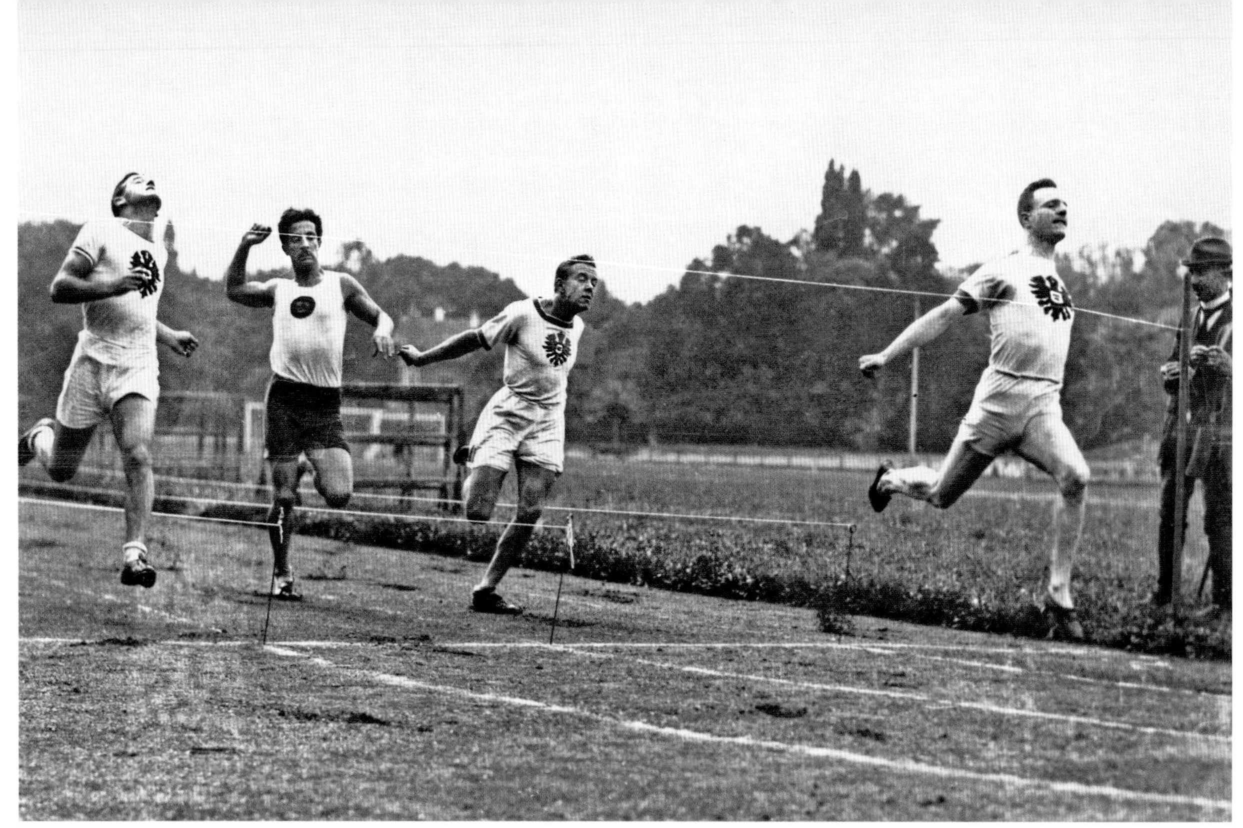

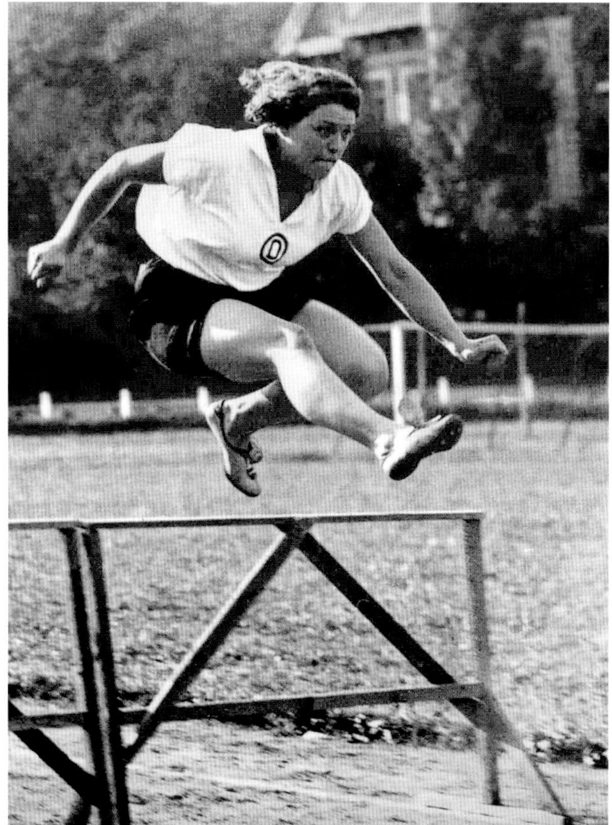

Auch in der Leichtathletik erzielten Wiener Sportlerinnen und Sportler Spitzenleistungen. Das Interesse des Publikums war aber gering, wie die leeren Tribünen bei den Meisterschaften 1919 am WAC-Platz bezeugen. Den 100-Meter-Lauf gewann der WAC-Mann Fritz Fleischer.

Elisabeth „Lisl" Perkaus vom Floridsdorfer AC war die beste Allround-Leichtathletin der Zwischenkriegszeit. Sie war Läuferin, Speerwerferin und Fünfkämpferin. Ihre größten internationalen Erfolge erzielte sie im Diskuswurf und im Kugelstoßen, wo sie Weltbestleistungen aufstellte.

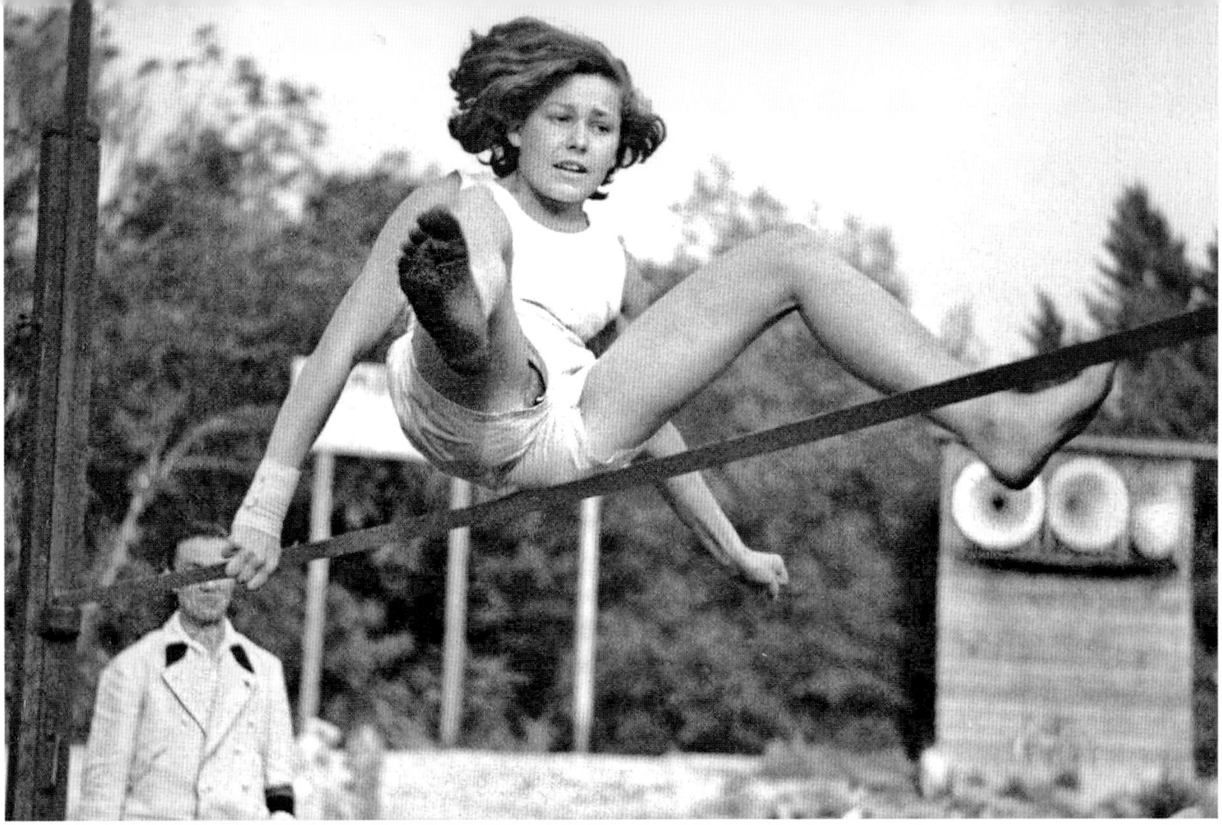

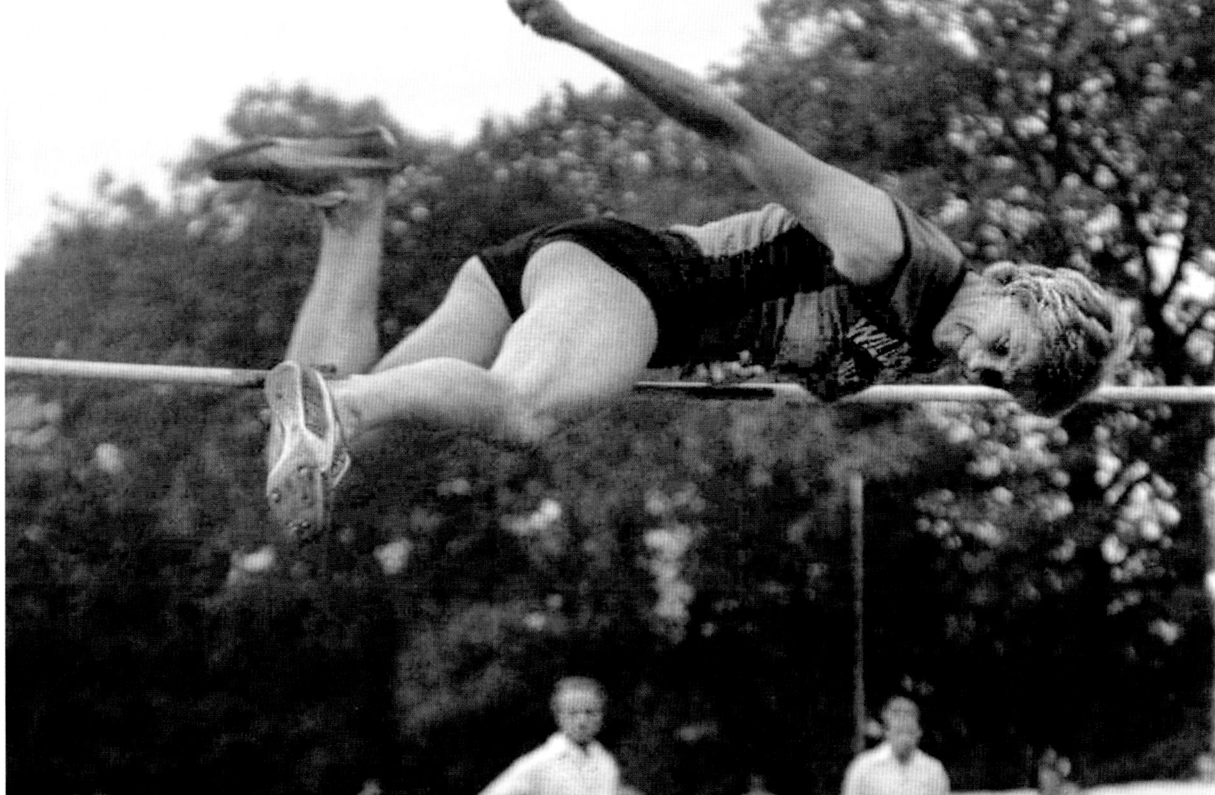

Zwei Mal der Frauenhochsprung. Oben in den 1930er-Jahren, als der österreichische Rekord von Wanda Nowak in der Schersprung-Technik bei 1,50 Metern stand, unten Ilona Gusenbauer, in der Straddle-Technik, um 1970. Ein Jahr später wurde sie Europameisterin und stellte mit 1,92 Metern einen Weltrekord auf.

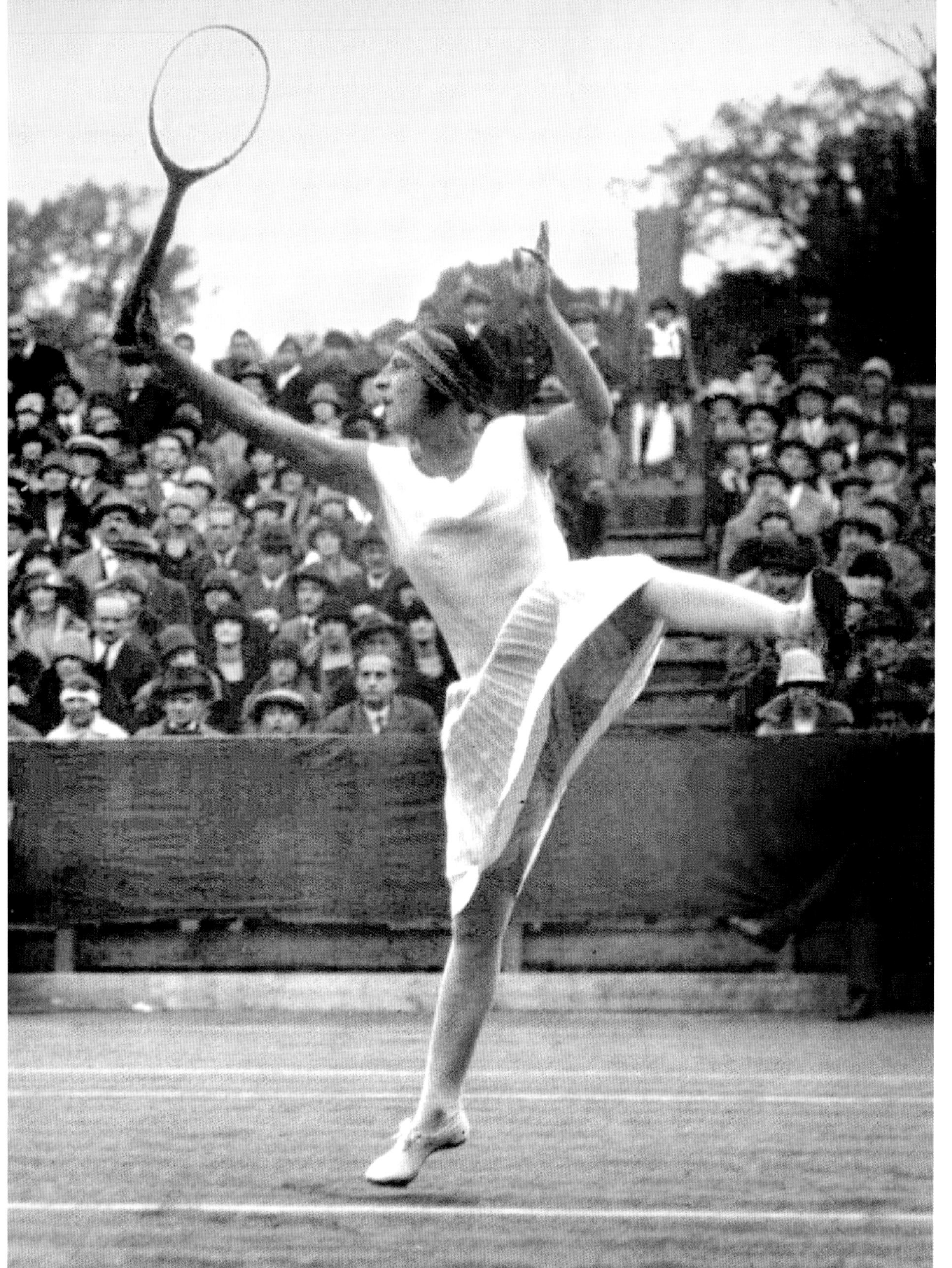

Weltbekannte Sportlerinnen zu Gast in Wien: Als Suzanne Lenglen im Herbst 1925 zu einer Exhibition im Wiener Park-Club eingeladen wurde, war das selbst dem „Sport-Tagblatt" eine Titelseite und die Schlagzeile „Die göttliche Suzanne in Wien" wert.

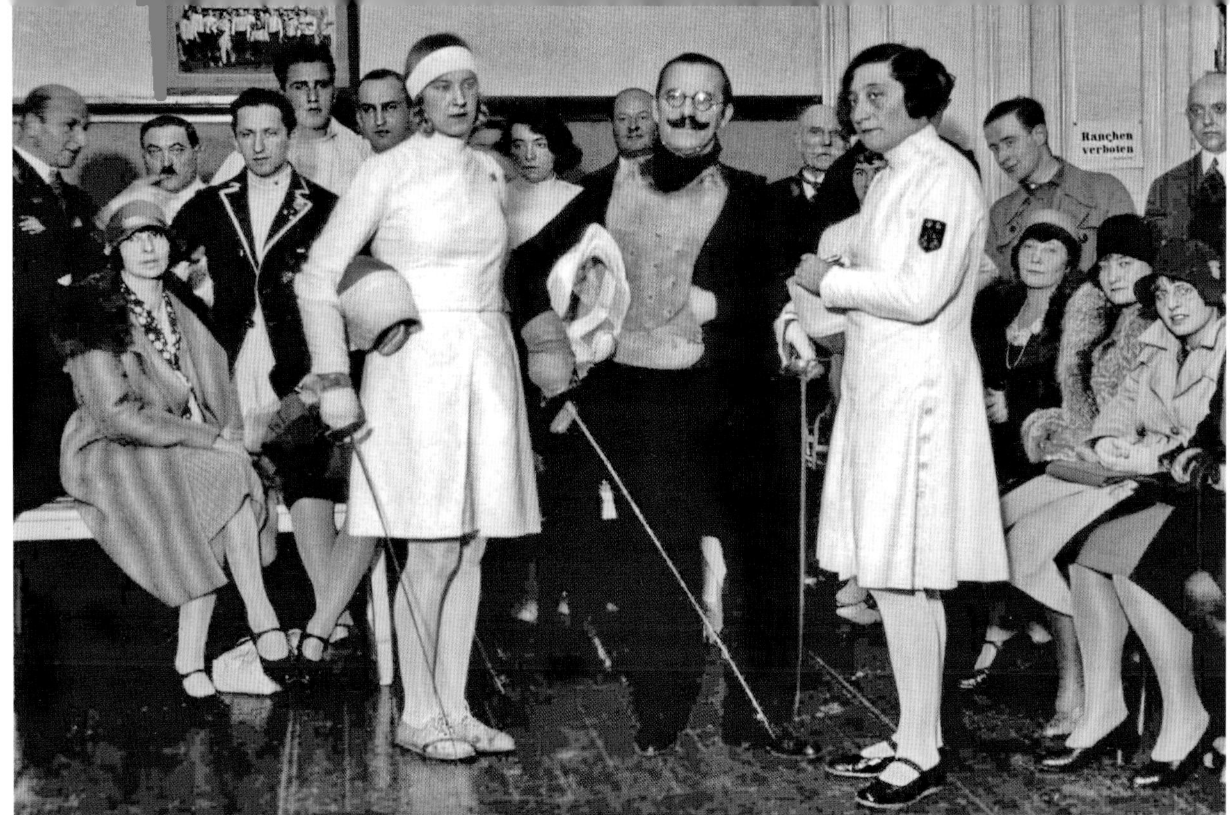

Oben: Die deutsche Olympiasiegerin im Florett 1928, Helene Mayer (im Bild links vorn), war im März 1929 zu Besuch im Fechtsaal des WAC. 1936 gewann sie als „Halbjüdin" die Silbermedaille bei den Olympischen Spielen in Berlin hinter der „Jüdin" Ilona Elek.

Unten: Lothar Rübelt fotografierte die leichtesten und die schwersten Sportler. In der Freudenau wurden vor jedem Rennen Jockey, Zaumzeug, Decken und Sattel gewogen, um die Einhaltung des Gewichtslimits sicherzustellen (Bild links). Josef Weidinger („Jo Weidin") schlägt 1948 in der Freiluftarena am Red-Star-Platz den Franzosen Francis Jacques durch K. o. und steigt damit zur „weißen Hoffnung" im Schwergewichtsboxen auf (Bild rechts).

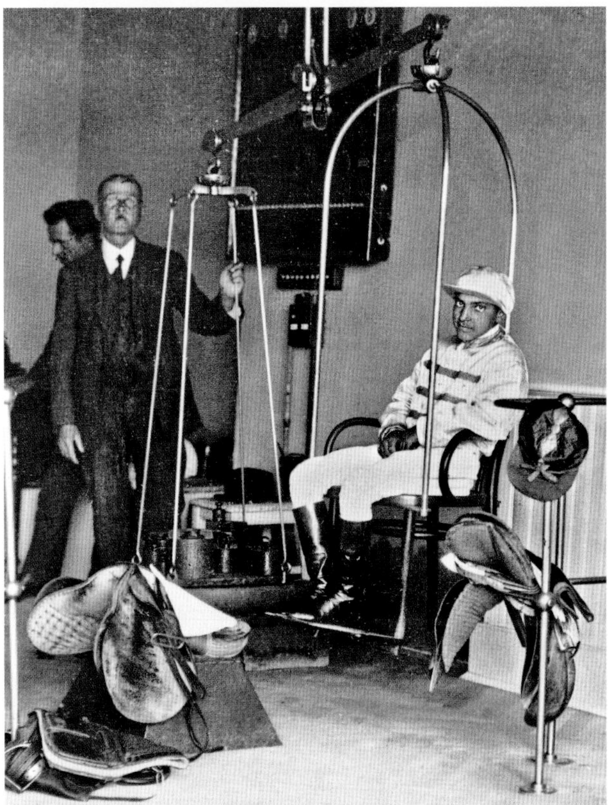

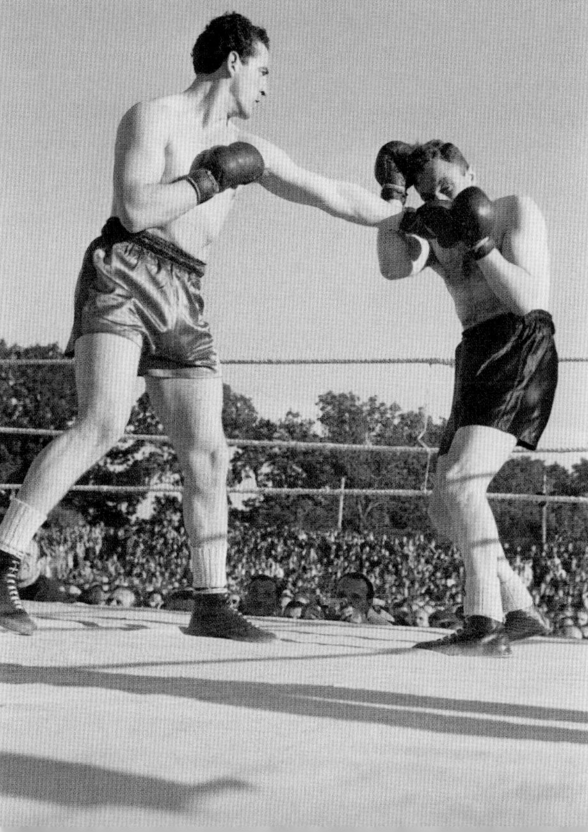

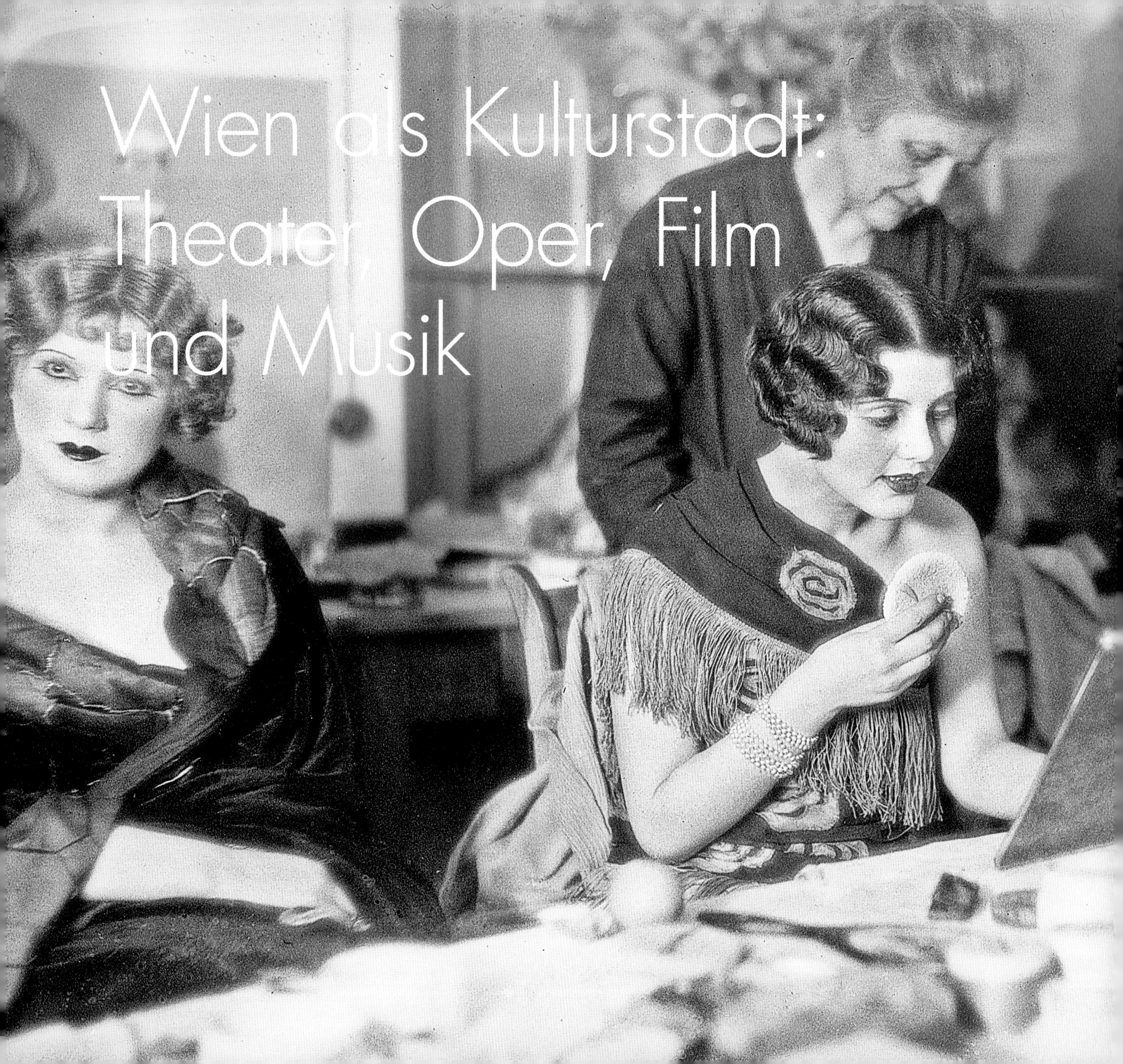

Wien als Kulturstadt: Theater, Oper, Film und Musik

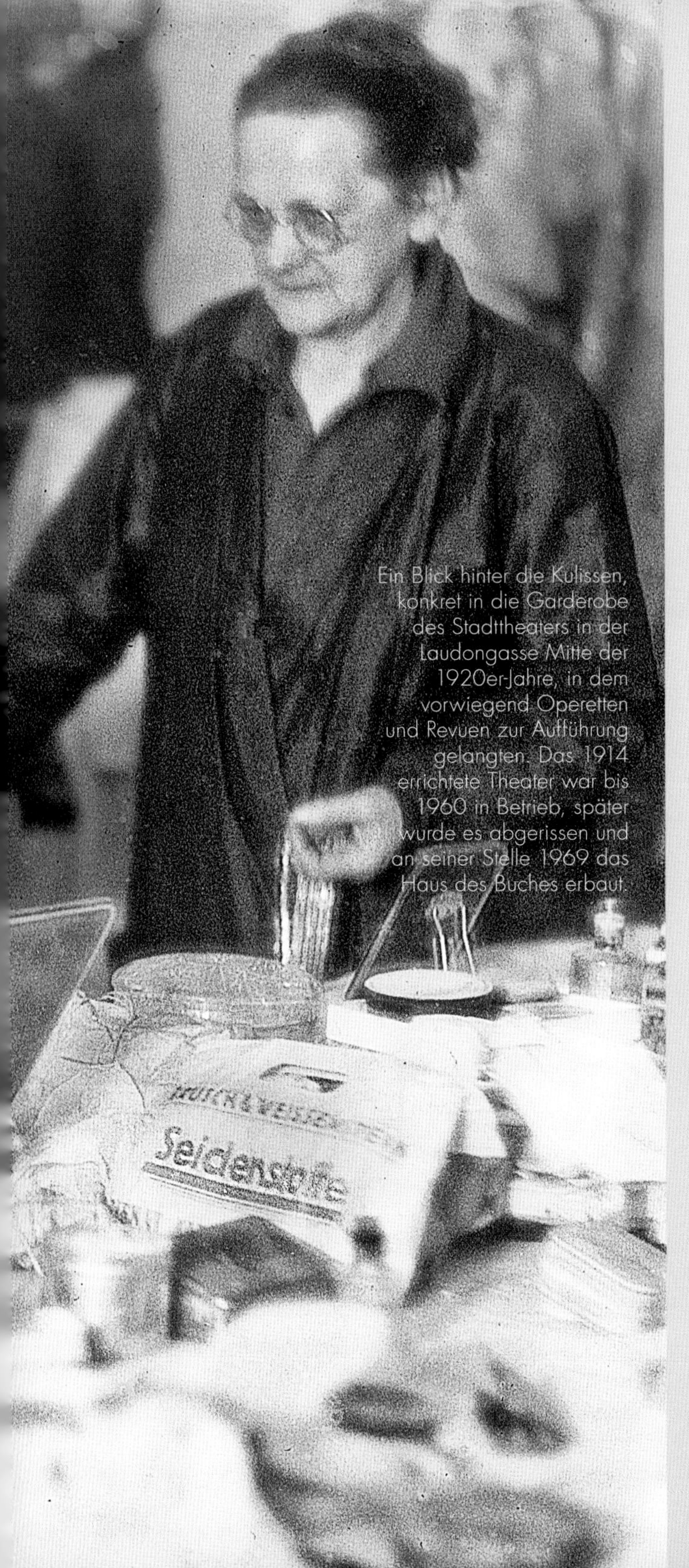

Ein Blick hinter die Kulissen, konkret in die Garderobe des Stadttheaters in der Laudongasse Mitte der 1920er-Jahre, in dem vorwiegend Operetten und Revuen zur Aufführung gelangten. Das 1914 errichtete Theater war bis 1960 in Betrieb, später wurde es abgerissen und an seiner Stelle 1969 das Haus des Buches erbaut.

In den Geisteswissenschaften wird heute immer öfter von der Einebnung der Differenzen zwischen Hoch- und Populärkultur geschrieben und darauf hingewiesen, wie gerne sich schon im Wien der 1930er-Jahre Schauspieler, Kabarettisten und Opernsänger mit den Stars der Fußballbranche trafen. Lothar Rübelt hat in seinen Sujets diese Grenzziehung schon damals nicht immer ernst genommen.

Das gilt nicht nur für Bilder eines Auftritts von Enrico Rastelli, der als Jongleur in seine Darbietung Elemente der Bühnen- wie der Fußballkunst integrierte. Dem führenden Sportfotografen waren auch die Opernhäuser und Theaterbühnen der Stadt keineswegs ein fremdes Territorium. Fotografierte Rübelt tagsüber am Spielfeldrand im Fußballstadion oder am Beckenrand im Dianabad, ließ der Abend ja noch Termine vor oder in den Theatern beziehungsweise Filmpalästen und auch in den Garderoben hinter der Bühne offen. Lothar Rübelt war mit seinen Fotos nicht unwesentlich an der Dokumentation – und Inszenierung – der „Kulturstadt Wien" beteiligt. Mit seinen Bildern in österreichischen ebenso wie in deutschen Illustrierten belegte er die Komplexität jener Kultur, die sich eben nicht auf die hehre Kunst beschränken ließ.

Überliefert sind Probenaufnahmen von Opern und Operetten, von Cabarets und Revuen, aber auch Szenenfotos von Filmdreharbeiten, vor allem zum „Engel mit der Posaune" von 1948. Mindestens ebenso wie an den Produkten und Produktionen schien Rübelt am Umfeld von Theater und Film interessiert gewesen zu sein – und dabei rückte wiederum die Stadt Wien ins Bild: Rübelt zeigte das Publikum in der Theaterpause und die langen Schlangen, die sich um Kinokarten anstellten. Beeindruckt war er offenbar von der Faszination, die vom Kulturschaffen ausging. Er fotografierte die Entrees ehrwürdiger Theater und die Portale moderner Kinopaläste mit ihren Leuchtreklamen, aber er versuchte ebenso, hinter die Kulissen zu blicken, lichtete Filmvorführgeräte und Aufnahmestudios der RAVAG ab. Er begleitete die Anfänge der Radio-, später auch der Fernsehära. Die Hochkultur Wiens hatte in Lothar Rübelt über Jahrzehnte einen verlässlichen Chronisten, er fotografierte die Bühnen und ihre Stars. Und viele von ihnen wussten vermutlich, von welchem „Starfotografen" sie gerade abgelichtet wurden.

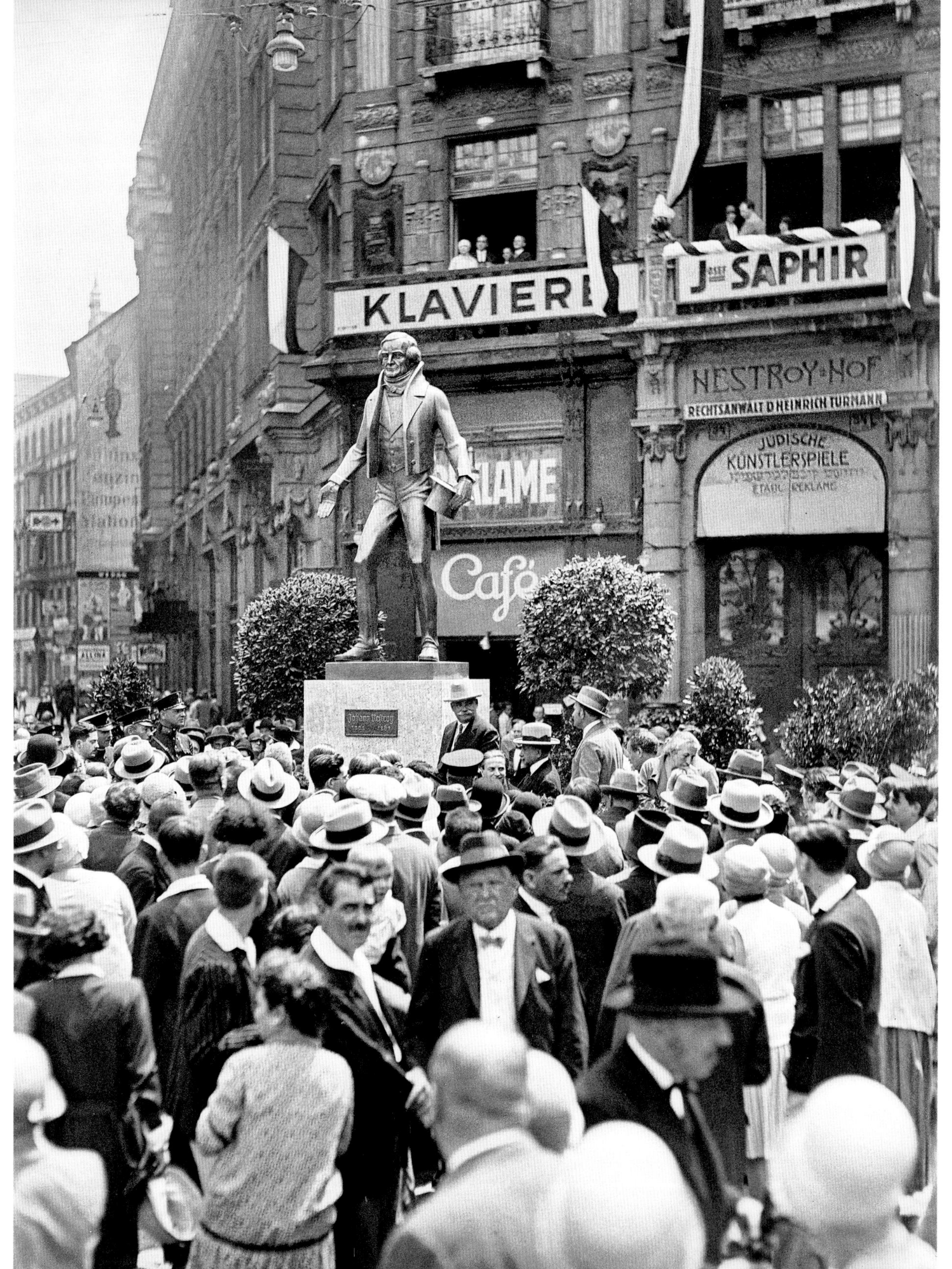

Im Juni 1929 wurde am (erst ab 1932 so genannten) Nestroyplatz im 2. Wiener Gemeindebezirk ein Denkmal des Schöpfers des Alt-Wiener Volkstheaters enthüllt. Im Zweiten Weltkrieg entging es nur knapp dem Einschmelzen, danach fand es seinen Platz vor dem Max Reinhardt Seminar, erst 1983 kehrte es zum Nestroyplatz zurück.

Oben: Moderne Zeiten – auch in Wien. Kurzfristig verdrängte die amerikanisierte Nummernrevue in der Publikumsgunst die traditionelle Wiener Operette. Zwei junge Damen mit Bubikopf in einer Revue, in der als größte Attraktion zwei Zwillingspaare auftraten.

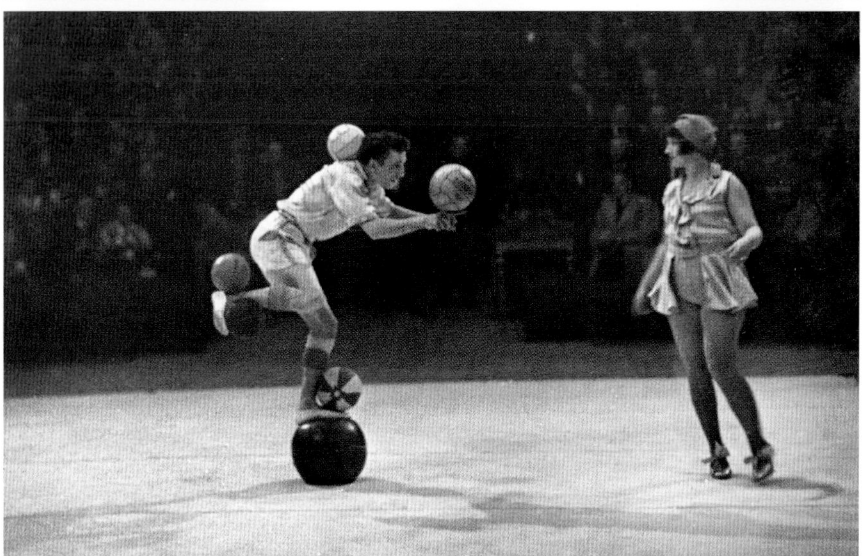

Mitte: Der weltberühmte italienische Jongleur Enrico Rastelli begeisterte bei einem Auftritt 1925 im Ronacher das Wiener Publikum mit seinen Kunststücken, die als „Wunder der Schwerelosigkeit" gefeiert wurden.

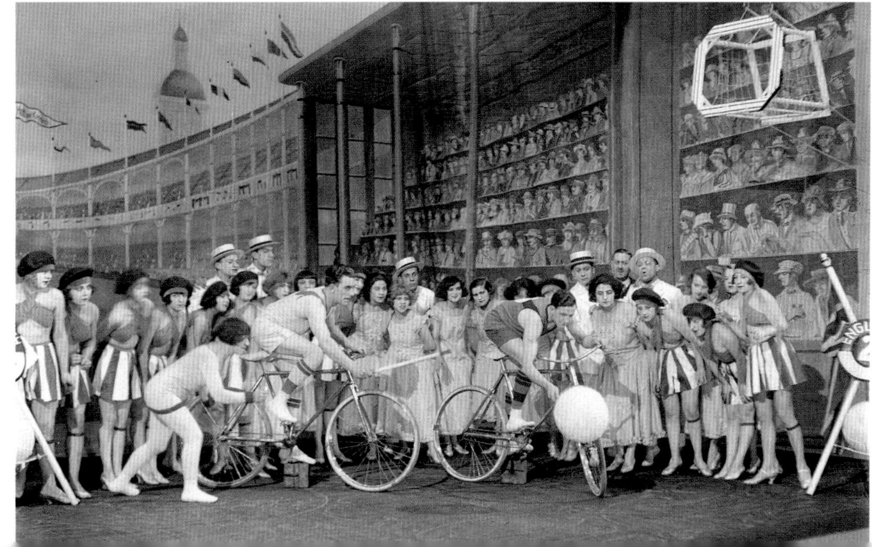

Unten: Das Apollo-Theater war bereits in der Monarchie eine erfolgreiche Varietébühne, bis es 1929 zum ersten Tonfilmkino Wiens umgebaut wurde. Artistische Kunststücke – hier eine Fahrradszene – und leicht bekleidete junge Frauen bildeten die Hauptattraktionen.

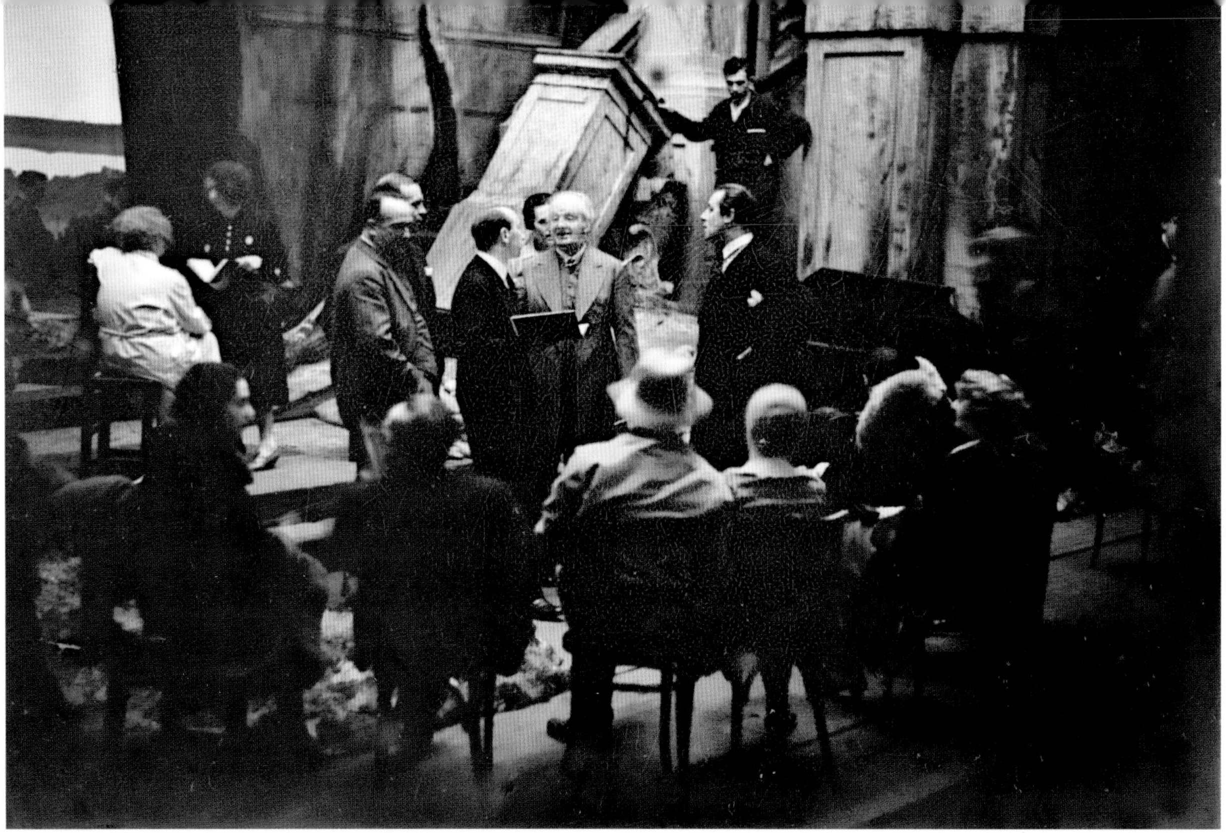

Oben: Der deutsche Dramatiker Gerhart Hauptmann bei einer Probe zur Uraufführung seines Stückes „Spuk" im November 1929 auf der Bühne des Burgtheaters. Dessen Direktor Franz Herterich begrüßt den Dichter und stellt ihm die Mitwirkenden vor.

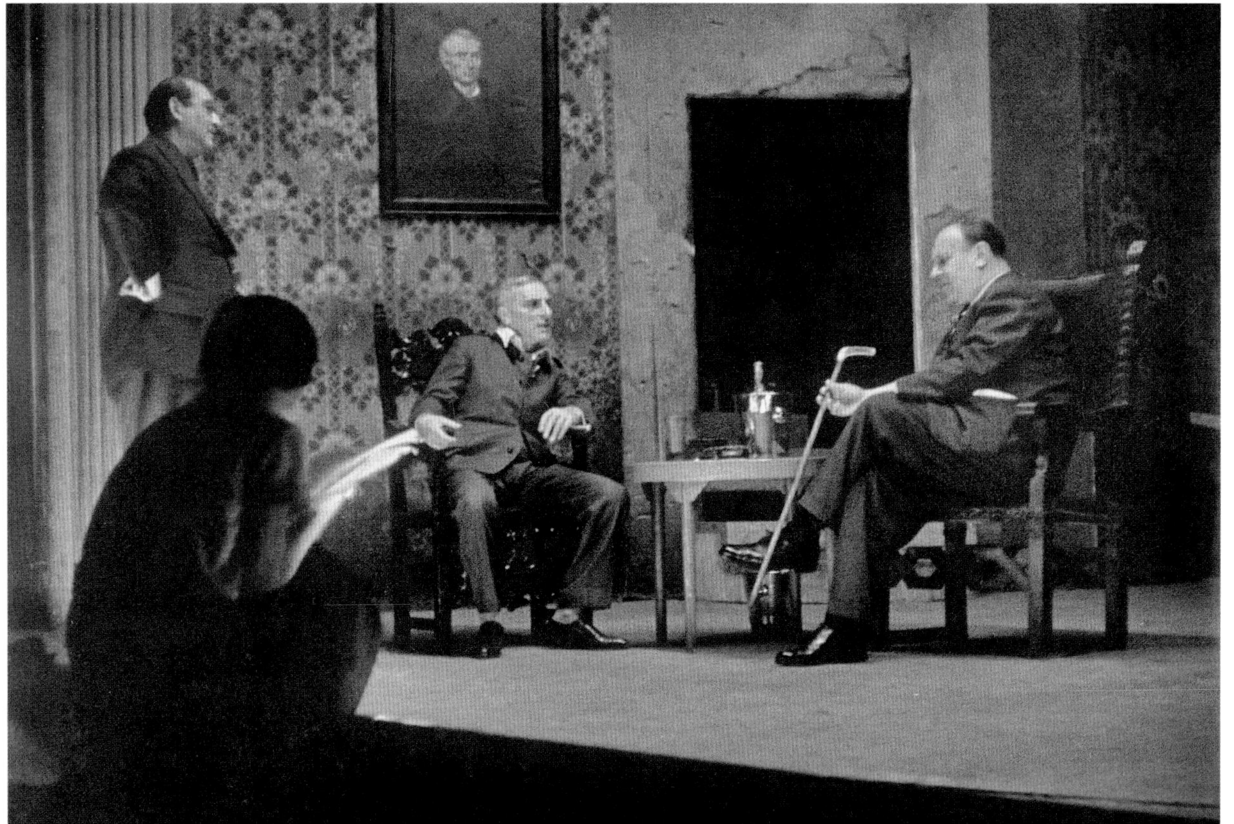

Unten: Der berühmte deutsche Schauspieler Emil Jannings (rechts mit Stock), erster „Oscar"-Preisträger 1929, trat in der Saison 1930/31 für insgesamt drei Produktionen auf der Bühne des Volkstheaters in Wien auf.

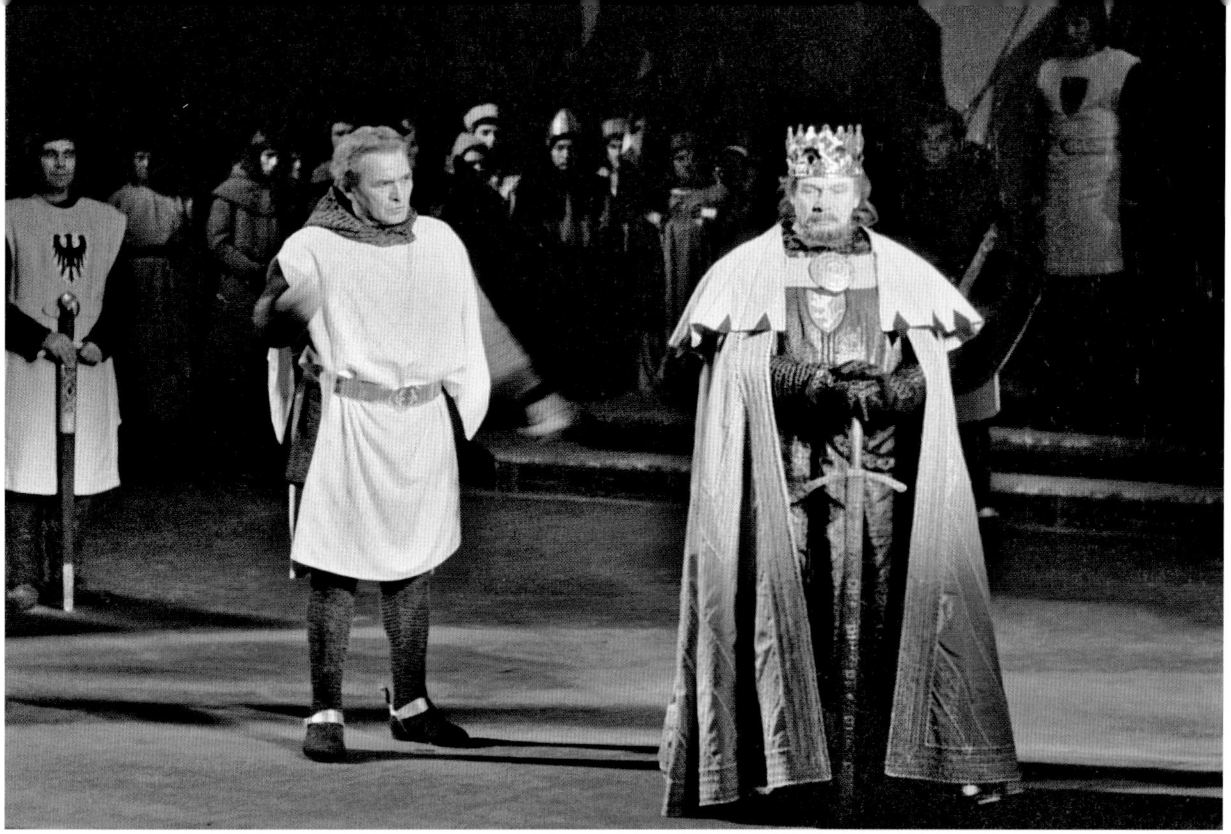

Oben: Die Wiedereröffnung des Wiener Burgtheaters mit Grillparzers „König Ottokars Glück und Ende" im Oktober 1955 wurde als symbolhaft für das Entstehen eines neuen und unabhängigen Österreich gesehen: Attila Hörbiger und Ewald Balser in den Hauptrollen.

Unten: Das Theater Kleines Haus, eine Dependance des Theaters in der Josefstadt, spielte 1949 die Operette „Entweder – Oder" mit Musik von Alexander Steinbrecher und Text von Hans Weigel. Erni Mangold in der Rolle des jungen Mädchens und Franz Böheim als Scherzo, Minister von Polyphonien.

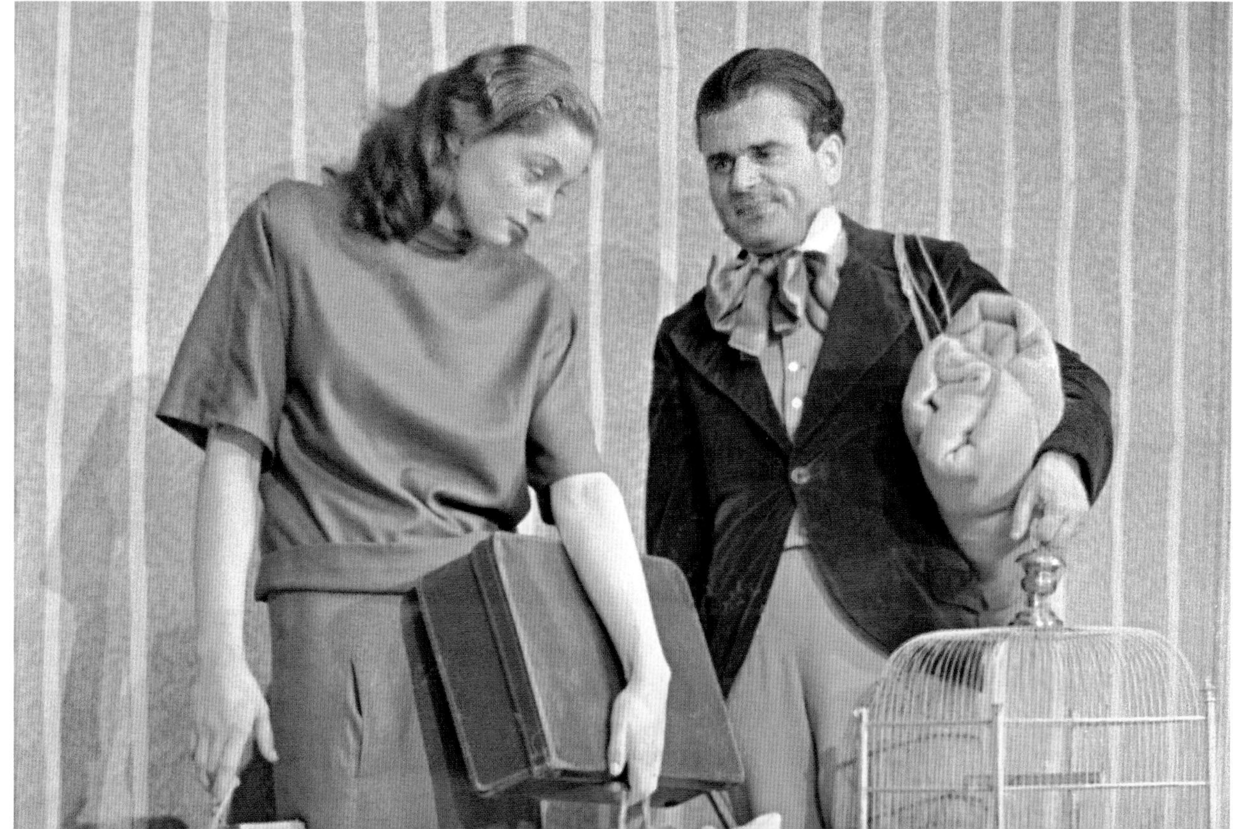

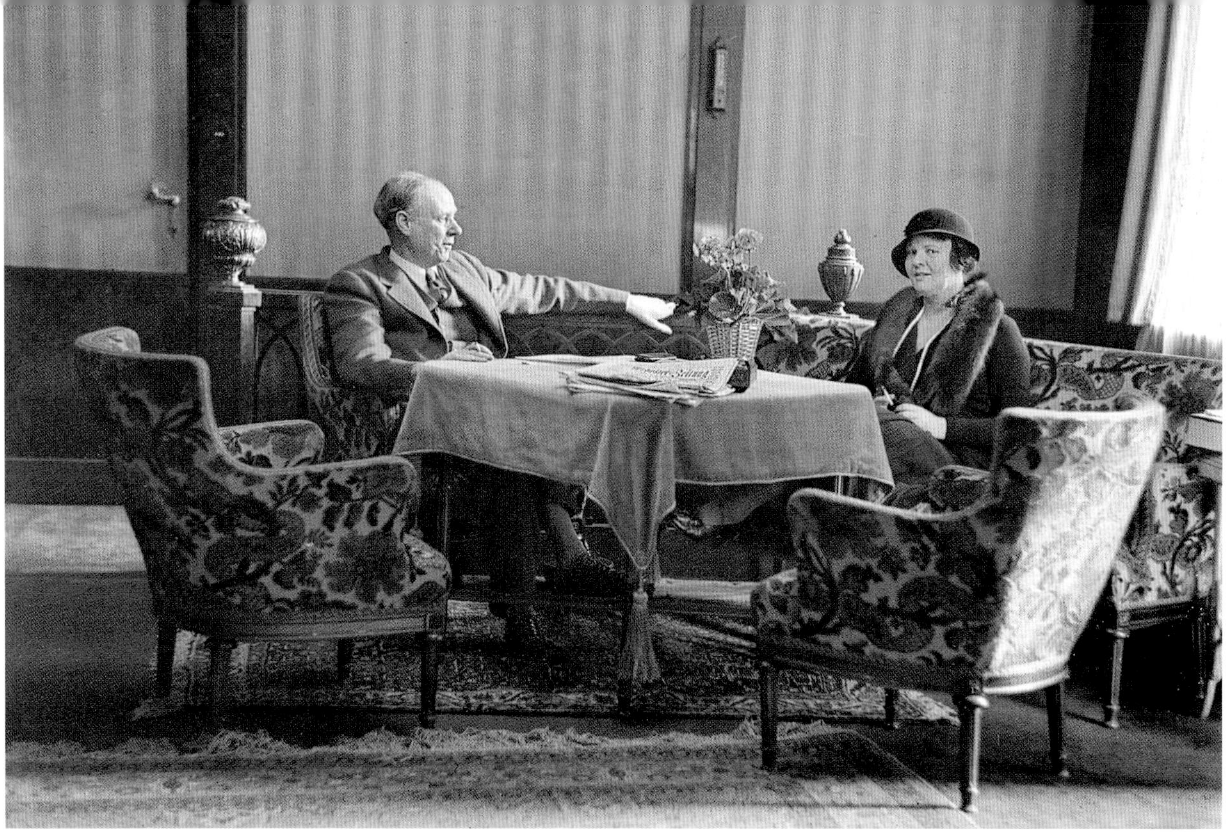

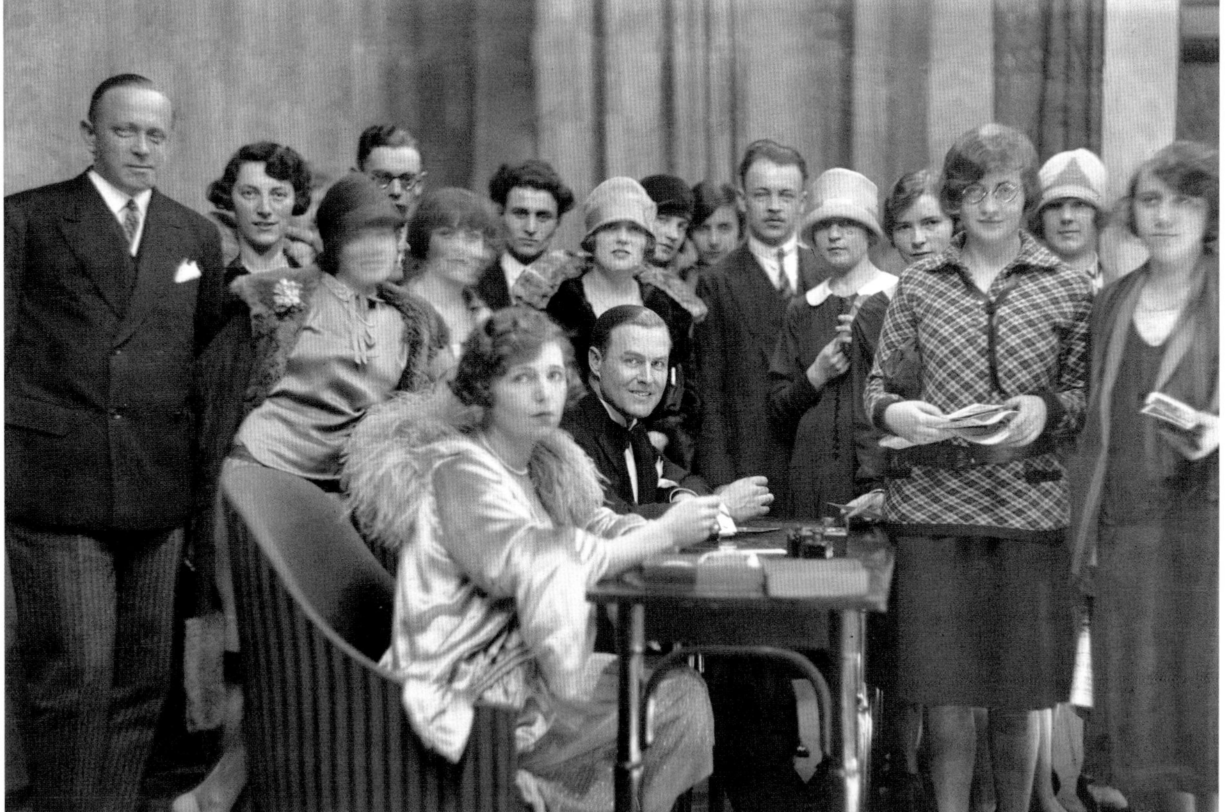

Oben: Der US-amerikanische Schriftsteller und Verfasser gesellschaftskritischer Romane Sinclair Lewis bei einem Aufenthalt in Wien mit der Schriftstellerin und Journalistin Dorothy Thompson, seiner späteren Ehefrau, im Juli 1927.

Unten: Der Schauspieler Paul Richter, berühmt geworden für seine Darstellung des Siegfried in Fritz Langs „Die Nibelungen" (1924), und seine Ehefrau Aud Egede-Nissen, die ihren größten Erfolg als Tänzerin Cara Carozza gleichfalls in einem Film von Fritz Lang („Dr. Mabuse, der Spieler", 1922), gefeiert hatte, im Mai 1926 bei einer Autogrammstunde in Wien.

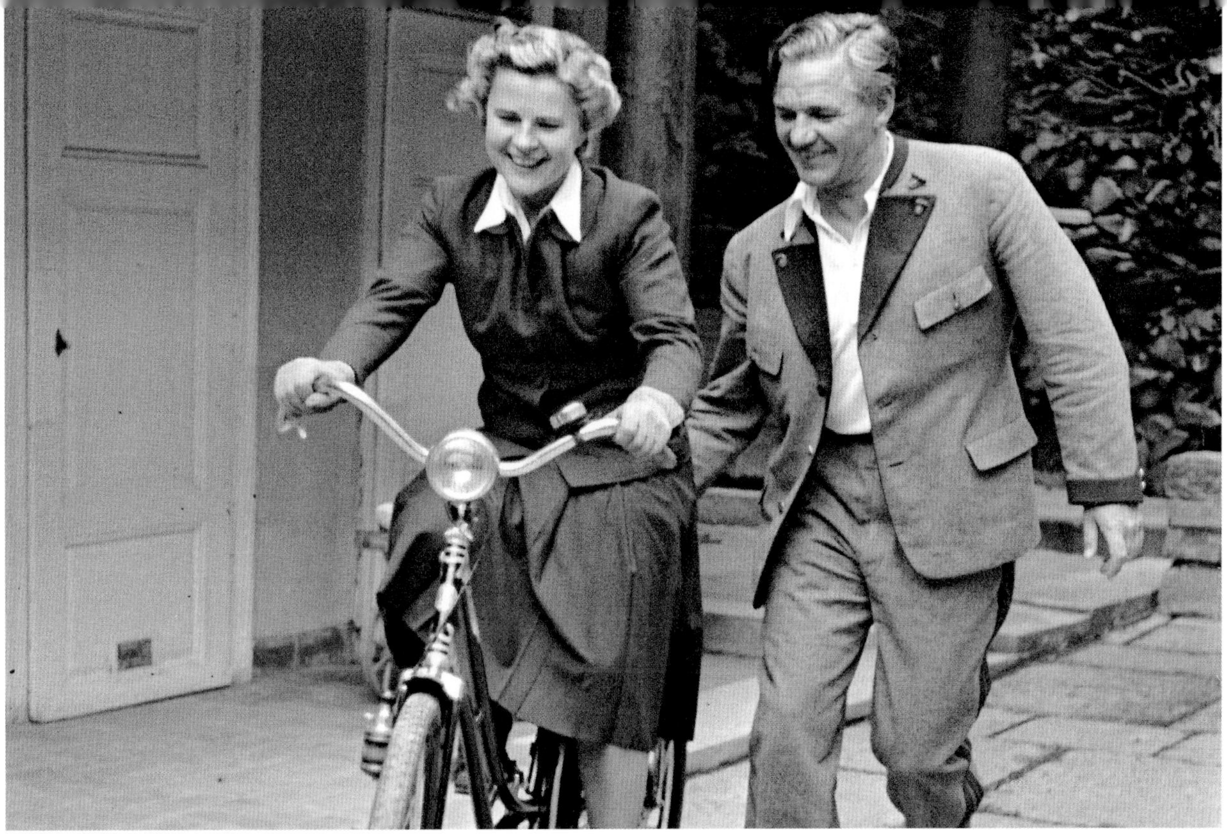

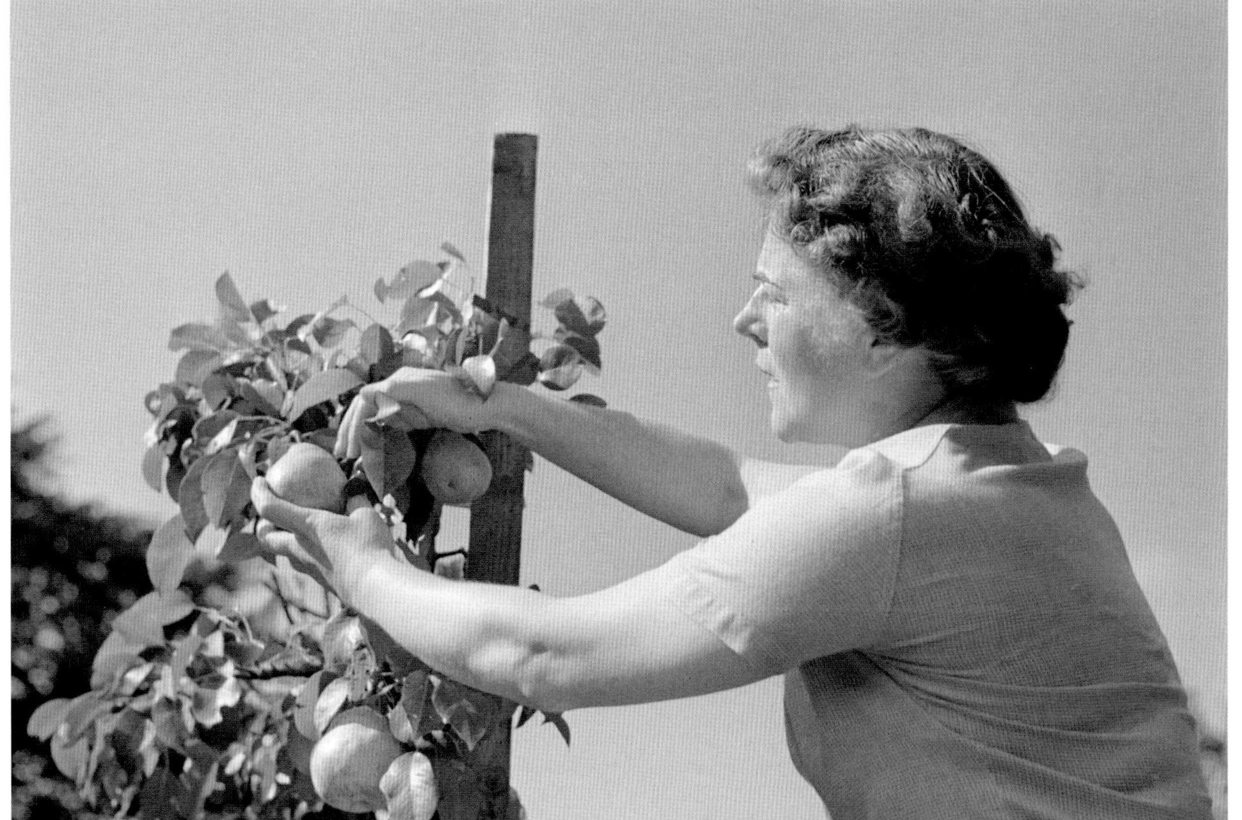

Auch Homestorys finden sich unter Lothar Rübelts fotografischen Motiven. Das Ehepaar Paula Wessely und Attila Hörbiger war gleich zwei Mal Thema einer Reportage. 1940 dokumentierte Rübelt Paula Wesselys erste Übungsstunden auf einem Fahrrad, 1949 zeigte er die Schauspielerin bei der Obsternte in ihrem Grinzinger Haus.

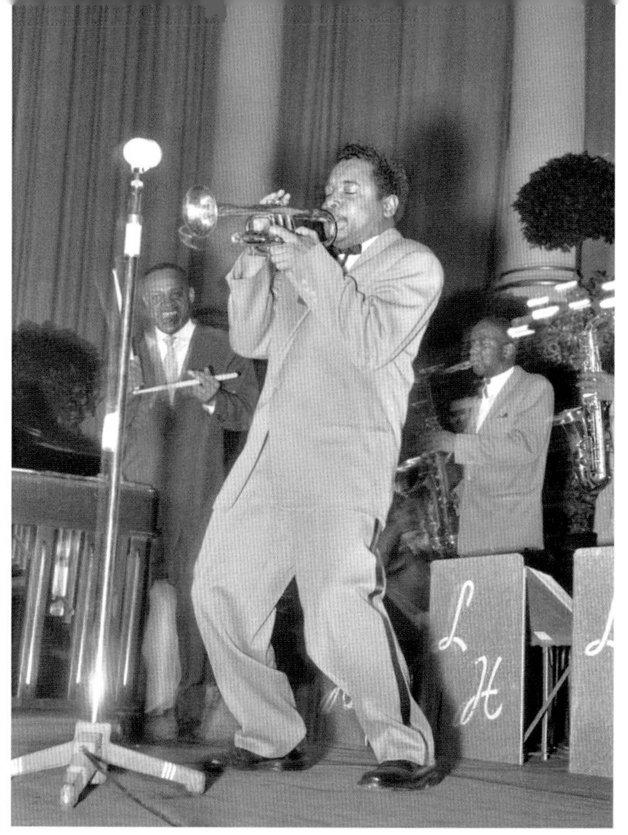

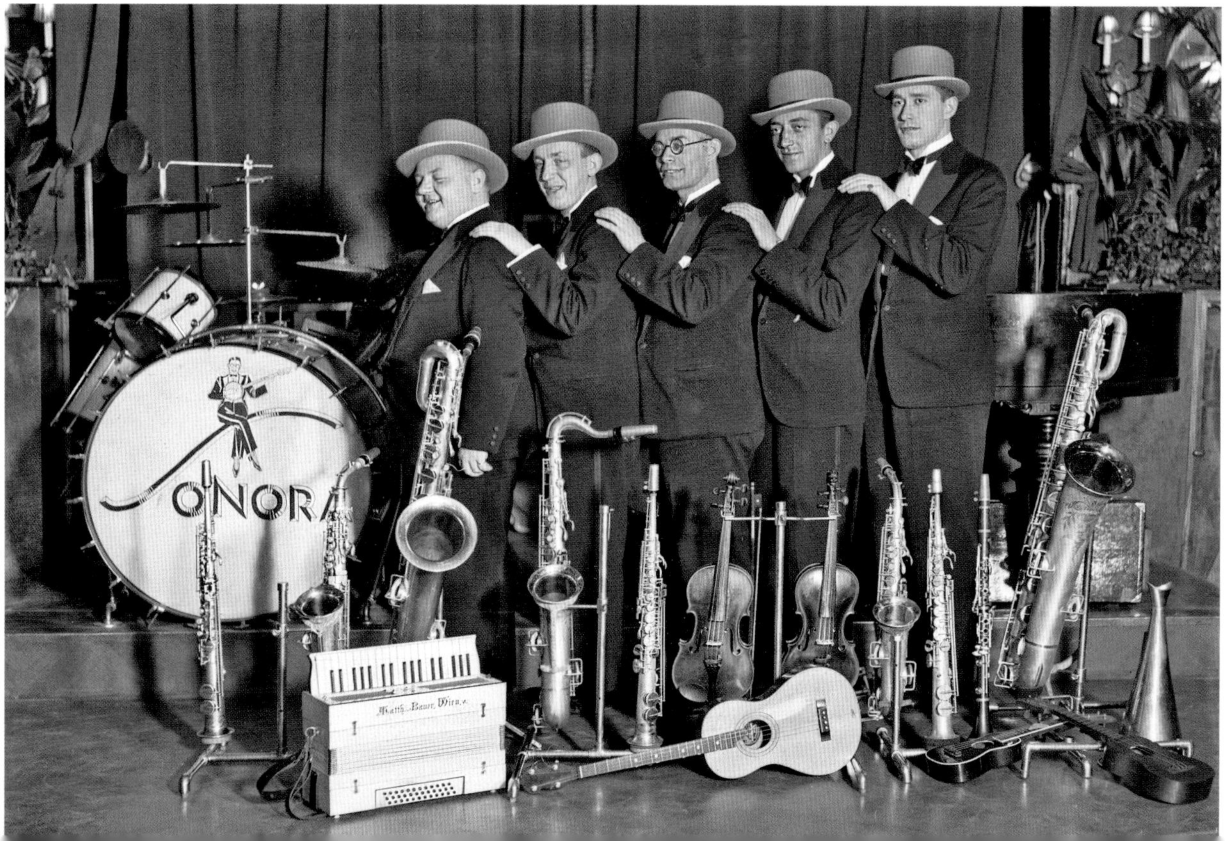

Oben: Der Auftritt von Lionel Hampton (links im Hintergrund) mit seinem Orchester im Wiener Konzerthaus im November 1954 bot Gelegenheit für einen außergewöhnlichen Ausflug Rübelts in die Jazzwelt. Der Trompeter Wallace Davenport bei einem Solo.

Unten: Die London Sonora Band war im April 1931 eine der Attraktionen im Zirkus Renz im 2. Wiener Gemeindebezirk. Die „Illustrierte Kronen-Zeitung" schwärmte: „Die Musik dröhnt und schmettert, daß man schier glauben könnte, die Trompeten von Jericho zu hören."

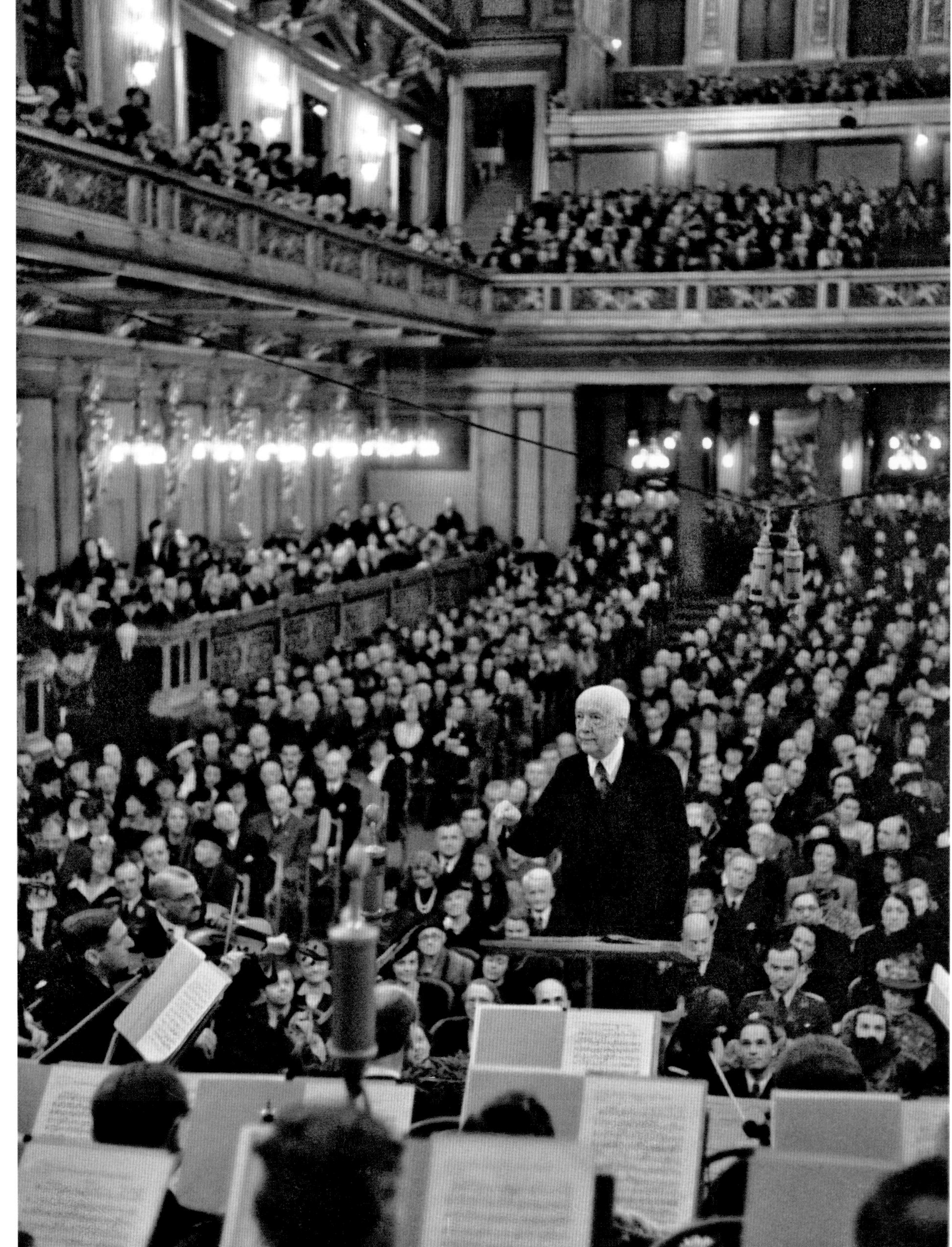

Der Komponist Richard Strauss feierte 1944, im letzten Kriegssommer, seinen 80. Geburtstag mit einem Festkonzert, bei dem sowohl er selbst als auch Karl Böhm im Großen Saal des Wiener Musikvereins die Wiener Philharmoniker dirigierte.

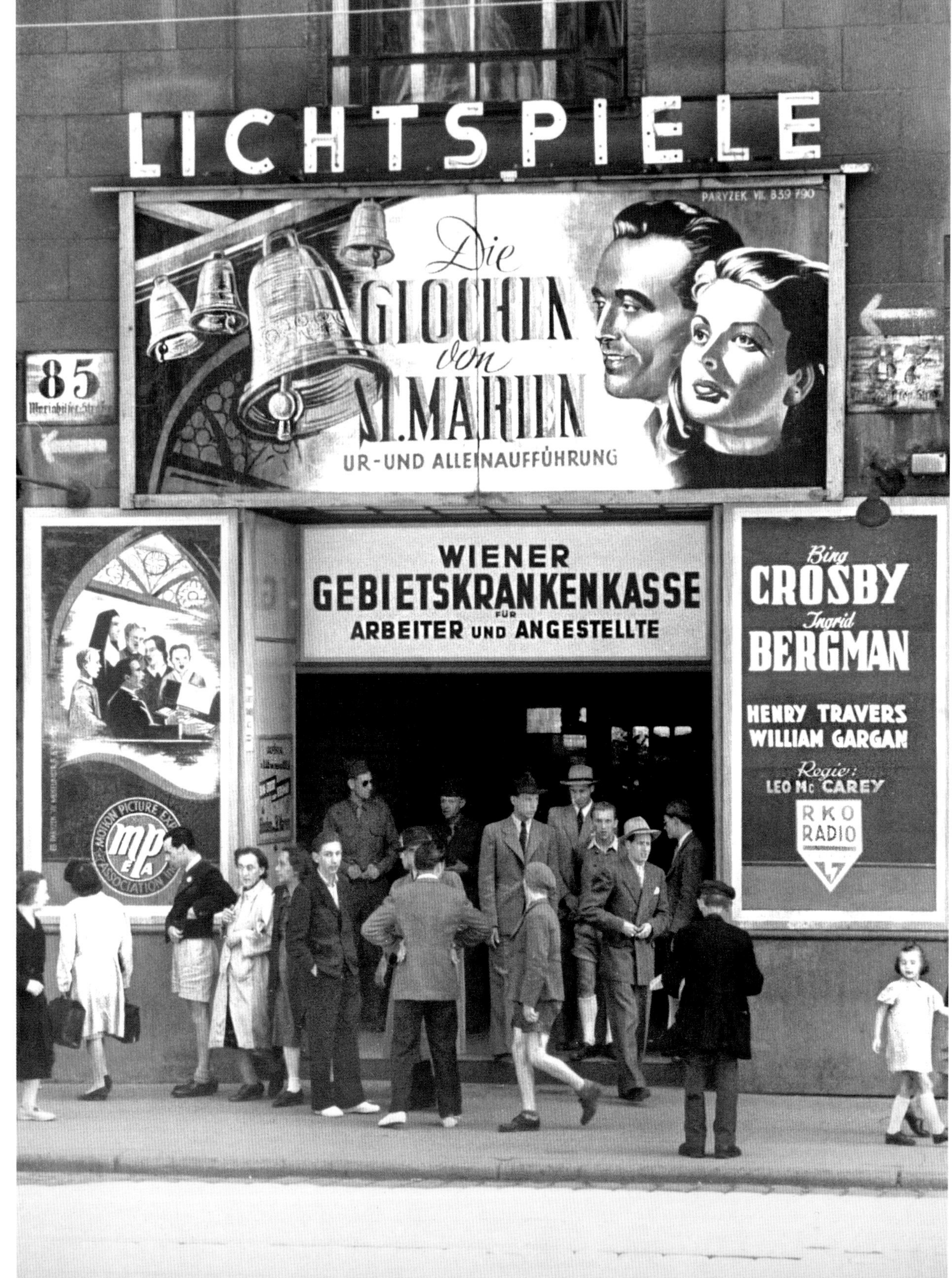

In der Zwischenkriegszeit eroberte die Unterhaltungsindustrie des Kinos die Stadt Wien. Aber auch in der NS-Ära und in der Zeit des Wiederaufbaus zählten, bevor das Fernsehen Einzug in die Wiener Gasthäuser und Wohnzimmer hielt, Kinobesuche für viele Wiener und noch mehr

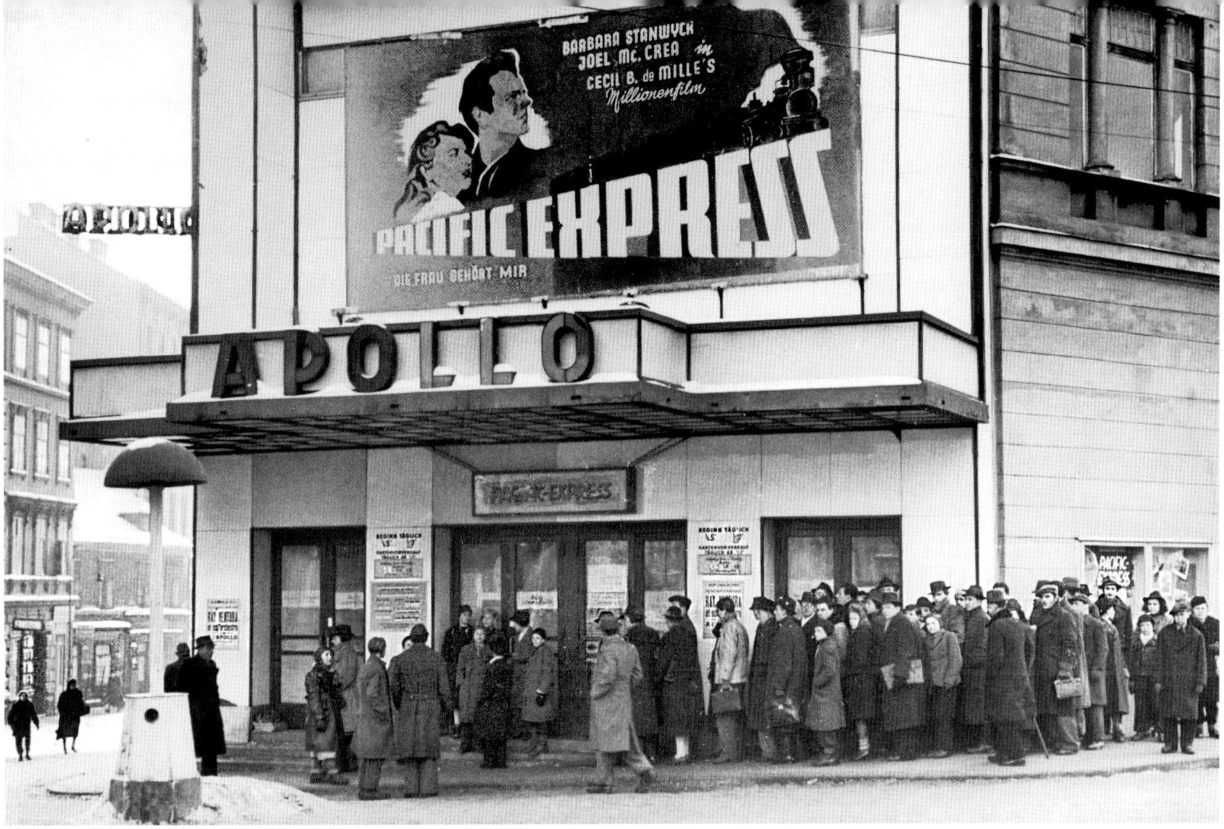

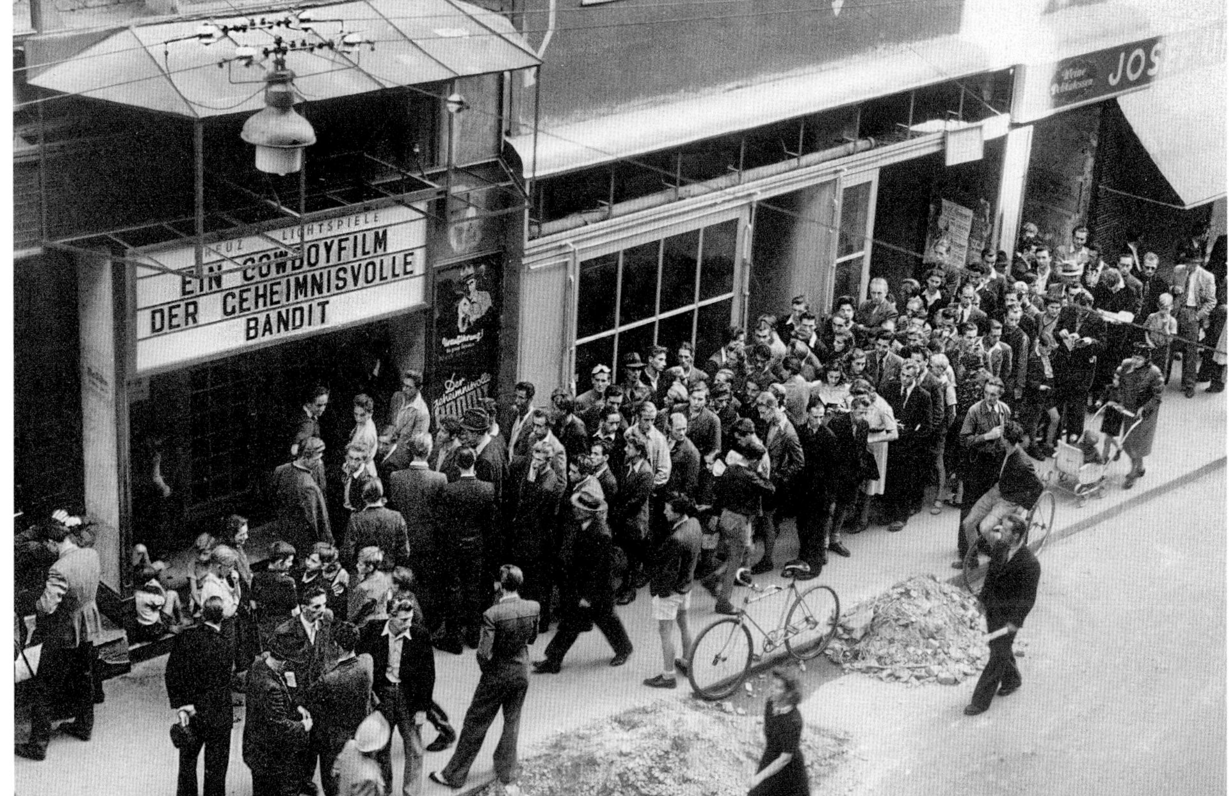

Wienerinnen zu den Fixpunkten ihrer Freizeit. Auf dem Programm standen nach 1945 oft Heimatfilme, aber auch die lange entbehrten US-Streifen. Links: Das Haydn-Kino in der Mariahilfer Straße, rechts oben das Apollo-Kino in der Gumpendorfer Straße, darunter das Kreuz-Kino in der Wollzeile.

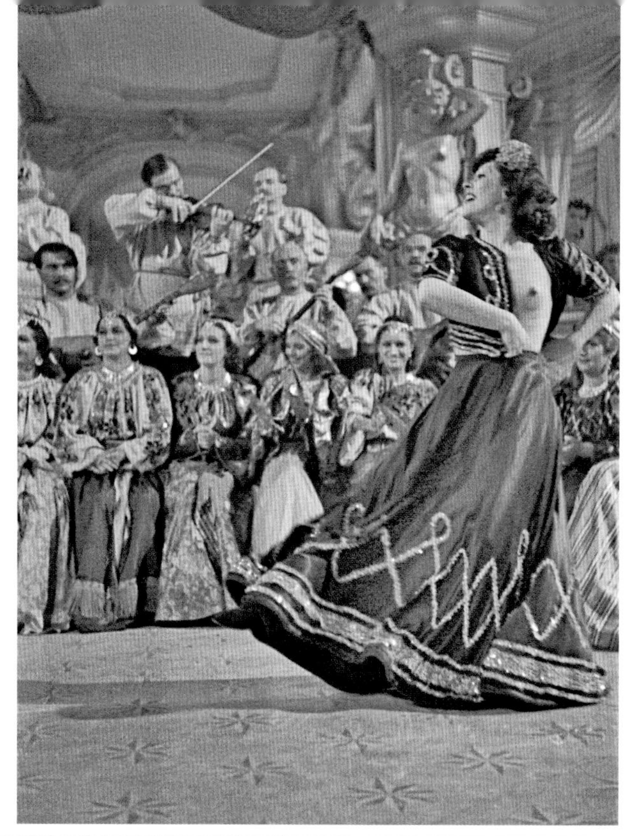

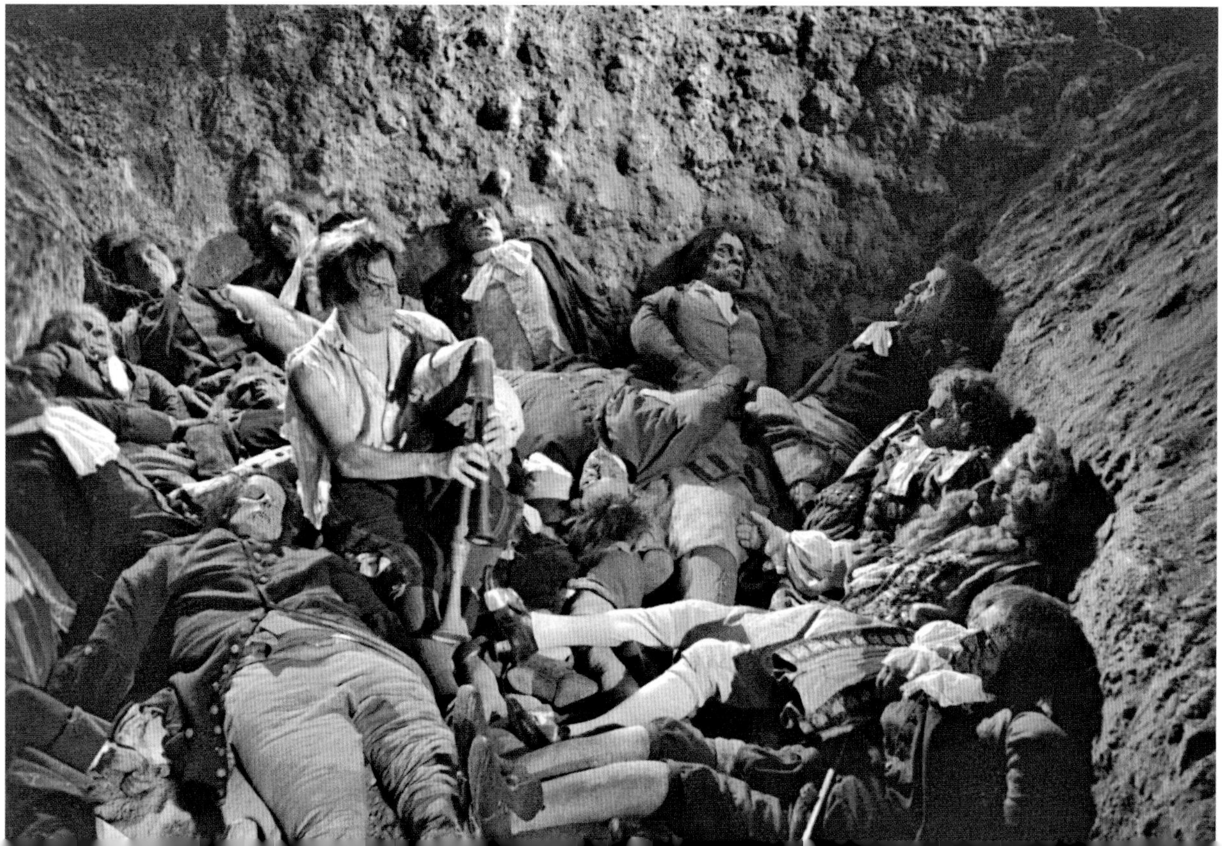

Filme dienten während der NS-Zeit vor allem der Ablenkung. Lothar Rübelt dokumentierte mit seiner Kamera die Dreharbeiten der sehr erfolgreichen Wien-Film, etwa für die Produktion „Der Postmeister" (1939/1940) nach einer Erzählung von Alexander Puschkin. Auf dem Bild ist Margit Symo in der Szene „Russischer Tanz" zu sehen. Publikumsliebling Paul Hörbiger spielte die Titelrolle in „Der liebe Augustin" (1940).

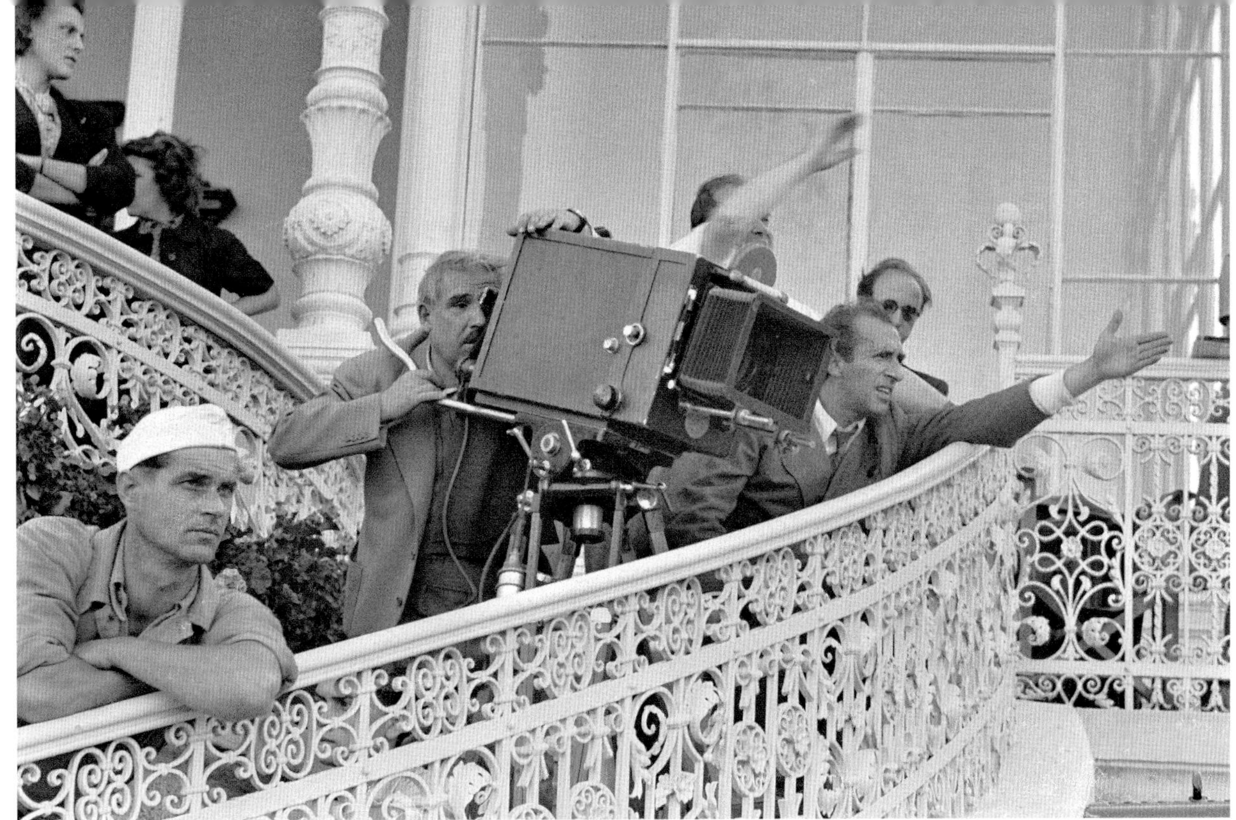

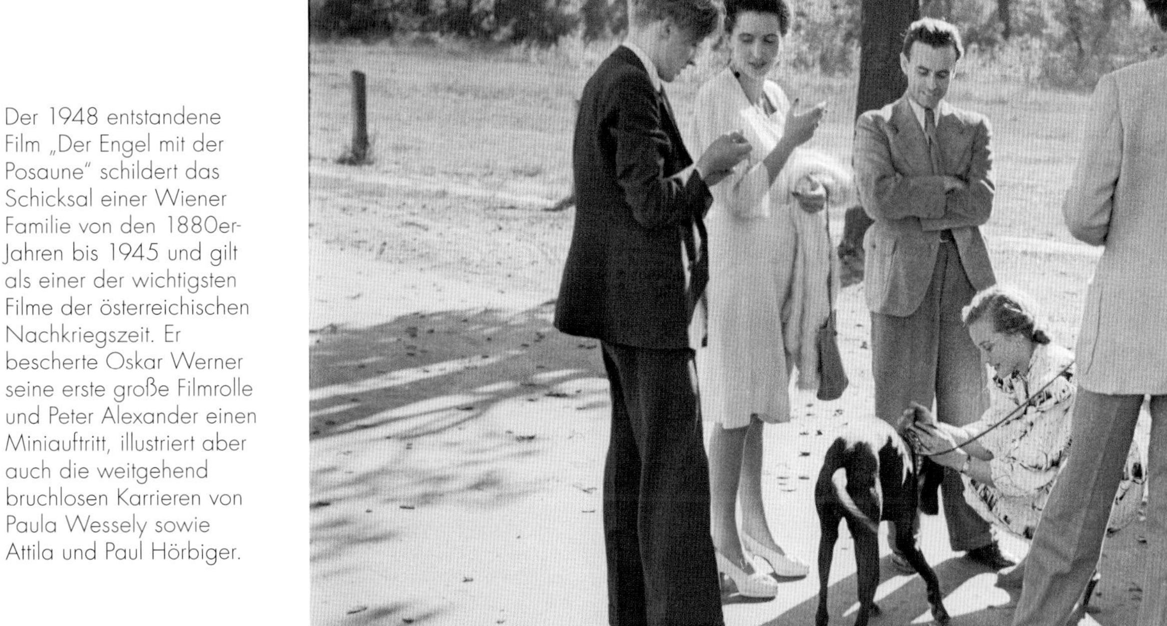

Der 1948 entstandene Film „Der Engel mit der Posaune" schildert das Schicksal einer Wiener Familie von den 1880er-Jahren bis 1945 und gilt als einer der wichtigsten Filme der österreichischen Nachkriegszeit. Er bescherte Oskar Werner seine erste große Filmrolle und Peter Alexander einen Miniauftritt, illustriert aber auch die weitgehend bruchlosen Karrieren von Paula Wessely sowie Attila und Paul Hörbiger.

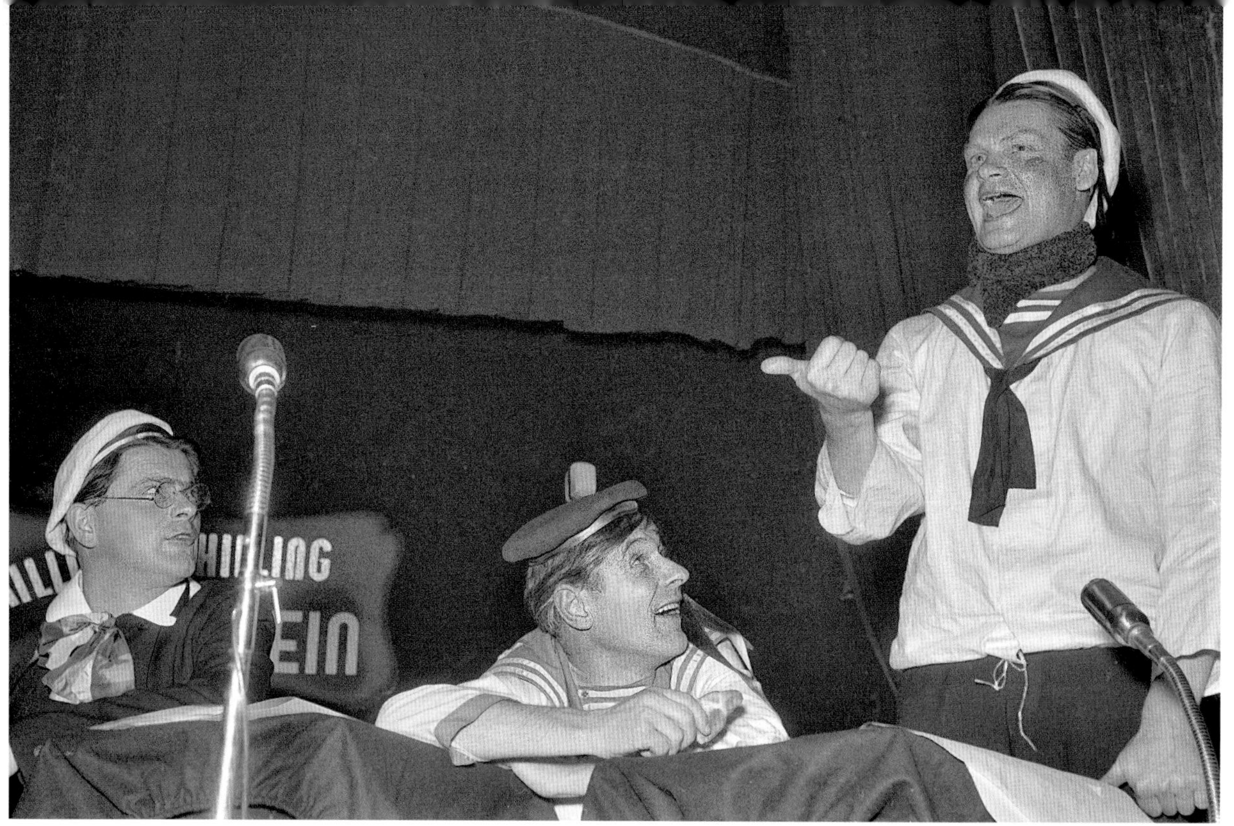

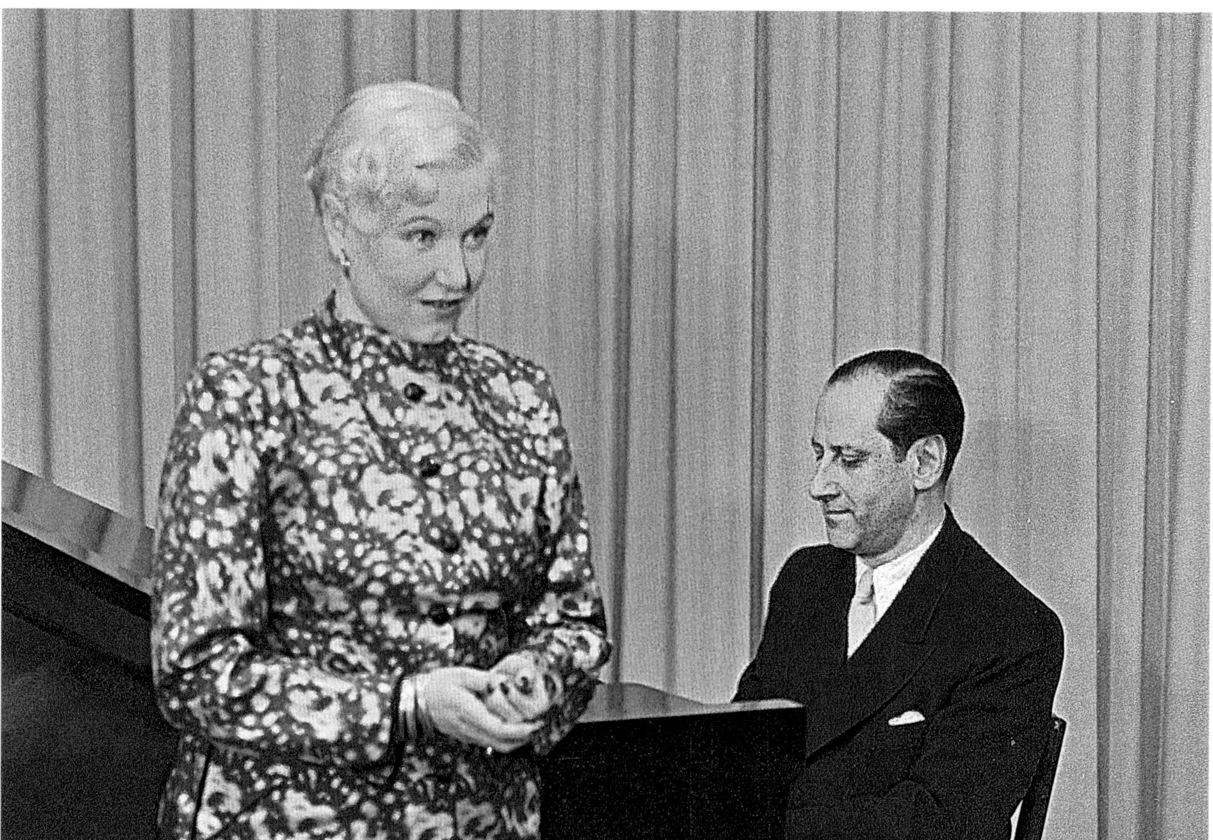

Das Radio spielte speziell in der Nachkriegszeit eine große Rolle als Unterhaltungsmedium. Viele bekannte Künstler traten hier regelmäßig in Erscheinung, wie Maxi Böhm, Harry Fuss und Heinz Conrads (von links nach rechts) in der Rätselsendung „Auf Ja und Nein" (oben). Beliebte Interpreten bei Radio Wien waren die Sängerin Cissy Kraner, begleitet von ihrem Ehemann Hugo Wiener am Klavier.

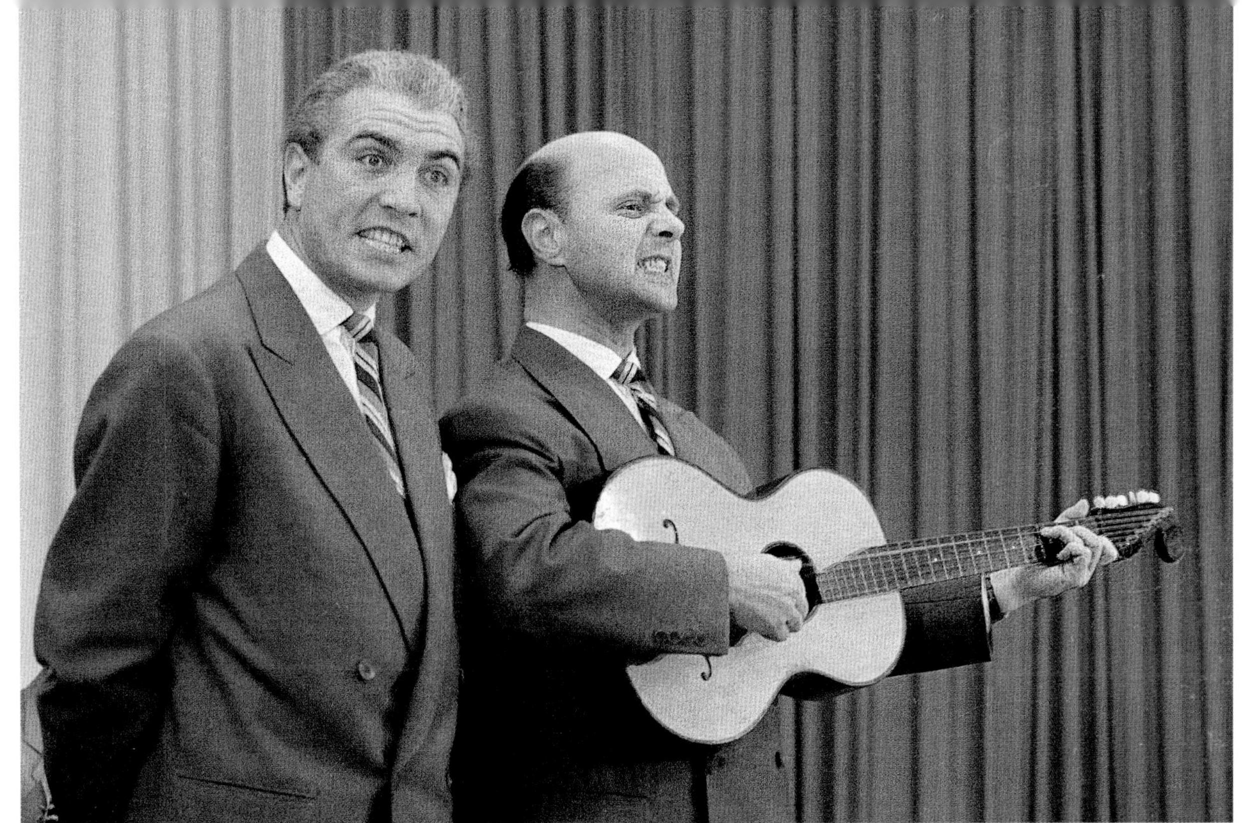

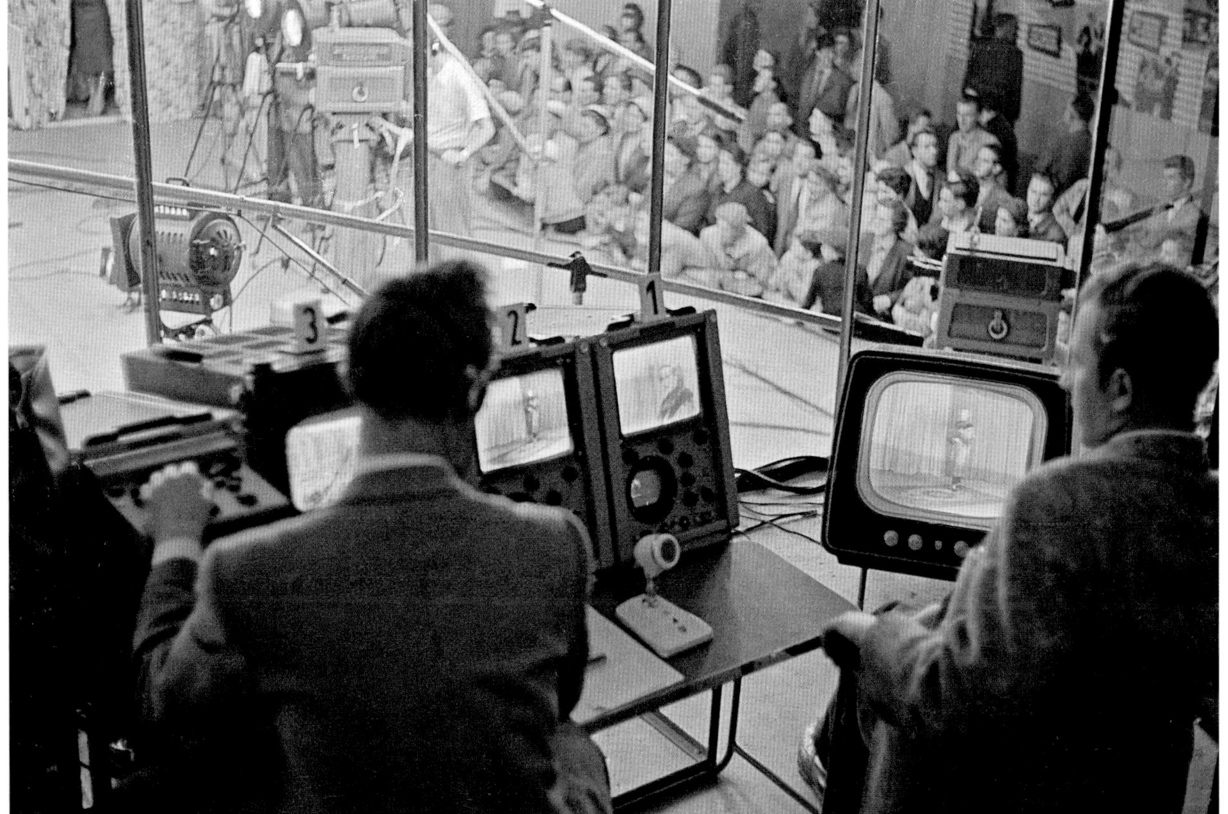

Enorme lokale Popularität erlangte das Musikduo Pirron und Knapp (Bild oben). Schon in den frühen 1950er-Jahren wurden aber auch erste Schritte in die Fernsehzukunft unternommen. Rübelt dokumentierte das Probestudio von Radio Wien im Jahr 1954 (Bild unten). Offizielle Ausstrahlungen des österreichischen Rundfunks starteten im August 1955, der reguläre Fernsehbetrieb wurde 1958 aufgenommen.

Die Stadt bes

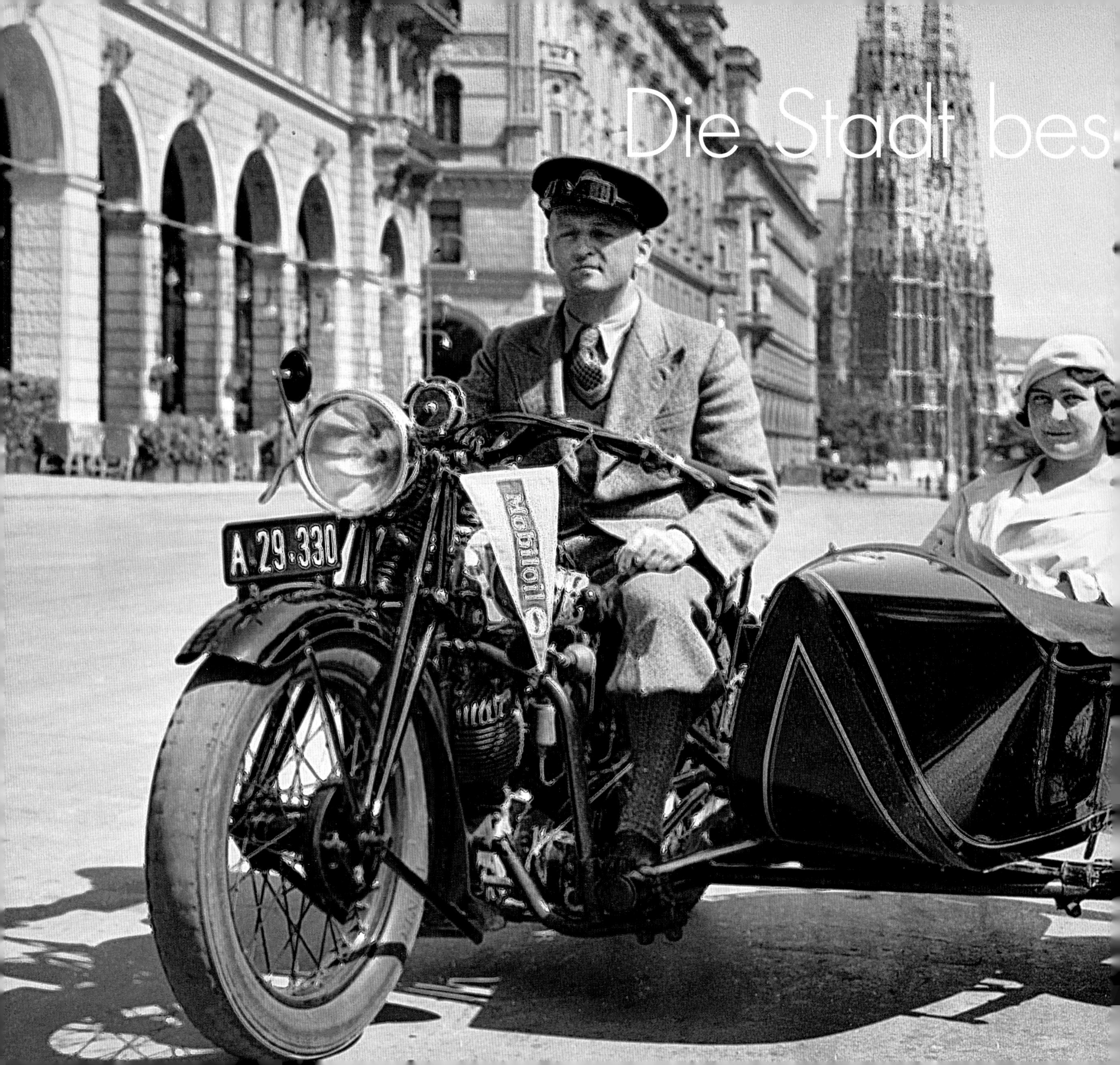

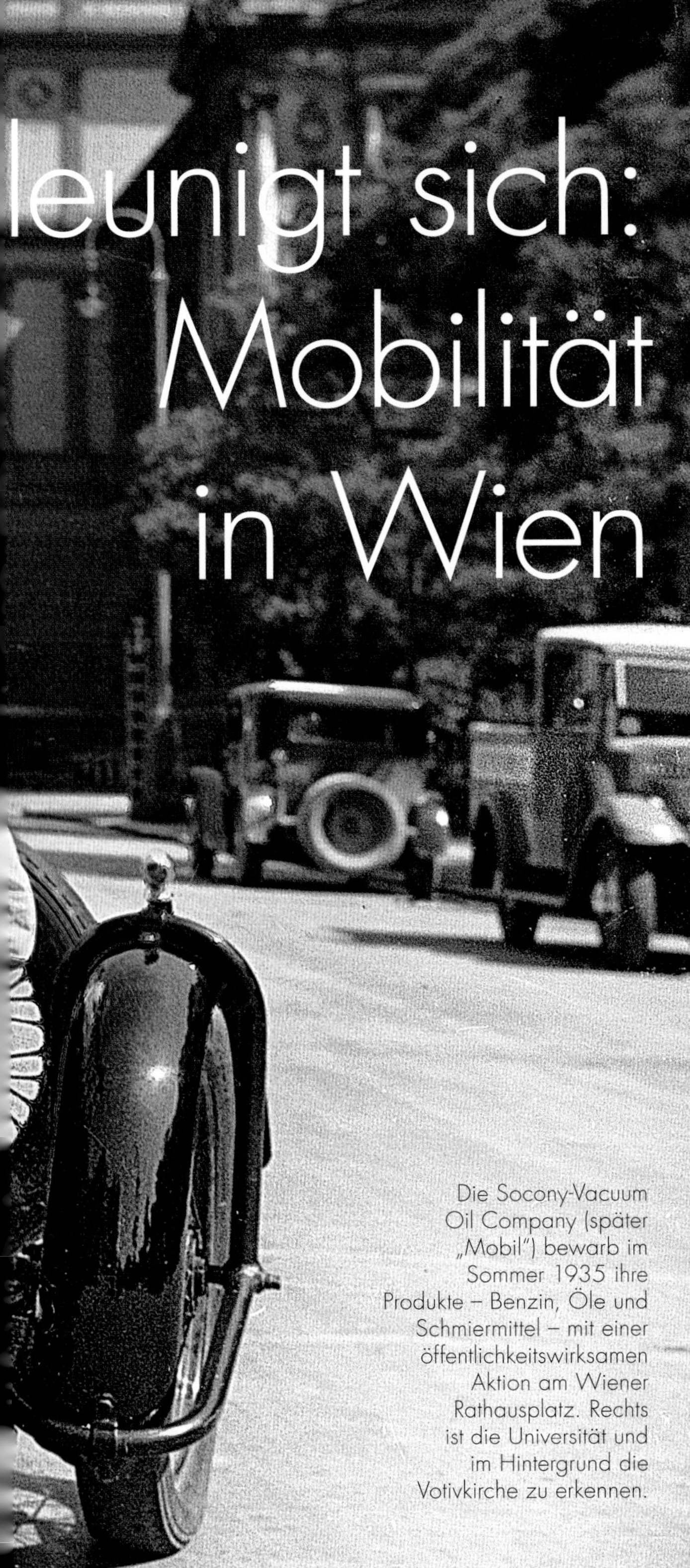

leunigt sich: Mobilität in Wien

Die Socony-Vacuum Oil Company (später „Mobil") bewarb im Sommer 1935 ihre Produkte – Benzin, Öle und Schmiermittel – mit einer öffentlichkeitswirksamen Aktion am Wiener Rathausplatz. Rechts ist die Universität und im Hintergrund die Votivkirche zu erkennen.

Vielleicht hätte Lothar Rübelt im Goldenen Berlin, dem vitalen und progressiven Zentrum der Weimarer Republik, noch mehr Motive des modernen Lebens vorgefunden als in Wien, das darunter litt, von der Metropole eines Vielvölkerreiches zur überdimensionierten Hauptstadt eines Kleinstaates geworden zu sein. Die Dokumentation des sozialen Fortschritts im Roten Wien war Rübelts Sache offenbar nicht. Aber er fand abseits des Sports genügend Motive eines rasanten Lebens, die er mit dem Fotoapparat festhielt. Technik und Beschleunigung, Motorrad und Automobil waren zentrale Elemente seiner Biografie. Er besaß schon früh eine englische Nobel-Maschine, eine Brough Superior, mit der er nicht nur seine Fotoaufträge erledigte. 1926 drehte er mit seinem Bruder Ekkehard (der kurz später bei einem Motorradunfall tödlich verunglückte) in den Dolomiten den Film „Mit dem Motorrad über die Wolken!" und versuchte im Jahr darauf, auf dem Motorrad den Großglockner zu bezwingen (siehe Bild auf Seite 25). Später wurde Rübelt (auf Steyr 120 und 220, danach auf einem BMW 328) Autorennfahrer und erreichte besonders zu Beginn der NS-Zeit einige motorsportliche Erfolge. Und auch nach 1945 bewegte Rübelt stets sehr sportliche Alfa Romeos.

So verwundert es nicht, dass die Mobilität stets eine große Rolle in Rübelts Werk einnahm. Ob das nun Straßenbahnen oder Bahnhöfe, Tankstellen oder Demonstrationen der Wiener Taxifahrer waren, Rübelt war vor Ort und zeigte das pulsierende Großstadtleben Wiens, die Fahrzeuge selbst, aber vor allem auch ihre Nutzer und Nutzerinnen, die Straßenbahn und ihre Passagiere. Und er fotografierte ebenso die Schattenseiten der Beschleunigung, vor allem die zwangsläufig auftretenden Unfälle, wenn ein Güterzug entgleist oder eine Straßenbahn mit einem Auto kollidiert war. Ab den 1950er-Jahren begleitete er nicht zuletzt die Entwicklungen der Massenmobilisierung und des Individualverkehrs. Gerade weil sich Rübelt in dieser Zeit zunehmend aus der tagesaktuellen „Action"-Fotografie zurückzog und mehr und mehr von Werbeaufträgen lebte, waren ihm Tankstellen, Automobilausstellungen, Waschstraßen oder auch die Radiosendung „Autofahrer unterwegs" willkommene Motive.

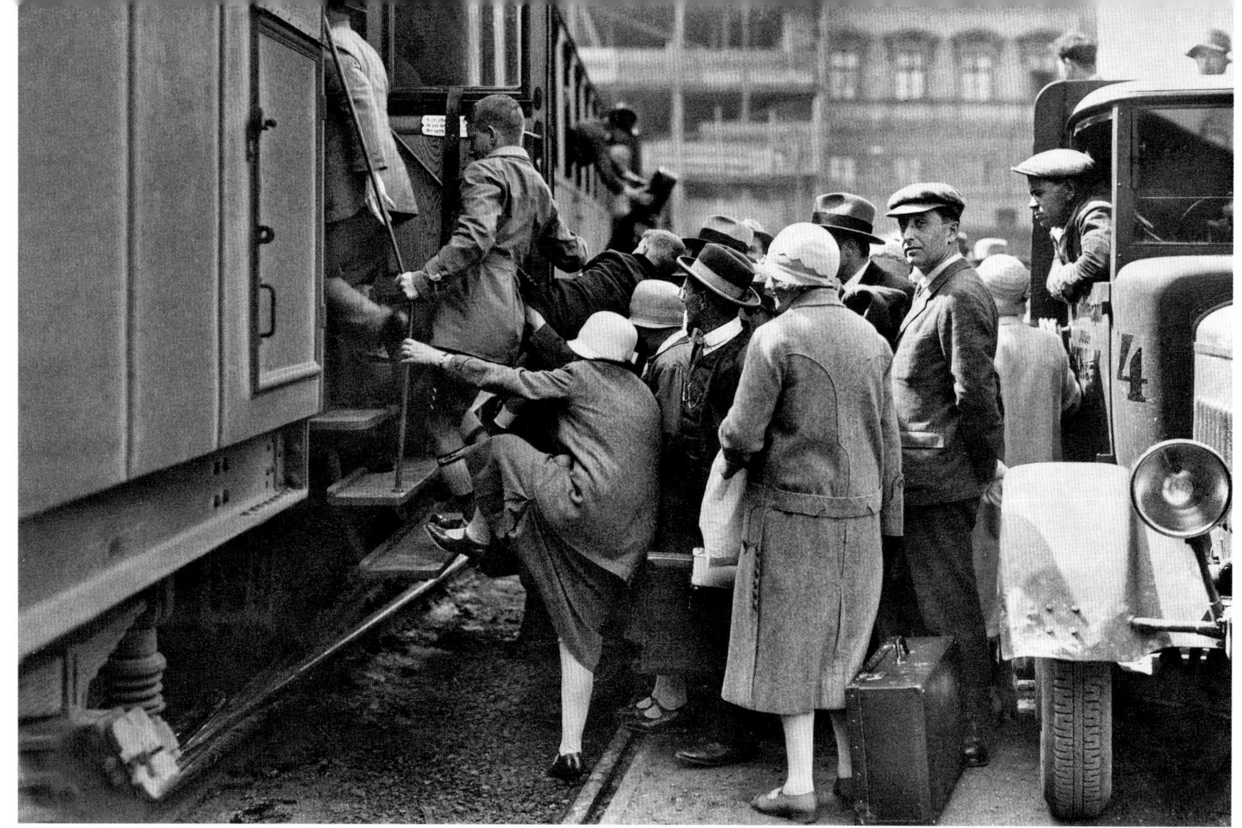

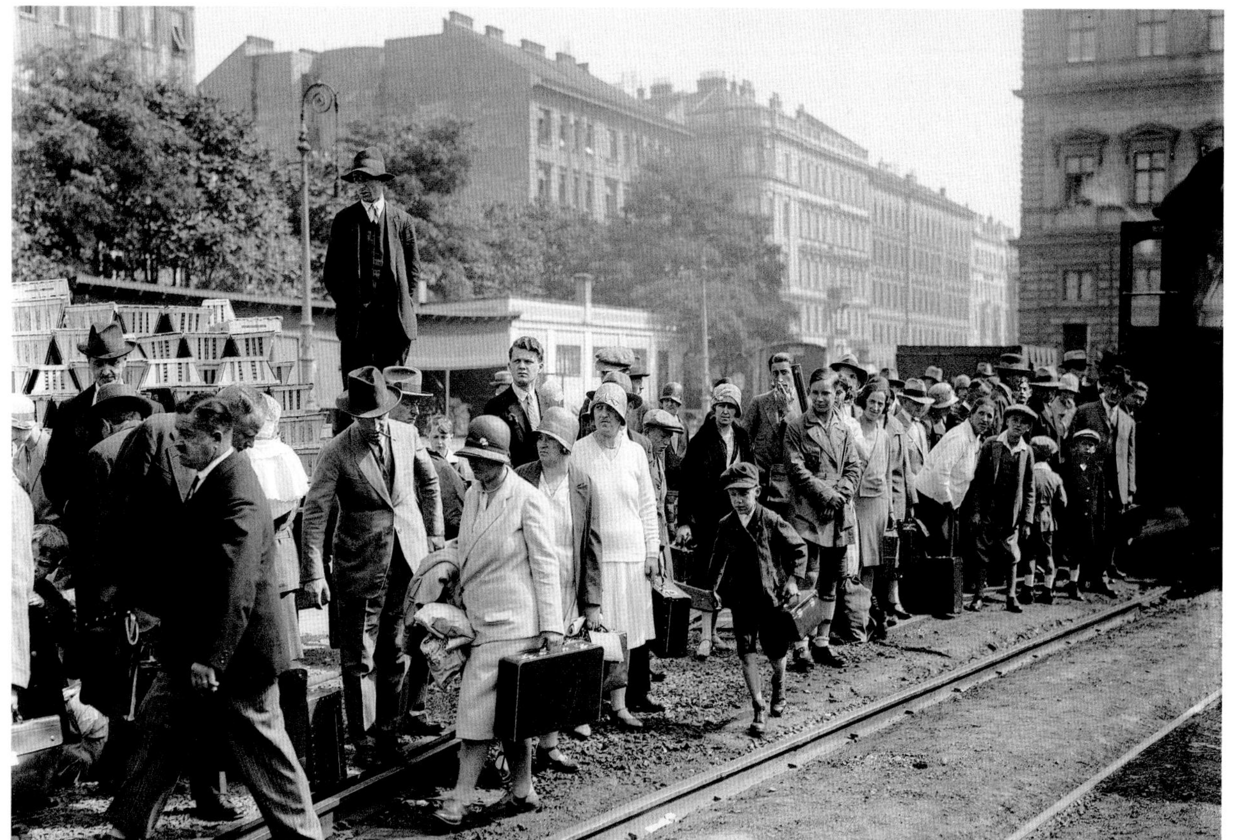

Bahnhöfe sind alltäglich genutzte Plätze, aber auch Sehnsuchtsorte einer Stadt, je nachdem, ob sie der Anreise zum Arbeitsplatz oder als Ausgangspunkt eines Ausflugs oder Urlaubs dienen. Lothar Rübelt hat beides festgehalten: die freudige Stimmung am Beginn der Ferienreise am Franz-Josefs-Bahnhof (links) und das gewohnheitsmäßige Treiben vor dem Westbahnhof (rechts). In beiden Fällen erweisen sich Bahnhöfe als Orte des Gegensatzes: Untätiges Warten wird abgelöst von hektischer Betriebsamkeit.

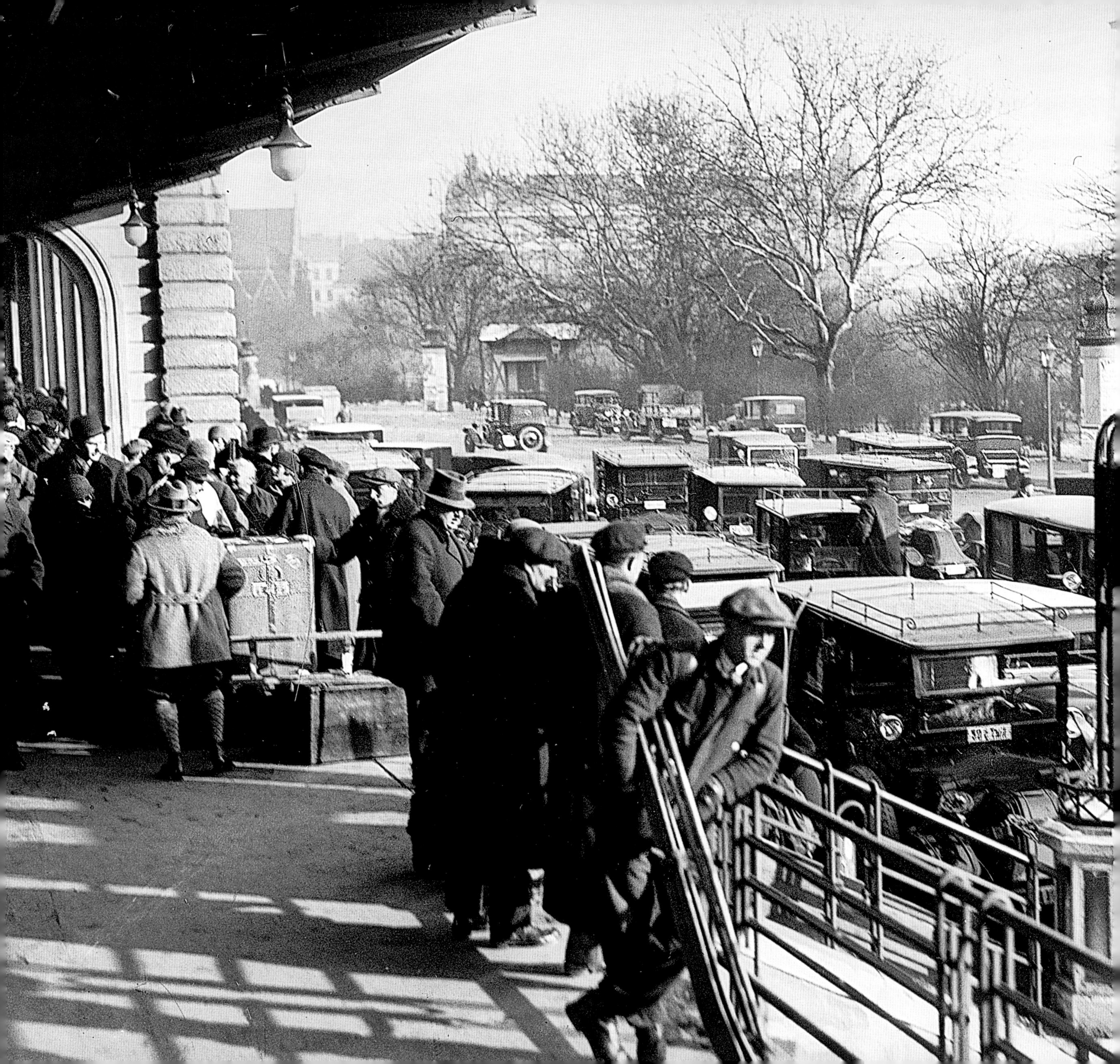

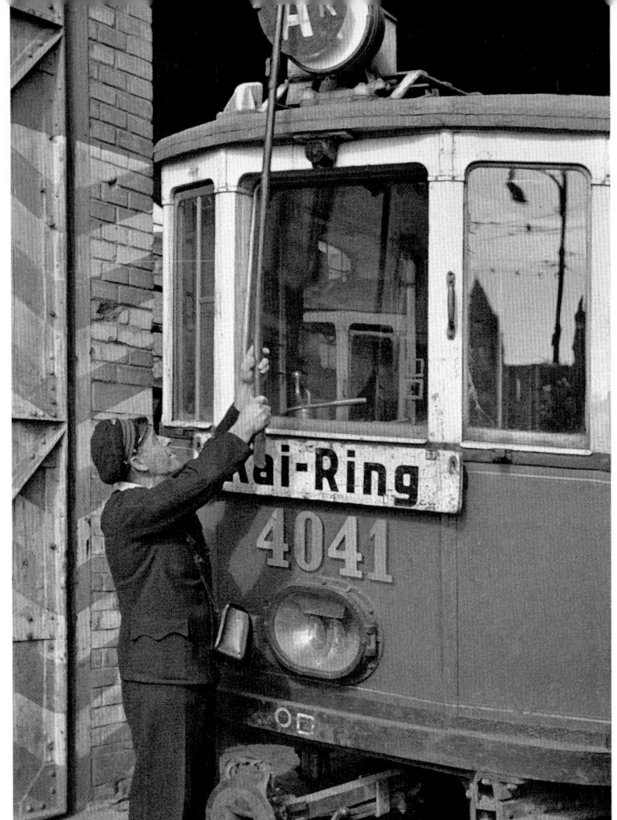

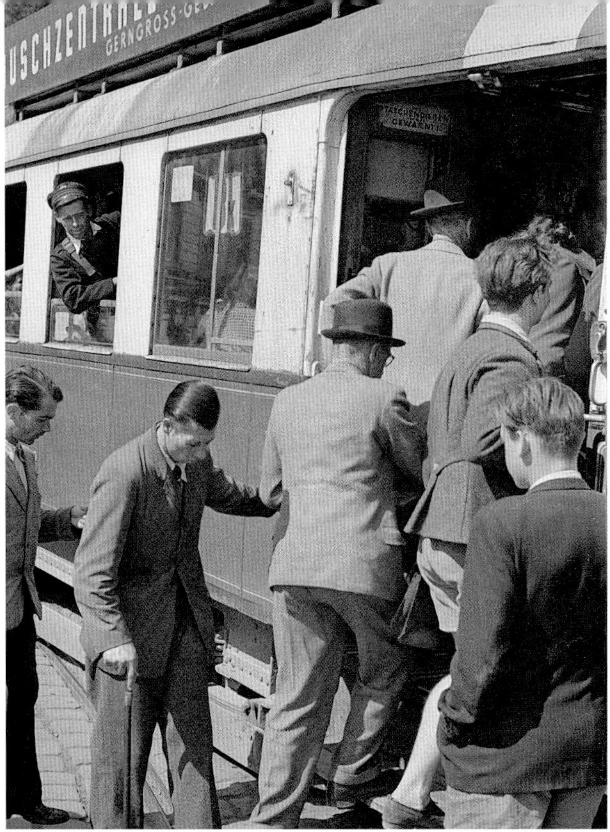

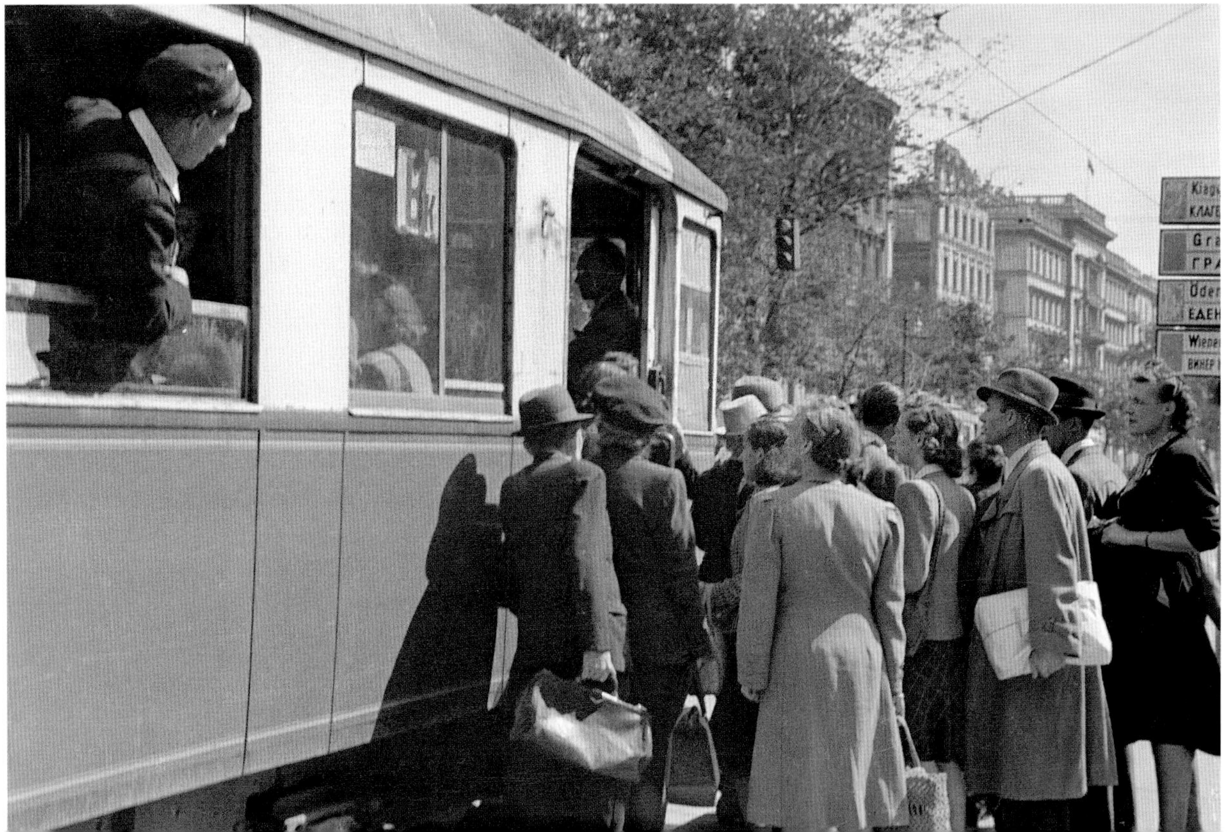

Bis zur Vollmotorisierung in den 1960er-Jahren und zum Bau der U-Bahn ab dem Ende der 1970er-Jahre war Wien eine Stadt der Straßenbahnen, ganz weltmännisch auch „Tramway" oder liebevoll „Bim" genannt. Ein dichtes Liniennetz überzog die ganze Stadt bis in die Vorstädte und teilweise sogar über deren Grenzen hinaus.

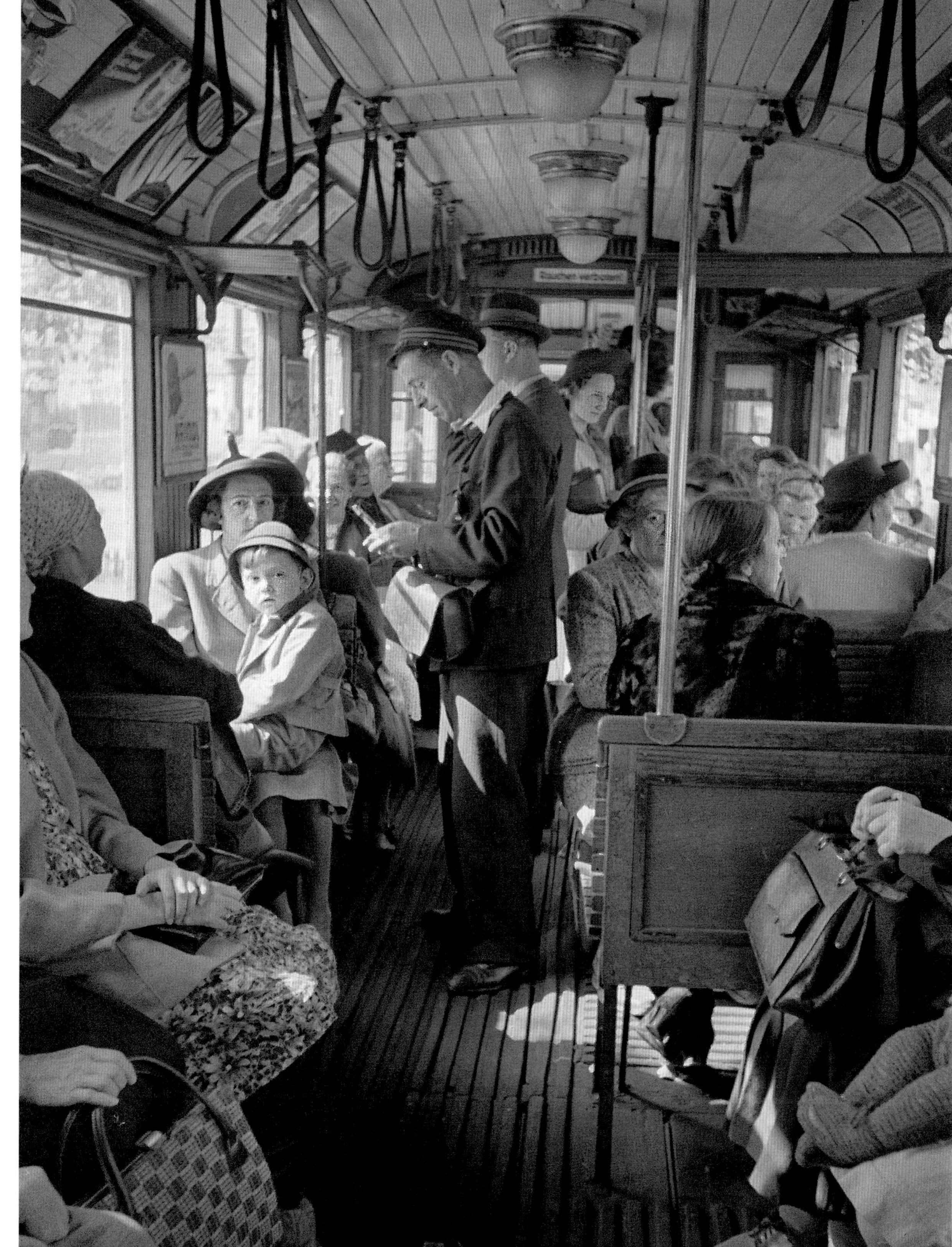

Bei all der Hassliebe der Wiener Bevölkerung zu ihrem wichtigsten Verkehrsmittel lag es nahe, ihm mit einem Straßenbahnertag im Herbst 1947 Reverenz zu erweisen, als die ärgsten Schäden behoben waren. Von über 3500 Wagen waren im Krieg mehr als die Hälfte zerstört oder beschädigt worden: Ein Wagen der Ringlinie Ak wird in der Remise vorbereitet und rumpelt dann trotz Zonengrenzen durch die Stadt.

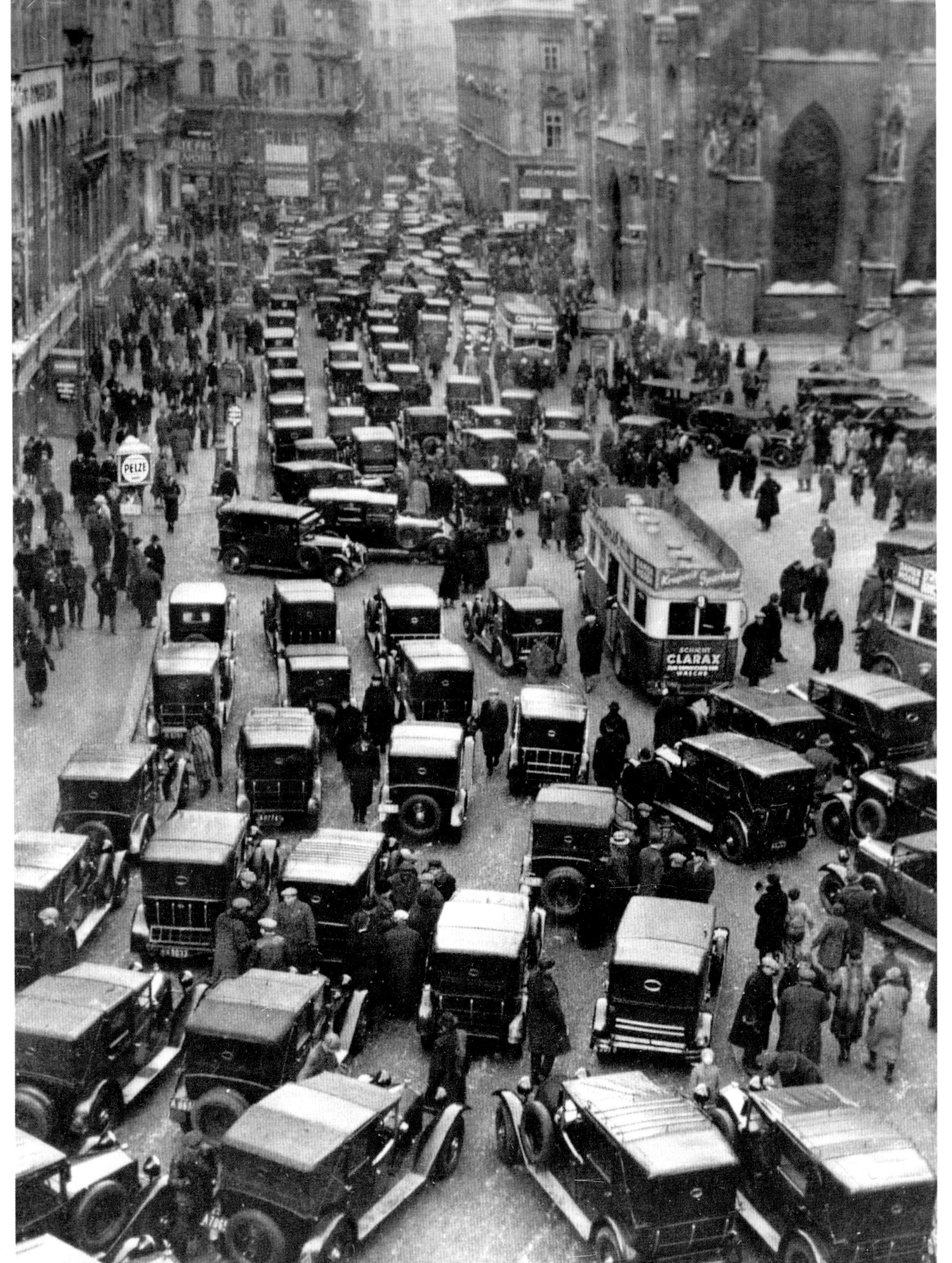

Im Jahr 1909 wurde die bis dahin für Autos gesperrte Innenstadt geöffnet. Das beflügelte vor allem das Taxigewerbe. Die Zahl der Taxis übertraf schon vor 1914 jene der Fiaker und erreichte um 1930 die Zahl von 3000. 1933 blockierten Taxifahrer den Stephansplatz und forderten Steuererleichterungen.

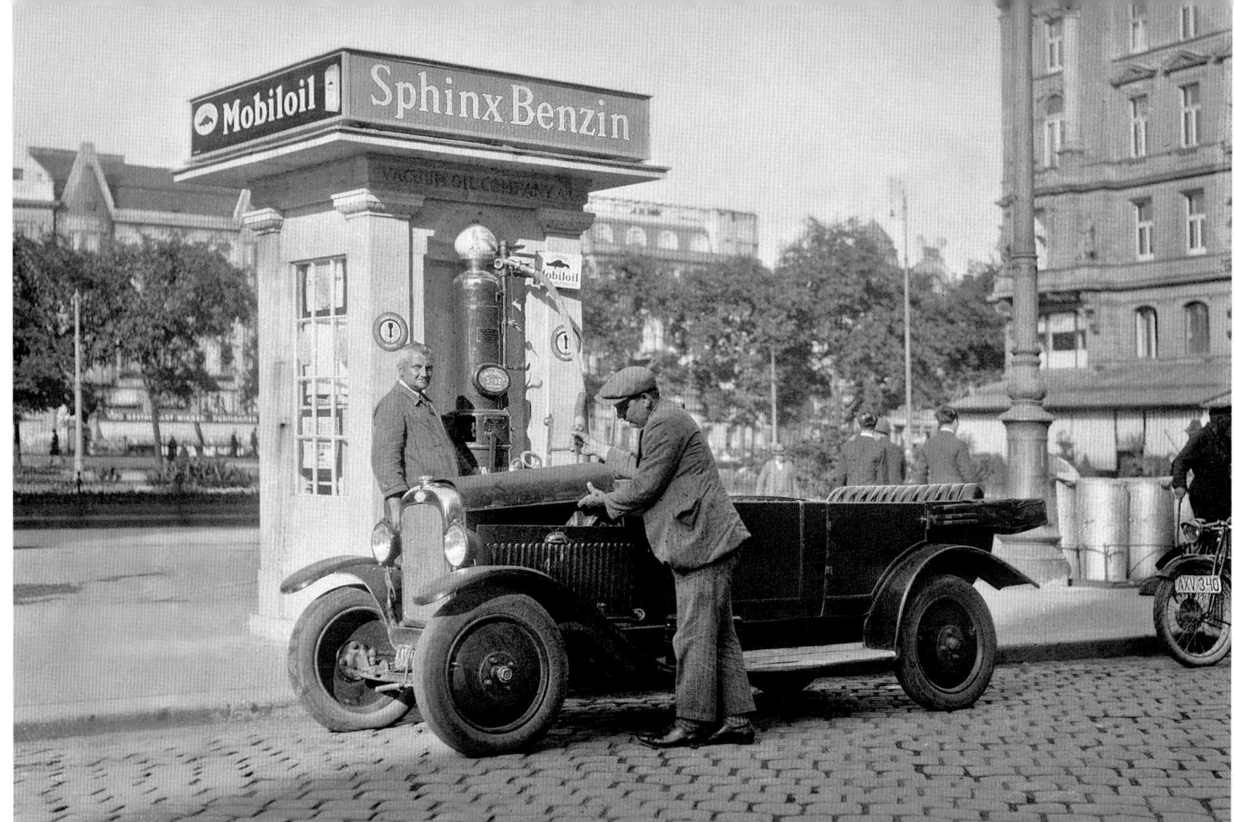

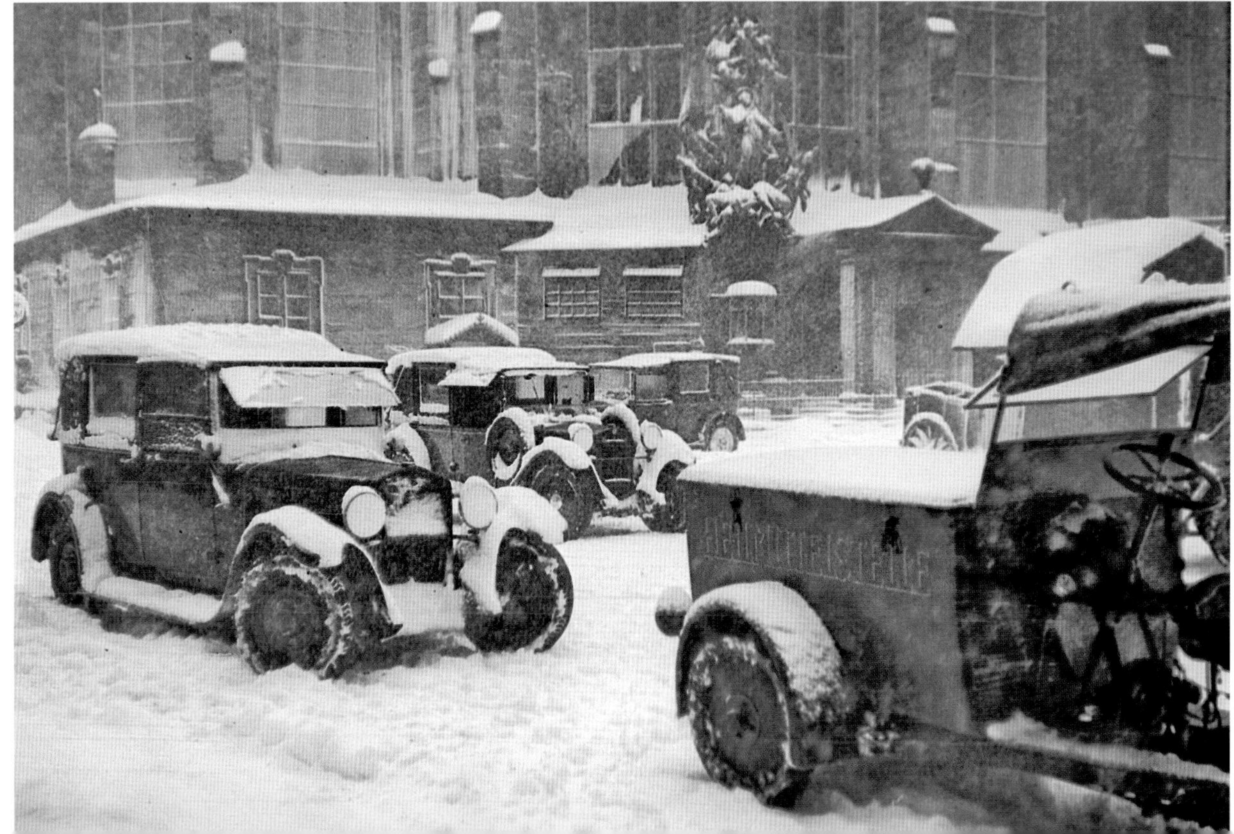

Oben: Das Automobil schrieb sich in den 1920er-Jahren massiv ins Stadtbild ein. Am Opernring eröffneten noble Verkaufslokale, in den Vorstädten wurden Garagen, Werkstätten und Tankstellen eröffnet. Straßenzapfsäulen der Firma Sphinx um 1930.

Unten: Selbst bei starkem Schneefall wollten die Autobesitzer nicht auf ihr Vehikel verzichten, auch wenn sie mit aufgeklappter Windschutzscheibe fahren mussten, wie hier im Jahr 1931 am Stephansplatz.

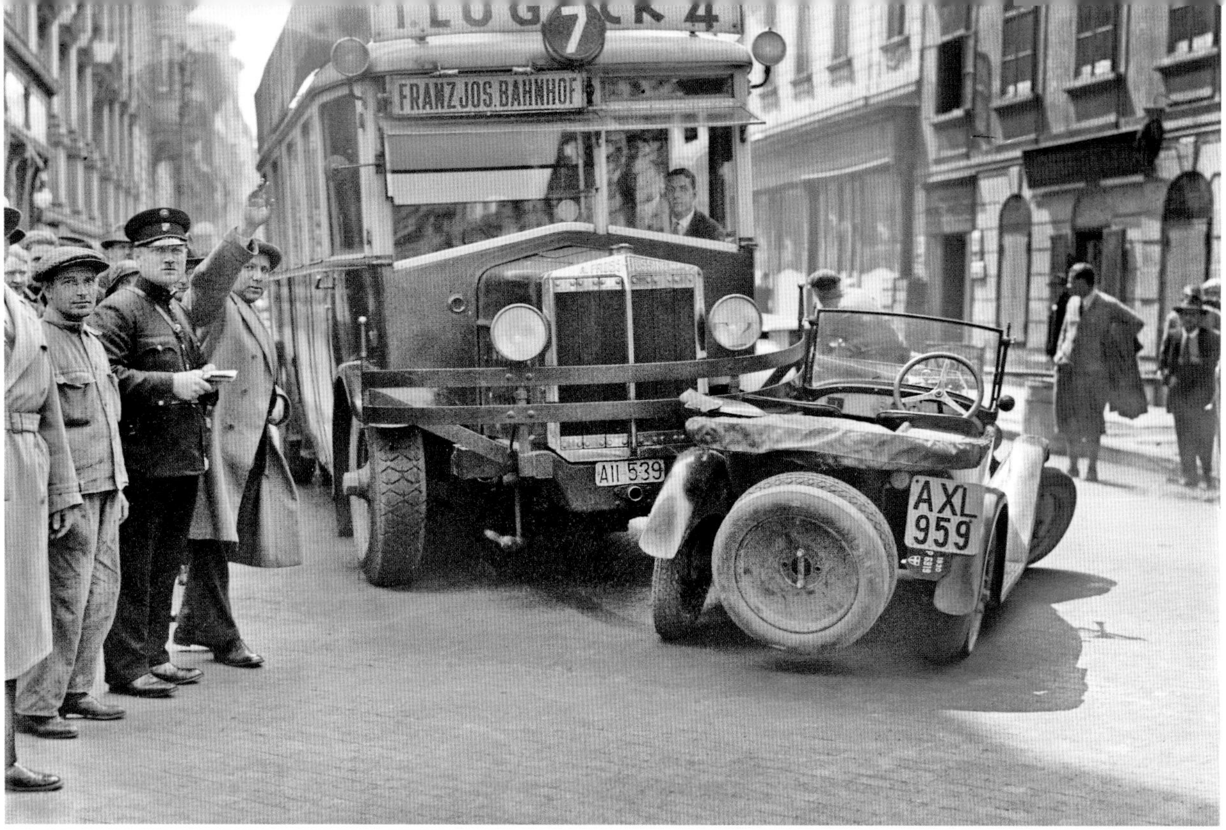

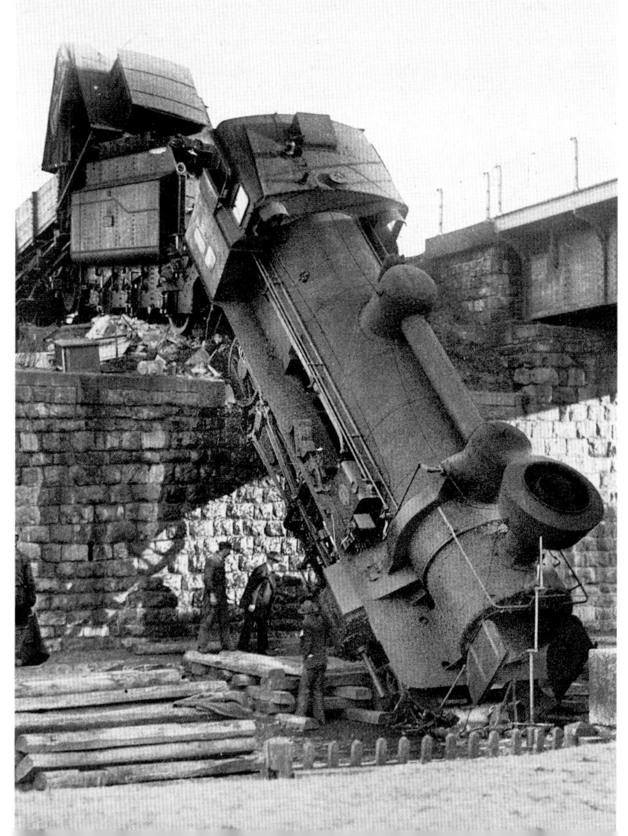

Die starke Zunahme des öffentlichen wie individuellen Verkehrs brachte als unvermeidbare Begleiterscheinung Unglücksfälle mit sich.

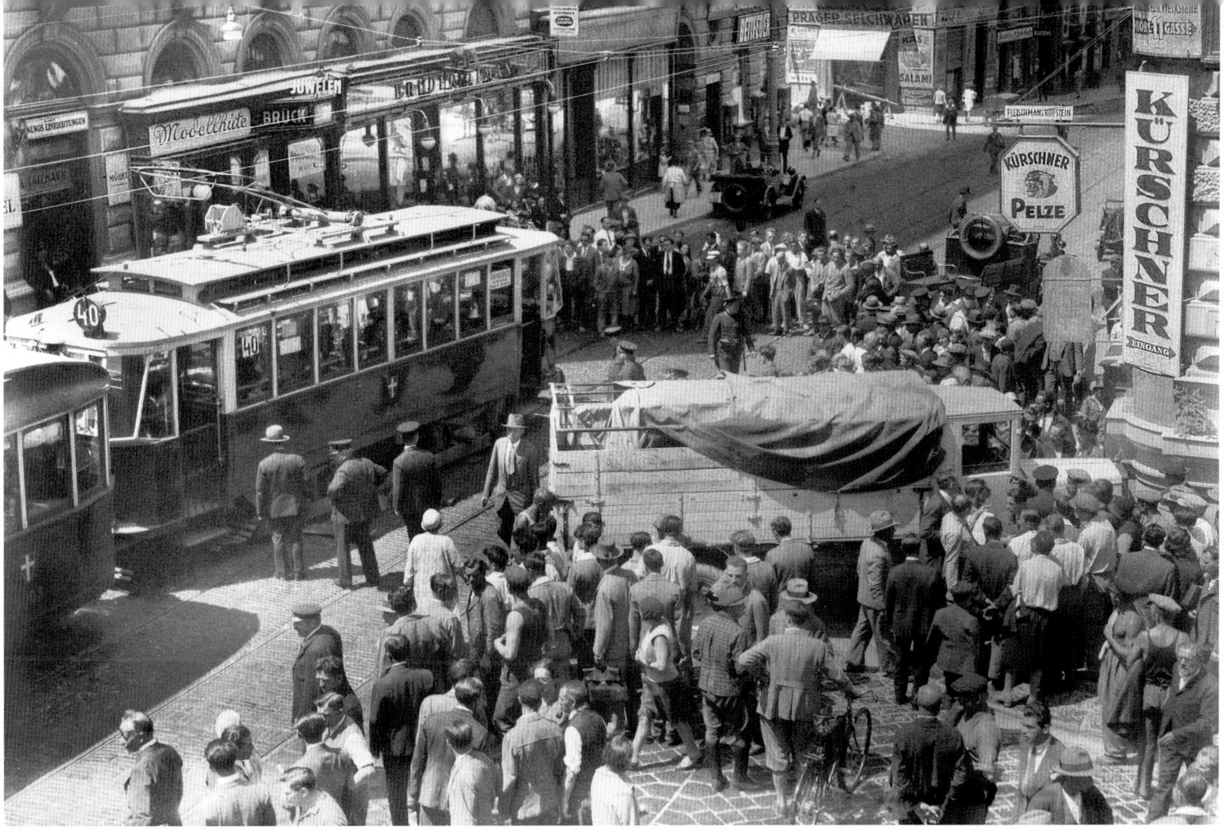

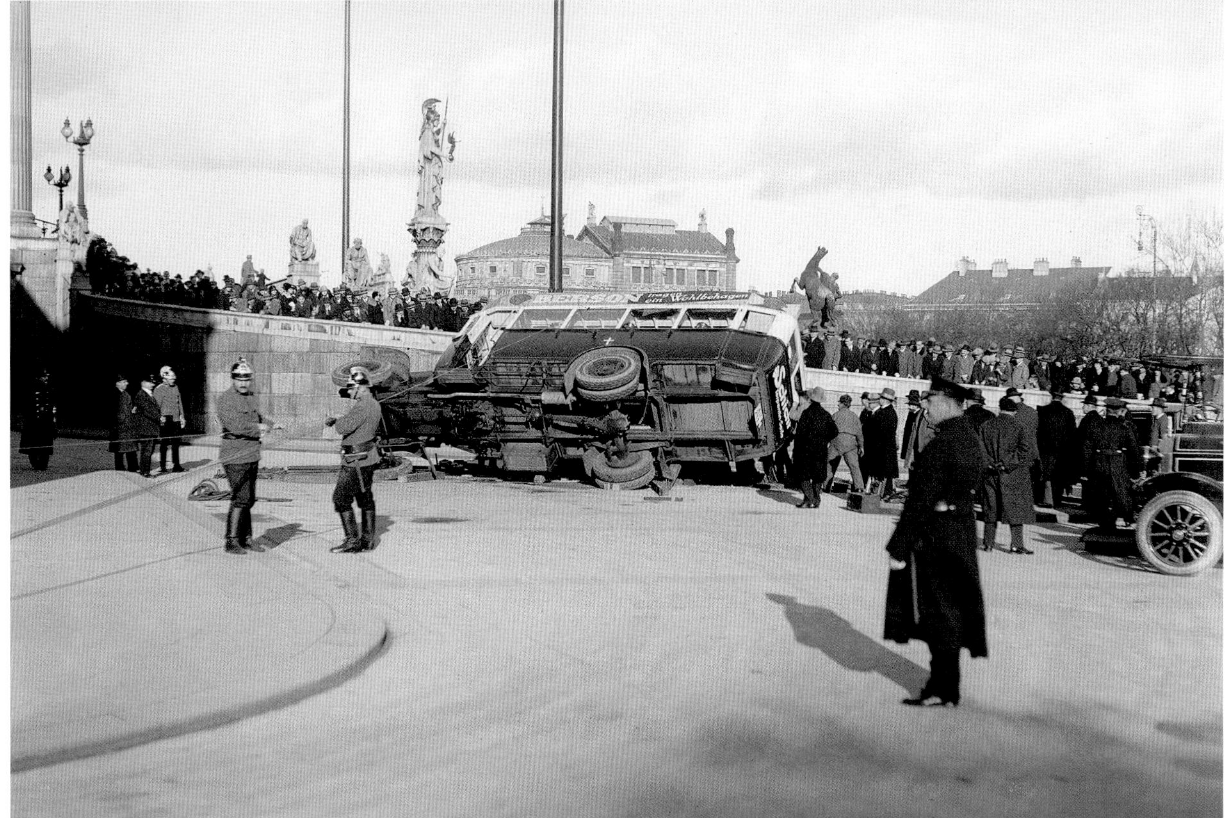

Zusammenstöße zwischen Straßenbahnen oder Bussen und privaten Automobilen schafften es meist in die Lokalnachrichten, spektakuläre Unfälle wie ein entgleister Güterzug am Donaukanal in den 1920er-Jahren sorgten sogar für Schlagzeilen. Auf jeden Fall wurde aber eine Menge von Schaulustigen angelockt.

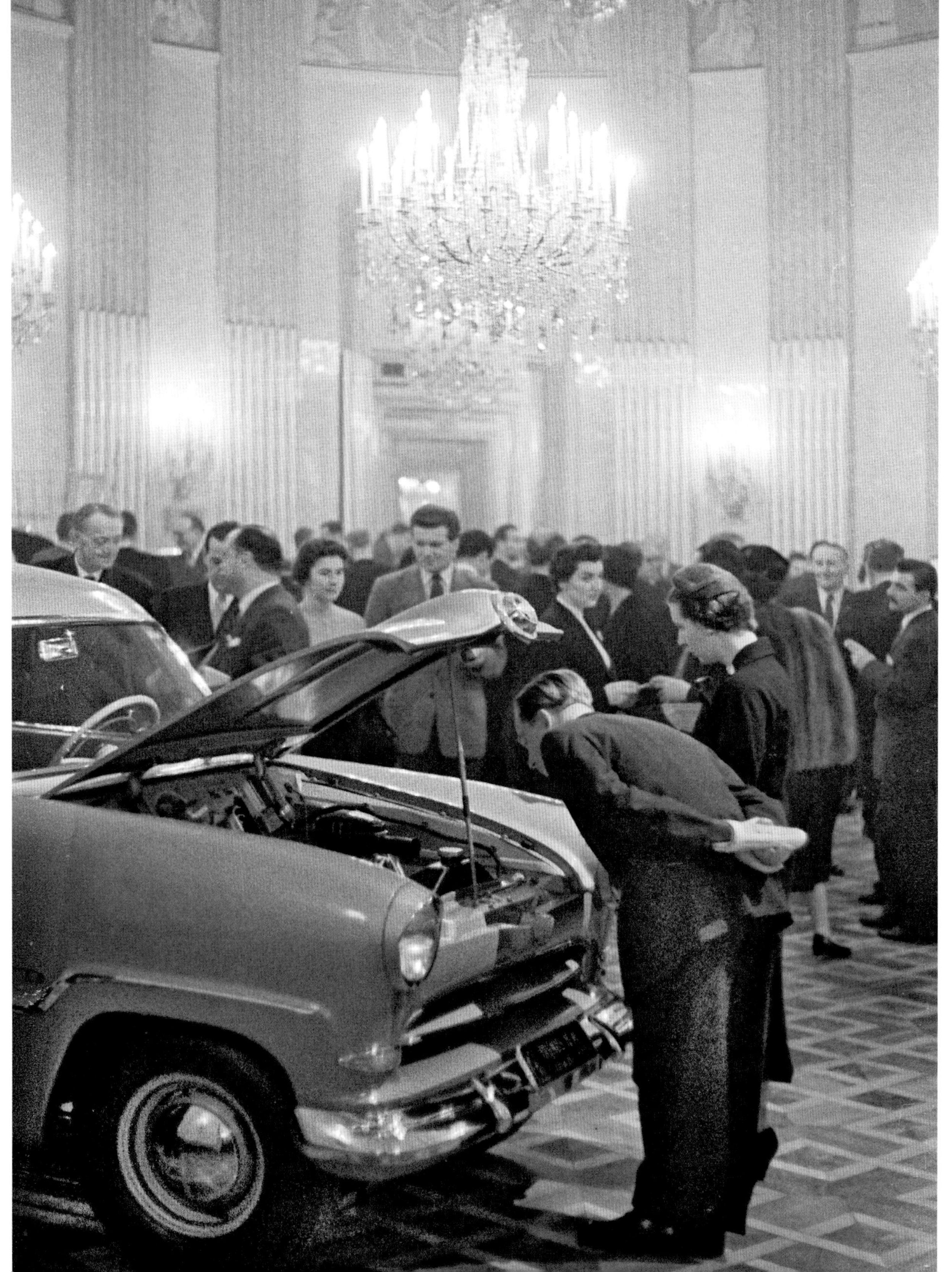

In den Nachkriegsjahren konnte sich zwar noch kaum jemand ein Auto leisten, das nationalsozialistische Versprechen eines „Volkswagens" wirkte jedoch weiter: Eine von der Firma Ford 1955 im Palais Auersperg veranstaltete Ausstellung der neuesten Modelle zog zahlreiche Interessierte an.

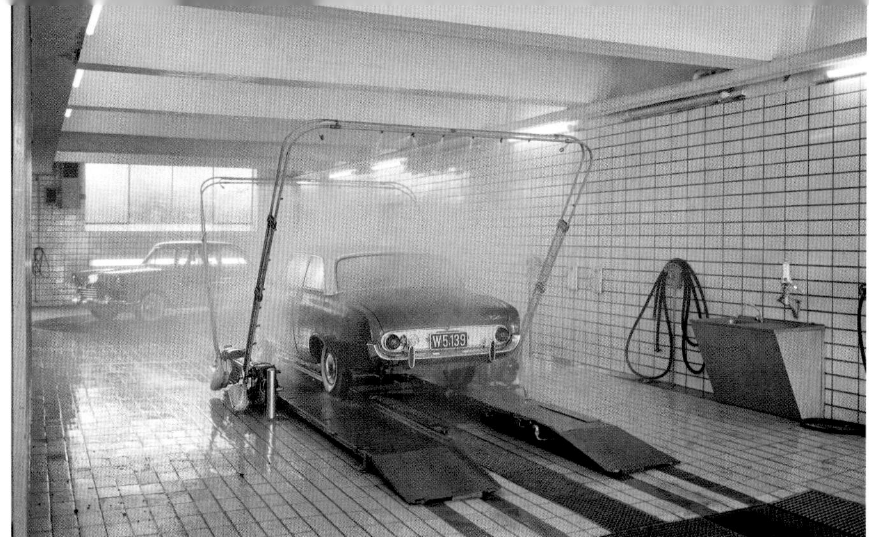

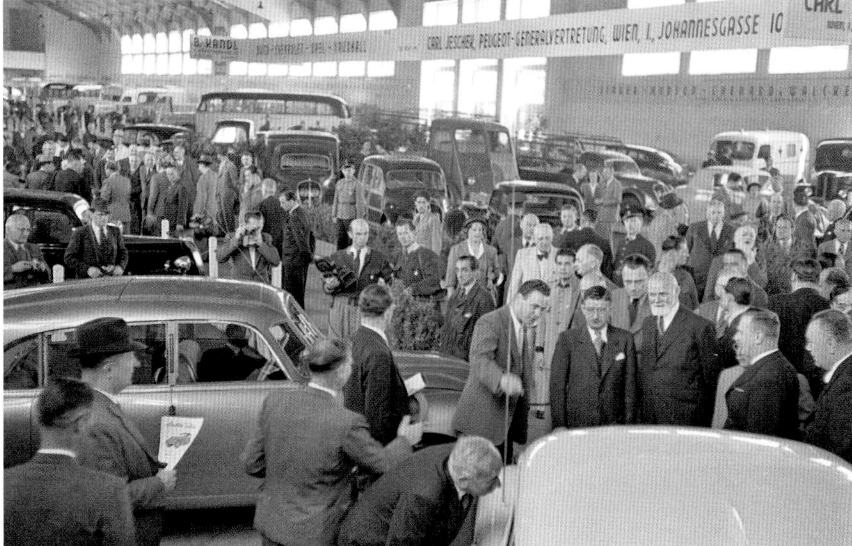

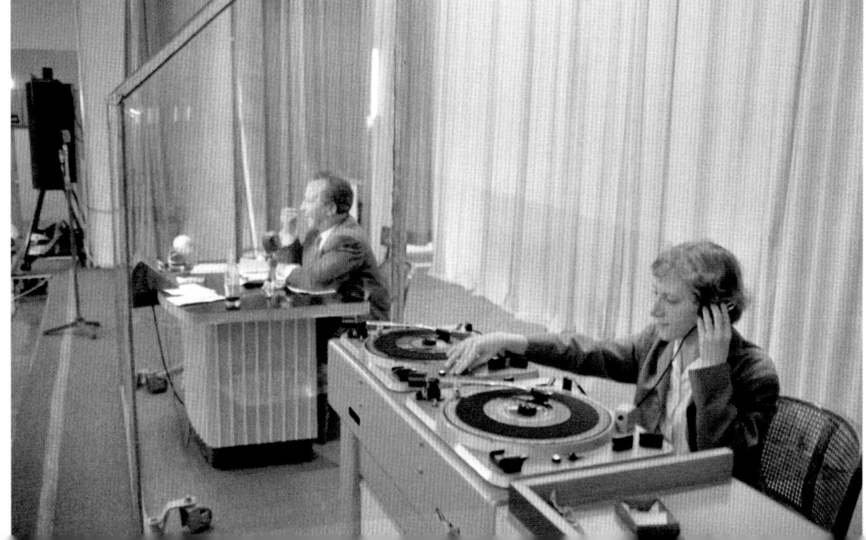

Die Anfänge der Massenmotorisierung in Wien wurden von Lothar Rübelt mit großem Interesse begleitet und dokumentiert, ob das nun die erste automatische Waschstraße im Jahr 1961 war, große Autoschauen wie der erste Nachkriegs-Autosalon 1948 am Messegelände mit Bürgermeister Körner und Bundeskanzler Figl als interessierten Besuchern oder die Sendung „Autofahrer unterwegs" mit Walter Niesner am Mikrofon, die von 1957 bis 1999 zum mittäglichen Standardprogramm des ORF-Radios gehörte.

Das umkämpfte Wien: politische Auseinandersetzungen

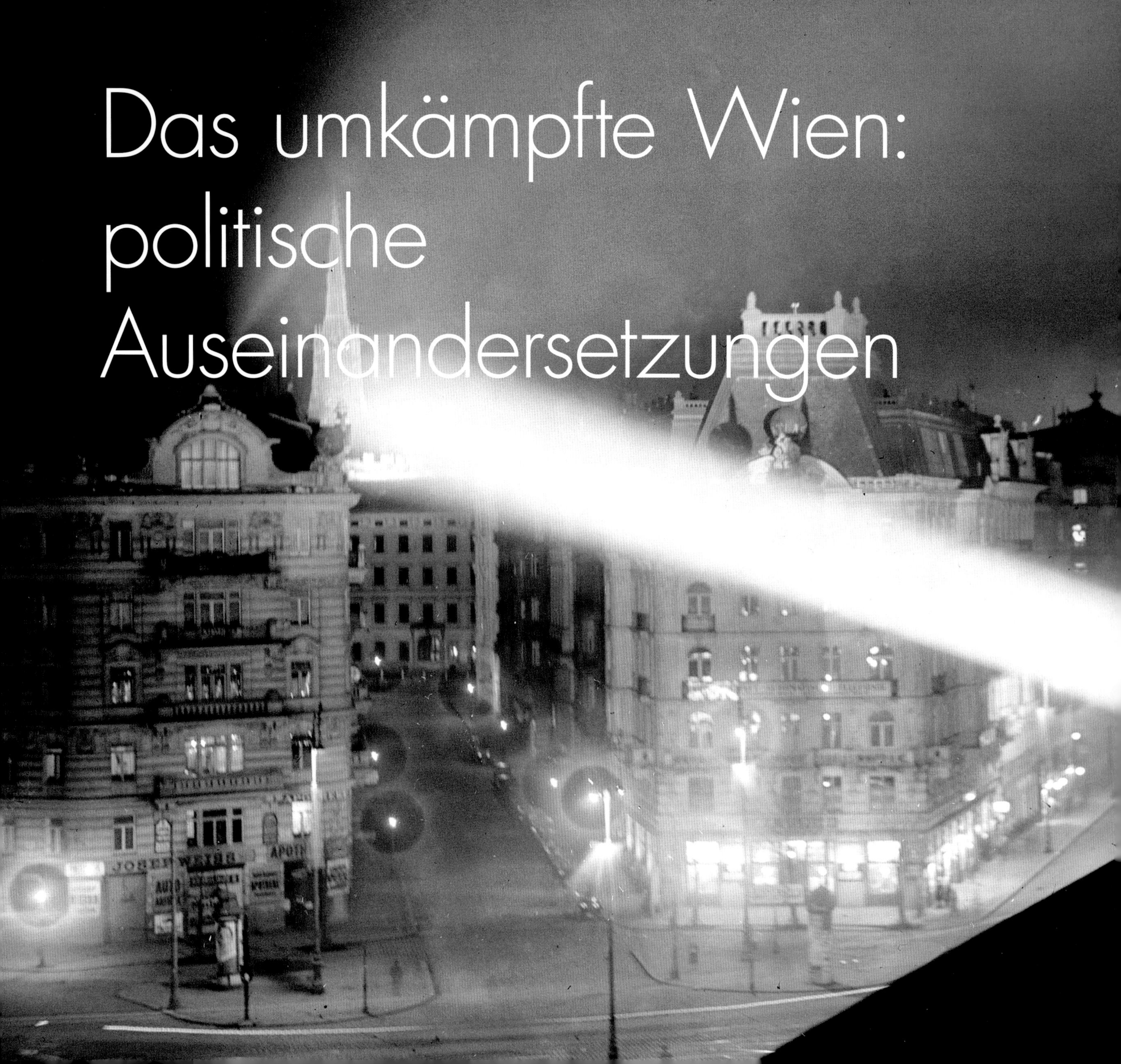

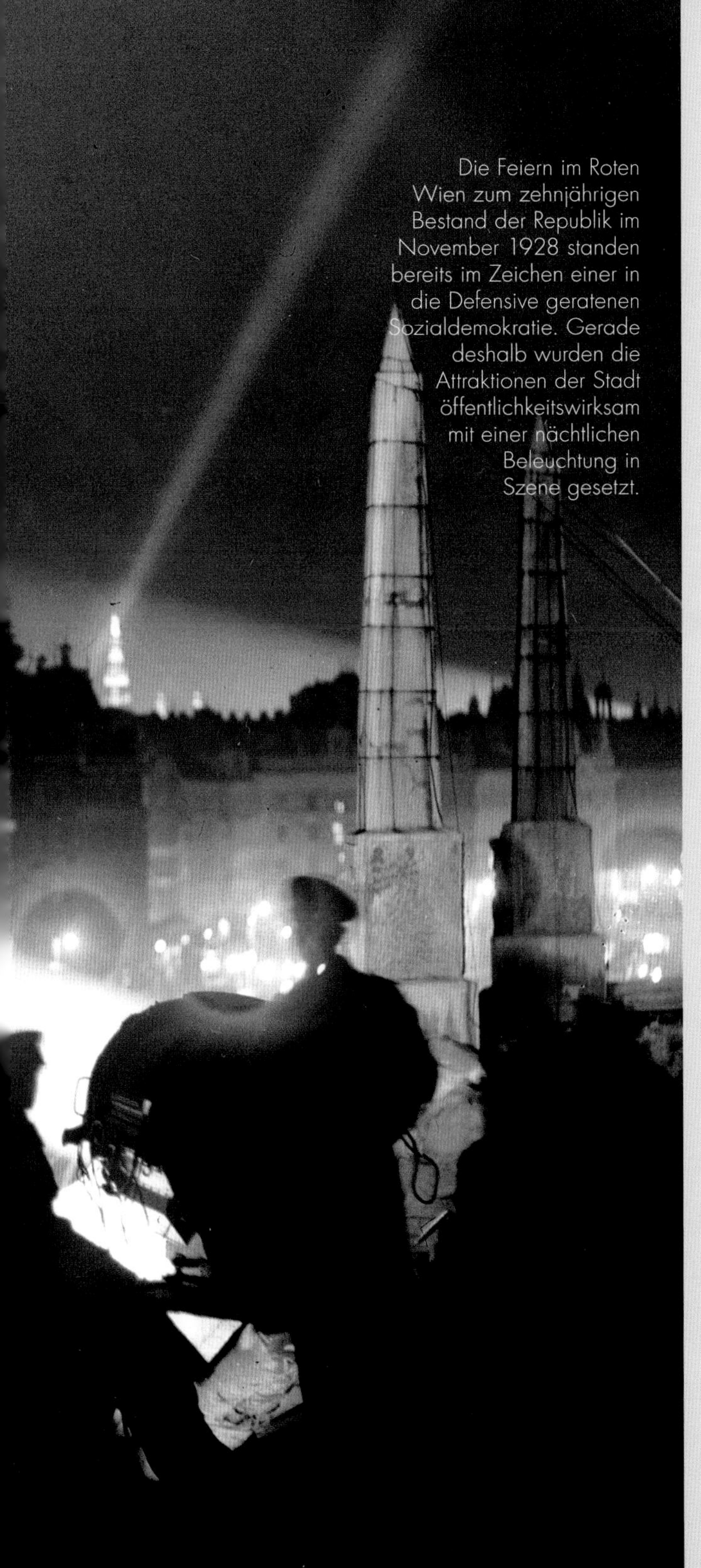
Die Feiern im Roten Wien zum zehnjährigen Bestand der Republik im November 1928 standen bereits im Zeichen einer in die Defensive geratenen Sozialdemokratie. Gerade deshalb wurden die Attraktionen der Stadt öffentlichkeitswirksam mit einer nächtlichen Beleuchtung in Szene gesetzt.

Die Tage des „Anschlusses" Österreichs an das Deutsche Reich verbrachte Lothar Rübelt in Innsbruck, deshalb fehlt dieses wichtige Thema der Zeitgeschichte in seinem Wiener Œuvre. Doch ansonsten war Rübelt für gut 40 Jahre auch bei wichtigen innen- wie außenpolitischen Ereignissen der Hauptstadt mit seiner Kamera vor Ort. Rübelt war jedoch kein Spezialist der politischen Bildberichterstattung. Das Politikressort übernahmen andere Fotoreporter, seien es die wenigen angestellten Fotografen der Parteipresse oder aber auf Politik spezialisierte und ebenfalls meist parteiaffine Agenturen. Rübelt ließ sich, was seine Sport-, Gesellschafts- oder Modefotografie betraf, nicht festlegen, verkaufte seine Bilder an konservative, rechte und später austrofaschistische Blätter ebenso wie – bis zum Februar 1934 – an den sozialdemokratischen „Kuckuck". Ab 1928 arbeitete er mit der deutschen Agentur Scherl zusammen, was ihm auch vermehrten Zugang zum Markt der Weimarer Republik (und später des Deutschen Reiches) verschaffte.

Wenn Rübelt politische Bilder schoss, dann meist aufgrund eines konkreten Auftrags oder aber aus persönlichem Interesse. Bilder kommunistischer Aufmärsche oder der Errungenschaften des Roten Wien finden sich – einige Bilder von Mai-Aufmärschen ausgenommen – eher selten. Rar sind auch Großaufnahmen von Politikern und Politikerinnen. Weit mehr war Rübelt am „Ornament der Masse" interessiert, an Aufmärschen, Versammlungen und Demonstrationen. Ausführlich dokumentierte er daher den Brand des Justizpalastes 1927 – wobei er bei den Löscharbeiten sogar ins Gebäude selbst vordrang – und zwischen 1953 und 1961 die Bundeskanzlerschaft von Julius Raab. Nur für eine kurze Zeitspanne war Rübelt ein politischer Fotoreporter: Bis er Kriegsfotograf in einer Propagandakompanie der deutschen Wehrmacht wurde, zeichnete er den „Anschluss" Österreichs in einer Vielzahl von Fotos nach, begleitete Hitler auf seiner Propagandareise durch Österreich und dokumentierte parteipolitische Aktivitäten, sei es eine Gauführersitzung, die Volksabstimmung vom April 1938 oder ein Erntedankfest. Besonders ausführlich hielt er die Begeisterung im nationalsozialistischen Wien des Jahres 1938 fotografisch fest.

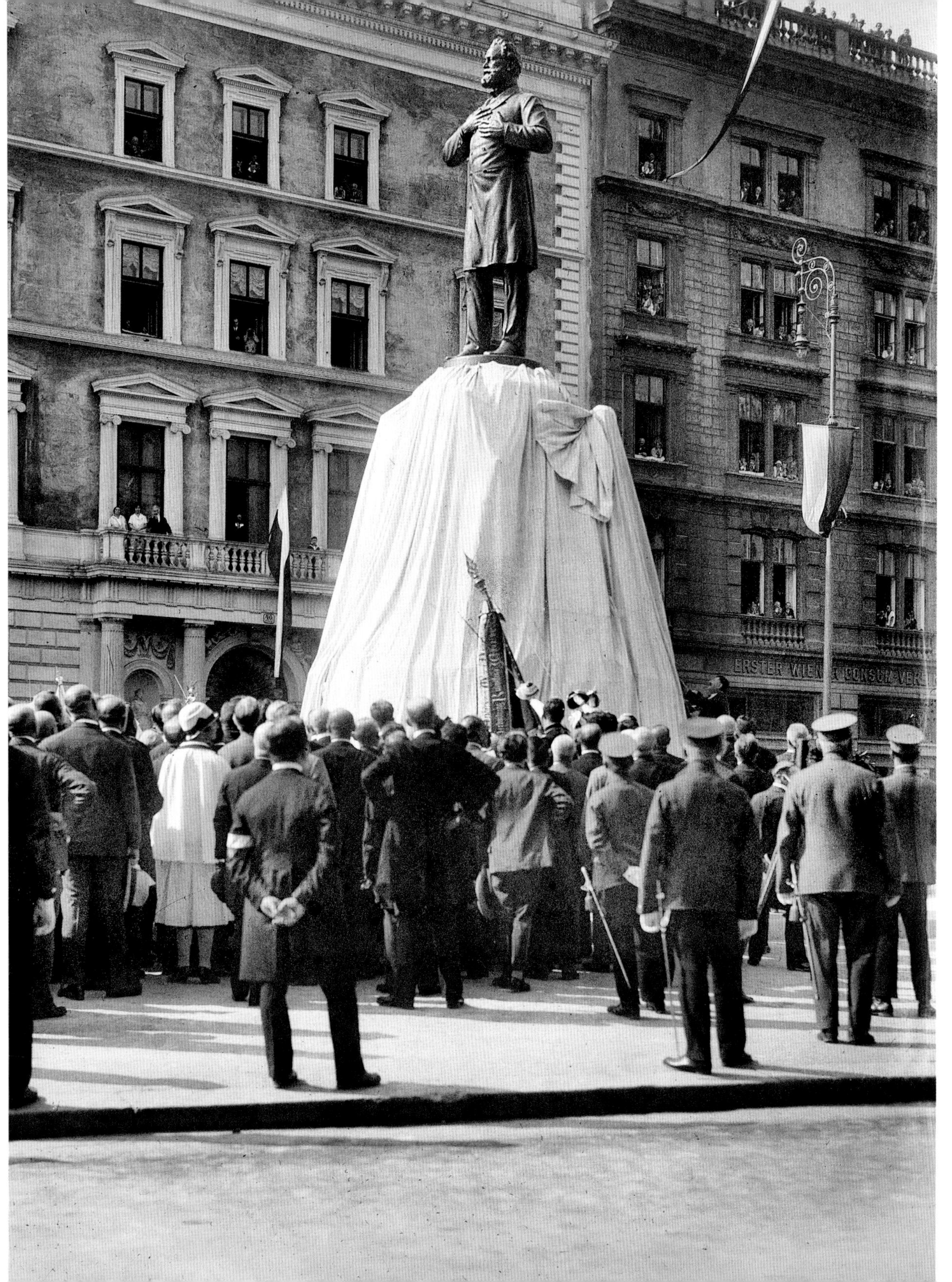

Das von einem privaten Komitee finanzierte Denkmal des christlich-sozialen populistisch und antisemitisch agierenden Wiener Bürgermeisters Karl Lueger wurde 1916 fertiggestellt. Nach jahrelangen Streitigkeiten um den Aufstellungsort wurde 1926 seine Errichtung auf einem Platz zwischen Stubenring und Wollzeile gestattet.

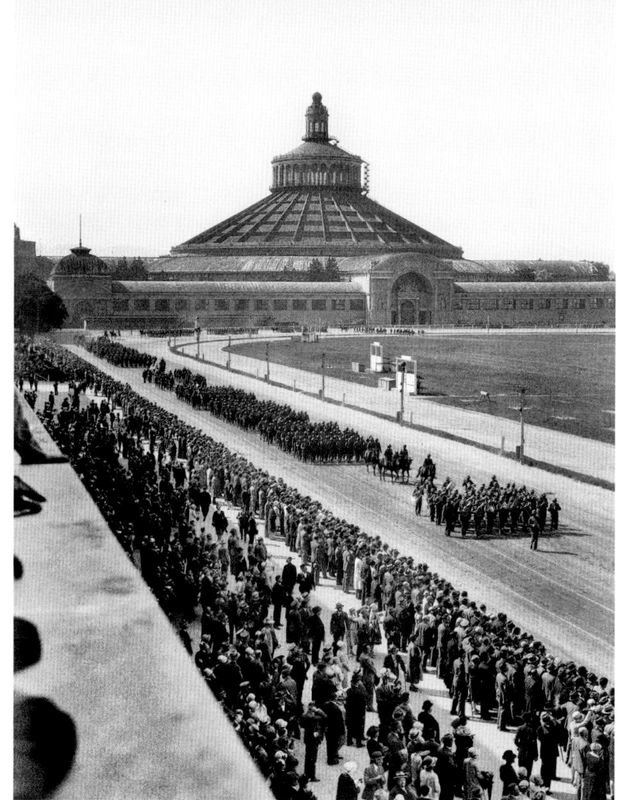

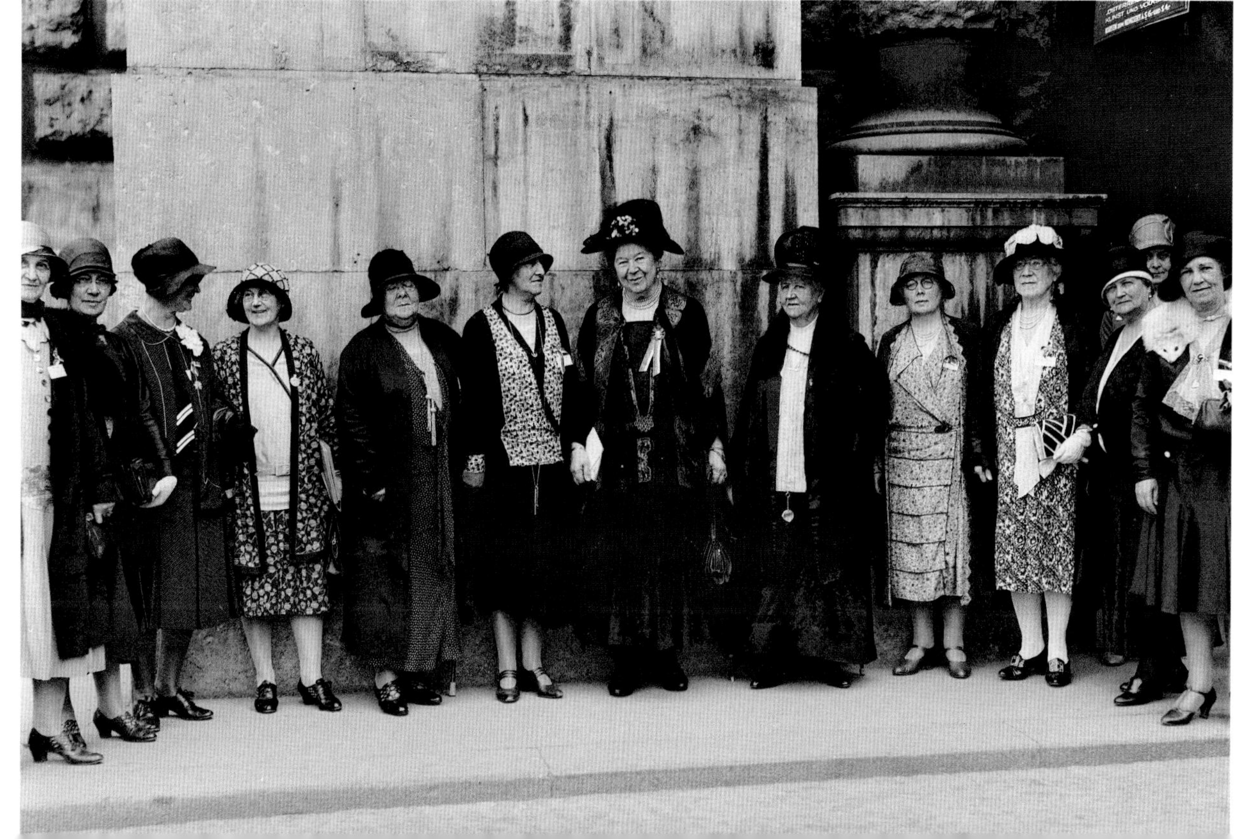

Oben: Der 1878 eröffnete Trabrennplatz im Prater wurde wegen seiner imposanten Architektur immer wieder für politische Veranstaltungen genutzt, wie hier für die Truppenvereidigung Ende der 1920er-Jahre. Am 11. September 1933 verkündete Kanzler Dollfuß am Trabrennplatz die Prinzipien des Ständestaats.

Unten: Im Sommer 1930 fand in Wien die Achte Fünfjahreskonferenz des Internationalen Frauenrates statt, organisiert vom Bund Österreichischer Frauenvereine, der den Großdeutschen nahestand. Bei diesem Treffen dominierte die „alte Garde" internationaler Frauen in Person von Marianne Hainisch (Achte von links) und links von ihr Ishbel Hamilton-Gordon.

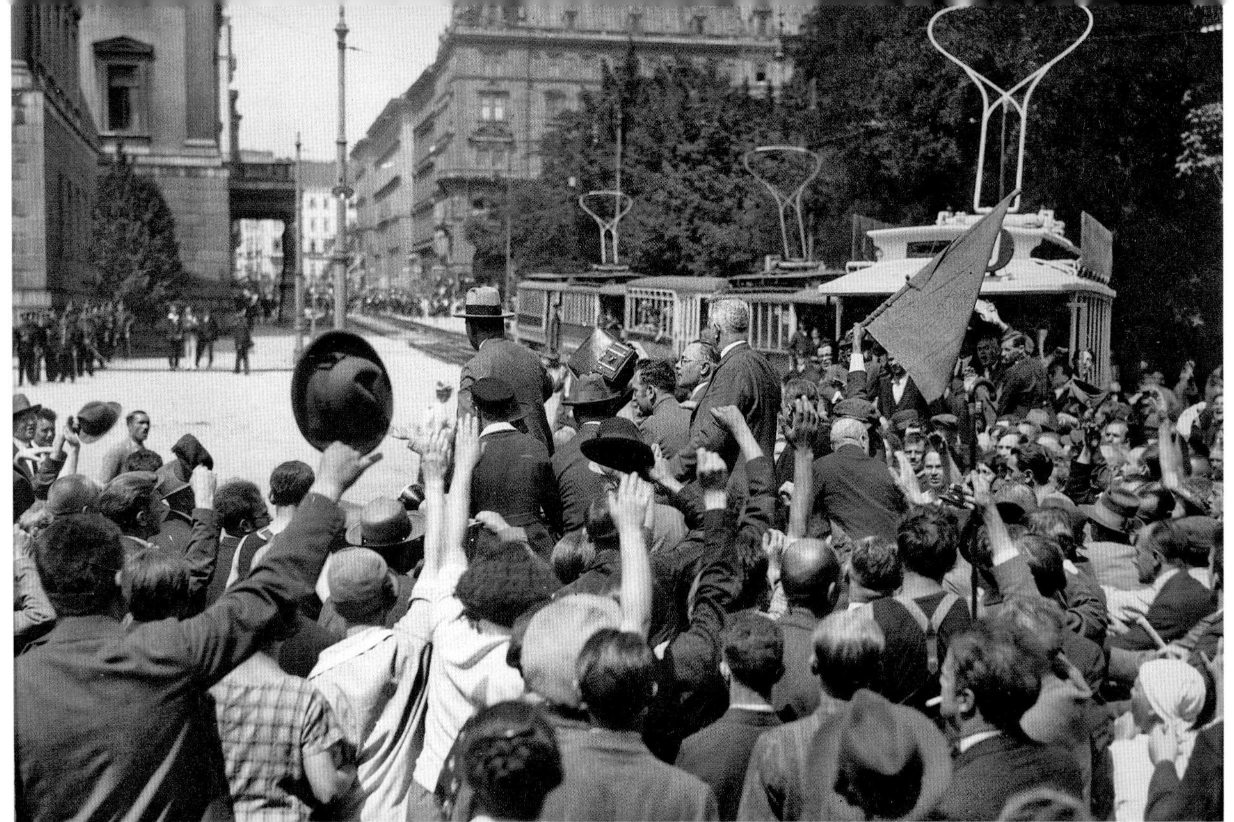

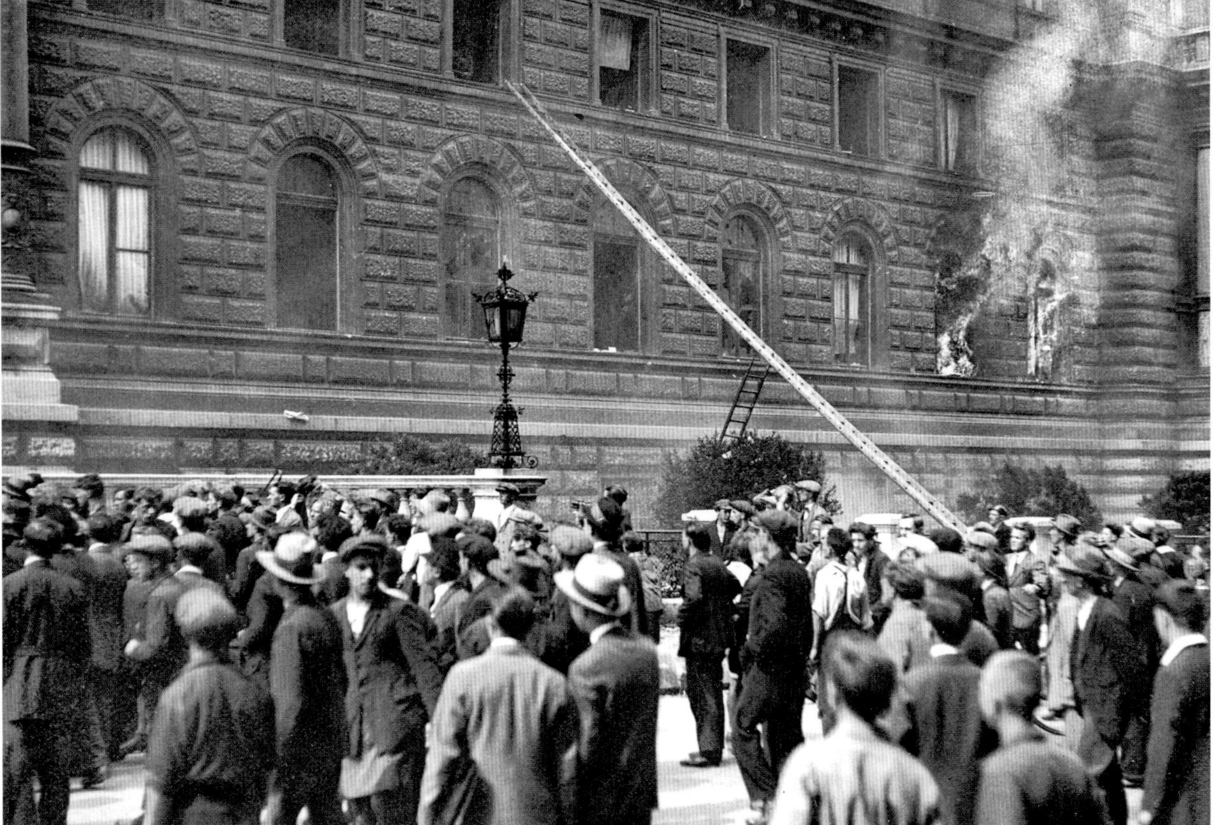

Bei einem Konflikt zwischen Schutzbund und Heimwehr im Jänner 1927 in Schattendorf gab es mehrere Tote. Der Freispruch der Täter löste heftige Proteste der Wiener Arbeiterschaft aus. Als die Polizei mit Waffengewalt einschritt, stürmte die aufgebrachte Menge den Justizpalast und steckte ihn in Brand. Die Führung der Sozialdemokratie versuchte vergebens, zu kalmieren, Polizisten schossen in die Menge. Zumindest 84 Demonstranten und fünf Beamte starben, es gab über 1500 Verletzte.

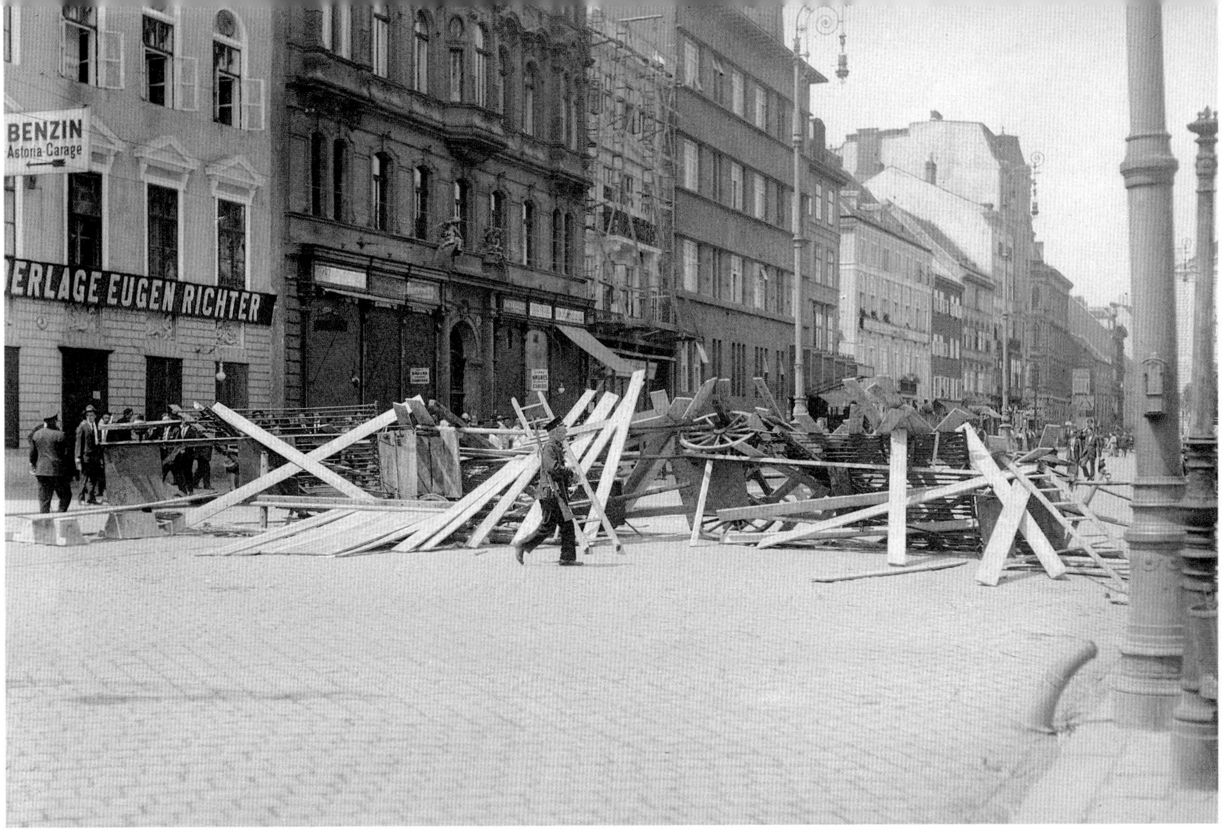

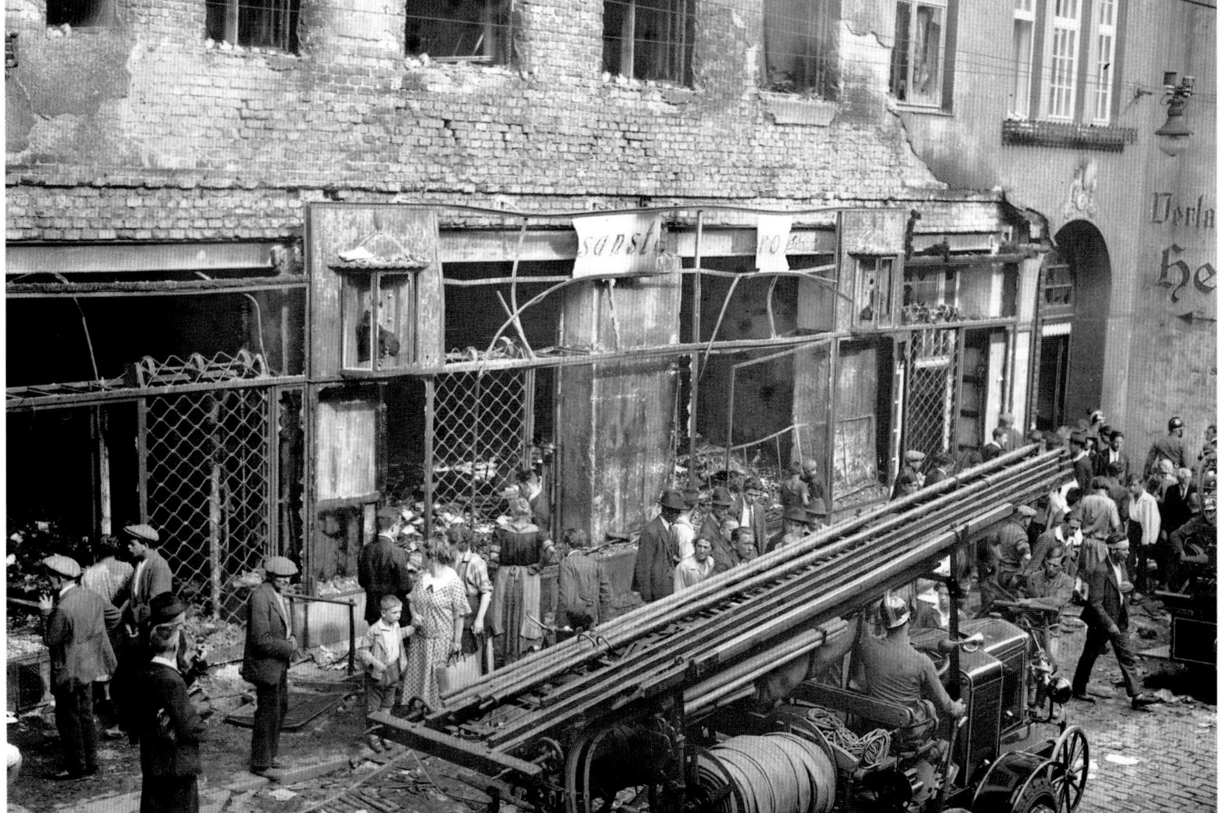

Lothar Rübelt dokumentierte die Vorgänge: Er zeigt Bürgermeister Seitz (am Wagen stehend) beim vergeblichen Versuch, der Feuerwehr einen Weg zu bahnen, den brennenden Justizpalast (linke Seite), Barrikaden in der Auerspergstraße und das durch einen Brand beschädigte Büro der Verlagsanstalt Herold, in dem das Regierungsblatt „Reichspost" produziert wurde.

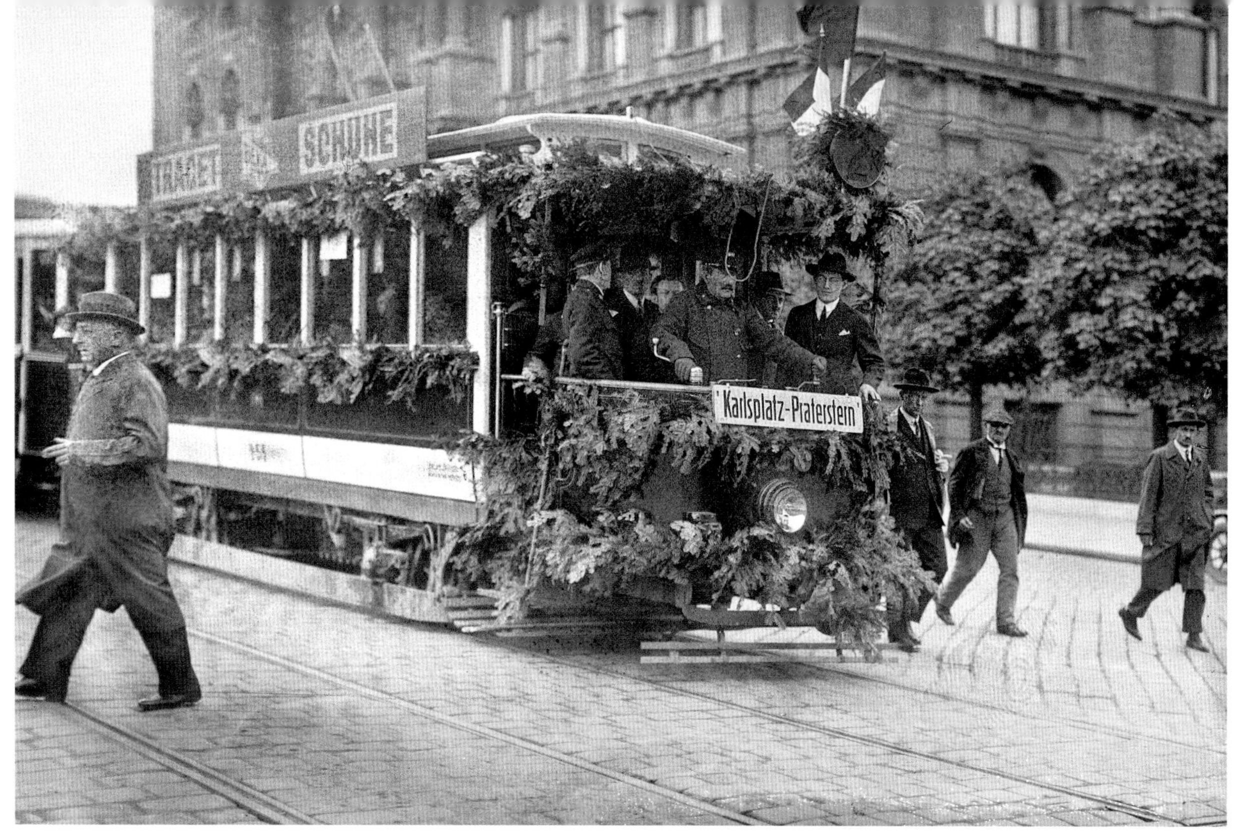

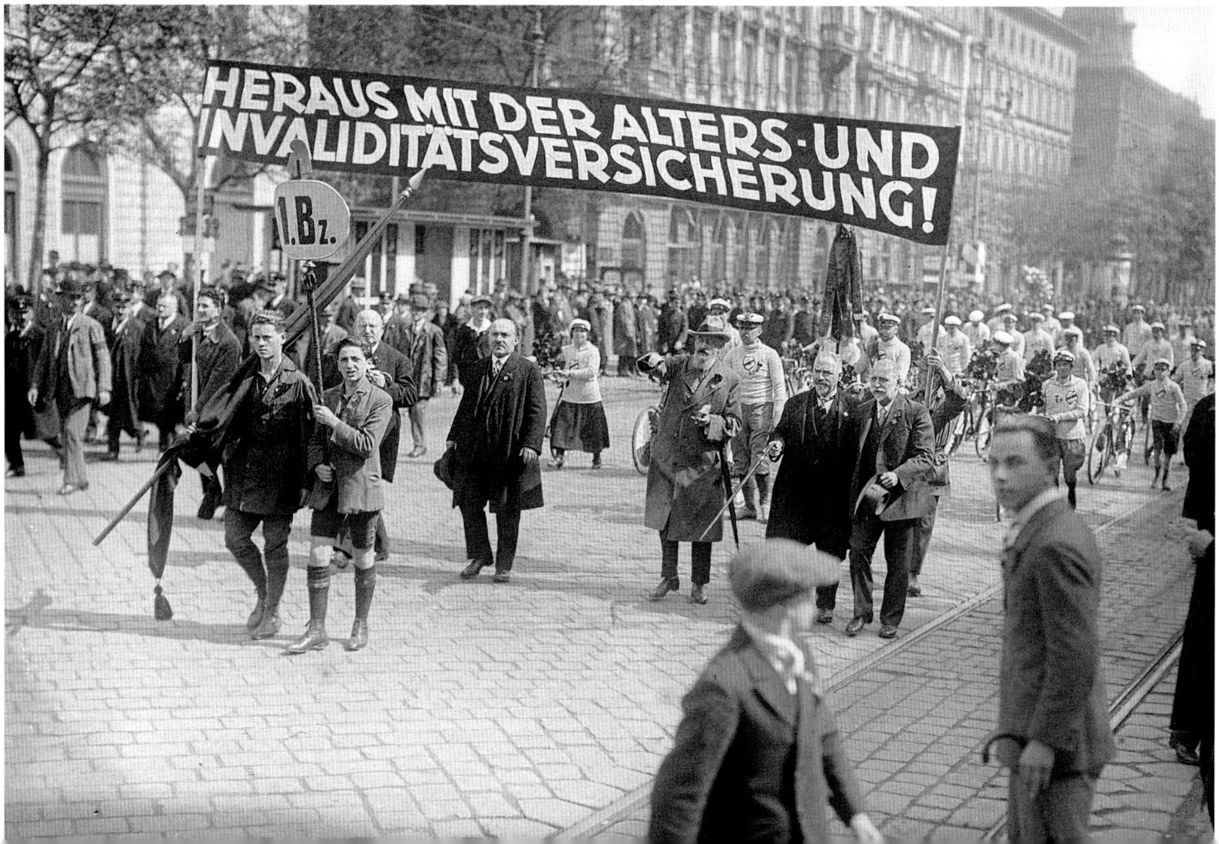

Im Roten Wien wurde der 1. Mai zum zentralen und ab 1919 auch zum gesetzlichen Feiertag. Zehntausende Arbeiter und Arbeiterinnen zogen über die Ringstraße ins Zentrum, wo am Rathausplatz die Abschlusskundgebung stattfand. Wer nicht gut zu Fuß war, konnte die letzte Strecke in einer der geschmückten

Ringstraßenbahnen absolvieren, während der übrige öffentliche Verkehr ruhte. Die Bezirksorganisationen marschierten, meist in ihre Sektionen getrennt, in eigenen Blöcken und brachten ihre wichtigste politische Forderung auch auf Transparenten zum Ausdruck.

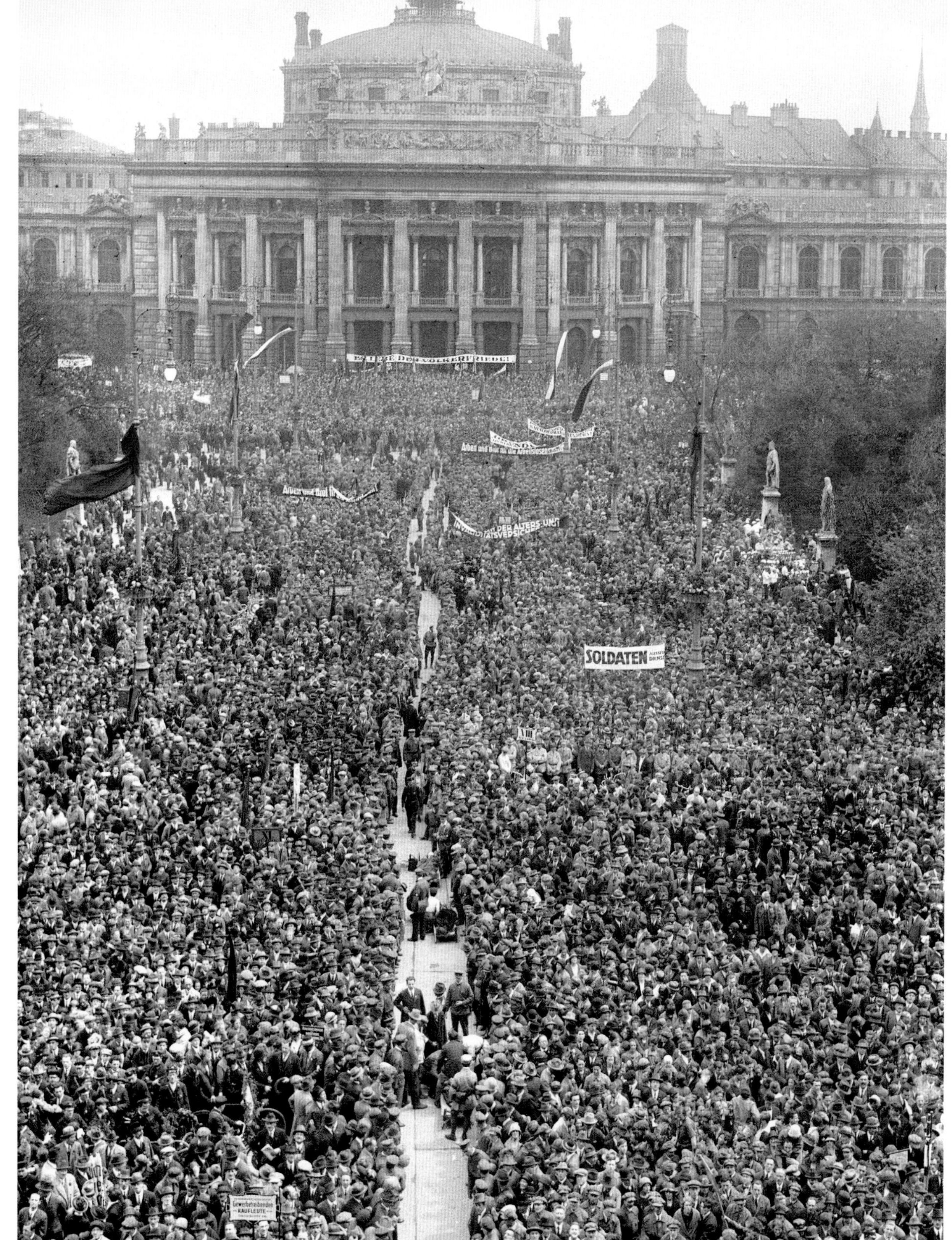

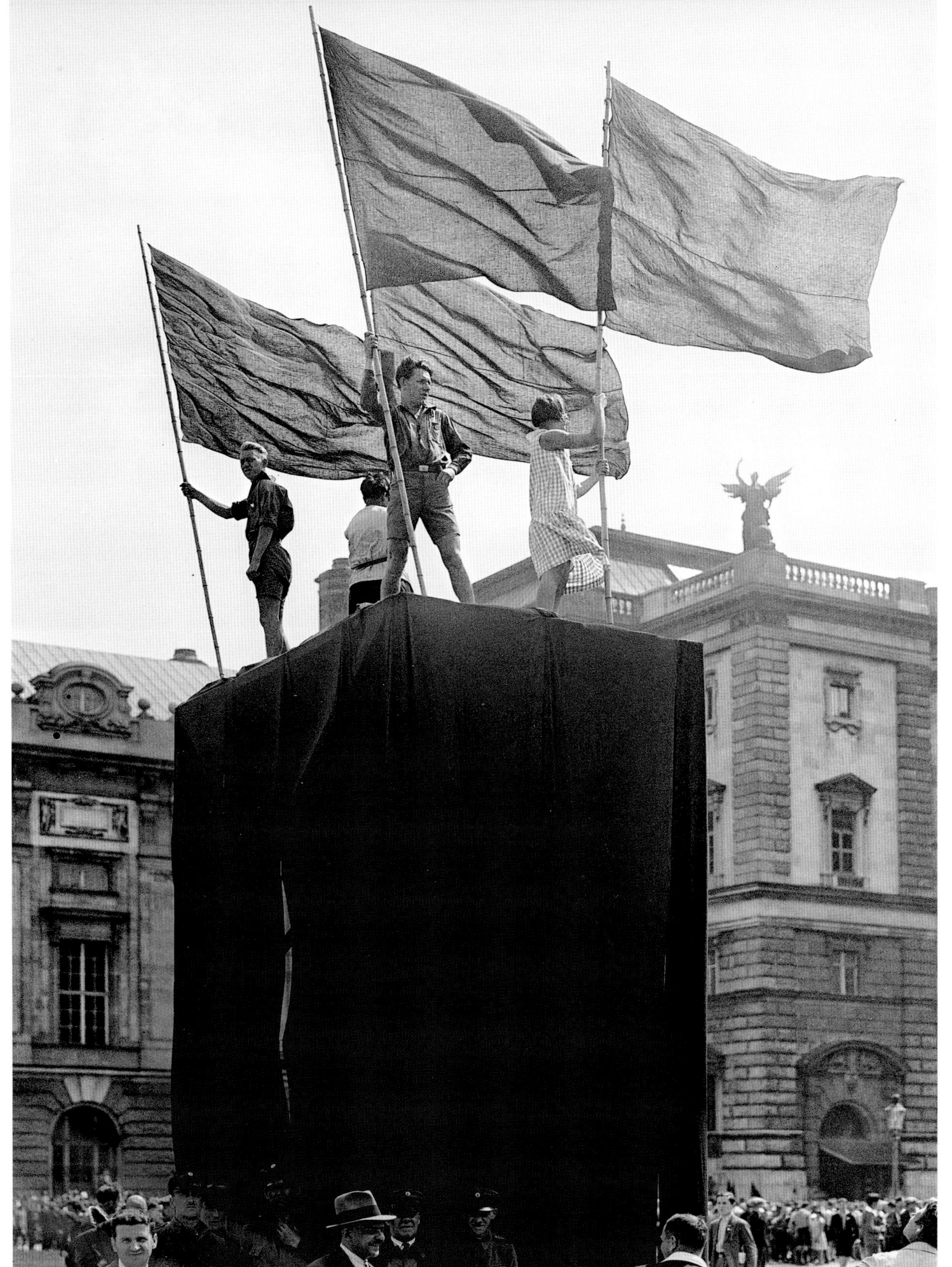

Das größte Treffen in der Geschichte der Internationalen Sozialistischen Jugendbewegung fand im Juli 1929 in Wien statt. Etwa 50.000 Jugendliche aus 18 Nationen nahmen teil. Die Eröffnung erfolgte auf dem Heldenplatz mit einer Festfanfare von Richard Strauss und dem „Wach auf"-Chor aus Richard Wagners „Meistersingern".

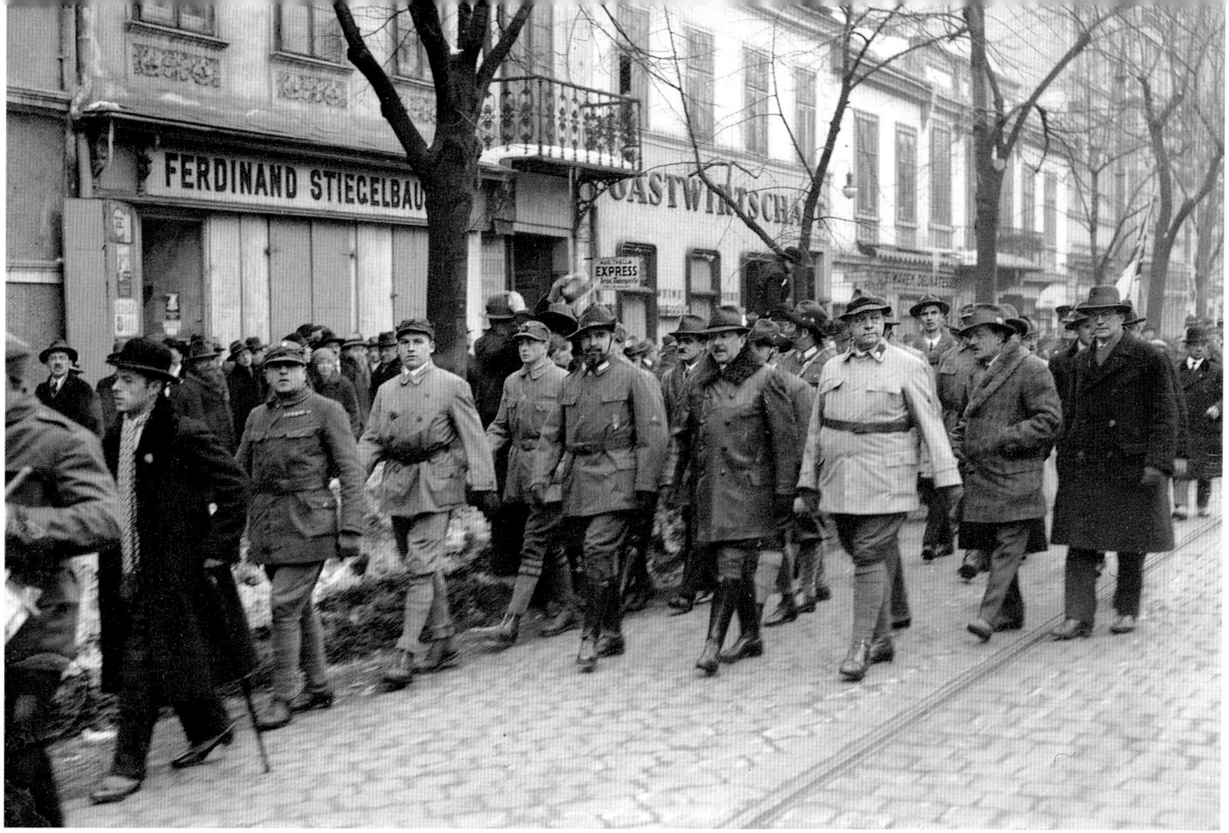

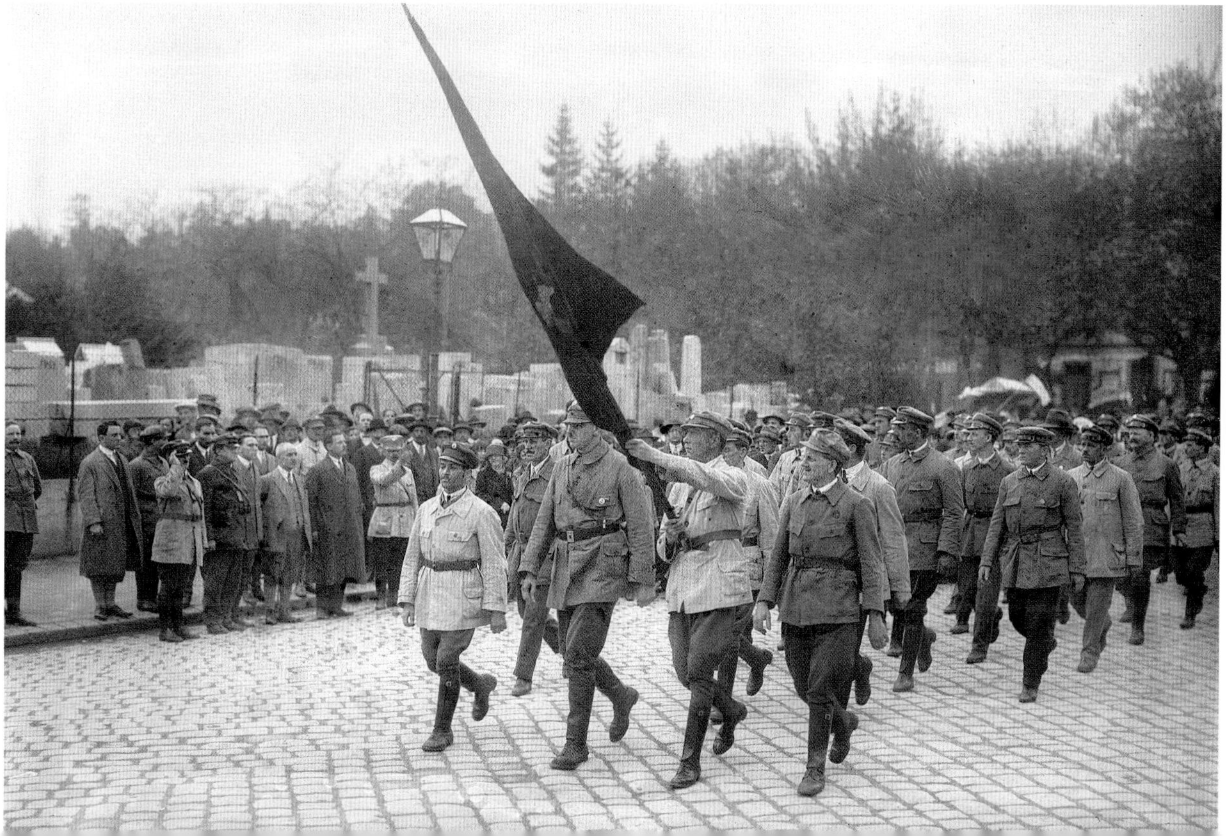

Wie in der Weimarer Republik wurde auch in Österreich nach 1918 Politik vielfach auf offener Straße gemacht. Die paramilitärischen Verbände der verschiedenen Parteien und Gruppierungen suchten ihre Präsenz durch martialische Auftritte zu demonstrieren und gleichzeitig die Gegner einzuschüchtern. In Wien war es primär die Heimwehr (im Bild oben bei einem Aufmarsch in der Schönbrunnerstraße, vermutlich Ende des 1920er-Jahre), die der Vorherrschaft des Republikanischen Schutzbunds (unten) Paroli bieten wollte.

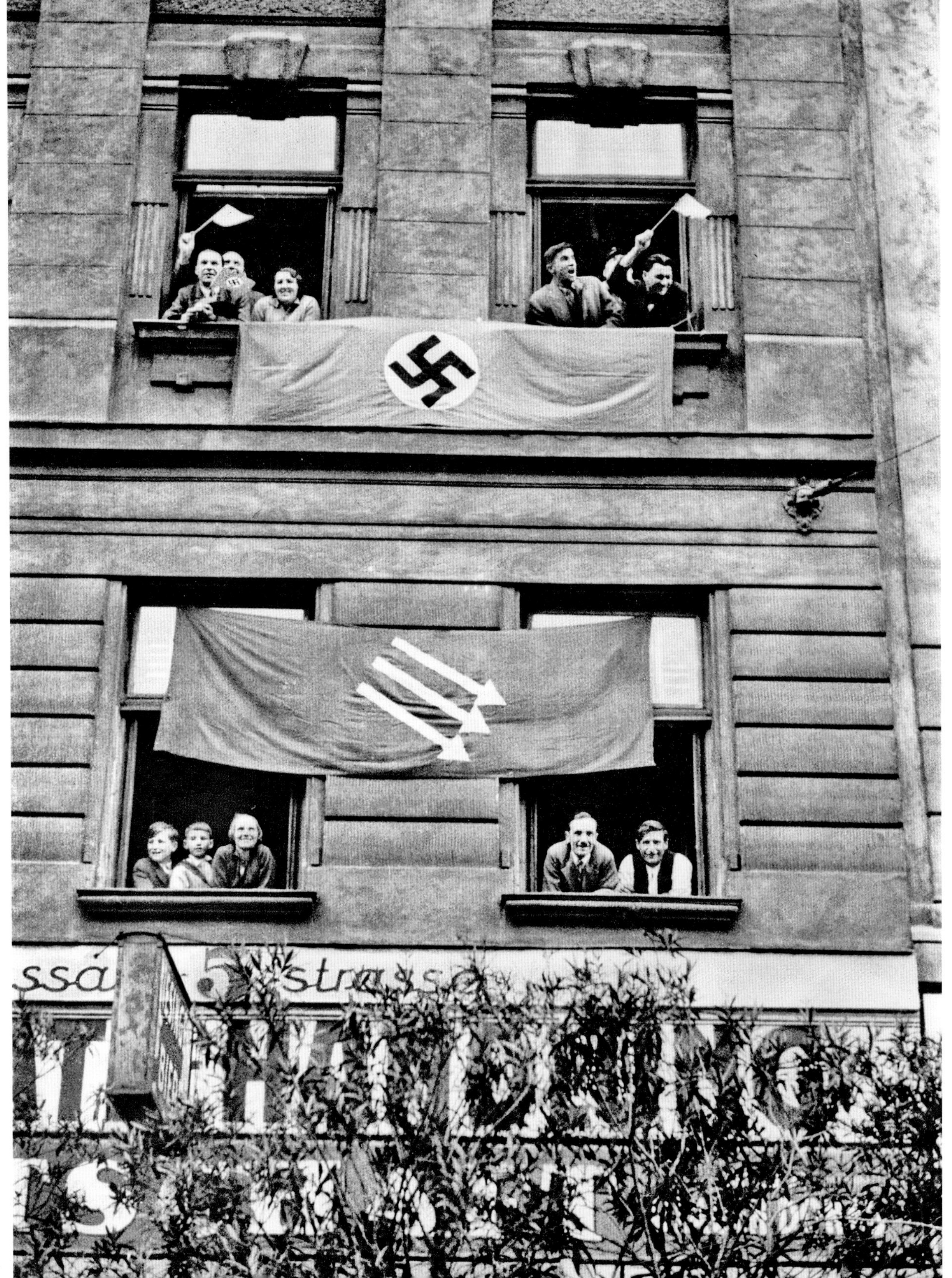

Wenn die politischen Gruppierungen durch die Straßen der Stadt zogen, gaben auch die Bewohner der angrenzenden Häuser ihrer Einstellung unmissverständlich Ausdruck. Vor dem Verbot der NSDAP im Juni 1933 waren neben bzw. über den drei Pfeilen der Sozialdemokratie schon manche Hakenkreuzfahnen zu sehen.

Ab 1930 traten die Nationalsozialisten in Wien geeint und offensiv auf und wurden zumindest von der öffentlichen Präsenz her zum wichtigsten Herausforderer der Sozialdemokratie. Bei den Landtagswahlen 1932 in Wien erreichten sie 17,4 Prozent und 15 Mandate, nur vier weniger als die Christlich-Sozialen. Gegenüber der Nationalratswahl 1930 wurde die Zahl der Stimmen versiebenfacht. Auf das Verbot des Tragens von Uniformen bei Kundgebungen reagierten die Nazis 1932 auf der Ringstraße mit nackten Oberkörpern oder einfachen weißen Hemden. Bei einer Versammlung in den Sofiensälen Ende Oktober 1930 wurde nicht ohne Erfolg die Arbeitslosigkeit zum Hauptthema gemacht.

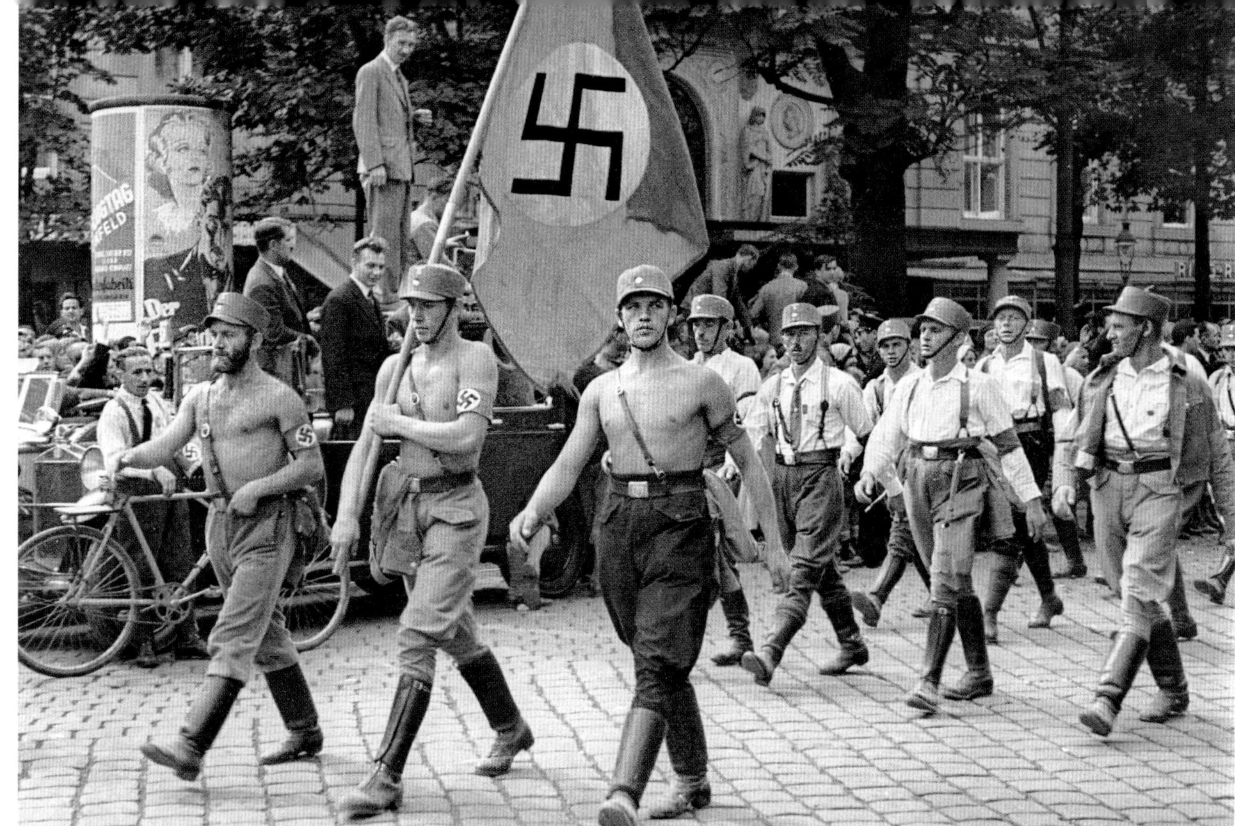

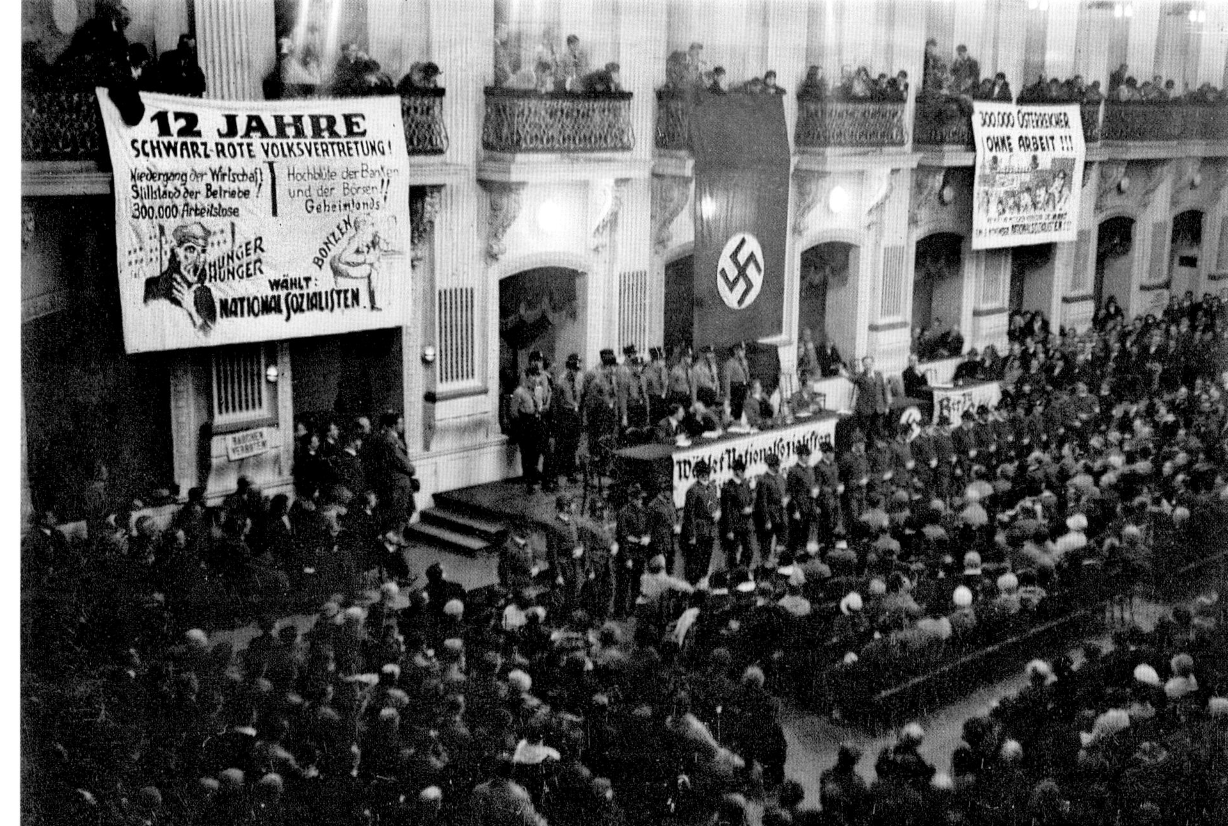

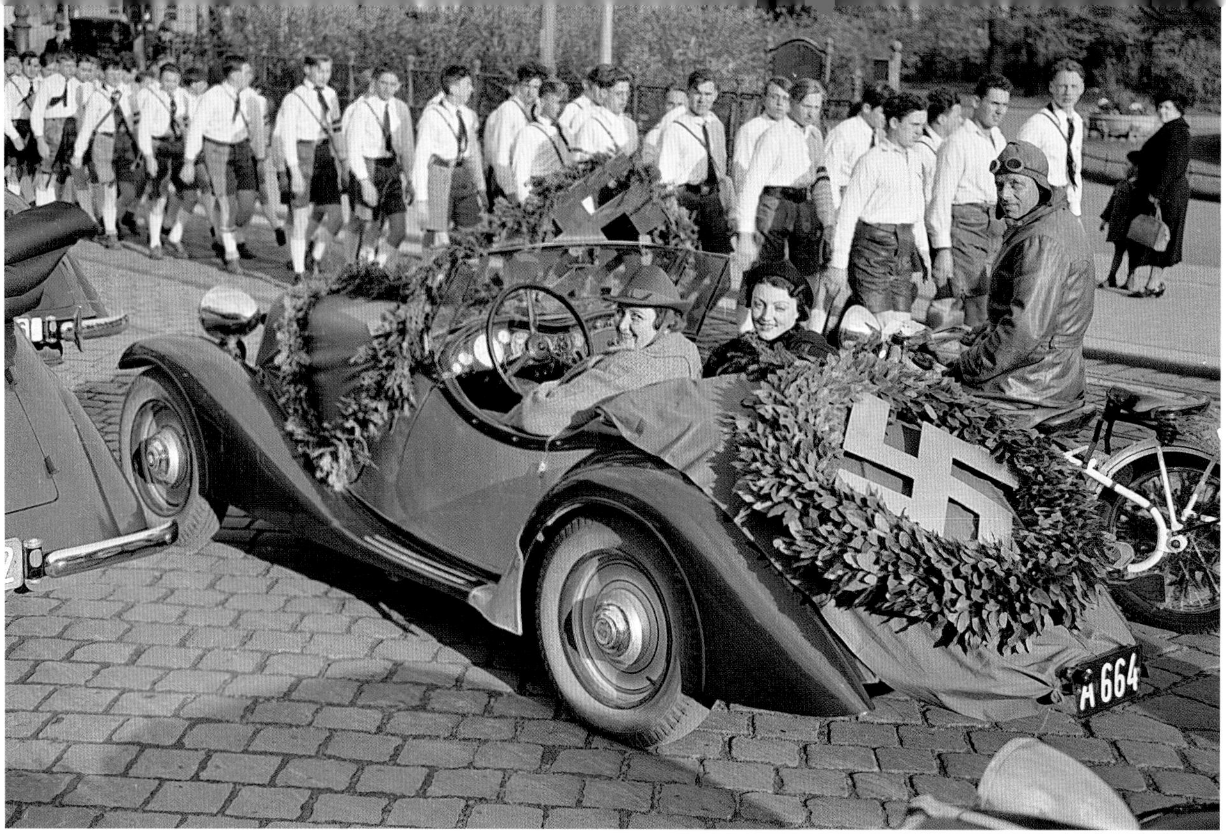

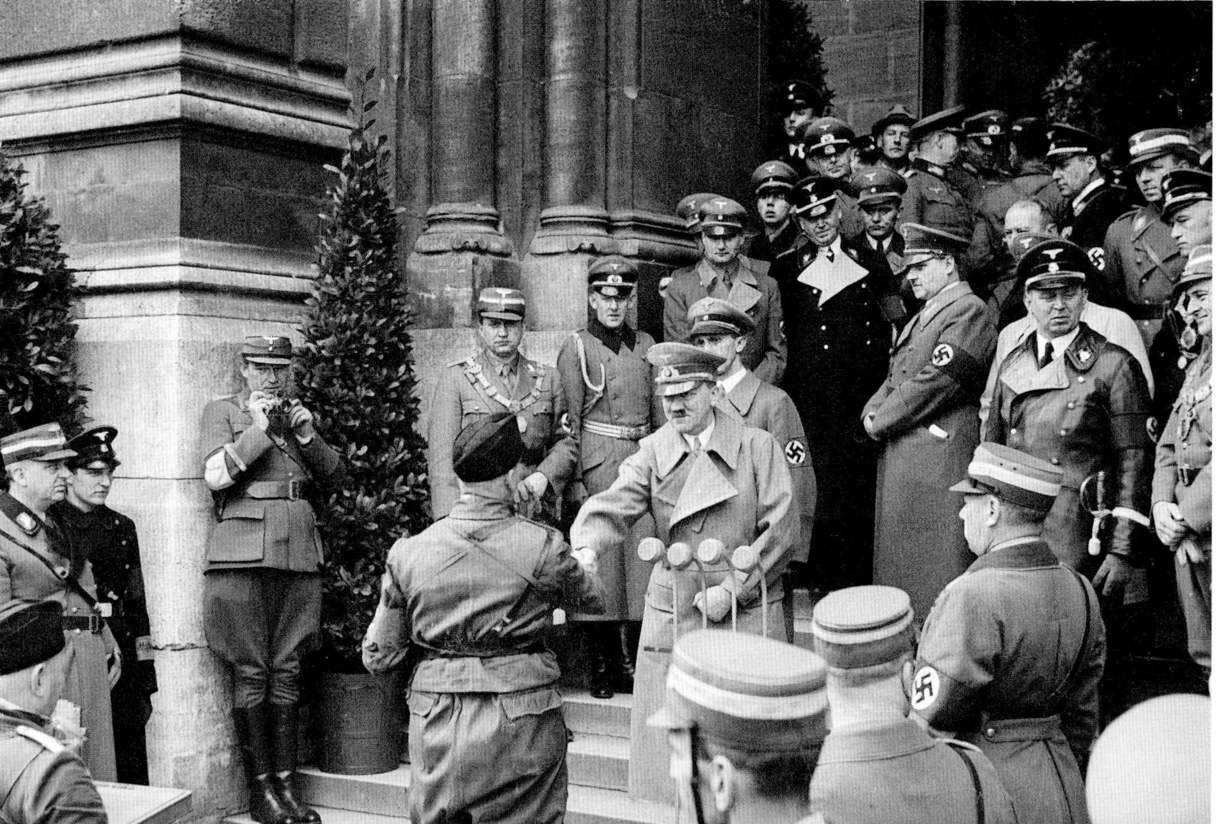

Am Tag vor der am 10. April 1938 angesetzten Volksabstimmung über den „Anschluss" Österreichs an das Deutsche Reich kamen Hitler, Goebbels und Heß nach Wien, um für ein Ja zu werben. Die Erwartung, die Begeisterung und der Jubel waren groß und wurden durch die Inszenierung als „Tag des Großdeutschen Reiches" noch wesentlich gesteigert. Die NS-Symbolik war allgegenwärtig:

HJ-Burschen marschierten an mit Hakenkreuzen verzierten Automobilen vorbei, die prominenten Gäste wurden von Bürgermeister Hermann Neubacher im Rathaus begrüßt, und eine enthusiastische Menge erwartete die Vorbeifahrt Hitlers am Schwarzenbergplatz. Die Steyrwerke hatten ein Willkommens-Transparent aufgehängt und alle Fenster beflaggt.

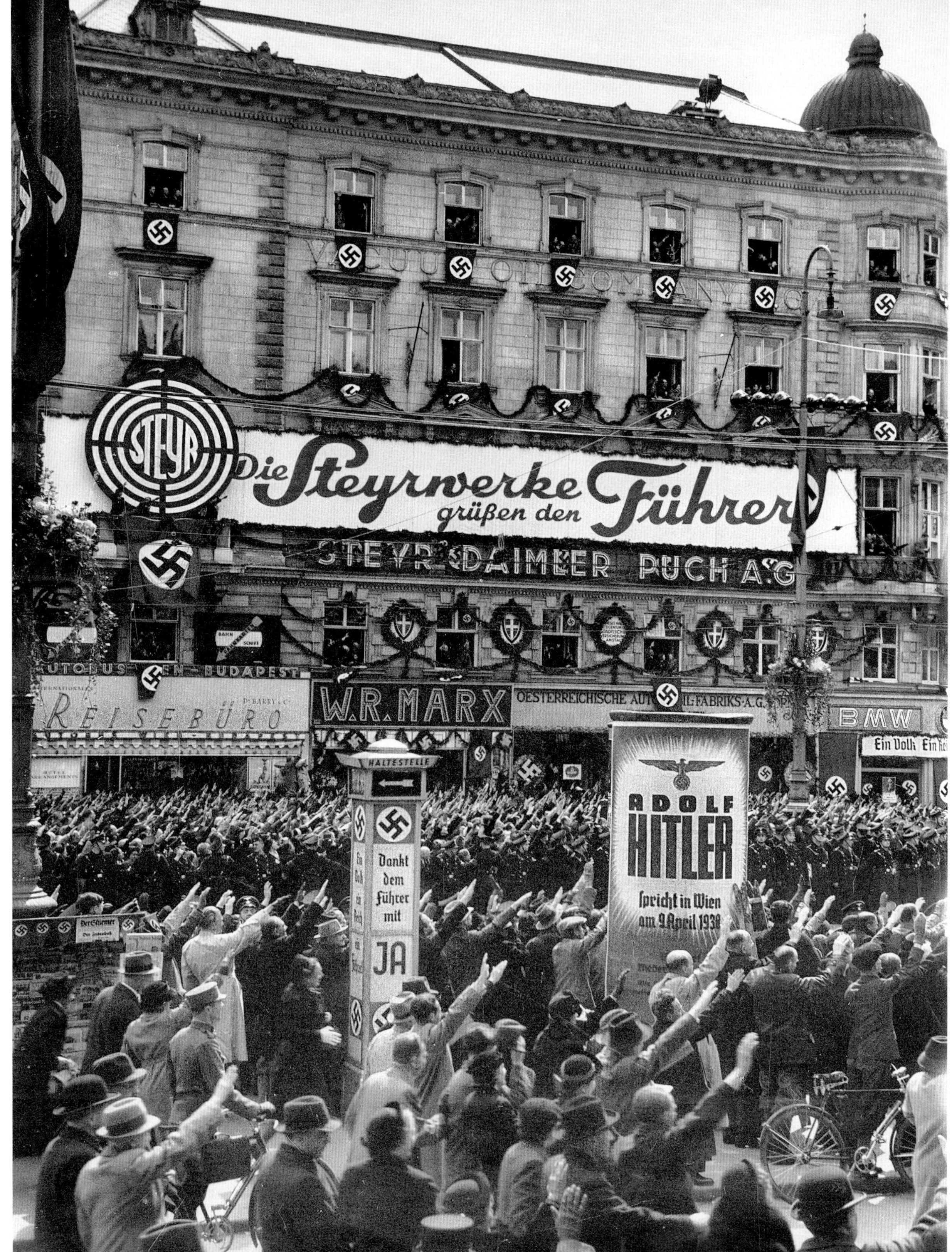

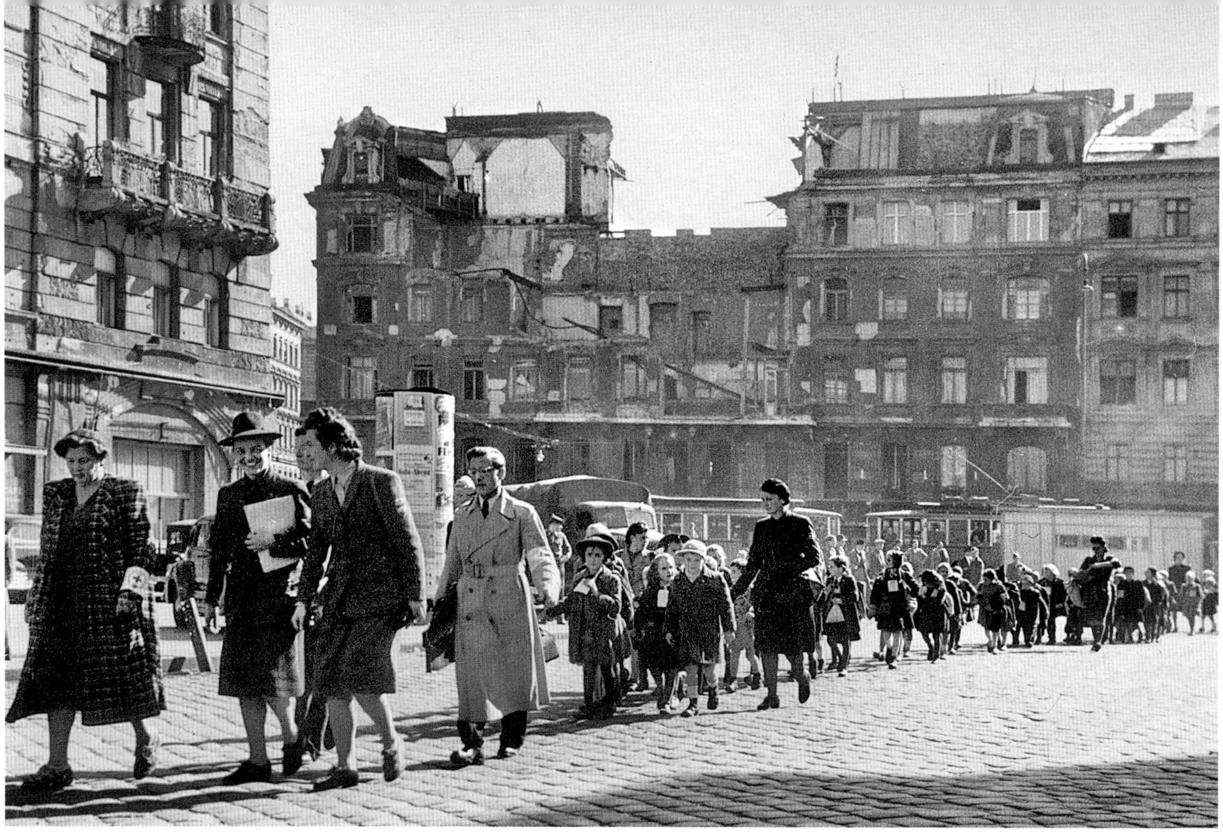

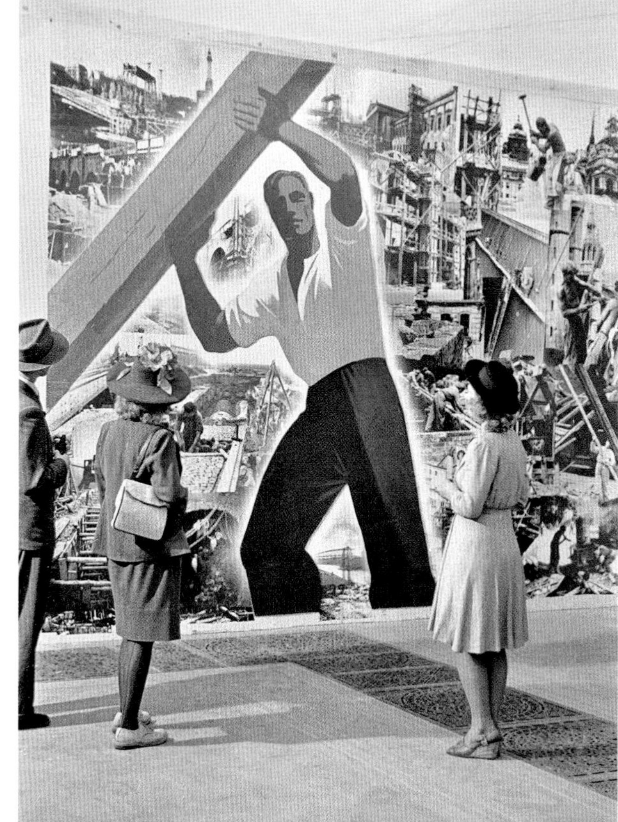

Wien nach 1945: Die Begeisterung für den Nationalsozialismus war verflogen, sechs Kriegsjahre hatten enormes Leid gebracht, die Bombenangriffe die Stadt in ein Ruinenfeld verwandelt. Es herrschte Hunger, und die Stadt war vierfach besetzt. Dennoch regte sich Hoffnung auf bessere Zeiten. Das Schweizer Rote Kreuz schickte Nahrungsmittel und ermöglichte unterernährten Kindern – hier beim Weg zum Bahnhof im Oktober 1947 – mehrmonatige Aufenthalte bei Schweizer Gastfamilien. Die antifaschistische Ausstellung „Niemals vergessen!" wurde im Herbst 1946 im Wiener Künstlerhaus veranstaltet und verband eine Abrechnung mit der NS-Zeit mit Szenarien des Wiederaufbaus.

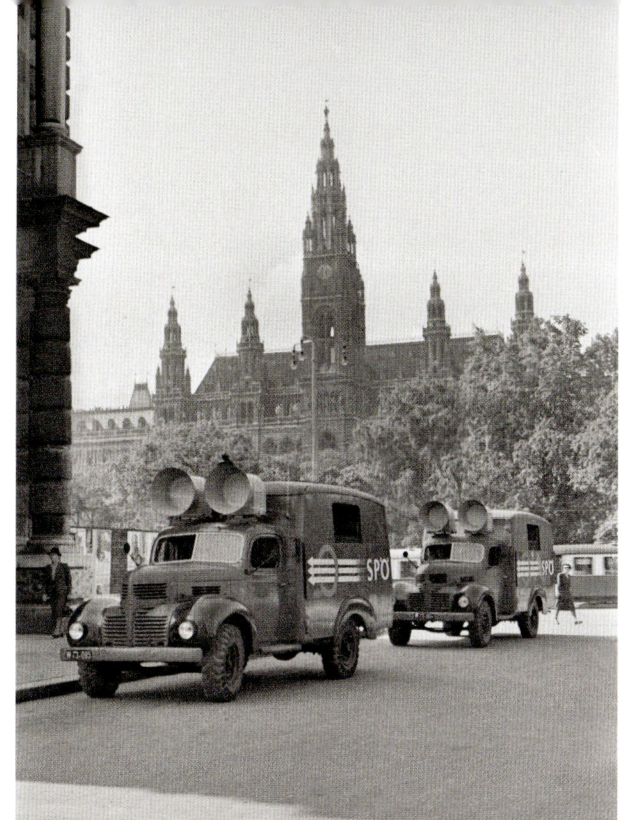

Oben: Bei den Nationalratswahlen von 1949 waren auch viele ehemalige Nationalsozialisten wieder wahlberechtigt. ÖVP und SPÖ verloren gleichermaßen Stimmen an den VdU, obwohl die Sozialdemokratie gerade in Wien einen intensiven Wahlkampf betrieb: Werbewagen beim Burgtheater.

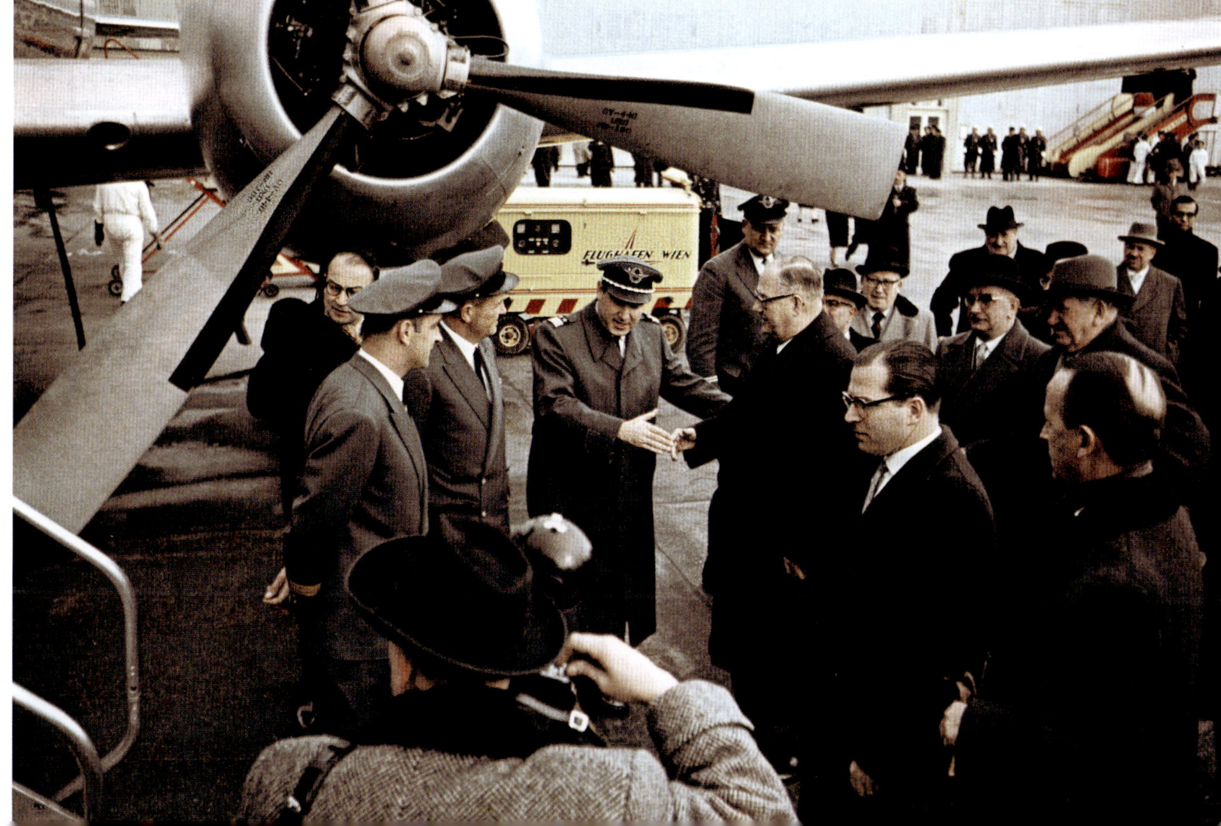

Unten: Unter Bundeskanzler Julius Raab, dessen Heimwehr-Vergangenheit zunächst höhere politische Ämter ausgeschlossen hatte, konnte Österreich seine Währung stabilisieren, nahezu Vollbeschäftigung erreichen und in die internationale Staatengemeinschaft zurückkehren. Bei der Abreise zu einem Staatsbesuch nach Japan im Jänner 1959.

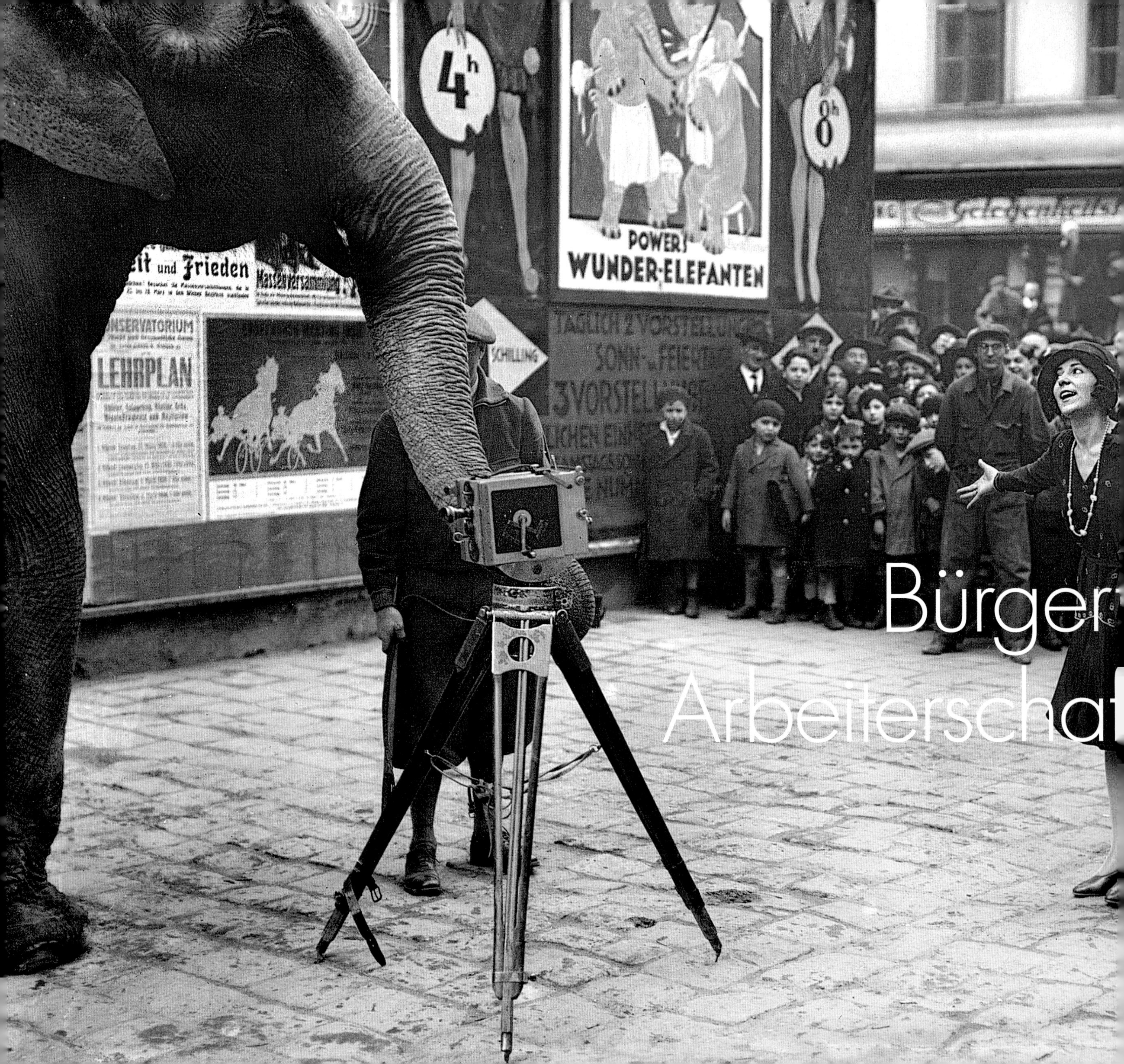

Bürger
Arbeitersch

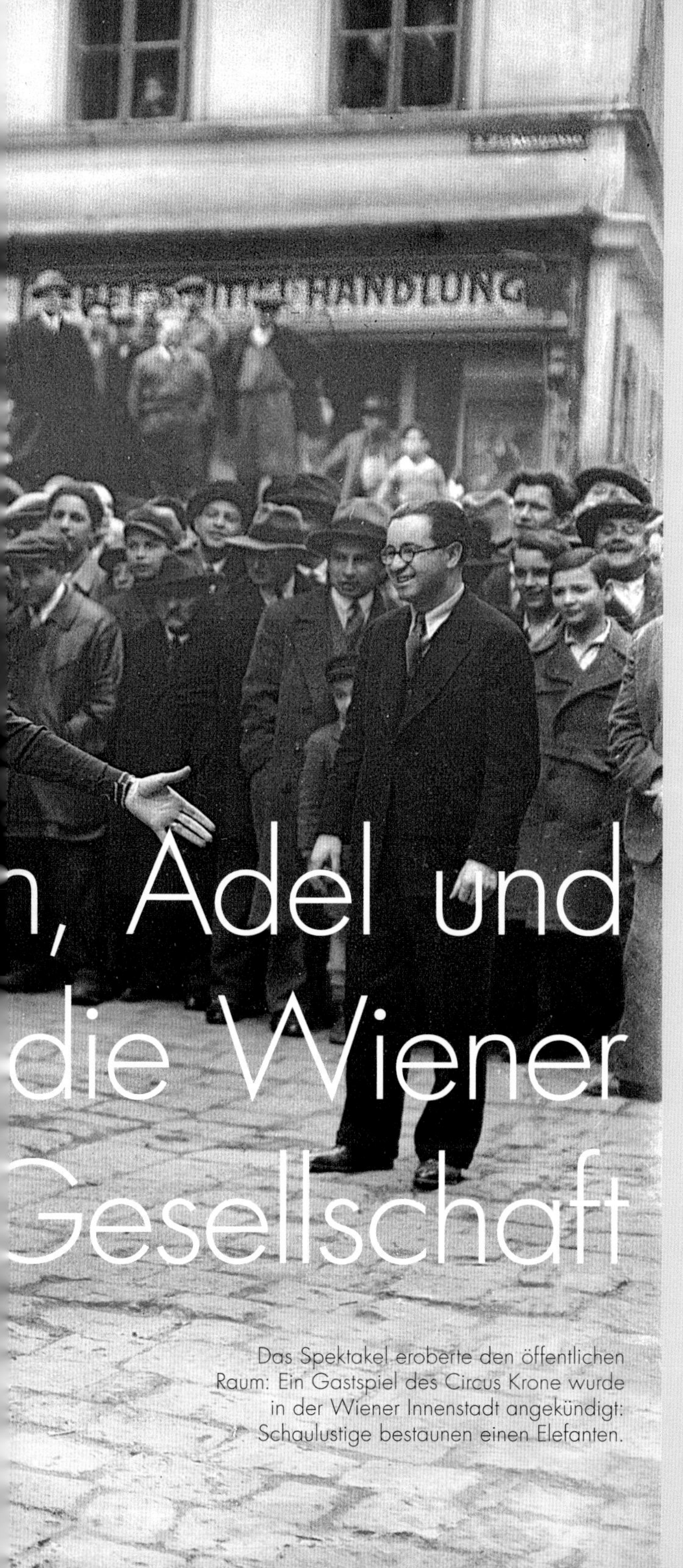

…n, Adel und die Wiener Gesellschaft

Das Spektakel eroberte den öffentlichen Raum: Ein Gastspiel des Circus Krone wurde in der Wiener Innenstadt angekündigt: Schaulustige bestaunen einen Elefanten.

Um 1900 entstanden in Wien die ersten illustrierten Magazine, nach 1918 erlebten sie nicht nur einen enormen quantitativen Aufschwung, der für Lothar Rübelt die Grundlage seiner Einnahmen bildete, sondern es entstanden auch neue Formate, so etwa die Bildreportage: Das waren ein- oder zweiseitige Bildserien, die meist einen ungewohnten Blick auf das Alltagsgeschehen einer Stadt warfen und zu denen der Fotograf die kurzen Bildtexte verfasste. Ab dem Ende der 1920er-Jahre fühlte sich Lothar Rübelt dieser neuen Facette des Bildjournalismus zugetan, zumal sich mit diesen kleinen Geschichten gutes Geld verdienen ließ, musste die Illustrierte doch gleich die ganze Bildserie erwerben.
Standen nicht gerade sportliche oder gesellschaftliche Großereignisse an, muss Rübelt auf der Suche nach geeigneten Motiven durch die Stadt flaniert sein, um das Treiben am Donaukanal und in der Lobau, beim Kirtag in Mauer oder beim Heurigen bildlich festzuhalten. Rübelt sah sich aber, das zeigt die Zufälligkeit seiner Fotomotive, weder als Lokalreporter, der bei jedem Unglücksfall zugegen war, noch als Sozialkritiker, der das Leben der Arbeiterschaft oder gar der Arbeitslosen und Ausgesteuerten in Wien porträtierte und die Zustände anprangern wollte. Dennoch konnte er am Elend, das im Wien der 1930er-Jahre herrschte, ebenso wenig vorbeigehen wie an den Versuchen des Roten Wien, das Leid zumindest der Kinder zu lindern.
Zwei Themen hatten es Lothar Rübelt im Wiener Gesellschaftsleben offenbar besonders angetan: das Badeleben von der Lobau bis zu den innerstädtischen Anlagen entlang des Donaukanals sowie jenes der Kaffeehäuser, bei dem er vor allem den Wechsel der Kundschaft und die Routinen des Tagesablaufs nachzeichnete.
Beide typisch wienerischen Kulturen hat er allerdings nicht systematisch mit der Kamera erforscht. Denn es fehlen weitgehend Bilder der Wiener Tschocherln, der Branntweiner oder der Vorstadtcafés, so wie auf der anderen Seite keine Fotos aus Kritzendorf oder von der Donauwiese, aus dem Arbeiterstrandbad oder aus den mondänen Bädern wie dem Krapfenwaldlbad (mit Wiens erstem offiziellen Nacktbadebereich) zu finden sind.

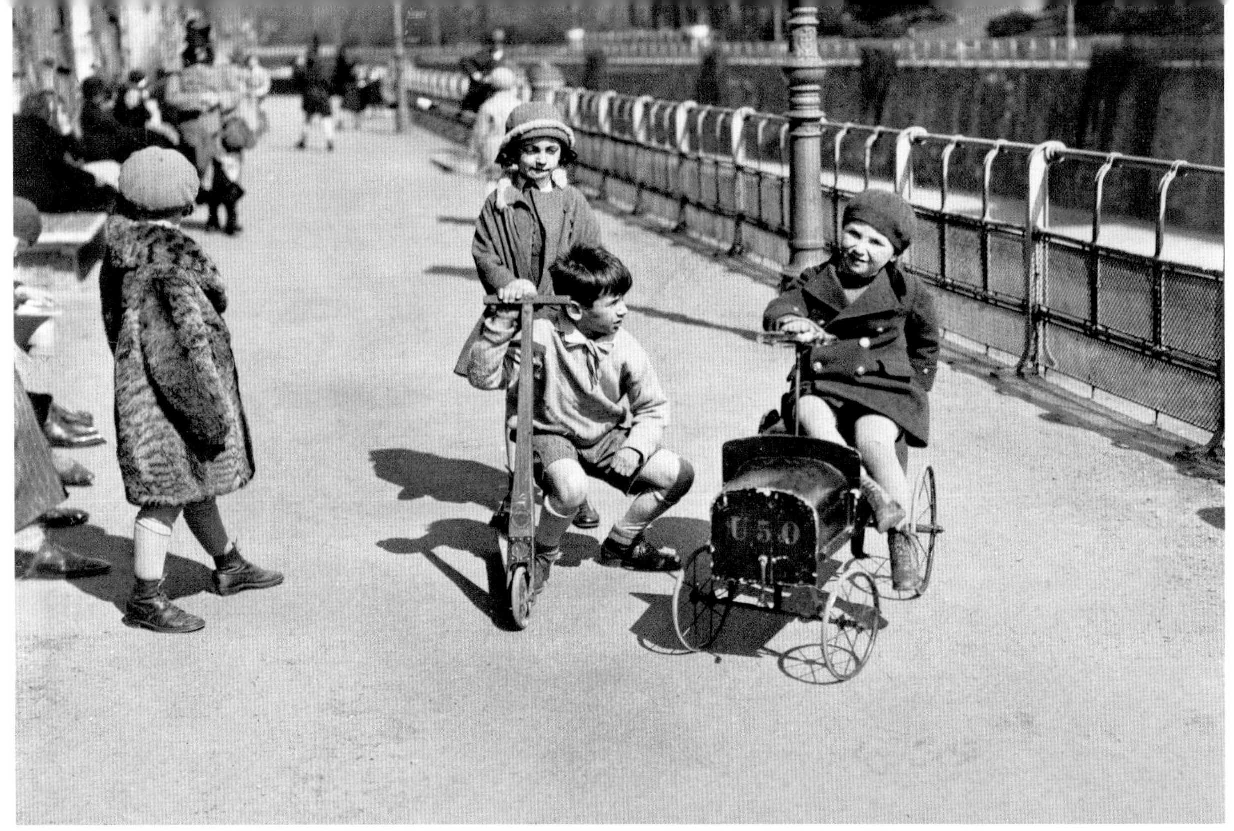

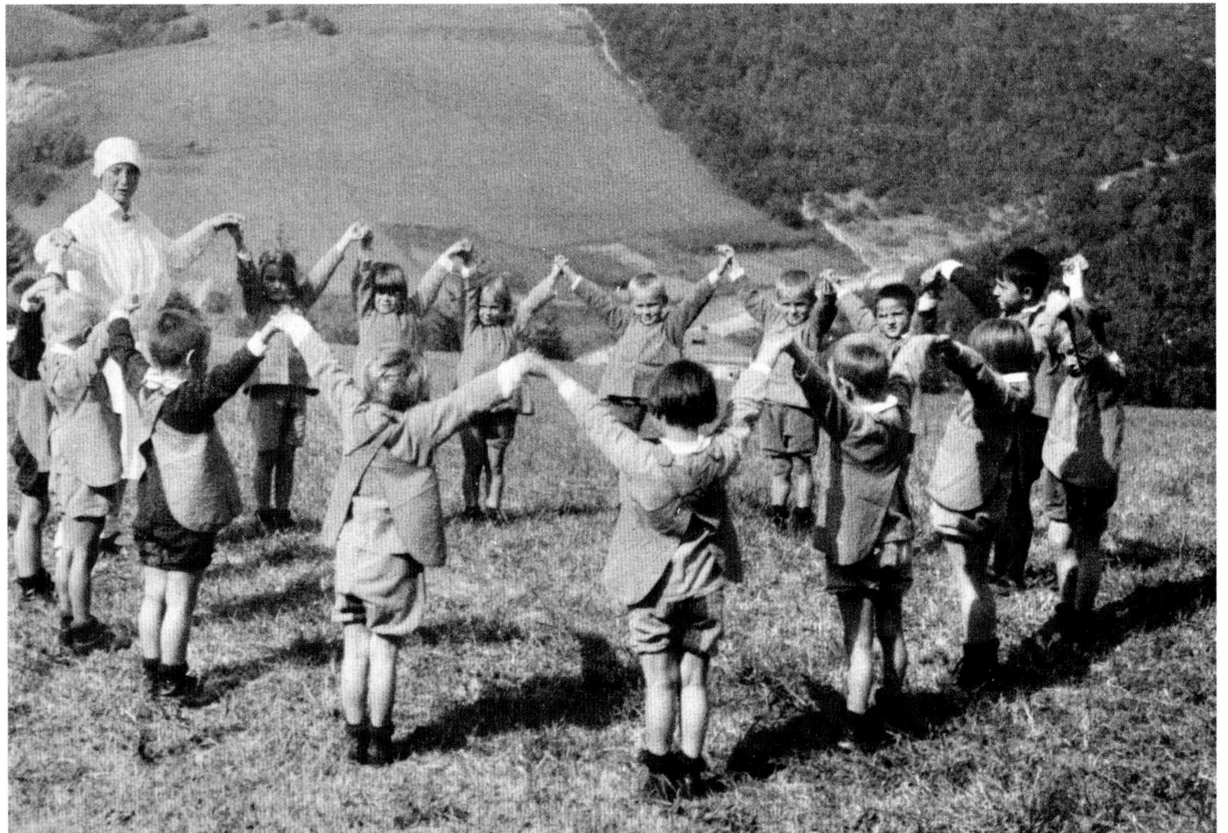

Oben: Die Promenade am Wienfluss als Spielplatz im Jahr 1931. Ein Kind, offenbar aus „gutem Hause", führt stolz sein Miniauto vor. Die Erwachsenen können auf den sicheren Parkbänken in der Märzsonne ihre Kinder im Auge behalten.

Unten: Viele Kinder litten aufgrund beengter und unhygienischer Wohnverhältnisse in der Zwischenkriegszeit unter Lungenerkrankungen. Die Heilanstalt auf der Baumgartner Höhe, eine Errungenschaft des Roten Wien, sorgte für fachgerechte Behandlung und frische Luft nicht nur für Erwachsene, sondern speziell auch für Kinder.

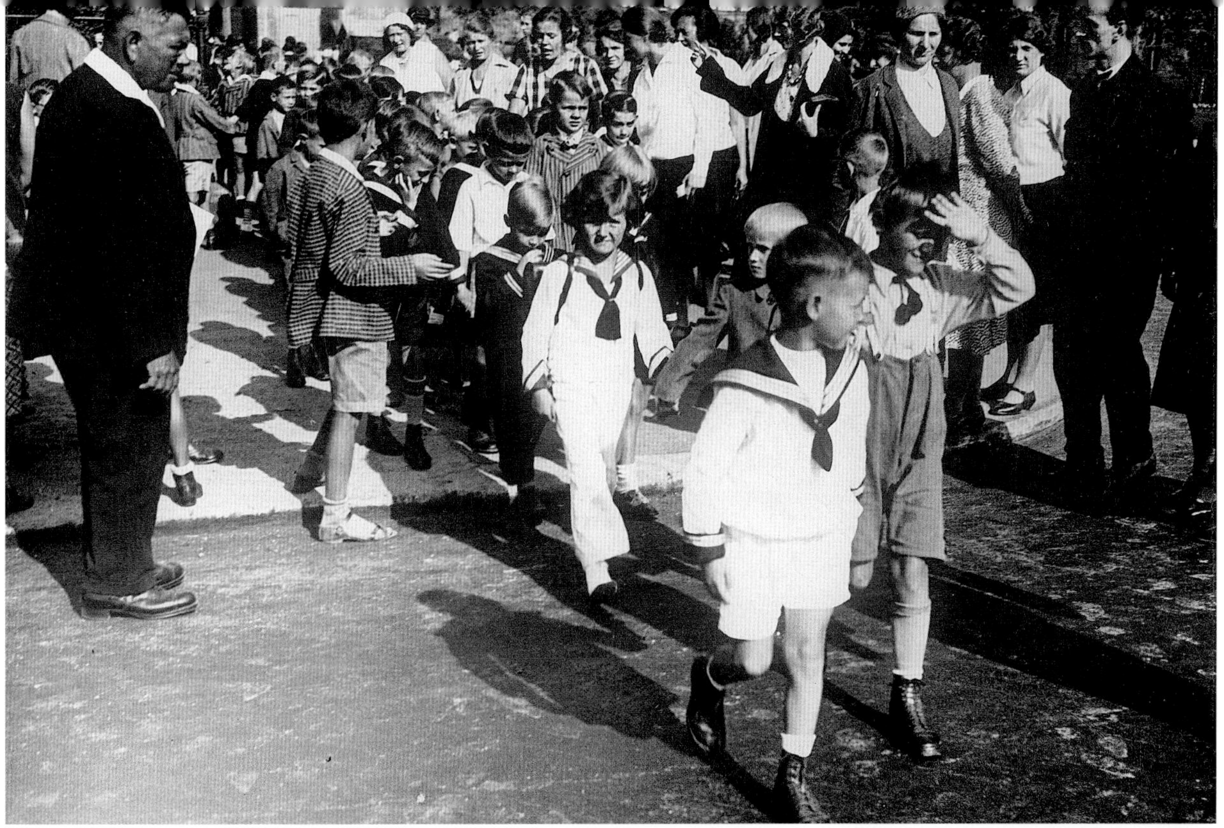

Oben: Alltagsszene aus den 1930er-Jahren: Mit forschem Schritt beginnen die Kinder ihren ersten Schultag, viele von ihnen noch in der traditionellen Matrosenkleidung.

Unten: Sehnsüchtige Kinderaugen blicken zu Weihnachten 1931 in die Auslage eines Spielzeuggeschäftes: Was wird das Christkind bringen? Die Märklin-Eisenbahn ist für die meisten Kinder allerdings ein Wunschtraum geblieben.

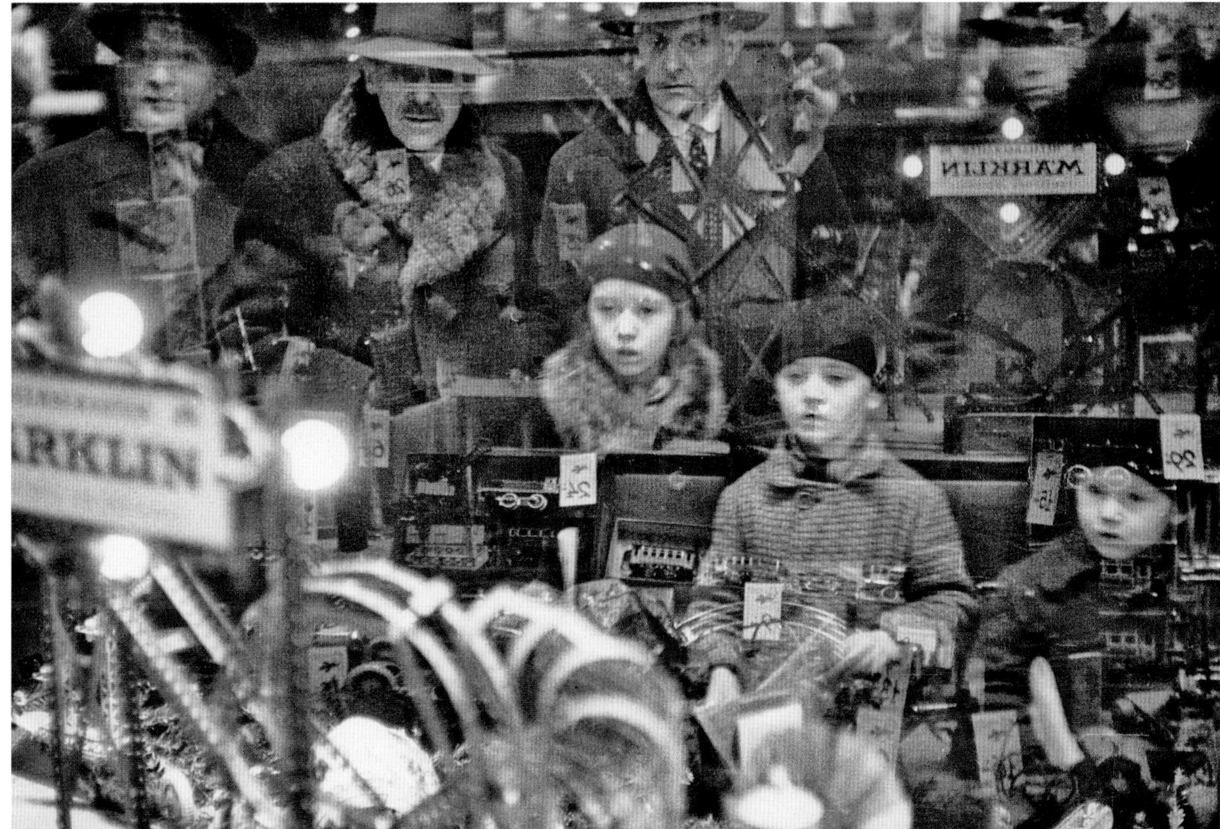

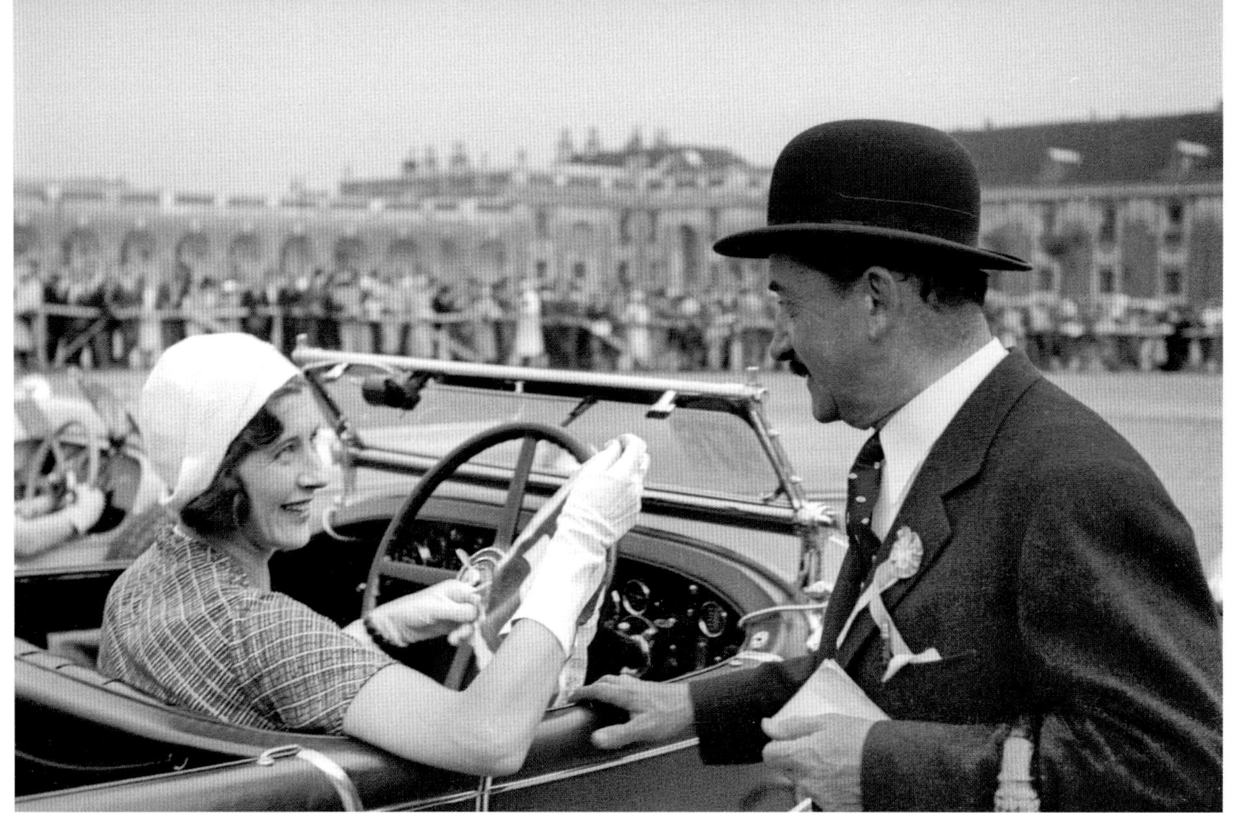

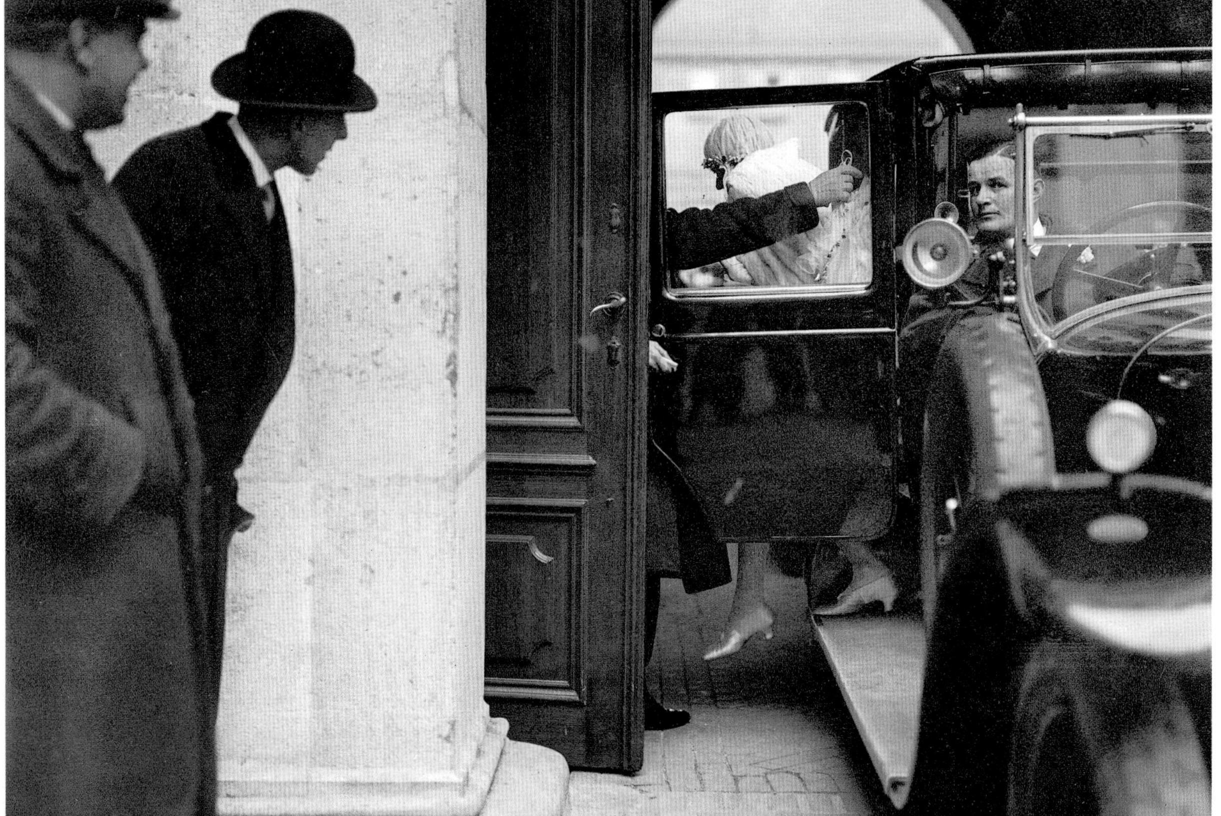

Oben: Die Oberschicht weiß sich im Wien der 1930er-Jahre zu inszenieren: Bei einem Concours d'Élégance vor dem imperialen Ambiente von Schloss Schönbrunn wetteifern die „schönsten Karosserien" miteinander, wie eine Automobilzeitung schreibt. Das zahlreich erschienene Publikum nützt die Gelegenheit für einen Blick auf die chromglänzenden Wagen.

Unten: Mit großem Auto und Chauffeur vorzufahren, war um 1930 nur für wenige Wiener und Wienerinnen eine Selbstverständlichkeit. Für manche bot zumindest die Hochzeit eine solche Gelegenheit, für die meisten Anwesenden jedoch blieb auch hier nur die Rolle als Zaungäste.

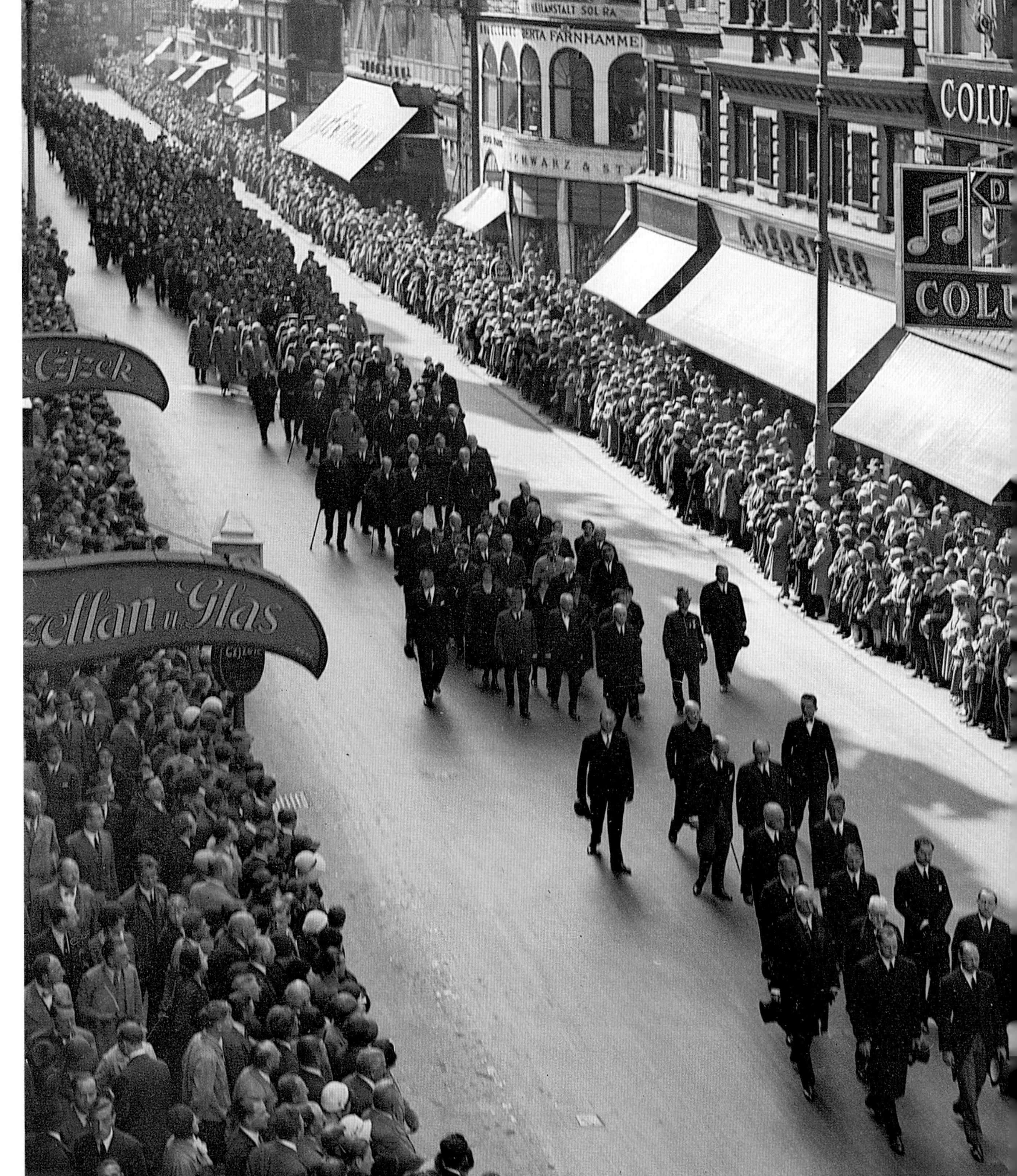

Der Begräbniszug von Erzherzog Leopold Salvator, der Österreich 1918 Richtung Spanien verlassen hatte und erst 1930 wieder nach Wien zurückgekehrt war, führte im September 1931 durch die Kärntner Straße Richtung Kapuzinergruft. Mitten im Roten Wien formierte sich eine monarchistische Trauerfeier.

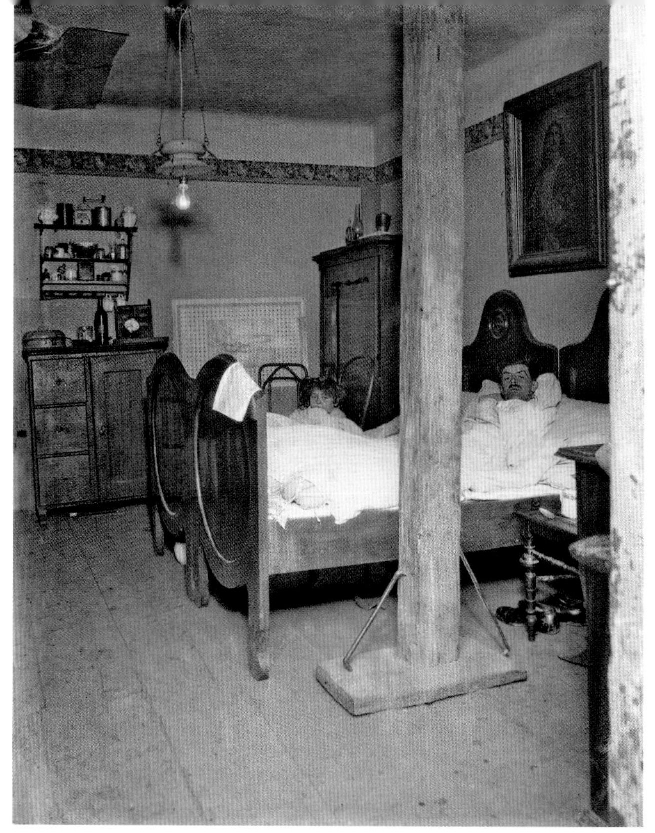

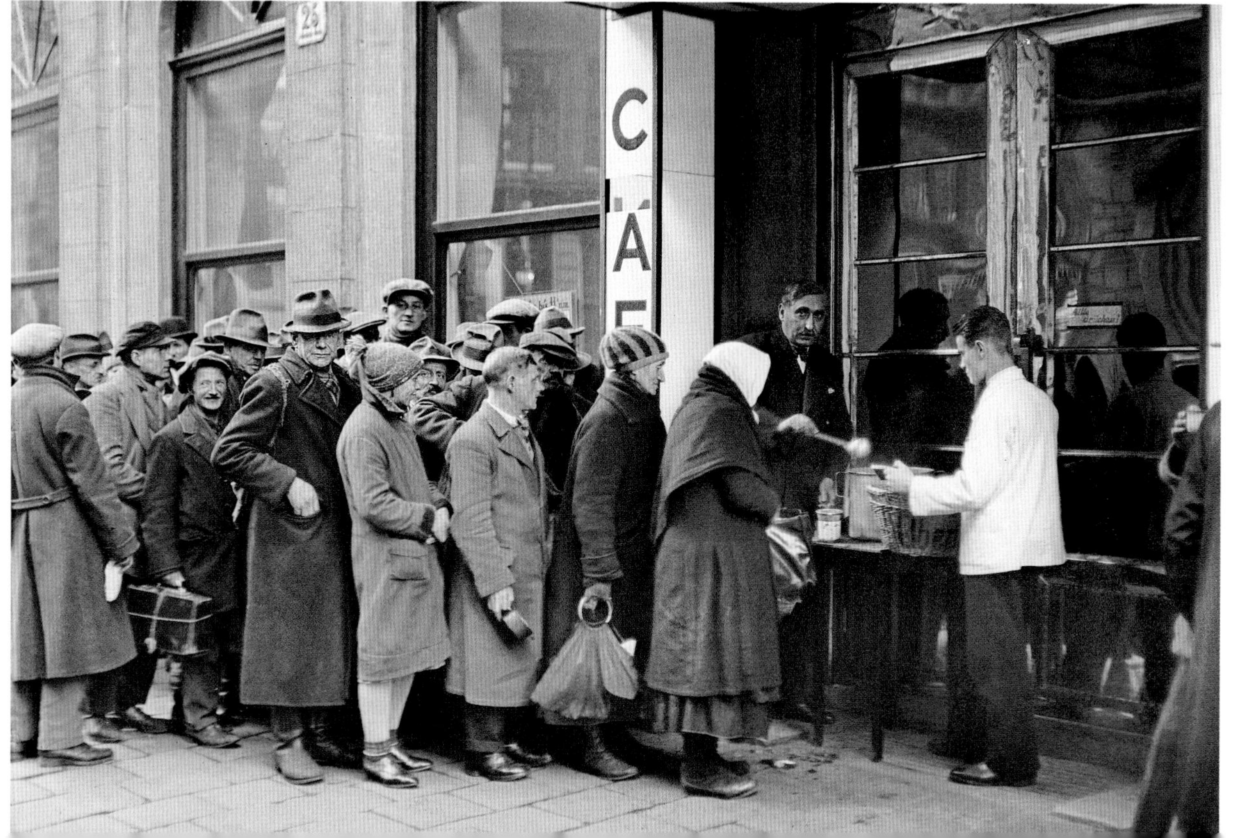

Oben: Auch wenn die sozialdemokratische Stadtverwaltung massiv gegensteuerte, hielt die Wirtschaftskrise der späten 1920er-Jahre weite Bevölkerungskreise in Armut. Dieser Umstand veranlasste Rübelt zu einer Reportage über Elendsquartiere.

Unten: Neben den Maßnahmen des Roten Wien waren es viele private Initiativen, die versuchten, die größte Not und den schlimmsten Hunger zu lindern, wie hier eine Ausspeisung vor dem Café Schellinghof im 1. Wiener Gemeindebezirk.

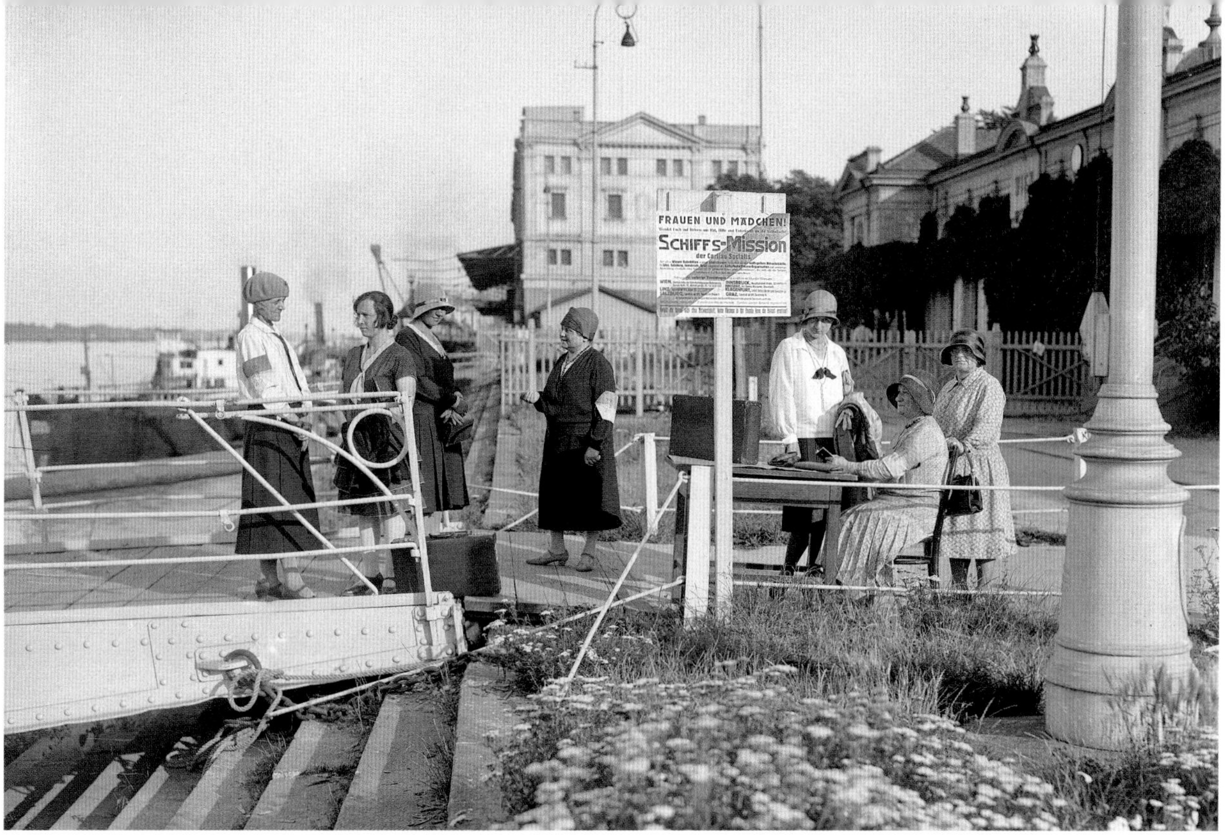

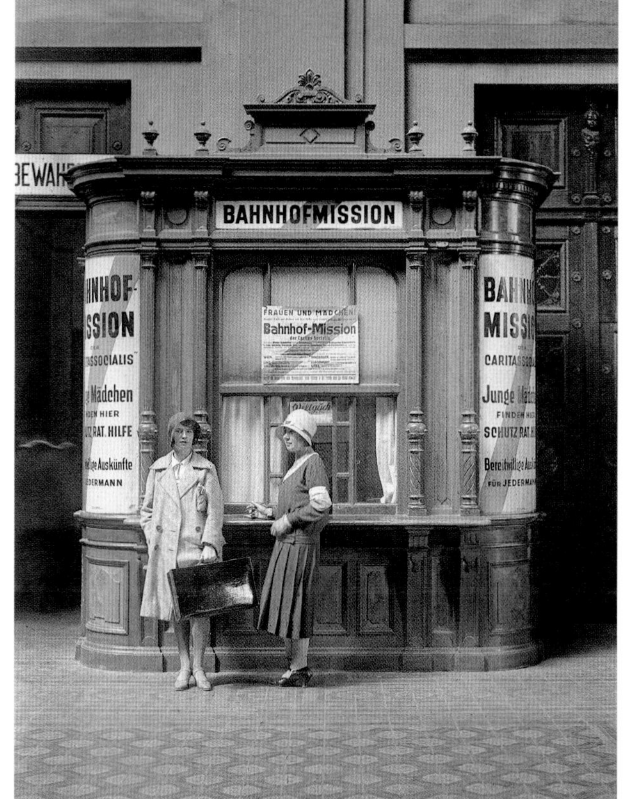

Karitative Organisationen wie die Schiffs-Mission beziehungsweise die Bahnhof-Mission versuchten, dem Leid der Wiener Bevölkerung entgegenzuwirken und in den unterschiedlichsten Notsituationen Unterstützung anzubieten.

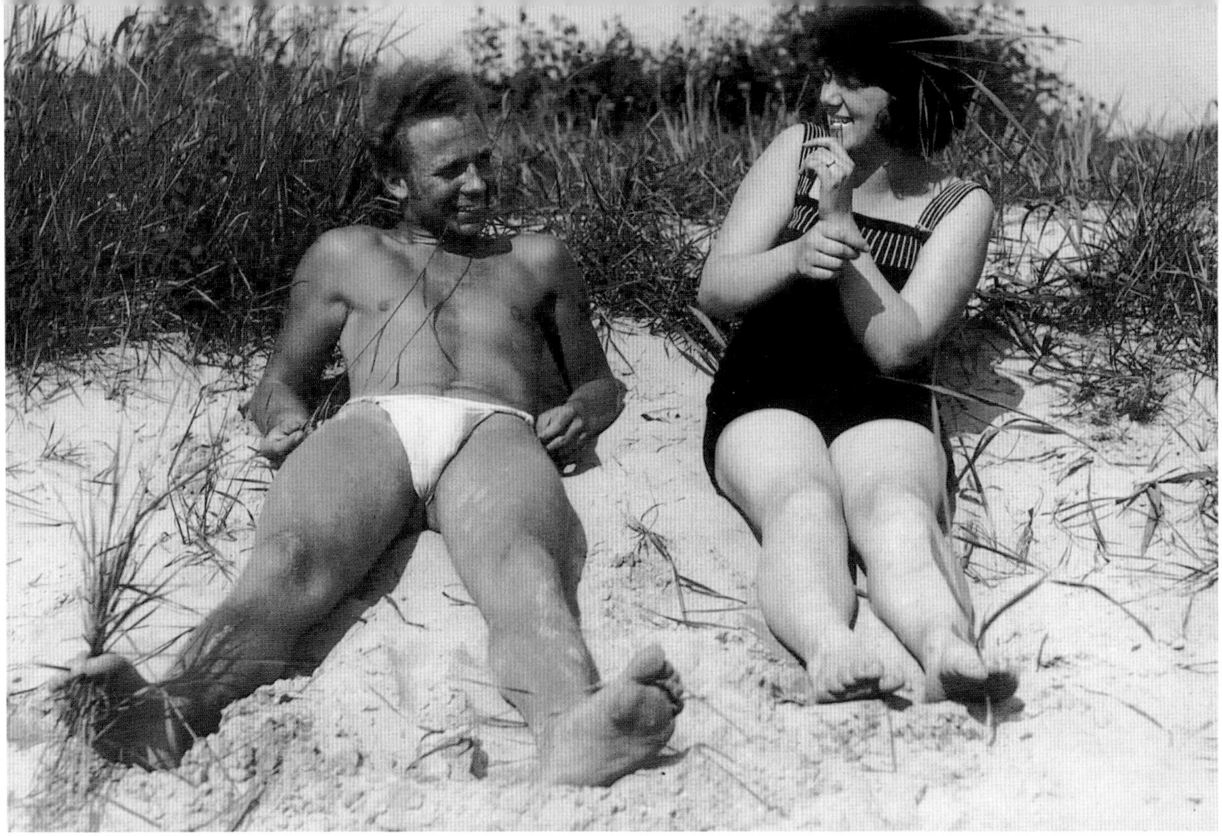

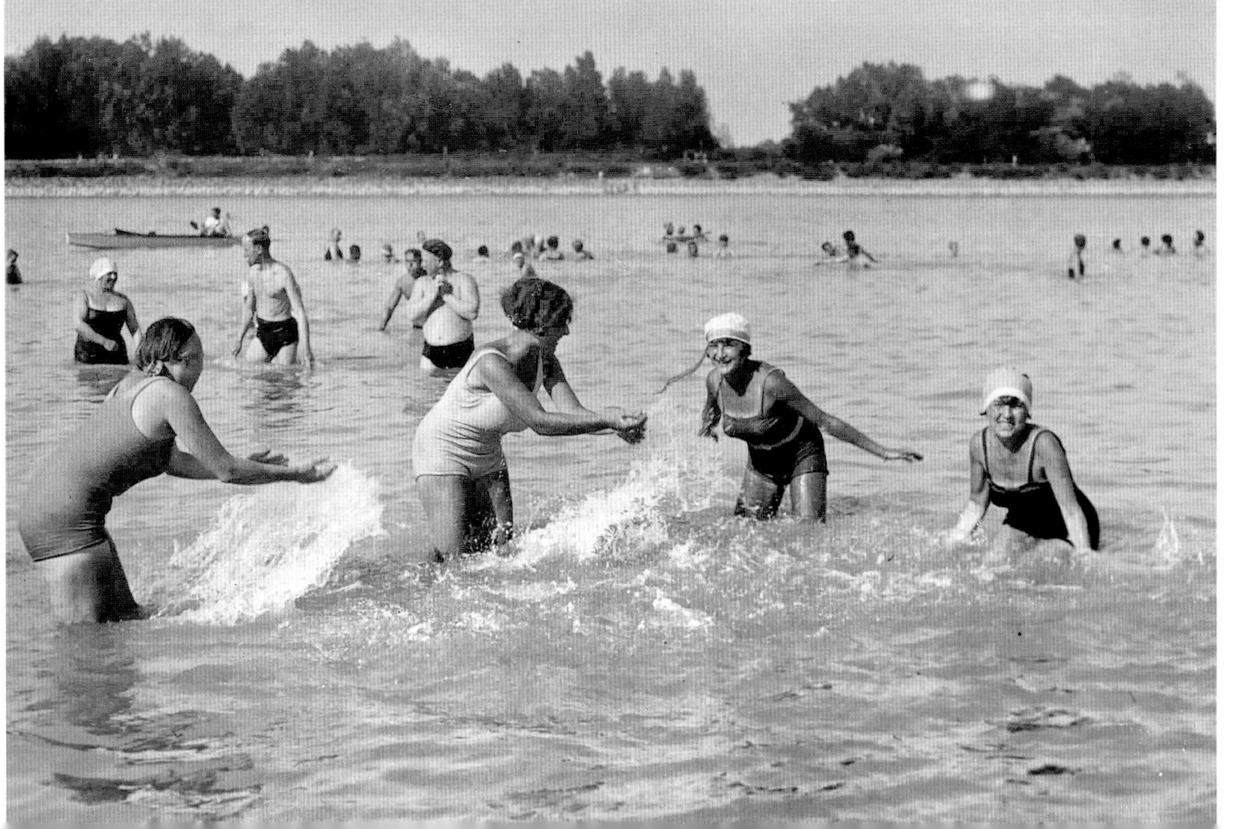

In Wien laden Donau, Donaukanal, Alte Donau, die Lobau und etliche Freibäder die Sonnenhungrigen im Sommer zur Abkühlung ein. Hier bieten sich zahlreiche Gelegenheiten, entweder im kühlen Nass zu planschen oder nach dem Bad einen kleinen Flirt zu beginnen.

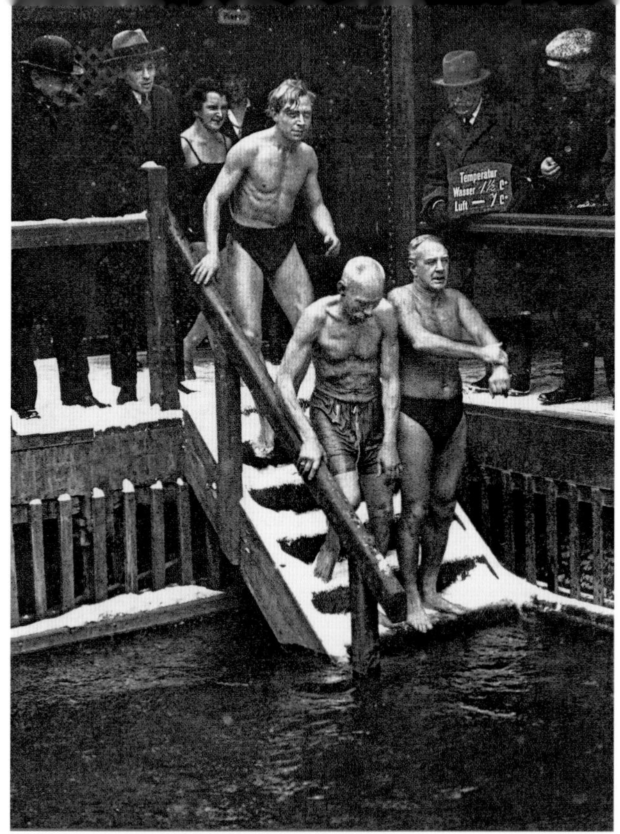

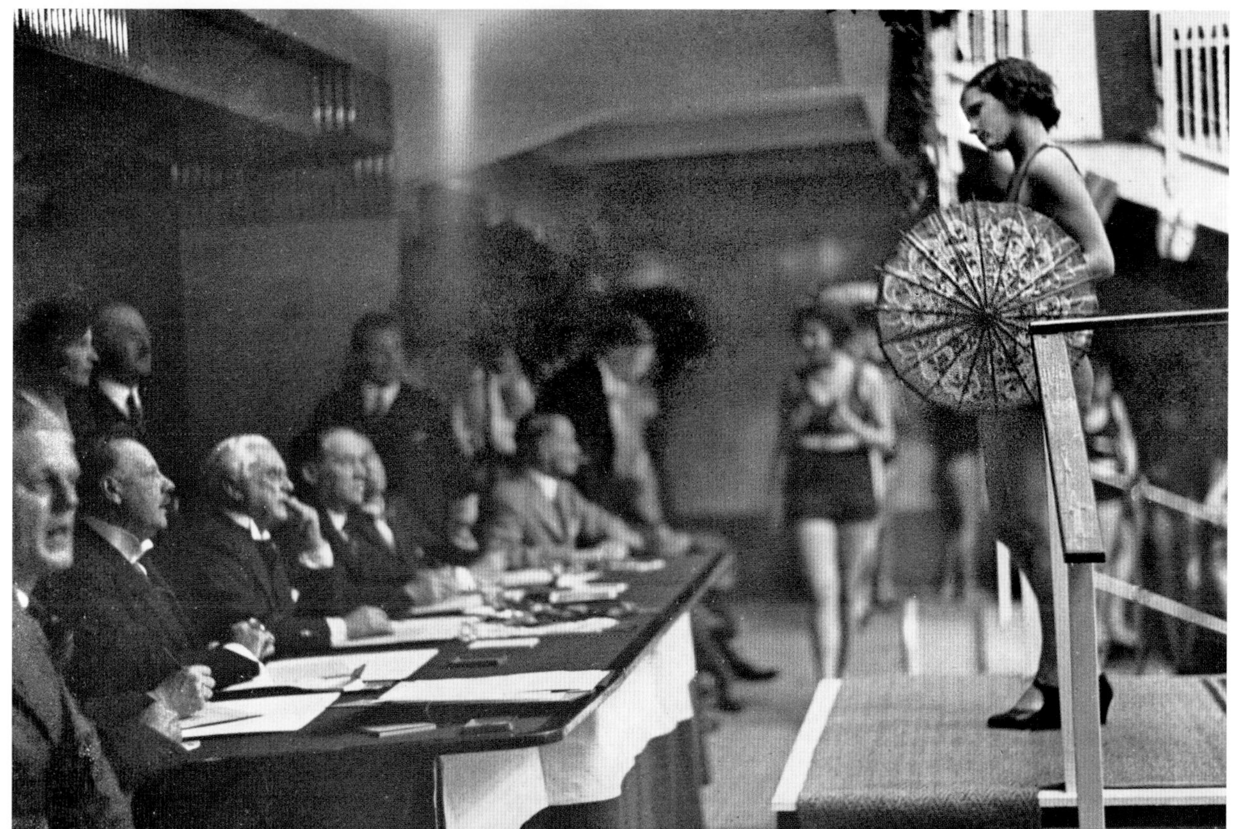

Oben: Der Verein „Verkühle dich täglich" propagierte das Eisschwimmen im Donaukanal. Vier Wagemutige, darunter der Gründer des Vereins, der Zahnarzt Dr. Karl Panesch, stürzen sich im Dezember 1927 im Strombad Schwedenbrücke in die 1,5 Grad kalten Fluten.

Unten: Gerade in den Krisenzeiten der 1930er-Jahre waren Misswahlen sehr beliebt. Hier stellt sich eine junge Dame bei der Wahl zur „Miss Dianabad" den kritischen Augen der Jury, der unter anderem der Kammersänger Leo Slezak (Zweiter von links) und der Burgschauspieler Otto Tressler (Dritter von links) angehören.

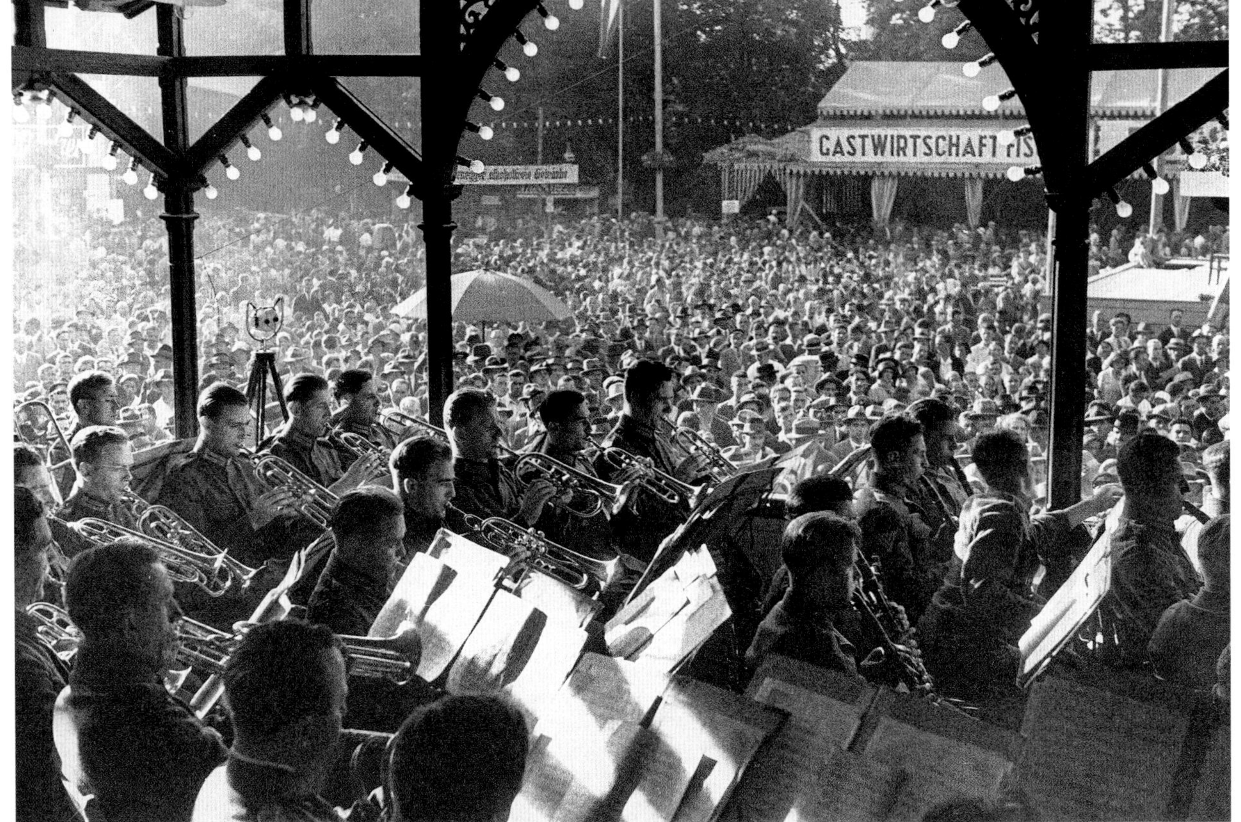

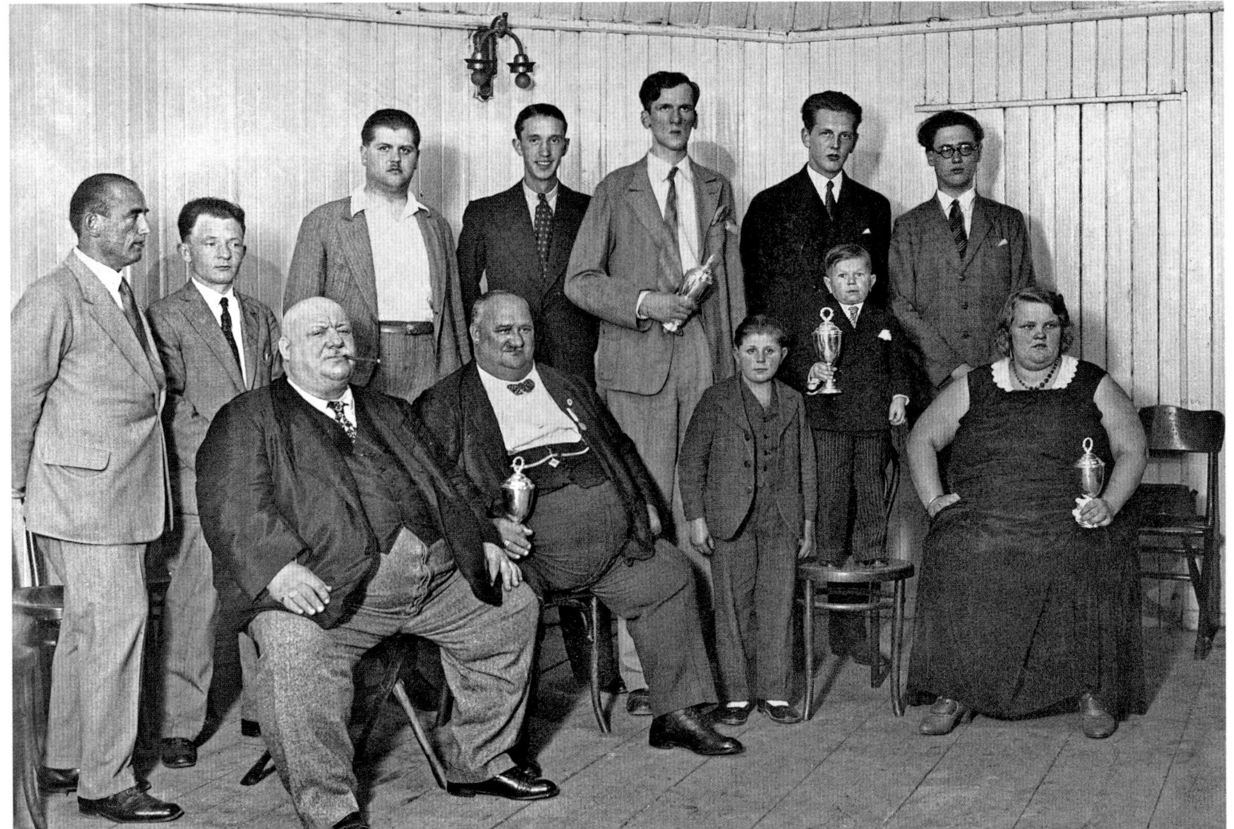

Oben: In Mauer bei Wien, erst seit der nationalsozialistischen Stadterweiterung ein Teil Liesings und damit Wiens, wurde seit 1709 ein „Kirtag auf der Mauer" gefeiert. Nach einer längeren Pause wurde die Veranstaltung 1933 wiederbelebt und bis 1937 abgehalten. Am Beginn stand traditionell ein Frühschoppenkonzert.

Unten: Ein kurioser Wettbewerb fand 1932 in Wien statt: die Suche nach der schwersten Wienerin (153 Kilo), dem kleinsten und dem größten Wiener (1,03 Meter beziehungsweise 2,05 Meter) und dem schwersten Wiener (188 Kilo). Neben ihm links sitzt der Vorjahressieger, der um 15 Dekagramm unterlegen war.

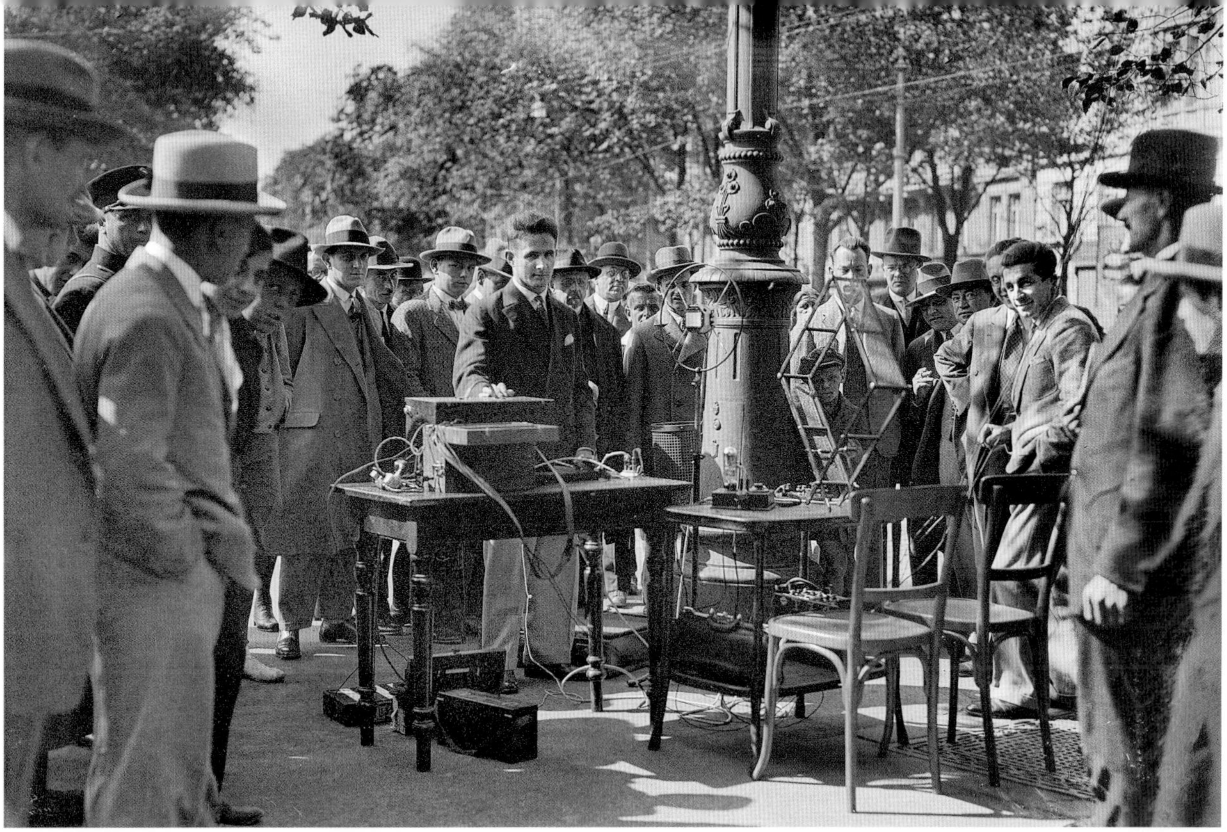

Oben: Der Rundfunk war ab 1924 das innovativste Massenmedium in Wien. Neben der staatlichen Radio Verkehrs AG (RAVAG) gab es den Arbeiter-Radio-Bund (ARABÖ). Bis Ende 1925 stieg die Zahl der Hörer und Hörerinnen auf 100.000 an.

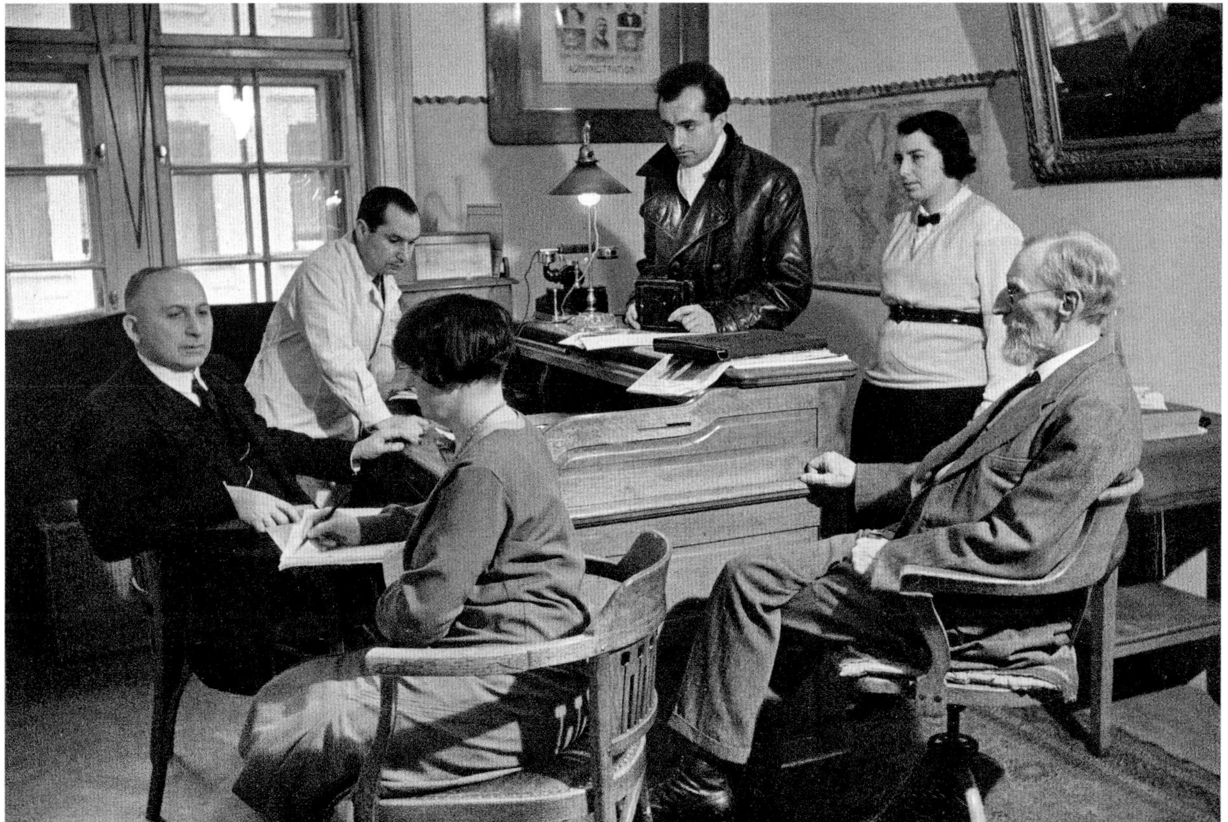

Unten: Für die Illustrierte „Das interessante Blatt" fotografierte Lothar Rübelt (am Bild stehend im Ledermantel) regelmäßig. 1932 setzte er der Redaktion des Blattes ein bildliches Denkmal. Die Zeitung erschien von 1882 bis 1939 und gehörte zu den beliebtesten Wochenzeitschriften.

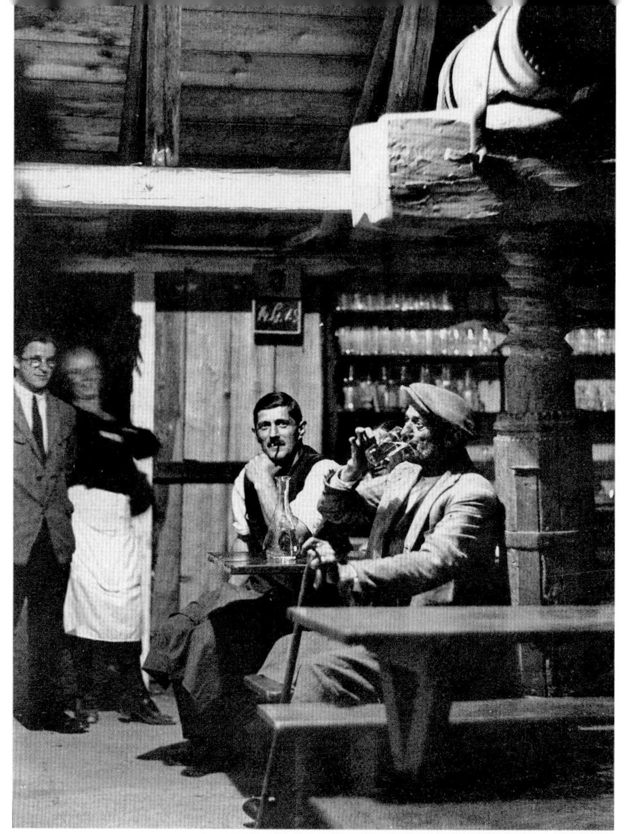

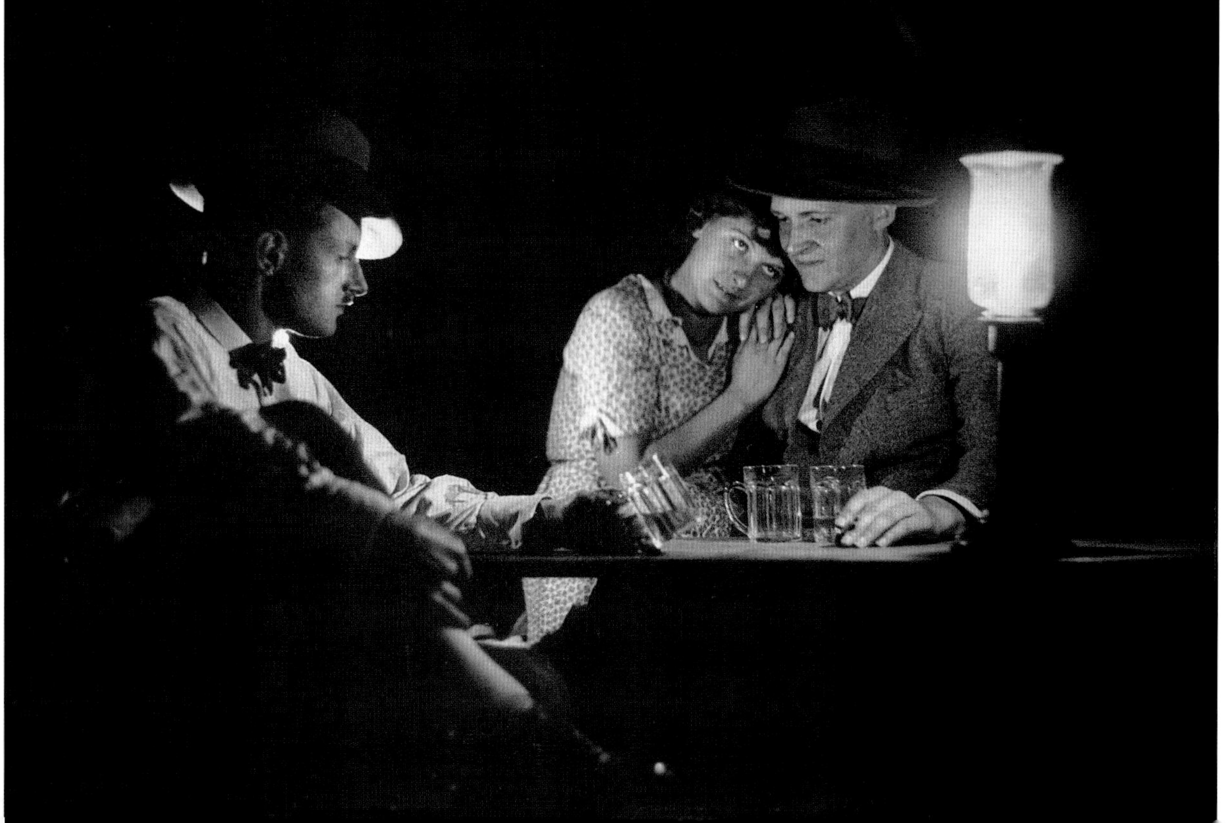

Der „Heurige" gehört bis heute zu den typischen und bei Einheimischen wie Touristen beliebten Lokalen in Wien. Zum Wein verzehrte man speziell in der Zwischenkriegszeit selbst mitgebrachte Speisen. Lothar Rübelt vermittelte eine etwas idealisierte Sicht auf Grinzinger Heurigenlokale.

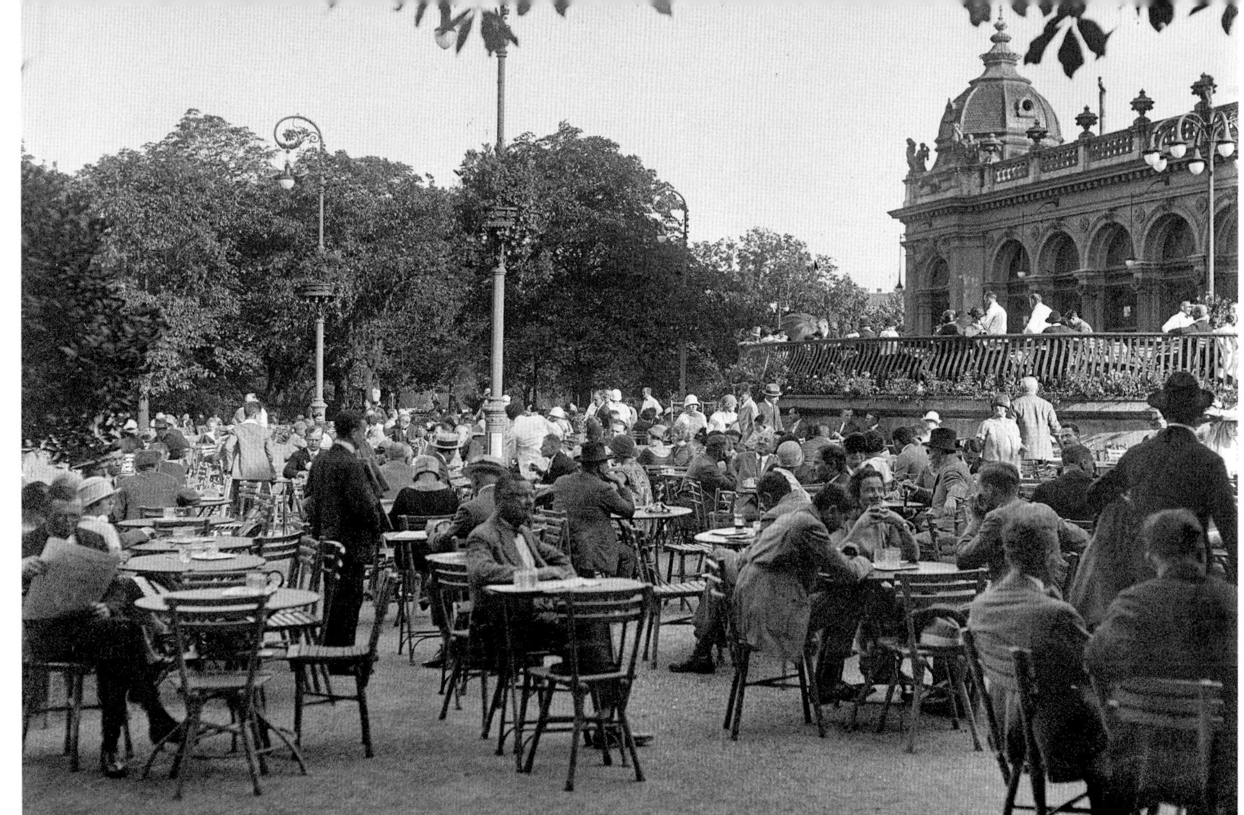

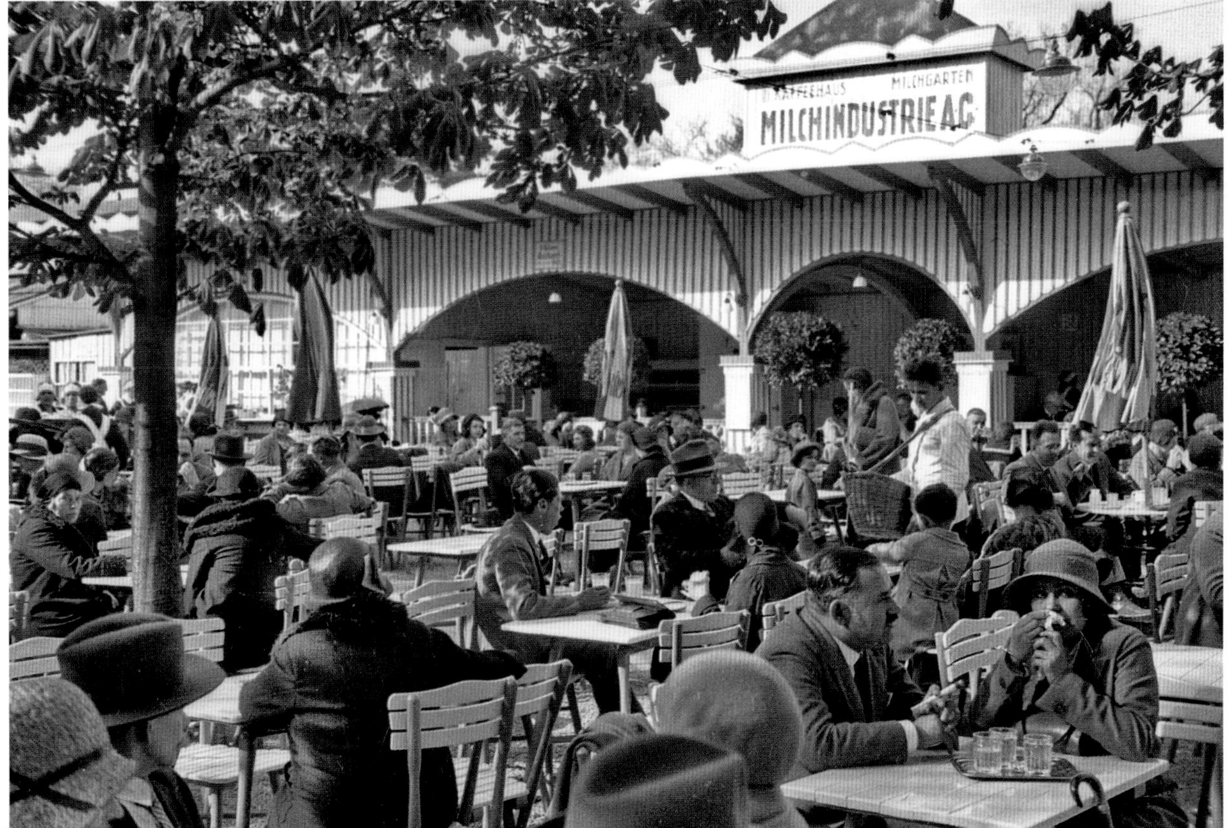

Oben: Am 8. Mai 1867 wurde im Stadtpark ein Kursalon eröffnet, der sich zu einem beliebten Tanz- und Konzertlokal und zum Treffpunkt der Wiener Gesellschaft entwickelte. Ab 1908 stand das Lokal in privatem Besitz und hieß nun „Hübners Kursalon". In den Sommermonaten zog das Freiluft-Café auch ein weniger betuchtes Publikum an.

Unten: Das Prater-Café auf der Prater Hauptallee, heute bekannt als Meierei, war ein letztes Überbleibsel der Wiener Weltausstellung von 1873, wo es als American Bar diente. Danach einige Zeit als Bierhalle betrieben, wurde es 1924 von der Wiener Molkerei als Milchkurpavillon geführt.

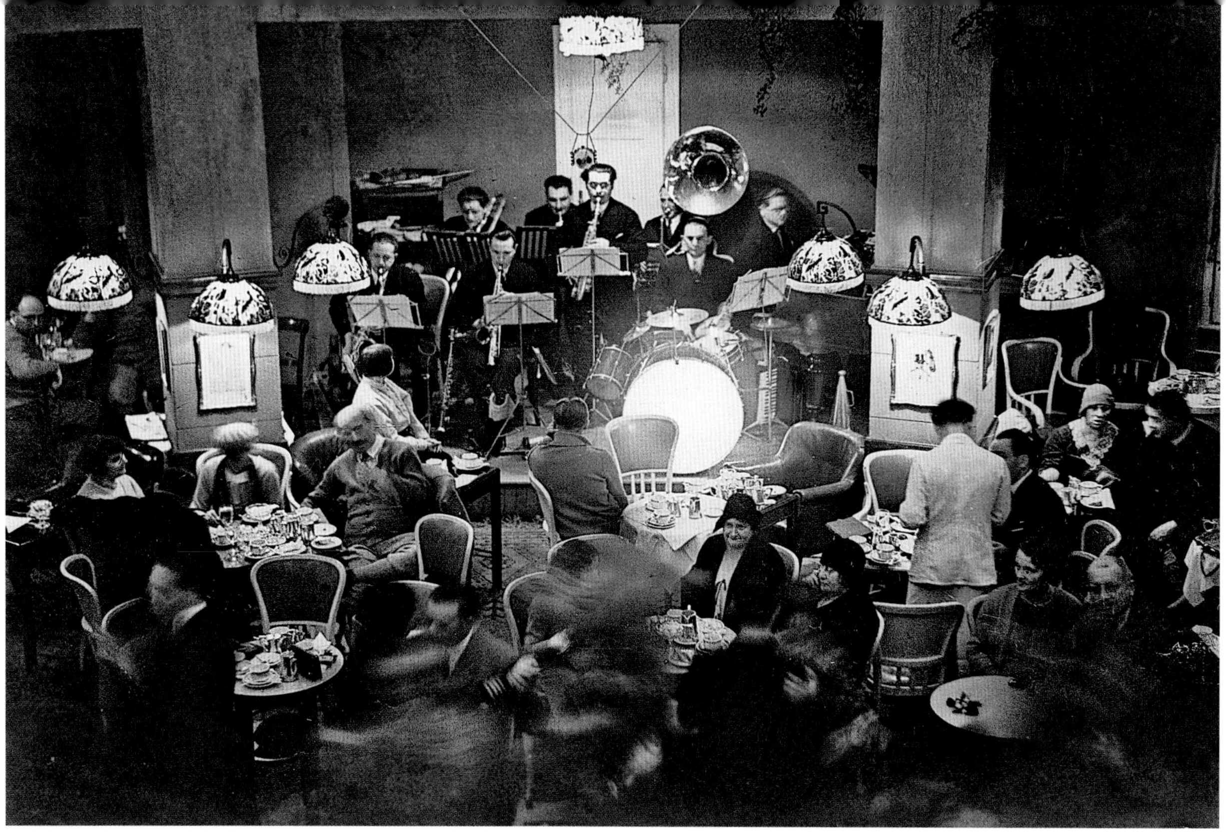

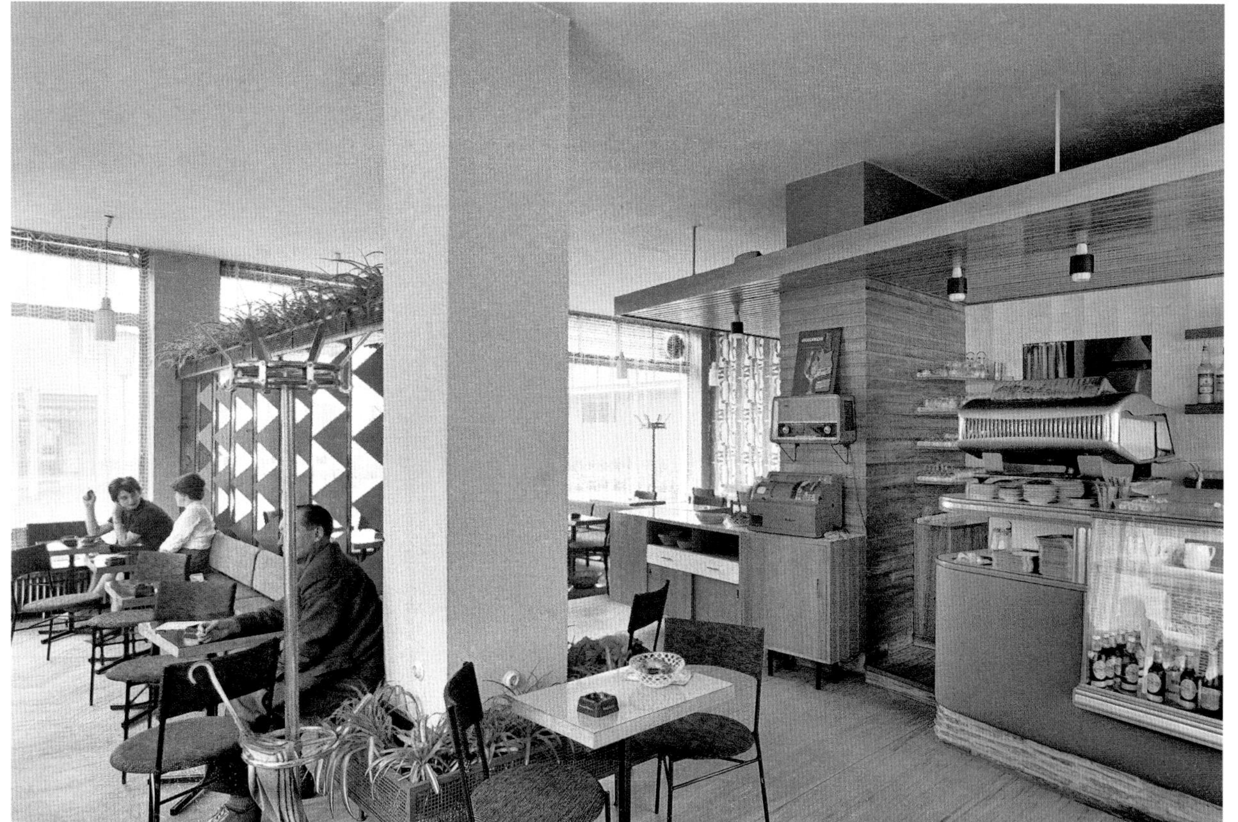

Oben: Ein gehobenes Unterhaltungsangebot bildete in den 1930er-Jahren das („Wiener") Musikcafé mit Livedarbietungen. Je nach Ausrichtung bot es unterschiedliche Unterhaltungsprogramme für ein zahlungskräftiges Publikum aller Generationen.

Unten: Das gemütliche Wiener Kaffeehaus, das zu stundenlangem Verweilen einlud, wurde in den 1960er-Jahren durch das neuartige Espresso ergänzt, in dem man im modernen und stylishen Ambiente rasch seinen Kaffee trinken konnte.

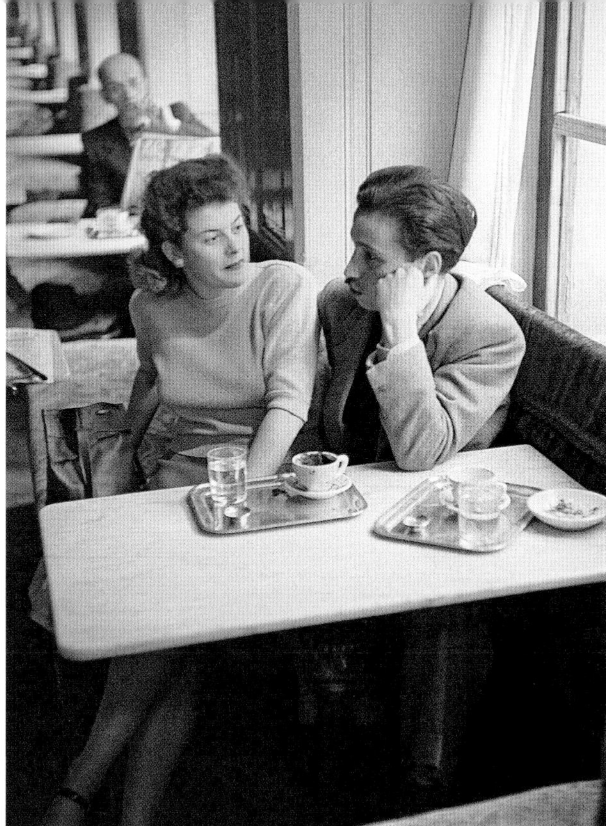

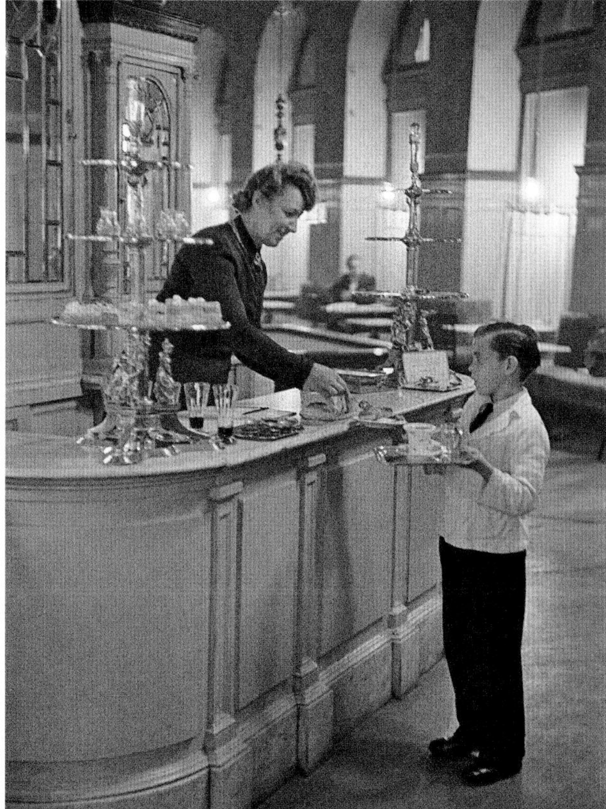

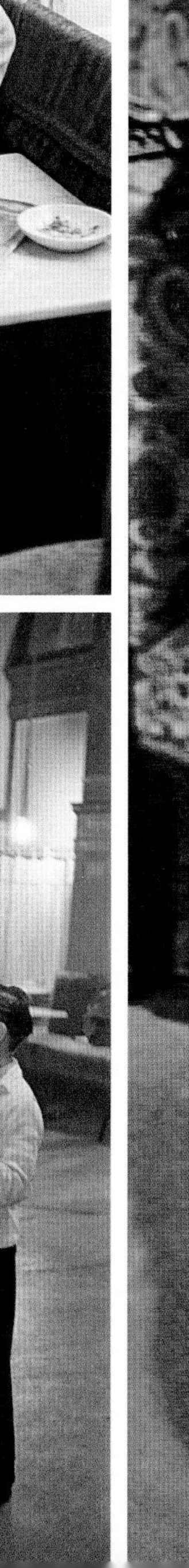

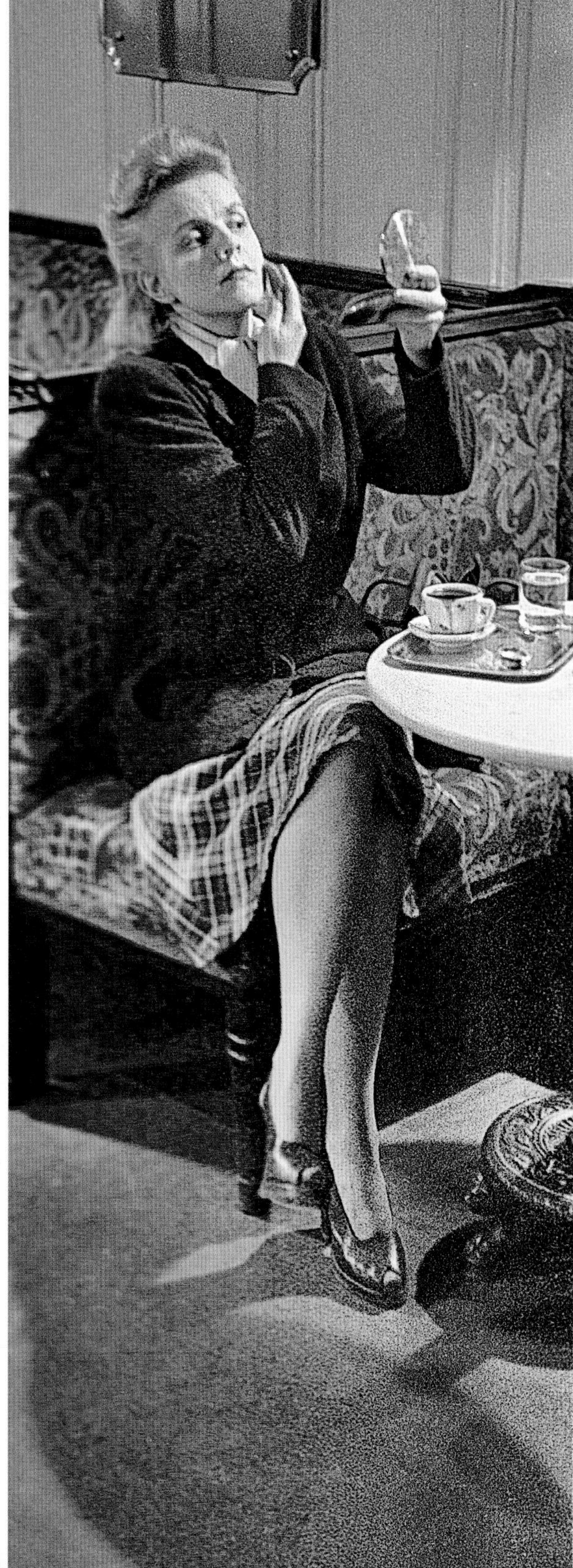

Das 1880 als Café Ronacher eröffnete, aber noch im gleichen Jahr umbenannte Café Sperl blieb bis heute ein beliebtes Wiener Kaffeehaus. Hier kann man entweder allein mit einer Schale Kaffee und Zeitungen viele Stunden verbringen oder es als Treffpunkt für ein erstes Rendezvous, für das man sich noch rasch „fesch" machen muss, nutzen.

Industrie

Wer

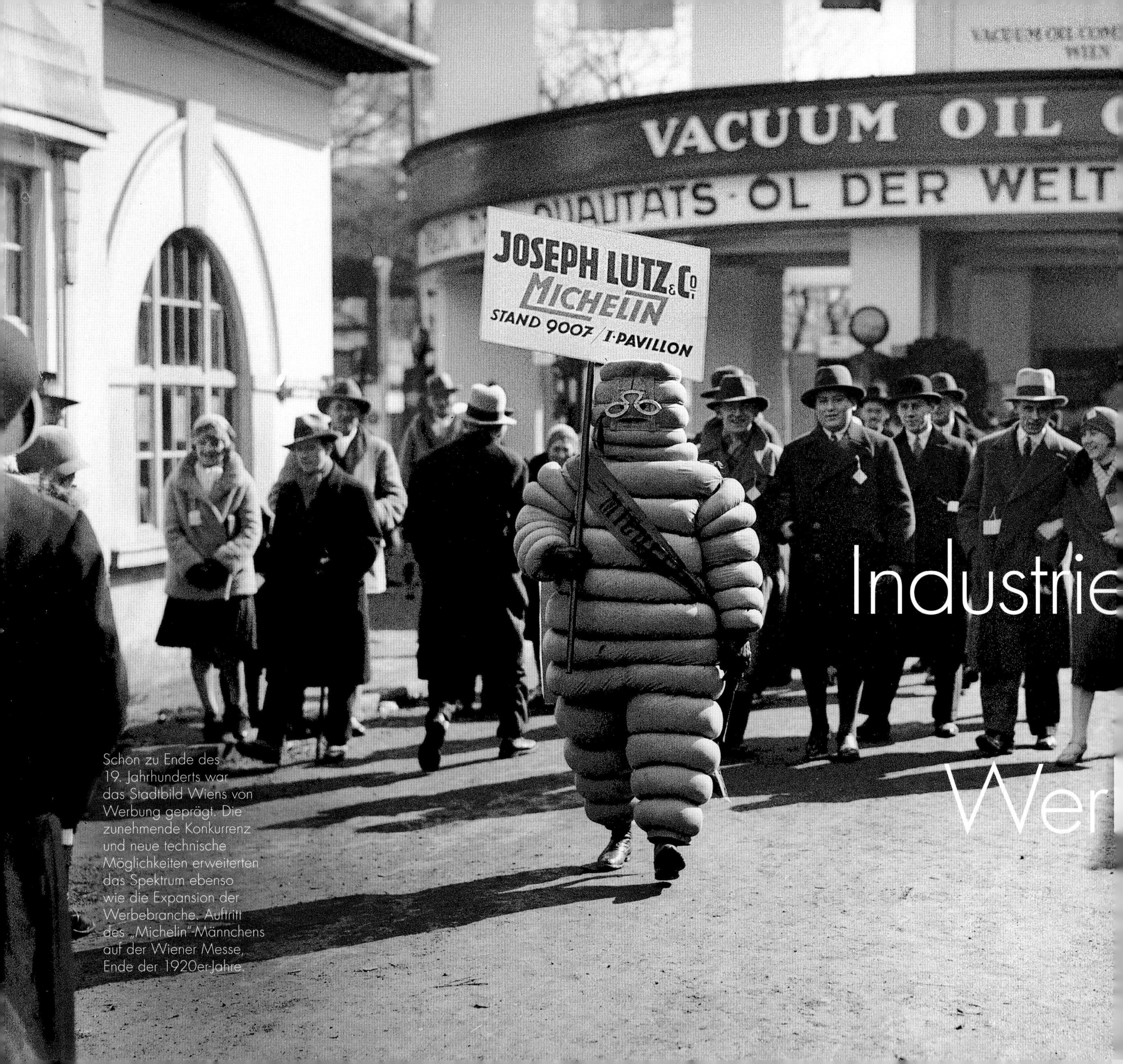

Schon zu Ende des 19. Jahrhunderts war das Stadtbild Wiens von Werbung geprägt. Die zunehmende Konkurrenz und neue technische Möglichkeiten erweiterten das Spektrum ebenso wie die Expansion der Werbebranche. Auftritt des „Michelin"-Männchens auf der Wiener Messe, Ende der 1920er-Jahre.

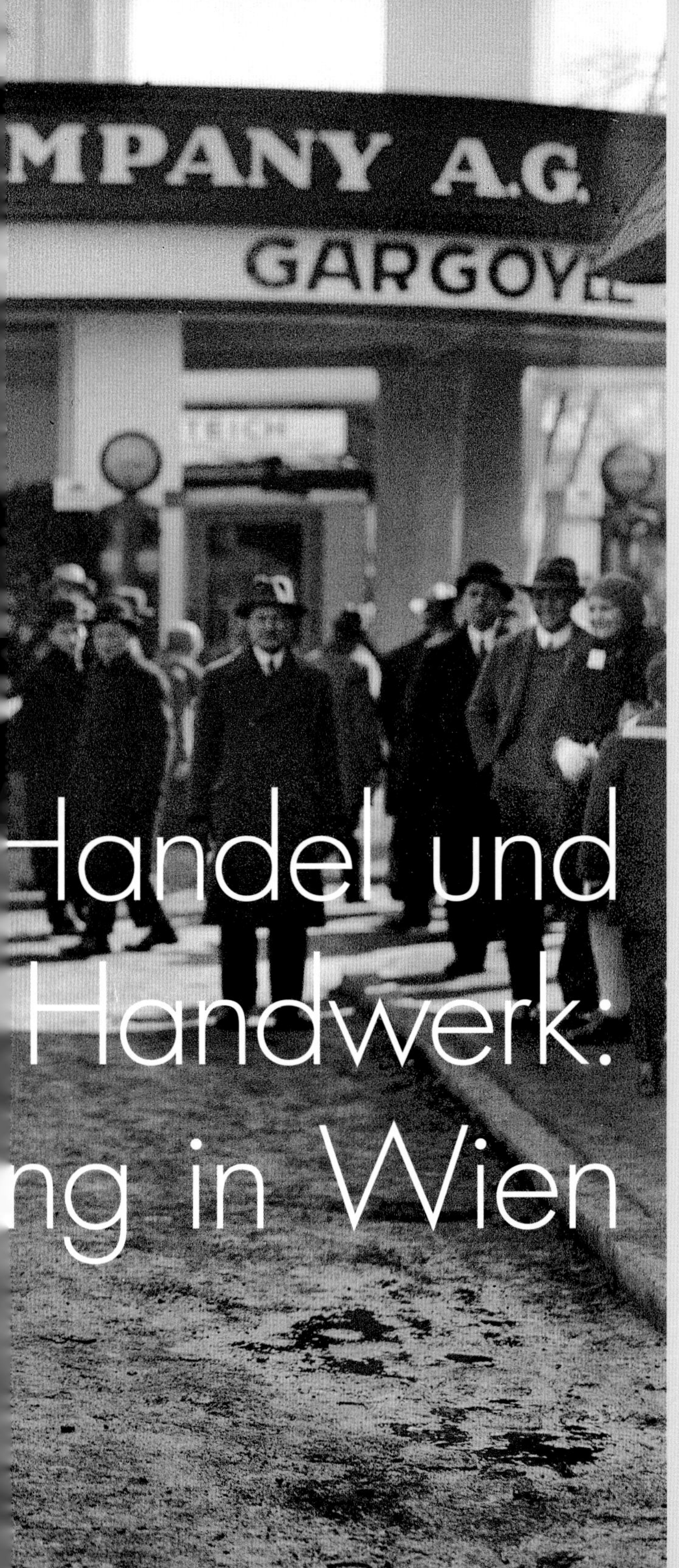

Bei einer Weihnachtsfeier der Wolfgang Denzel AG in Wien Ende der 1970er-Jahre betritt ein distinguierter älterer Herr die etwas heruntergekommenen Räumlichkeiten, stellt sich als Lothar Rübelt vor und beginnt, die Anwesenden zu fotografieren. Wenige Tage später liefert er Abzüge der Fotos bei der Kassa des Firmensitzes am Parkring ab (siehe Seite 153). Der Bitte der Kassiererin um eine Ausschnitt-Vergrößerung ihres Konterfeis entspricht er gern und schickt wenig später per Post das versprochene Bild. Das muss einer der letzten Aufträge Rübelts, der bereits um 1965 seinen Gewerbeschein zurückgelegt hatte, als Fotograf gewesen sein.

Wenn Betriebe gute Werbung produzieren wollen, ist es naheliegend, einen professionellen Fotografen zu engagieren. Für diesen ist es wiederum logisch, sein Einkommen mit Werbeaufträgen aufzubessern. Ab den 1930er-Jahren begann Lothar Rübelt daher, auch für die Industrie zu arbeiten. Sein erster größerer Auftrag war, vermutlich durch seine Motorsportaktivitäten initiiert, im Jahr 1935 eine Kampagne für Socony-Vacuum Oil, den drittgrößten Ölkonzern der Welt. Ihn faszinierten aber auch nächtliche Aufnahmen der frühen Neonreklamen auf den Häusern, die der Stadt Wien ein modernes Flair verliehen.

Ab den 1950er-Jahren nahm Rübelt immer öfter Werbeaufträge an. Es entstand eine Vielzahl von Bildern, die einen zusätzlichen Aspekt des Wiener Stadtbildes vermitteln: Man sieht den beginnenden und den geglückten Wiederaufbau in der Stadt Wien, moderne Tankstellen und Geschäftslokale, Plattengeschäfte und Autohäuser. Für die späten Werbesujets hat Rübelt seine Herangehensweise an die Motive radikal verändert: Waren selbst seine Werbefotos in den 1930er-Jahren von Unmittelbarkeit und Spannung gekennzeichnet, nimmt er jetzt den umgekehrten Weg: Er geht zu seinen Motiven nicht nur räumlich auf Distanz, indem er sie aus großer Entfernung ablichtet, sondern auch emotional: Die Bilder sind meist menschenleer, es scheint oft, als habe Rübelt darauf gewartet, dass bei einer Tankstelle keine Kunden anwesend sind und nur ein einsamer Tankwart bei einer Zapfsäule steht. Vermutlich hat Lothar Rübelt die technizistischen 1960er-Jahre auch genau so wahrgenommen.

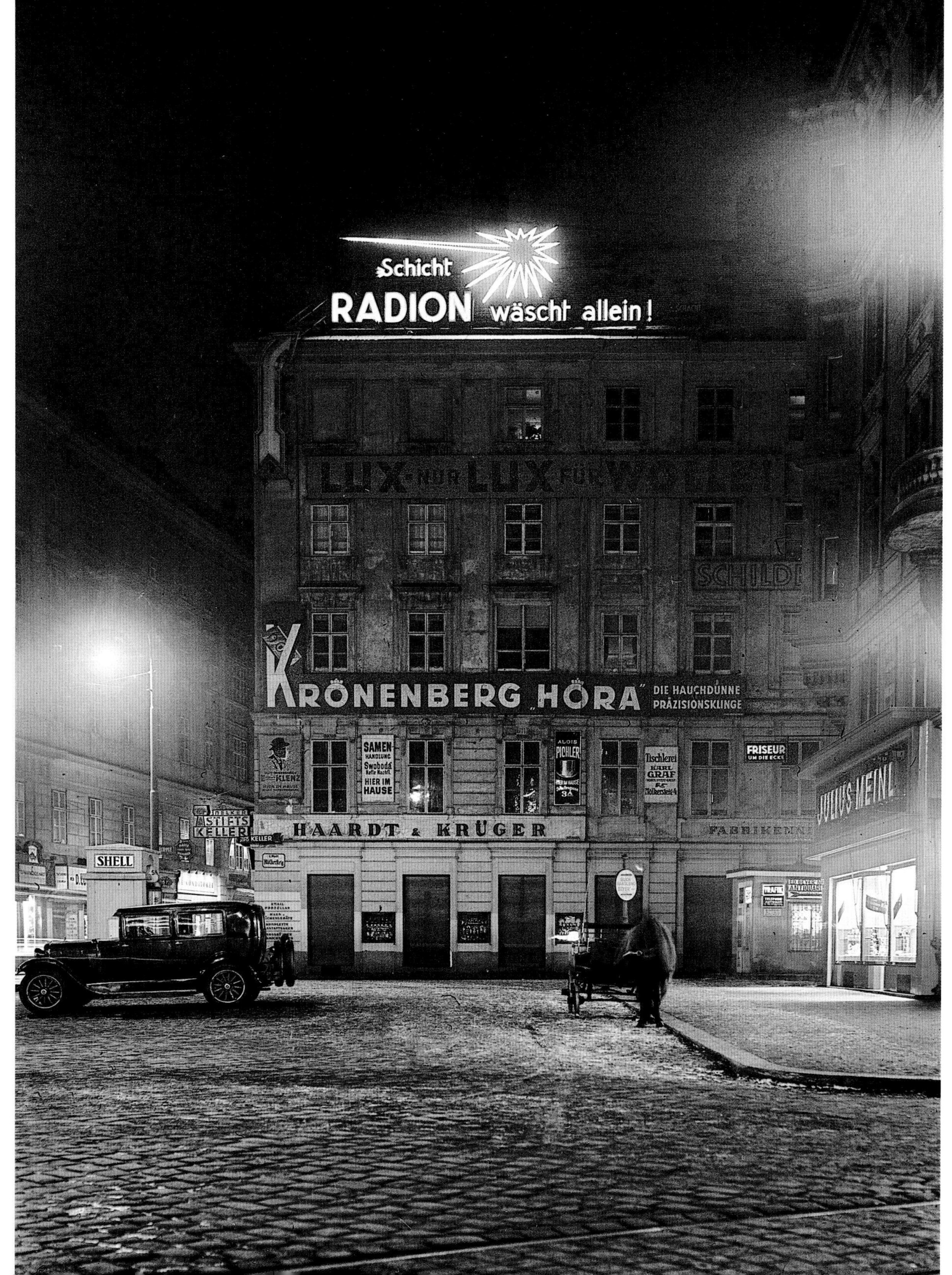

Viele Dächer im innerstädtischen Wien wurden in den 1920er-Jahren mit Neonreklamen versehen. Die Botschaft, dass das Waschmittel Radion „allein wäscht", war vom Dach in der Schottengasse bis in die Währinger Straße und zur Votivkirche zu sehen.

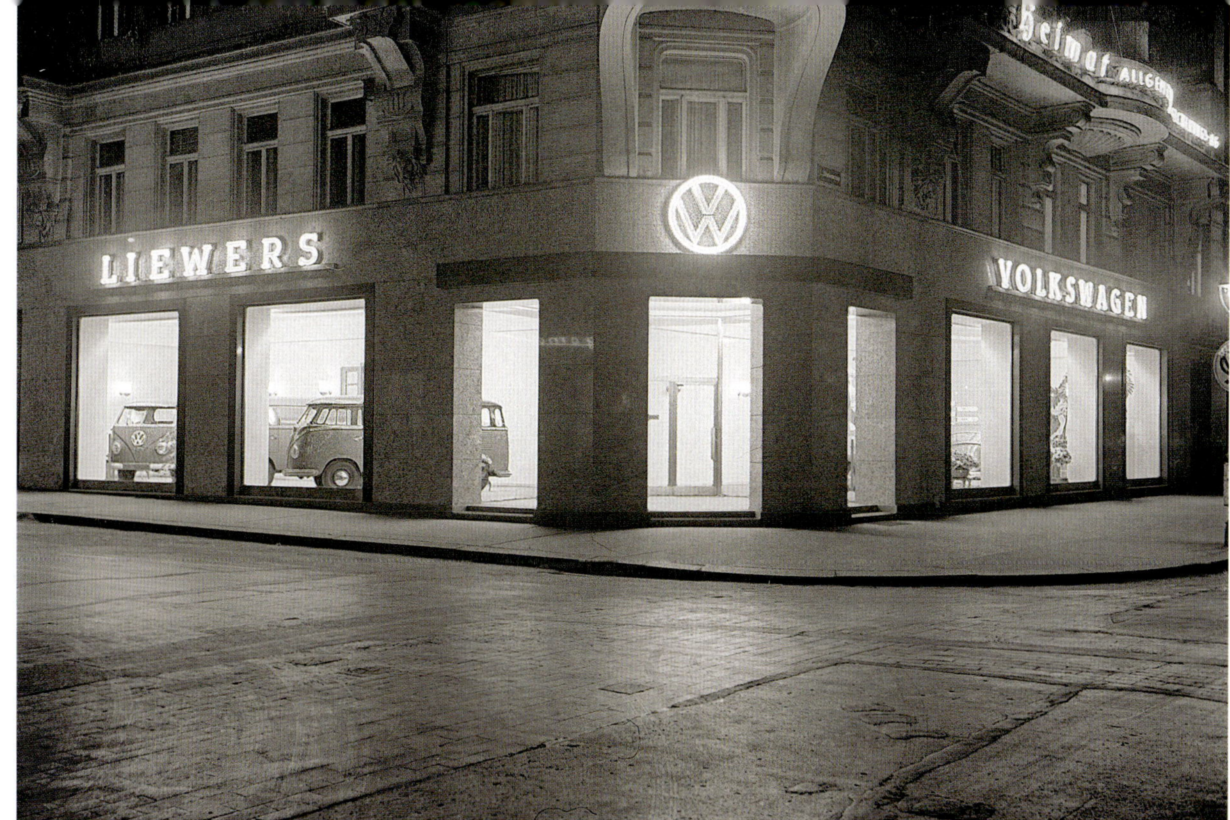

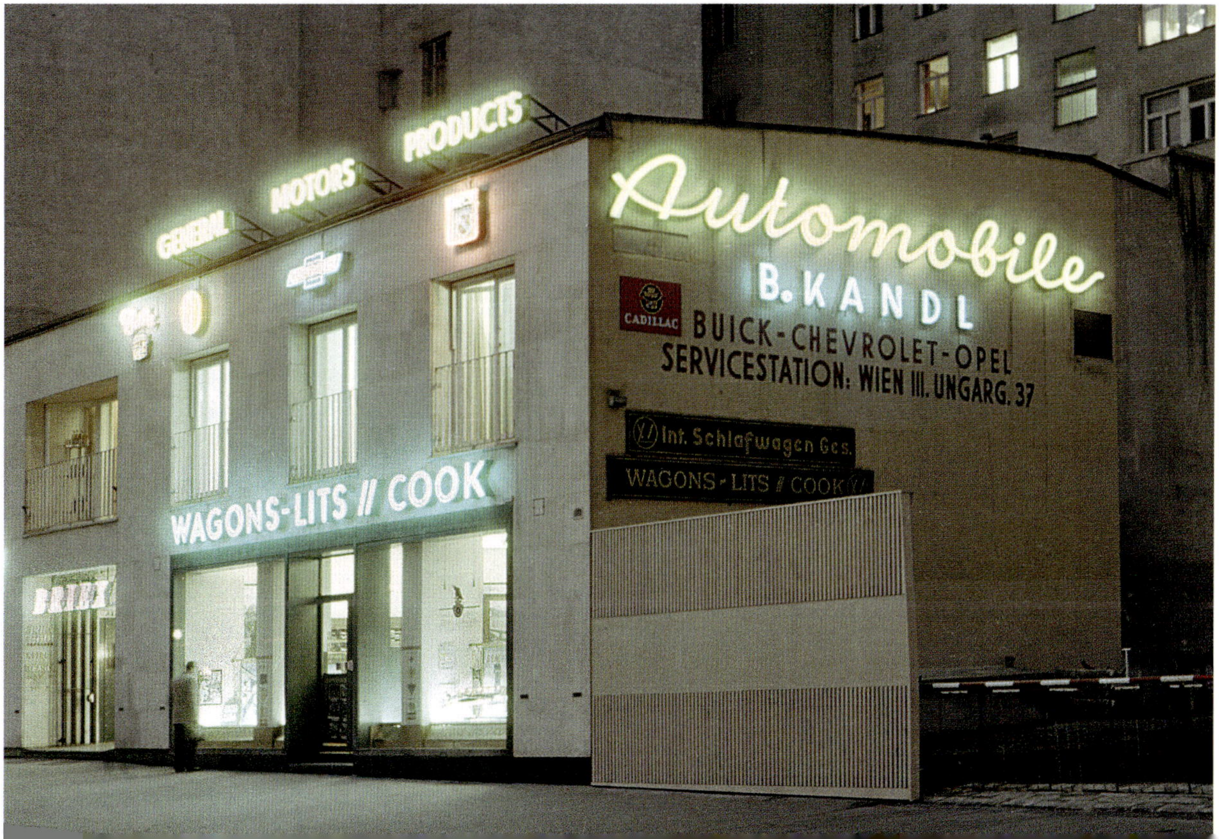

Autohäuser und Autorepräsentanzen besaßen in den 1950er-Jahren besonders hell erleuchtete Schaufenster, schließlich wurde dort nichts weniger als das Symbol des Wiederaufstiegs und der Traum jedes erwachsenen Mannes verkauft. Zwar hatte sich der VW Käfer als Volksauto durchgesetzt (angeboten etwa beim Generalimporteur Liewers am Stubenring), doch gerade deshalb wollte sich die englische, französische, italienische und vor allem deutsche Konkurrenz (wie etwa Opel Kandl am Rennweg) Anteile am massiv wachsenden Markt sichern.

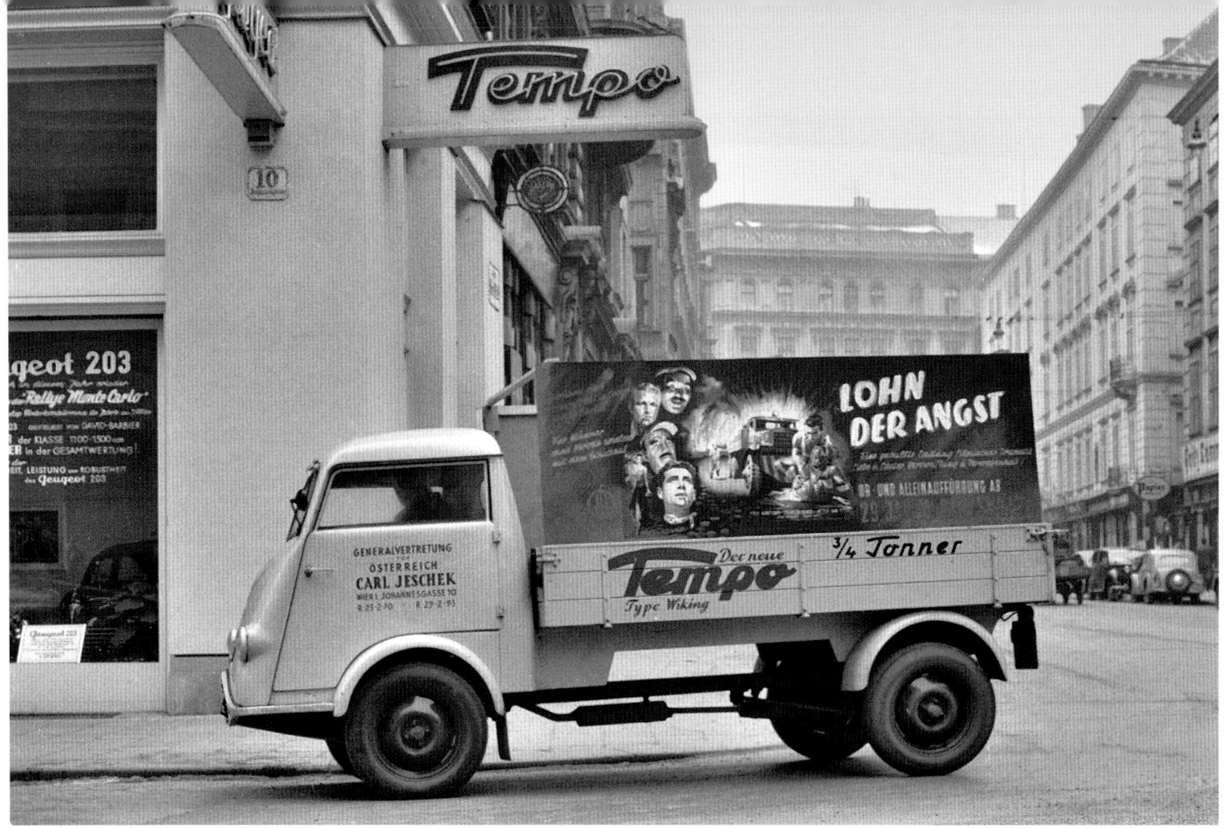

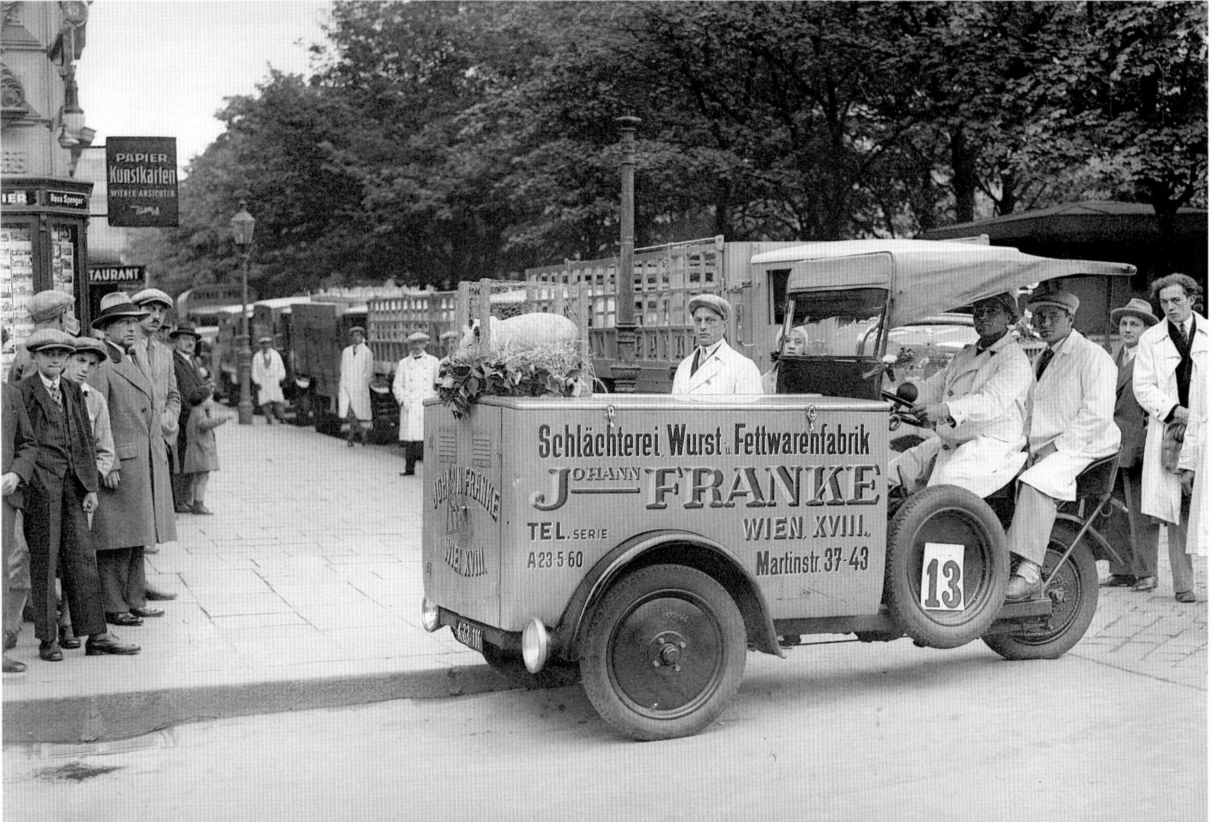

Automobile waren auch Objekte der Werbung. Das galt nicht nur für die Aufschriften auf den fabrikseigenen Fahrzeugen, wie etwa bei den dreirädrigen Lieferfahrzeugen der Fleischfabrik Franke, sondern es wurden auch eigene Werbefahrzeuge gemietet, die die Botschaft in der ganzen Stadt verbreiten sollten. Auf einem Klein-LKW hatten sogar drei unterschiedliche Werbungen Platz: Er sollte Aufmerksamkeit für den Peugeot-Importeur Jeschek, den neuen Tempo-Bus und den Film „Lohn der Angst" (1953) erregen.

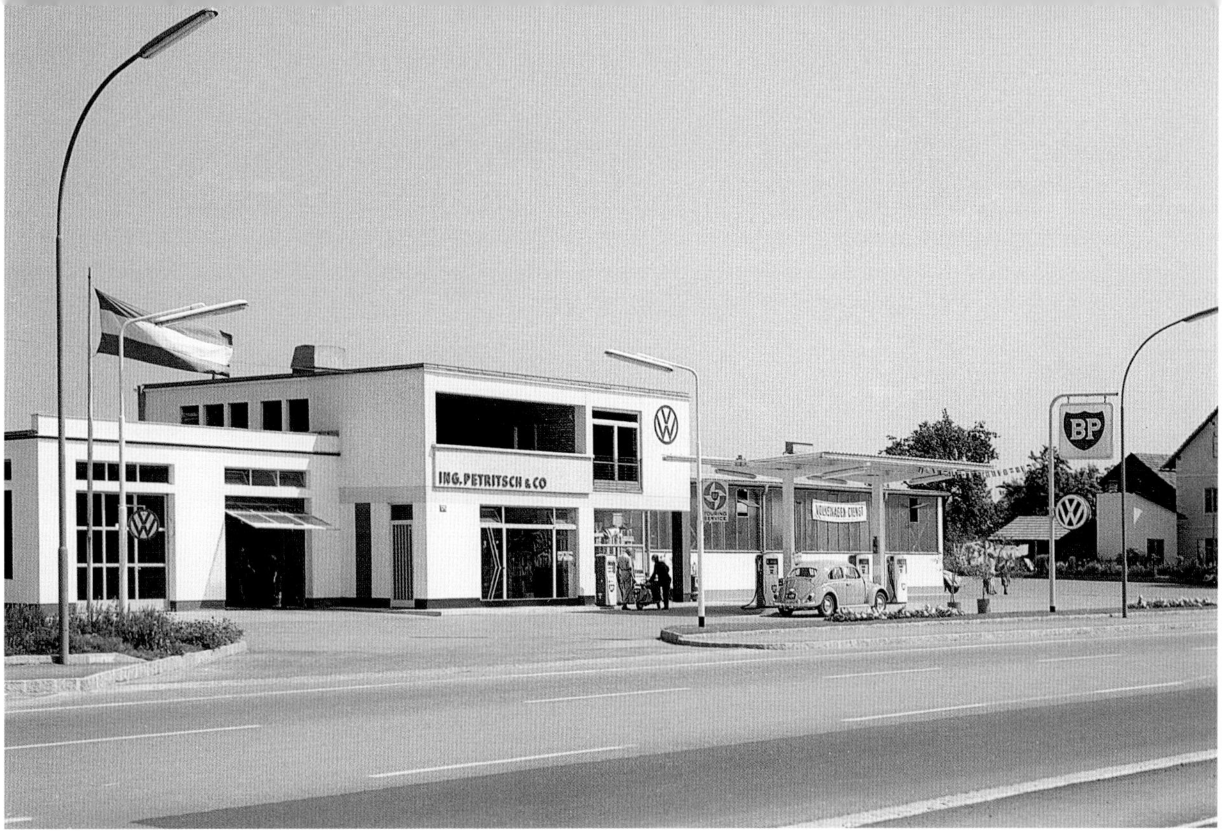

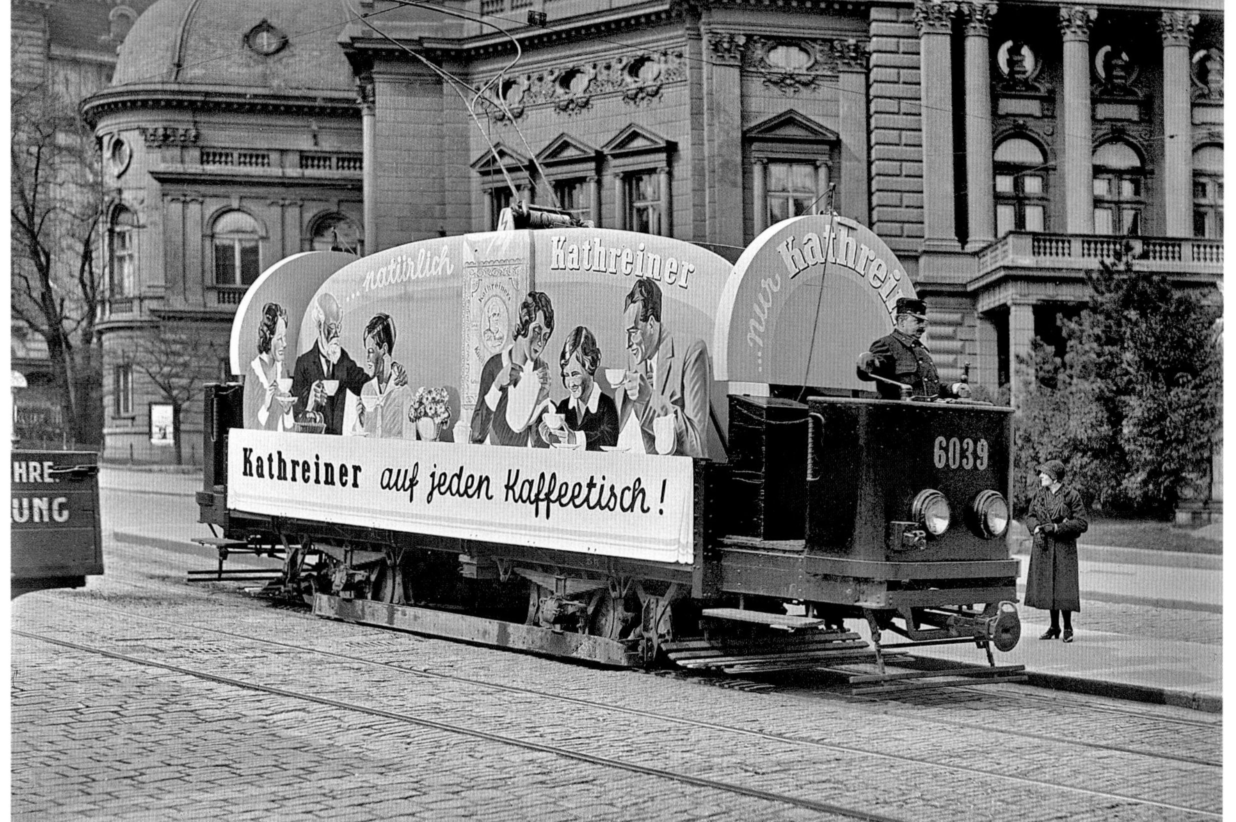

Oben: In den 1960er-Jahren wurden die Wiener Ausfallstraßen mit einem Netz von Tankstellen überzogen, das es dem Autofahrer ermöglichen sollte, vor der Urlaubsfahrt oder dem Ausflug ins Grüne noch vollzutanken. Mit Corporate Identity sollte eine hohe Markenbindung erreicht werden.

Unten: Auch die Wiener Straßenbahn reagierte auf das hohe Werbebudget vieler Firmen mit eigenen Fahrzeugen, die deren Botschaft in der Stadt verkündeten. Eine Werbung für Kathreiner-Malzkaffee im Jahr 1932 vor dem Deutschen Volkstheater.

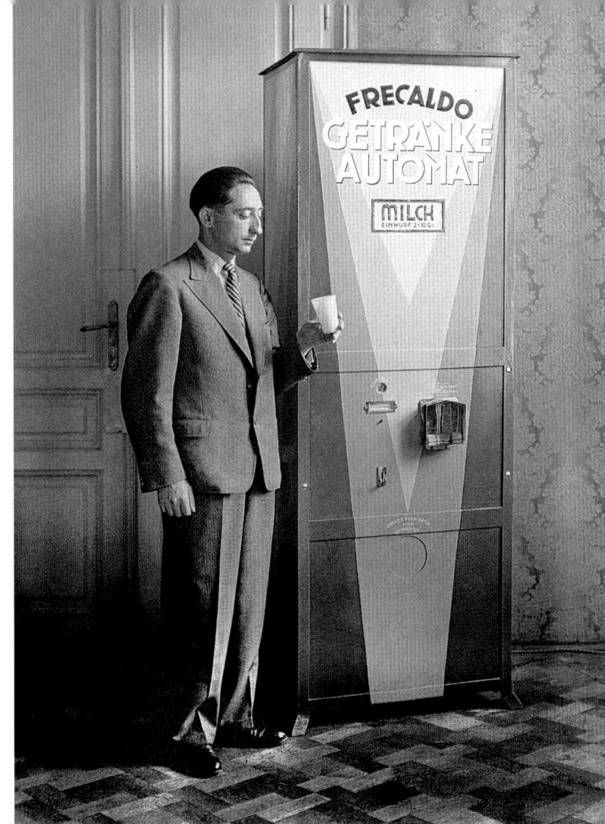

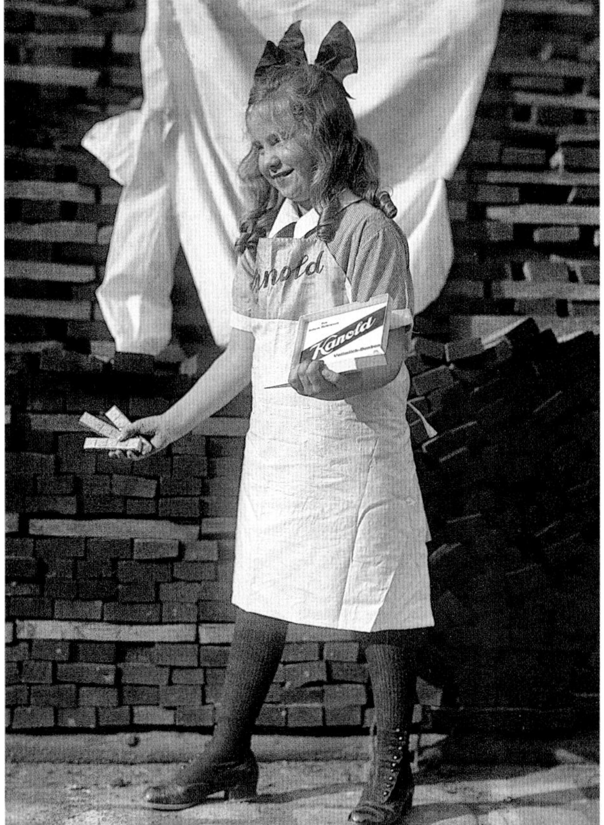

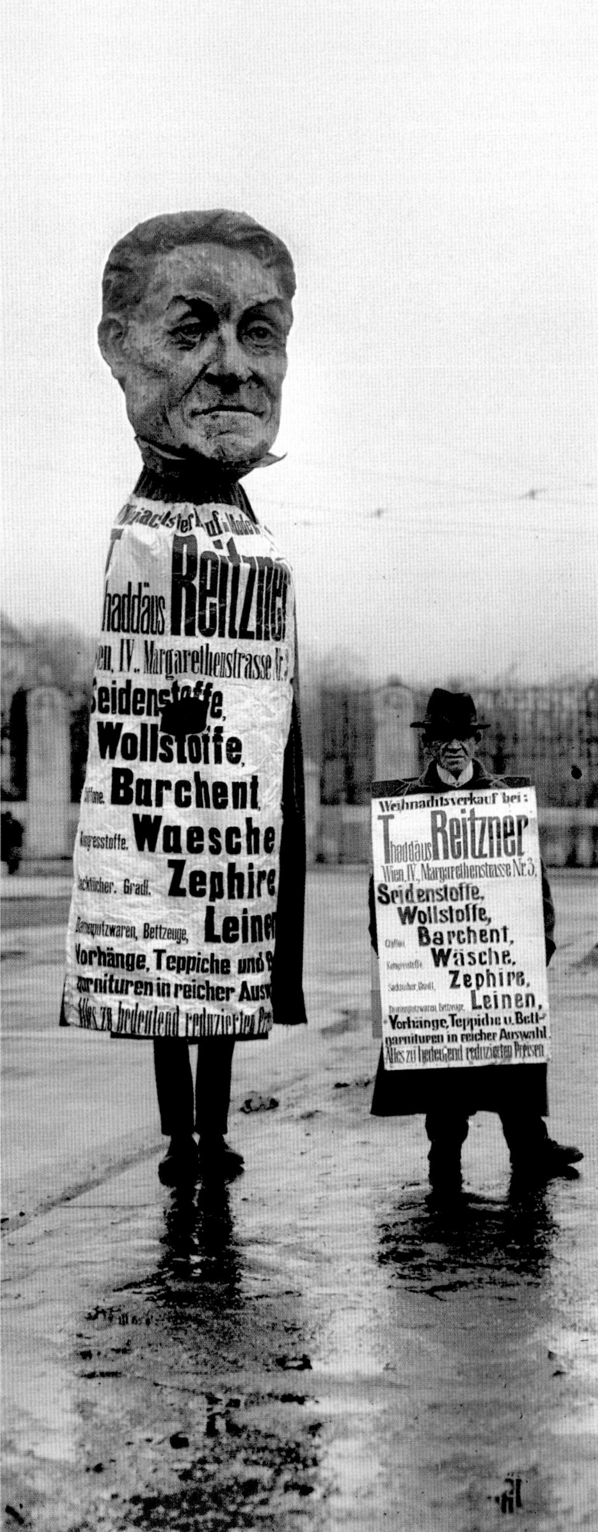

Links oben und unten: Oft arbeitet die Werbung mit Menschen, die eine bestimmte Käuferschicht ansprechen sollen. Der Mann vor dem Kaffeeautomaten soll vermutlich suggerieren, dass auch distinguierte Beamte mit diesem Getränk zufrieden waren. Das Mädchen mit der Milchschokolade sollte wohl vor allem Kinder davon überzeugen, wie „süß" die Produkte aus der „Kanold"-Fabrik schmeckten.

Rechts: Das Stoffgeschäft des Thaddäus Reitzner in der Margaretenstraße wollte mittels einer besonderen Aufmachung auf der Ringstraße auf einen Weihnachts-Sonderverkauf hinweisen.

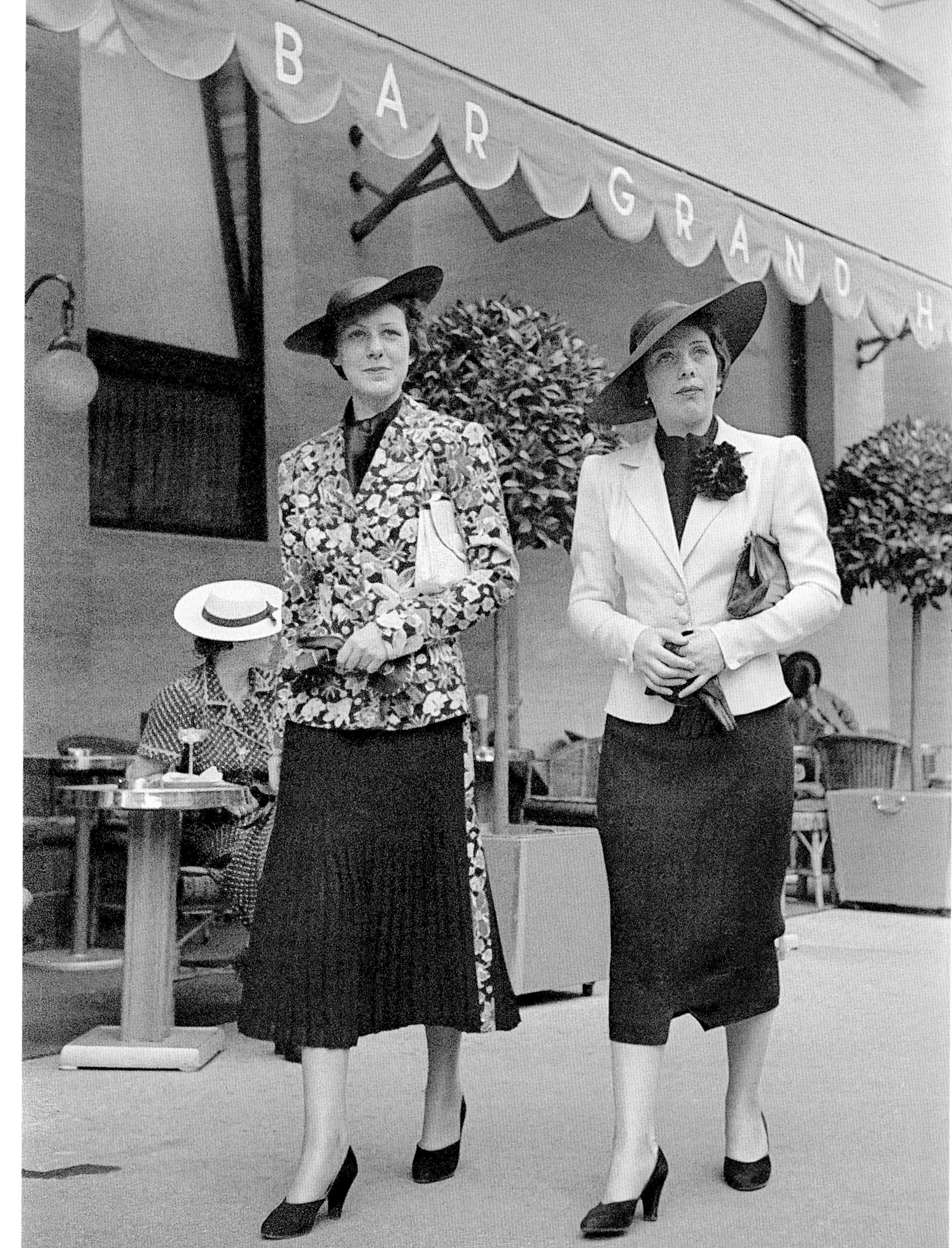

In der Monarchie hatte Wiener Mode durch beste Stoffe und Verarbeitungsqualität internationale Bedeutung erlangt. Im Austrofaschismus wollte man an diese Tradition anknüpfen und sich in Konkurrenz zum nationalsozialistischen Modezentrum Frankfurt setzen. Modefoto vor dem Grand Hotel im Jahr 1937.

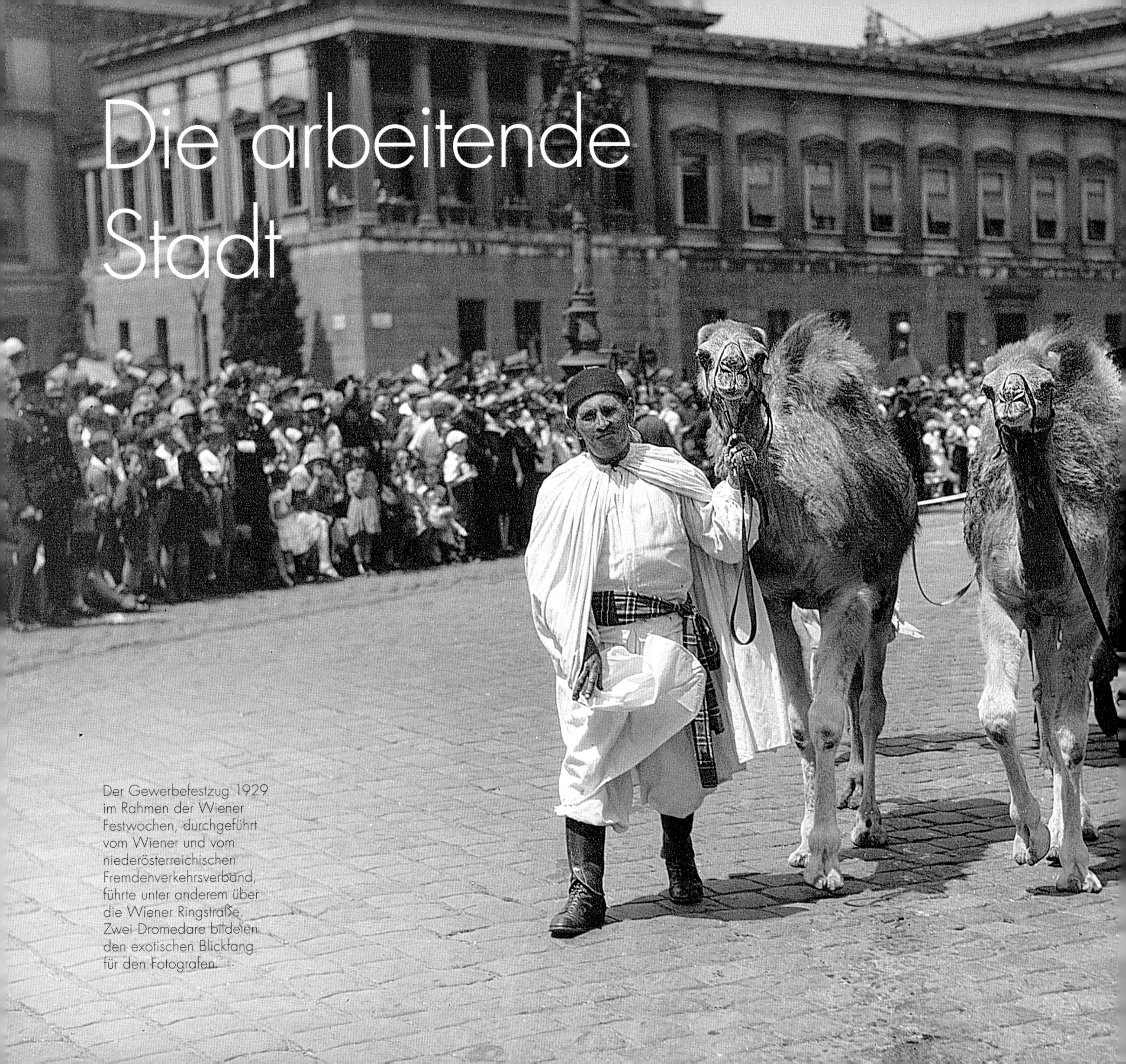

Die arbeitende Stadt

Der Gewerbefestzug 1929 im Rahmen der Wiener Festwochen, durchgeführt vom Wiener und vom niederösterreichischen Fremdenverkehrsverband, führte unter anderem über die Wiener Ringstraße. Zwei Dromedare bildeten den exotischen Blickfang für den Fotografen.

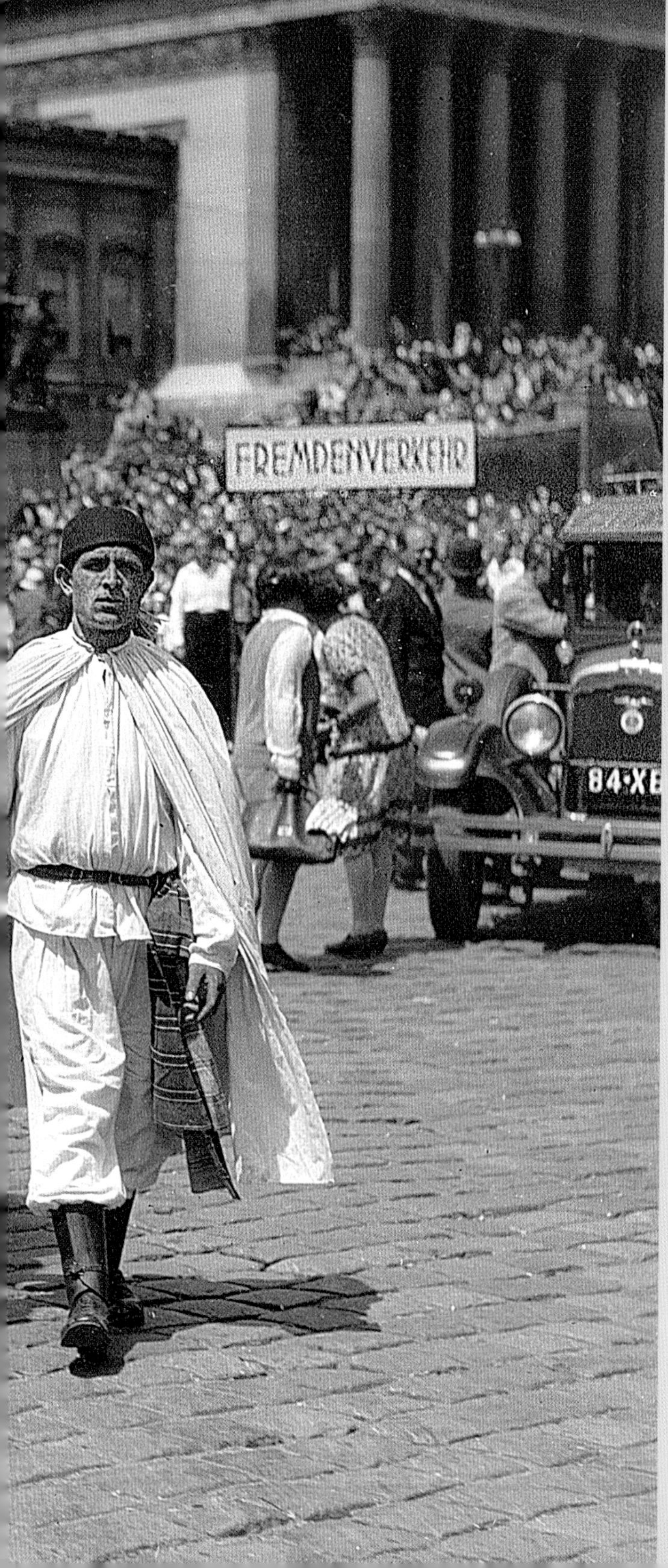

Lothar Rübelt fotografierte das sportliche und kulturelle Leben, er bildete die Freizeit der Menschen ab. Aber als jemand, der die Zwischenkriegszeit in Wien mit geschärftem Blick beobachtete, konnte er die entscheidende Rolle der Arbeit (und vor allem das Fehlen von Arbeit) gar nicht übersehen. Rübelt hat zu diesem Themenkreis über Jahrzehnte hinweg eine ganze Reihe von Bildern geschossen. Er nahm das Elend der Straße, die Not der Arbeitslosen in den 1930er-Jahren nicht systematisch in den Blick. Rübelt war kein Chronist des „Roten Wien", der Arbeiterschaft und der Errungenschaften der Sozialdemokratie. Er setzte aber auch nicht die Kritik daran ins Bild, etwa mit Reportagen über das nach wie vor existierende Proletarierleben. Was er zeigte, war eher das verschwindende Leben des Kleingewerbes und der Kaufleute. Es sind Momentaufnahmen vom nächtlichen Leben auf dem Naschmarkt, aus einer Schuster- oder Mechanikerwerkstätte oder Fotos von Tippmamsellen und Schneiderinnen, also eher vom Handwerk als von der rohen Arbeit auf der Baustelle.

Weit umfangreicher ist das Œuvre Rübelts im Arbeitskontext der 1950er-Jahre, wo er den Wiederaufbau in Wien in vielen Facetten präsentierte. Sein Blick war auf den arbeitenden Menschen gerichtet, auf Männer mit Werkzeugen, aber auch auf Frauen an Maschinen (wobei er die Hausfrau bei der Putzarbeit und Kindererziehung nicht vergaß). Vom Architektenbüro bis zu den ersten Supermärkten und bis zur Fließbandarbeiterin im Wiederaufbau überlieferte Rübelt ein Panorama von Arbeitsstätten in Wien von den 1920er- bis in die 1960er-Jahre.

Auffällig ist, was fehlt: Rübelt hat die landwirtschaftlichen Tätigkeiten auf den Feldern und in den Scheunen ausgespart, die es zumindest an den Rändern der Stadt Wien häufig gab. Was Rübelt interessierte, war in erster Linie das urbane, quasi „bodenständige" Handwerk, der Friseur, der Tischler oder Straßenarbeiter, die Frauen in der Haushaltungsschule oder die Verkäuferinnen: So erzählen Rübelts Bilder vor allem über die Veränderungen, denen Arbeit und Handwerk in Wien in diesen Jahren unterlagen, etwa vom Greißler und dem vorweihnachtlichen Karpfenverkauf bis zum Supermarkt.

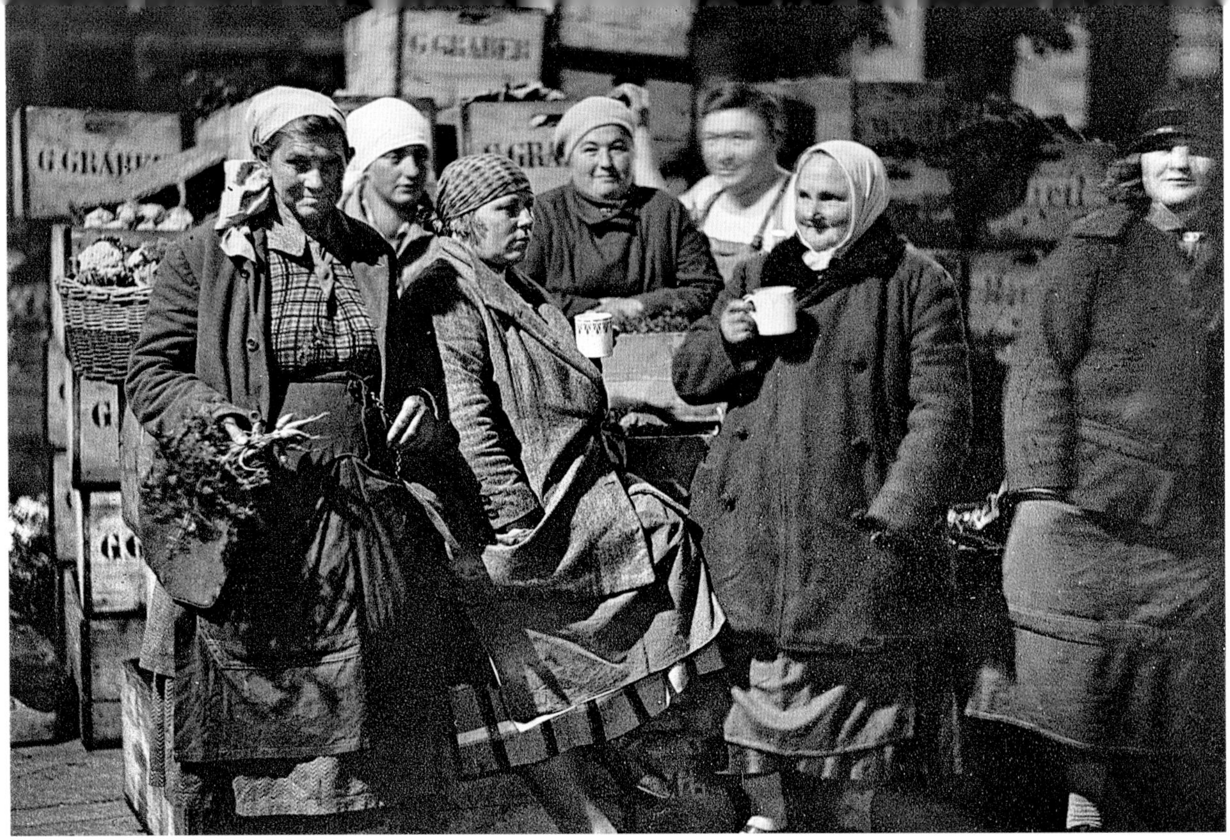

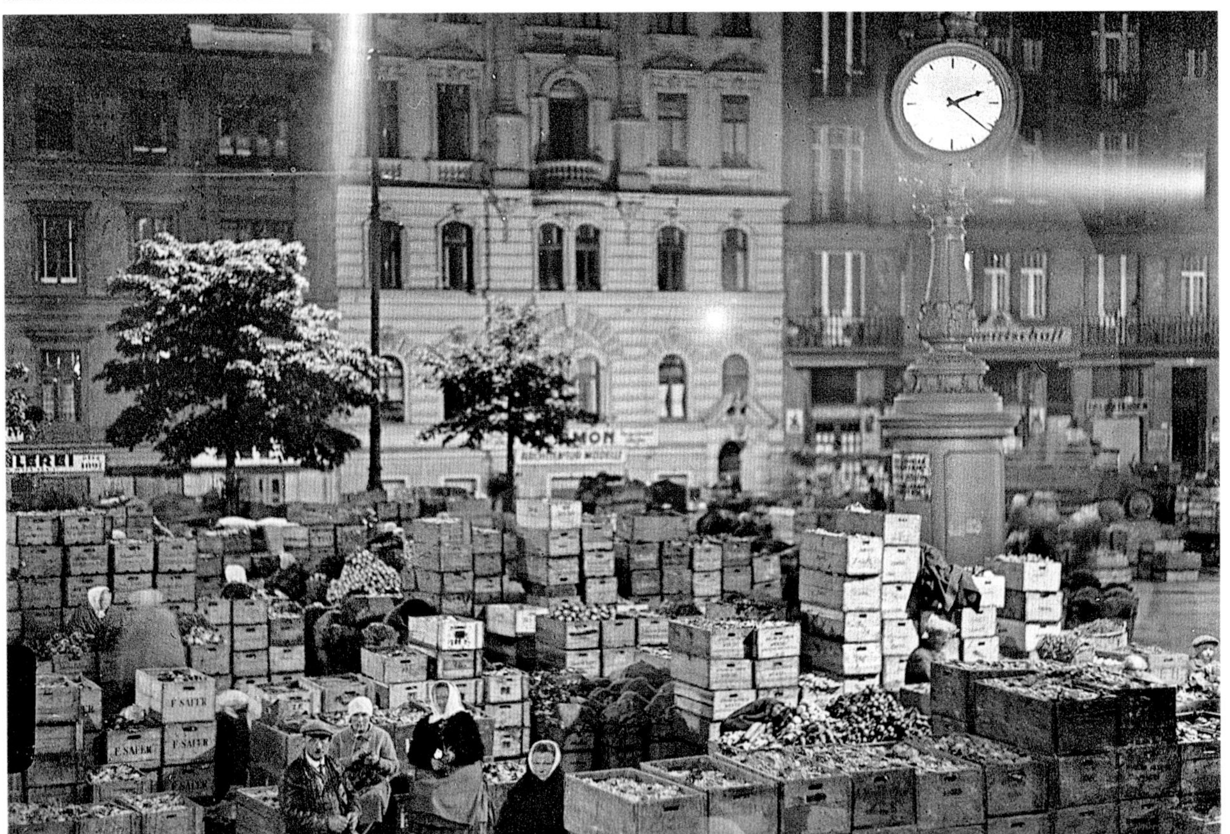

In den 1930er-Jahren ging Lothar Rübelt auf eine nächtliche Fotopirsch, um eine Reportage über den Wiener Naschmarkt auf der Wienzeile zu gestalten. Er hielt die Vorbereitungen für den Obstmarkt um halb drei Uhr früh fest, zeigte die Marktfrauen mit den Gemüsesteigen und warf auch einen Blick in ein Naschmarktcafé zwischen drei und vier Uhr morgens. Die Bilder dokumentieren nicht zuletzt die Leistungsstärke seiner Leica-Kamera.

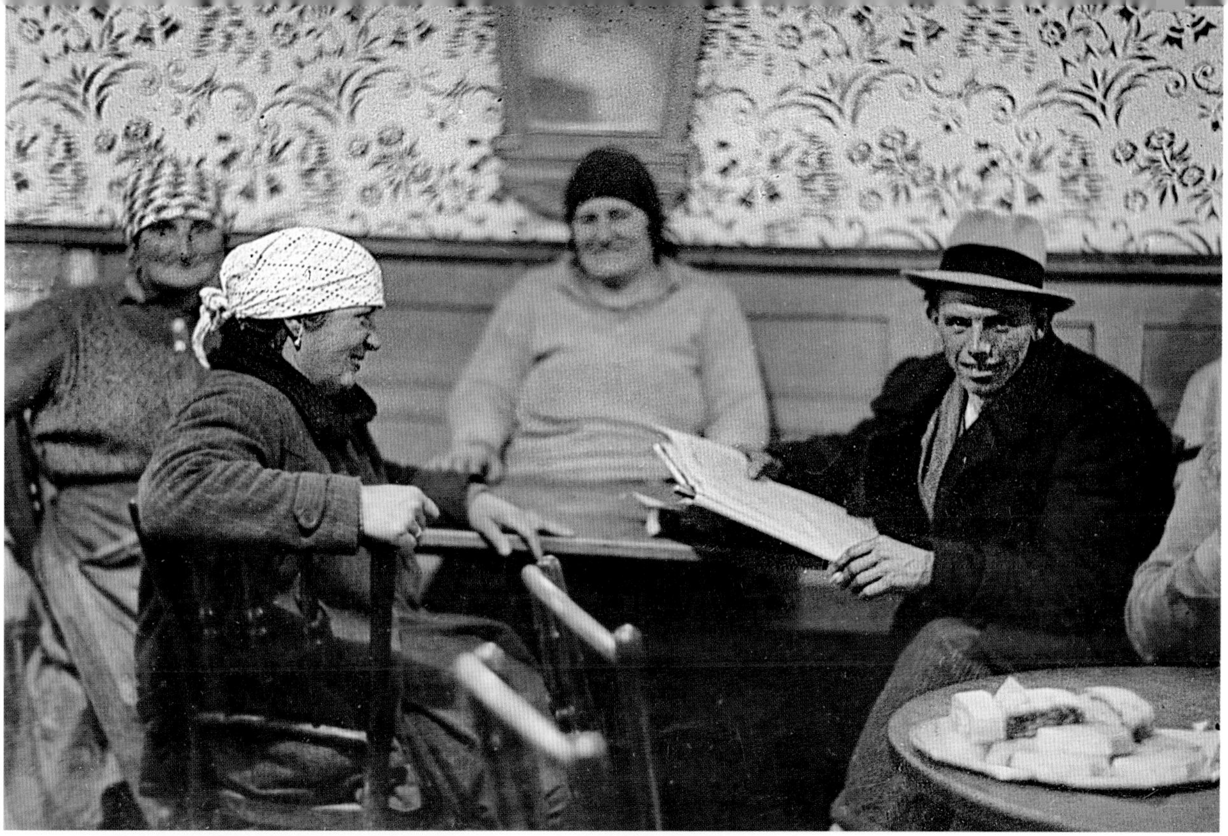

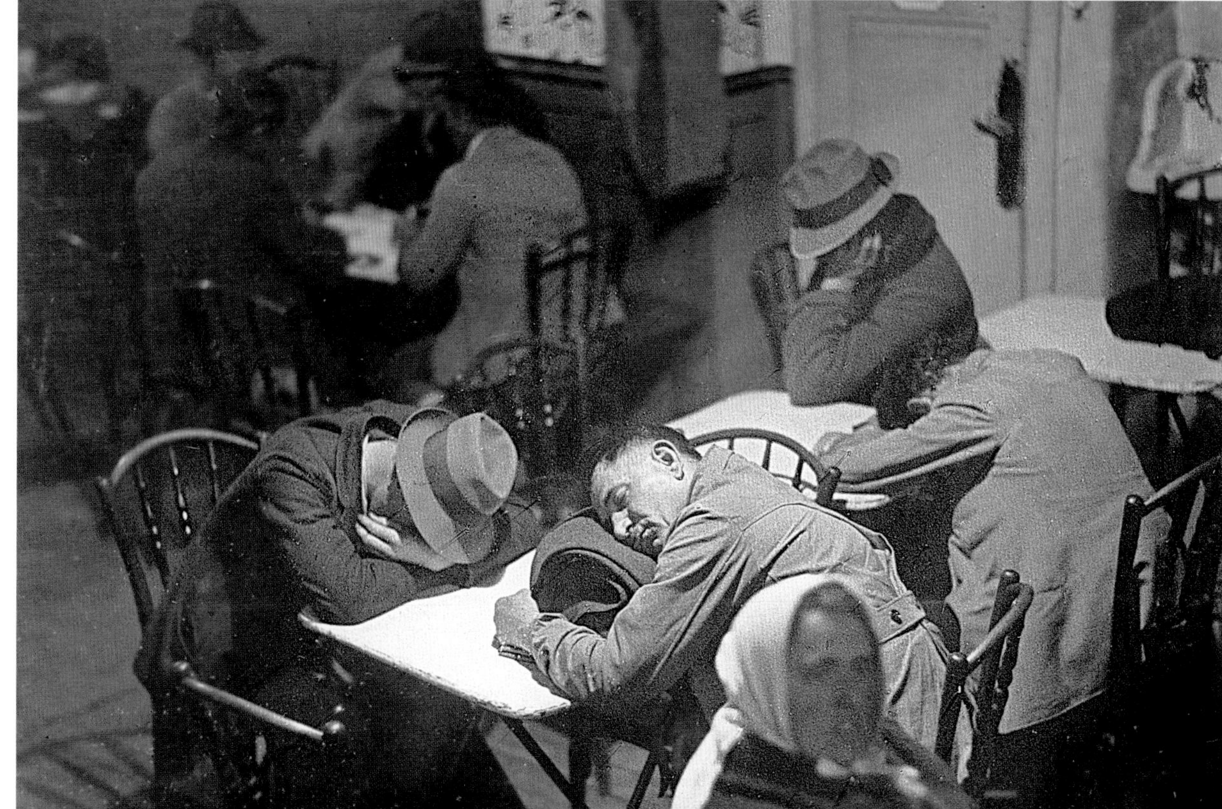

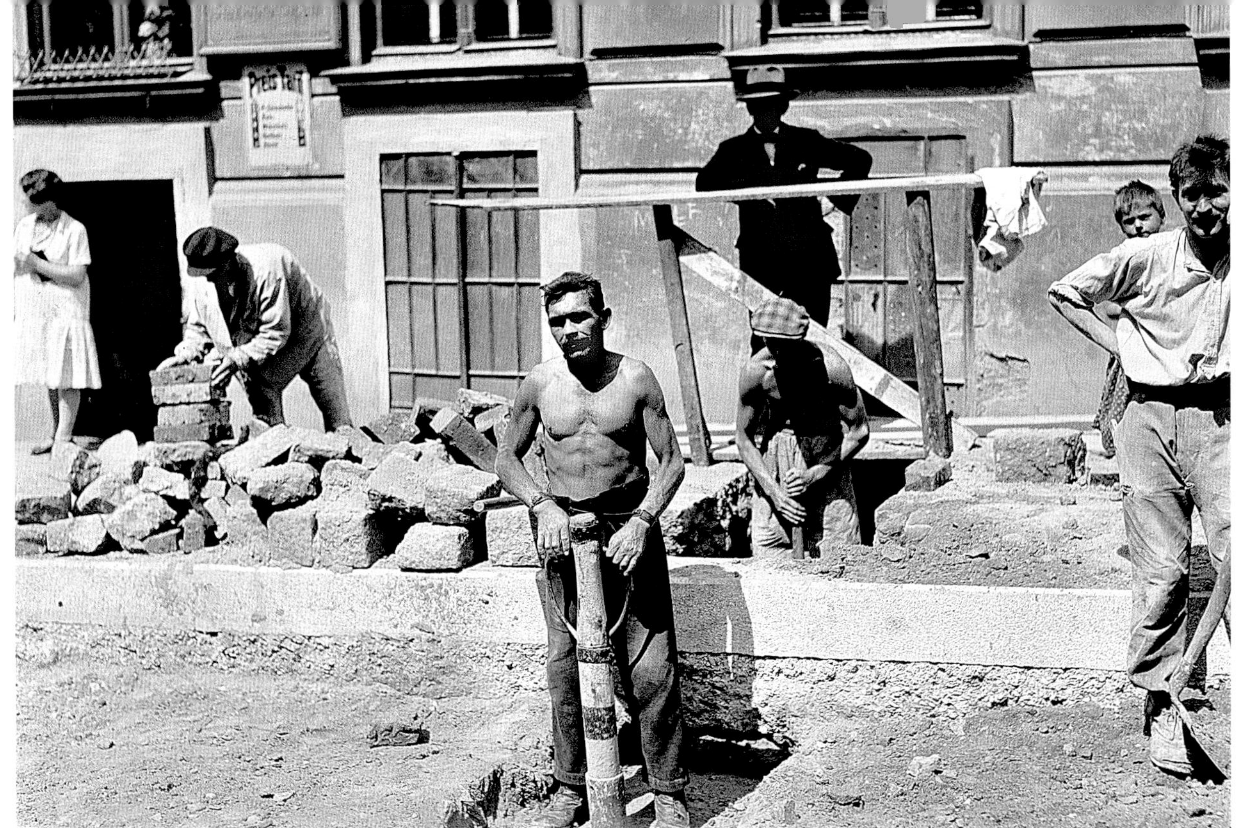

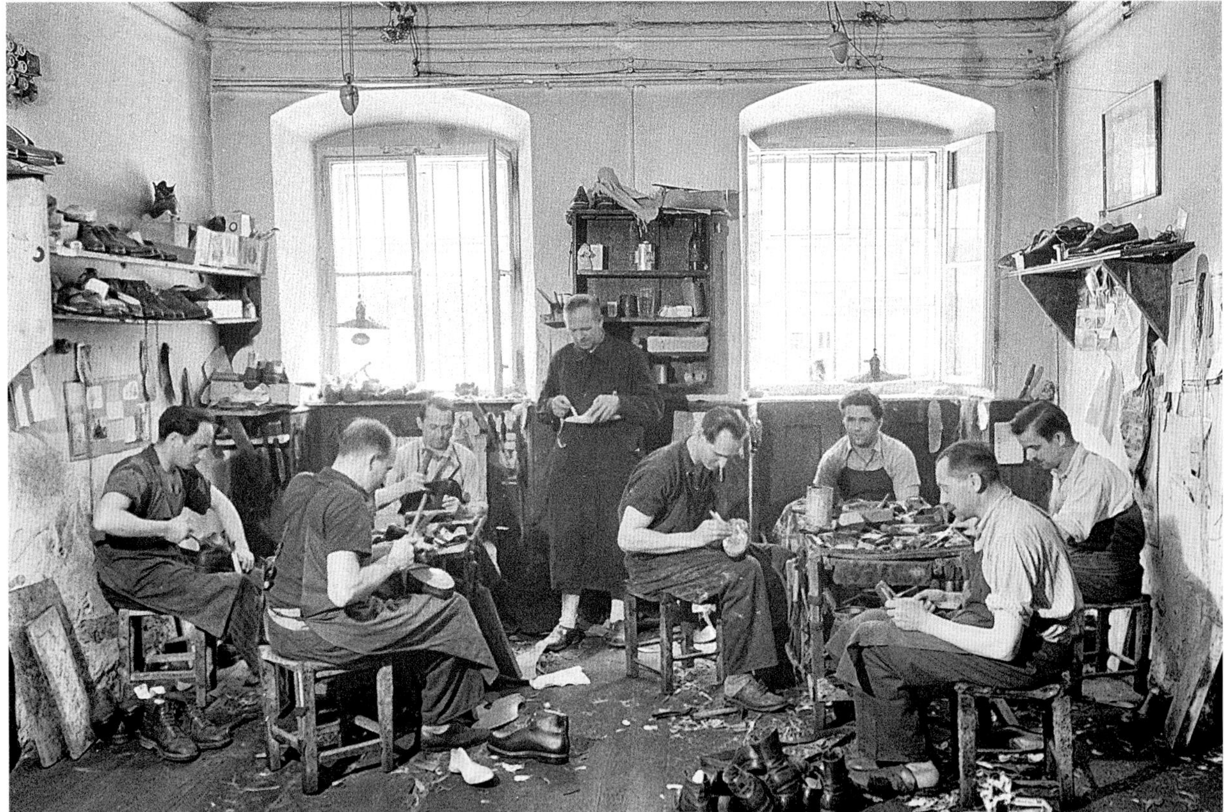

Oben: Im Wien der Zwischenkriegszeit nahm die Belastung der öffentlichen Verkehrsflächen ständig zu. Durch Straßenbahnen, Autobusse und den Anstieg des privaten Autoverkehrs mussten viele Straßen und die darunter verlegten Gas-, Strom-, Wasser- und Abwasserleitungen laufend instand gesetzt oder neu gestaltet werden. Straßenarbeiter gehörten zum Erscheinungsbild der Stadt.

Unten und rechte Seite oben: Lothar Rübelt war nicht so sehr an der Fabrikarbeit, sondern eher am Handwerk interessiert: Bei seinen Streifzügen durch die Stadt besuchte er eine Schusterwerkstatt, in der acht Personen arbeiteten, und er beobachtete Motorradmechaniker beim Fachsimpeln. Kleine Gewerbebetriebe bildeten das Rückgrat der Privatwirtschaft und boten dem Fotografen pittoreske Motive.

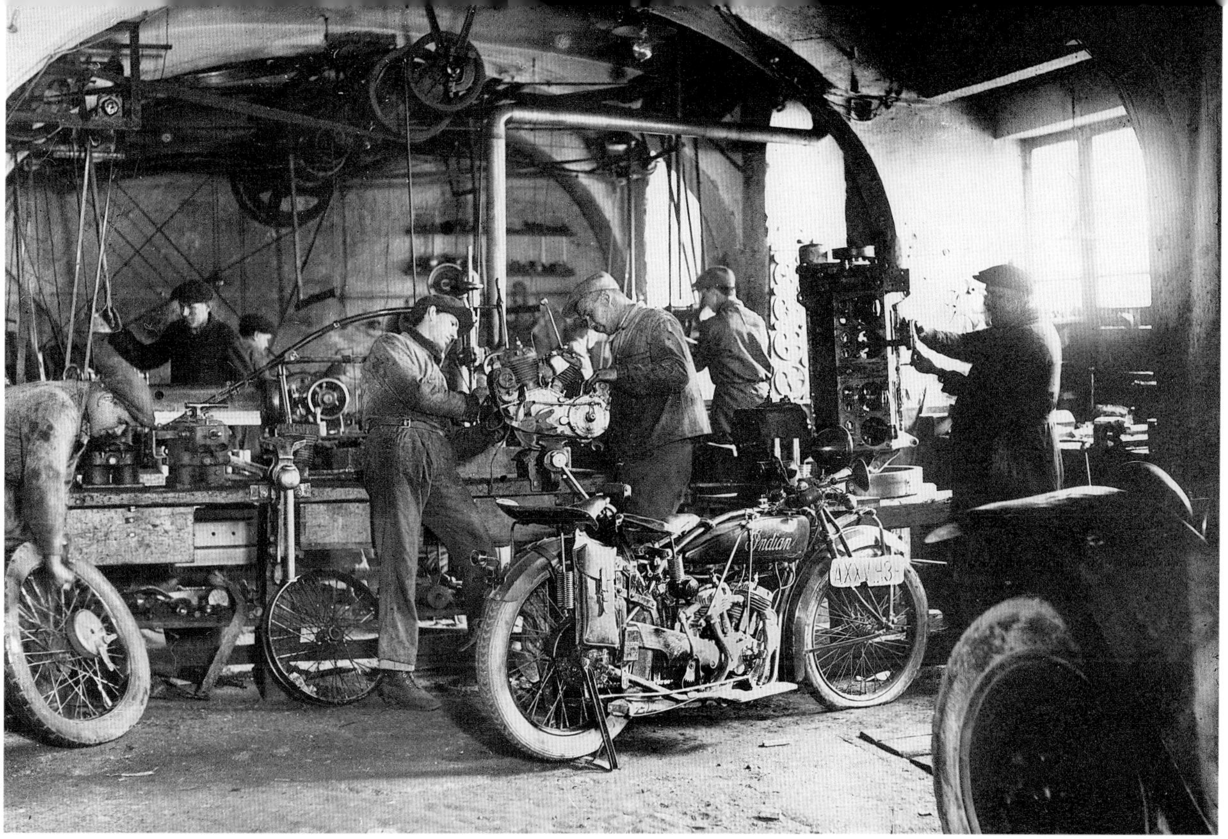

Unten: Nicht der in Österreich gefertigte Steyr-Puch 500, sondern der VW-Käfer galt – obwohl als KdF-Wagen von Ferdinand Porsche bereits in der NS-Zeit konzipiert – als symbolträchtigstes Automodell der Nachkriegszeit und als österreichisches Nationalfahrzeug. Ein Mechaniker bei Volkswagen-Importeur Liewers sitzt hier förmlich im Kofferraum.

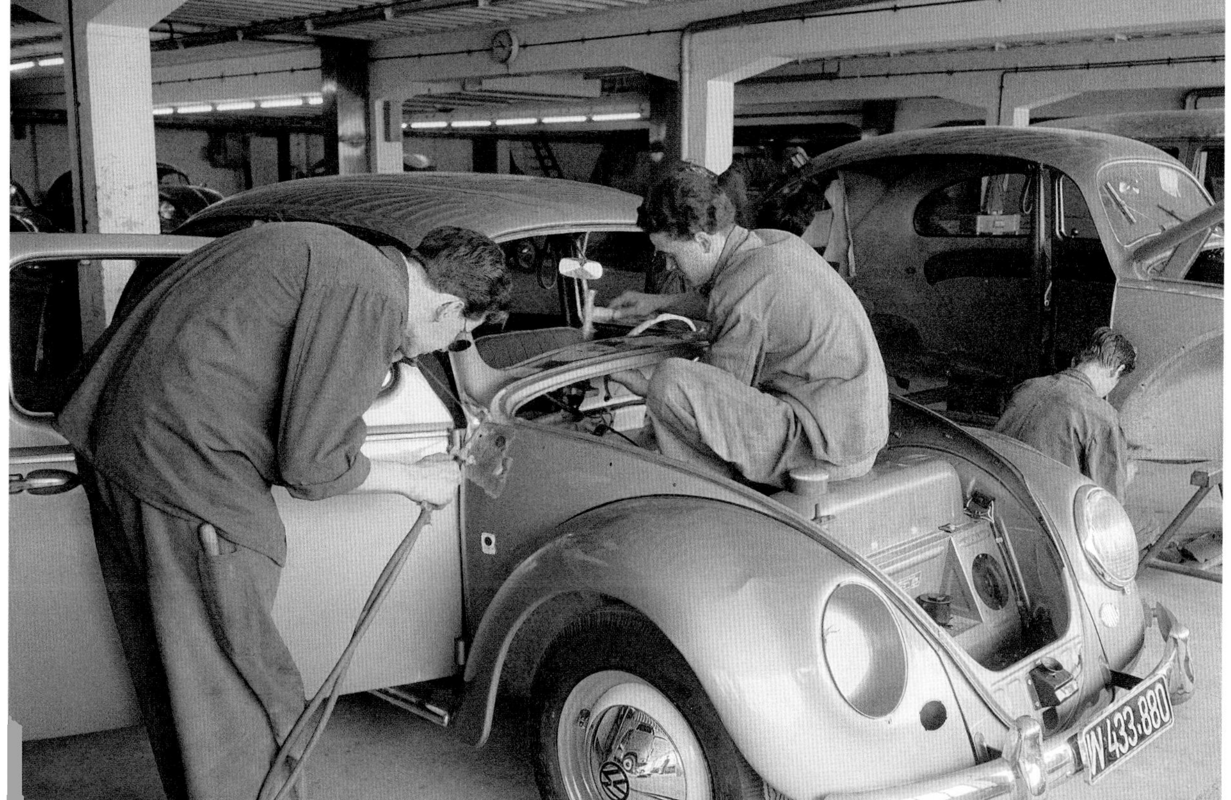

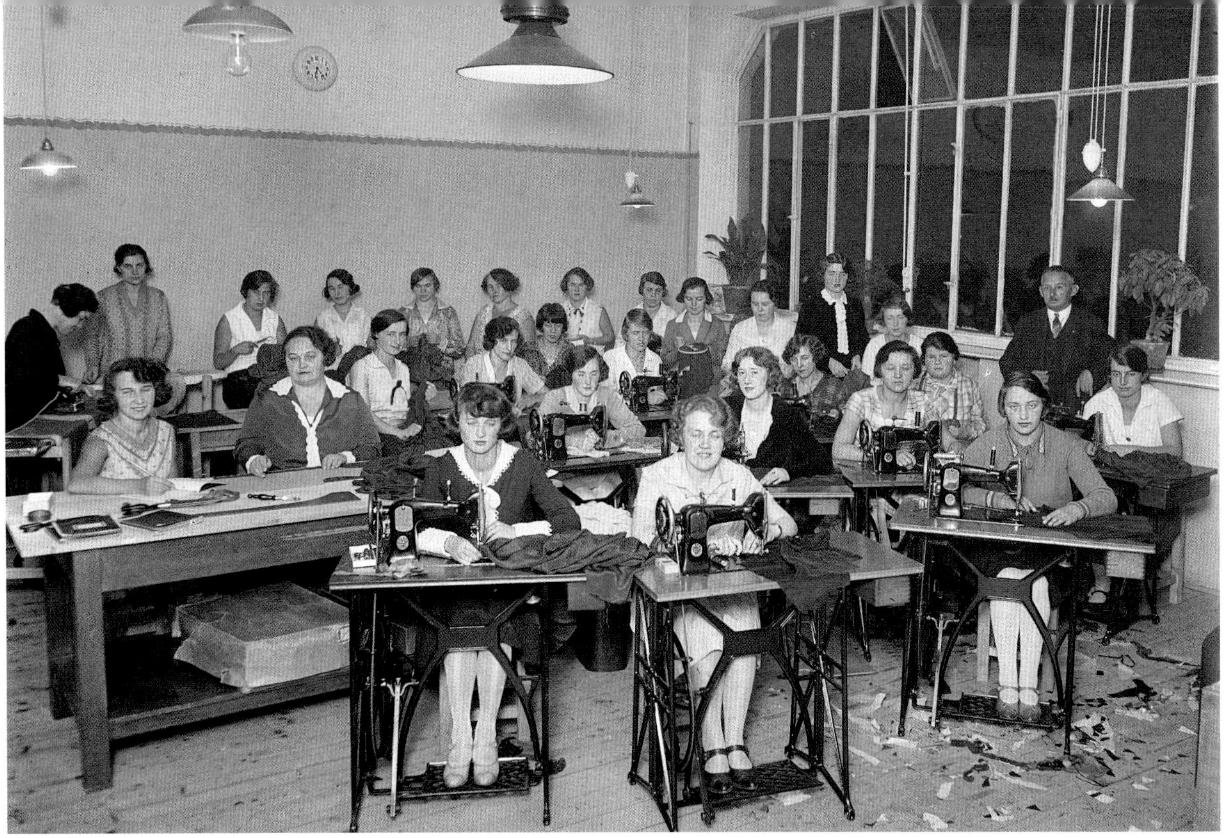

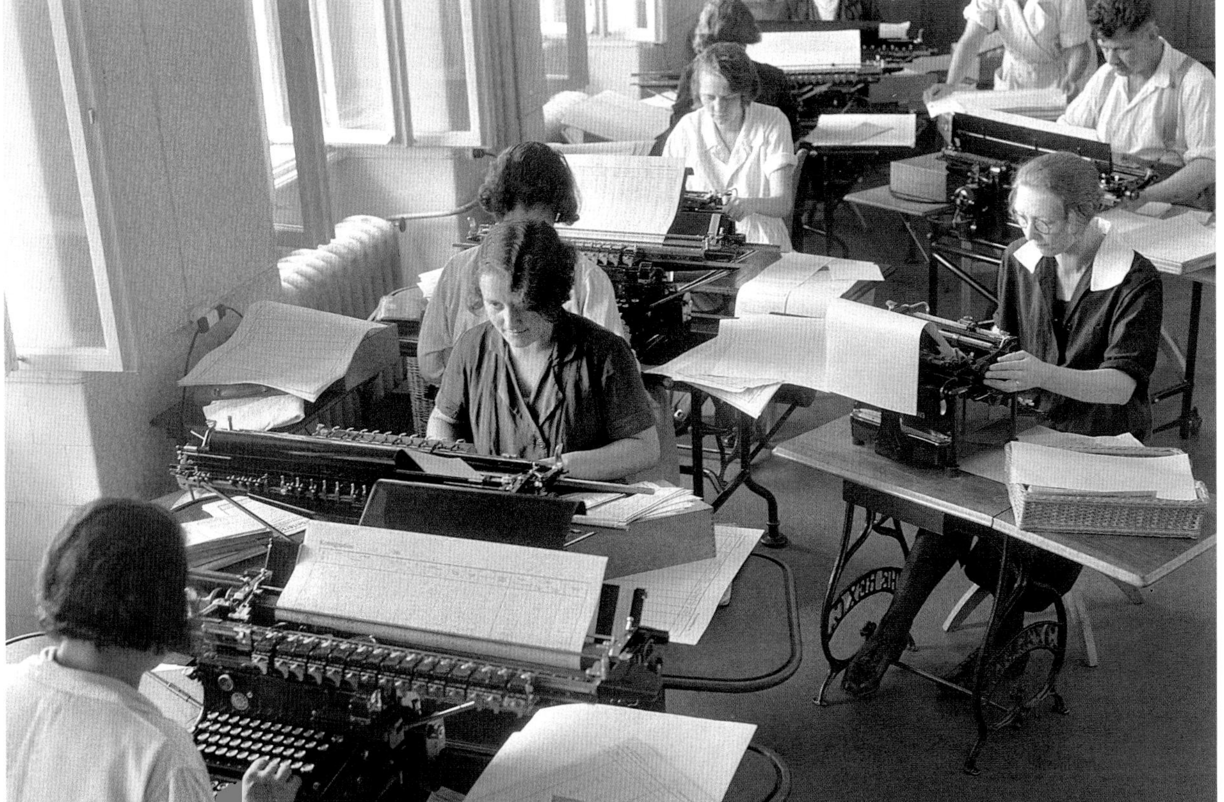

Oben: Weit entfernt von heutiger Fast Fashion war es in den 1920er- und 1930er-Jahren üblich, sich entweder Kleidung selbst zu nähen oder die im Kaufhaus erworbene Prêt-à-porter-Mode nach einiger Zeit umzuarbeiten. Daher war es für Frauen sinnvoll, den Umgang mit der Nähmaschine professionell zu erlernen.

Unten: Die Arbeitswelt in den Büros veränderte sich durch den vermehrten Einsatz von Schreibmaschinen, an denen vorwiegend Frauen („Tippmamsellen") saßen und Briefe oder Rechnungen tippten und an speziellen Maschinen die Buchhaltung erledigten. Der Job als Sekretärin ermöglichte etlichen jungen Frauen („girls") ein selbstbestimmteres Leben.

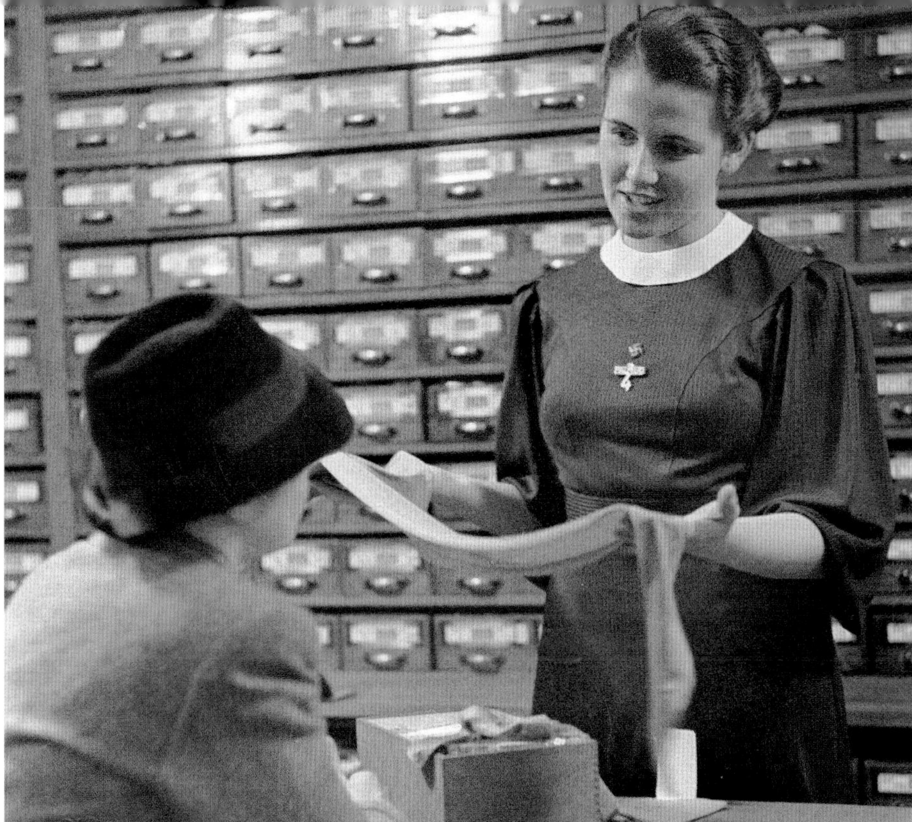

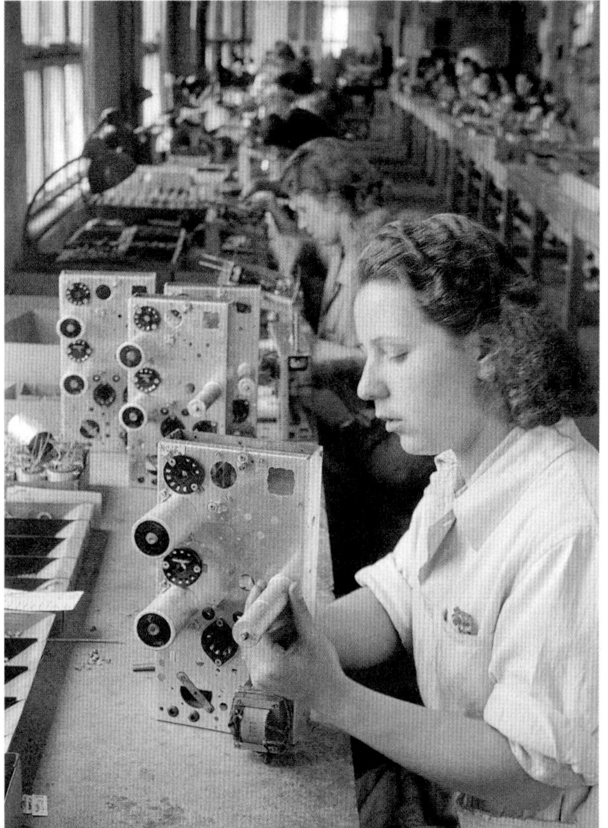

Oben: Feine Damenstrümpfe aus Seide oder Kunstseide waren für die meisten Frauen in den 1930er-Jahren ein Luxusprodukt, daher musste diese kostspielige Anschaffung wohlüberlegt getätigt werden. Das Foto entstand im März 1938 kurz nach dem „Anschluss" Österreichs und sollte wohl den wirtschaftlichen Aufschwung dokumentieren.

Unten: Radioapparate der Marke Horny waren seit 1925 zuverlässige und hochwertige Geräte. Bereits seit 1936 unter dem Dach der Firma Philips, wurden auch nach dem Zweiten Weltkrieg in einem Werk im 15. Bezirk Radios hergestellt. Hier eine Aufnahme aus dem Jahr 1947. Horny war der größte Radioproduzent Österreichs.

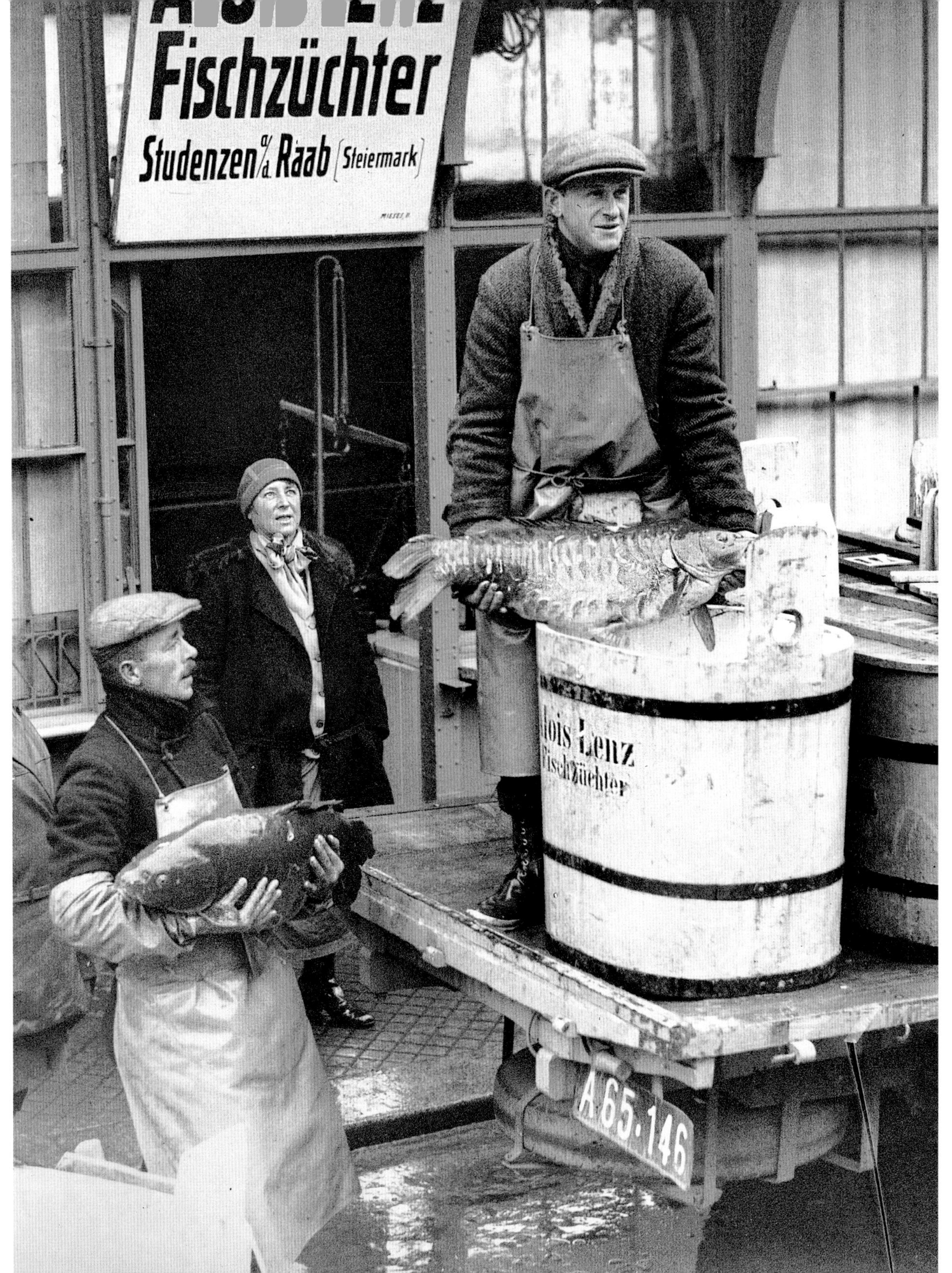

Traditionell werden zu Weihnachten in Wien gerne Karpfen verzehrt. In den 1930er-Jahren warteten in der Steiermark gezüchtete Fische in großen Holztrögen, die bis zum Verkauf im Donaukanal aufbewahrt wurden, auf ihre Abnehmer.

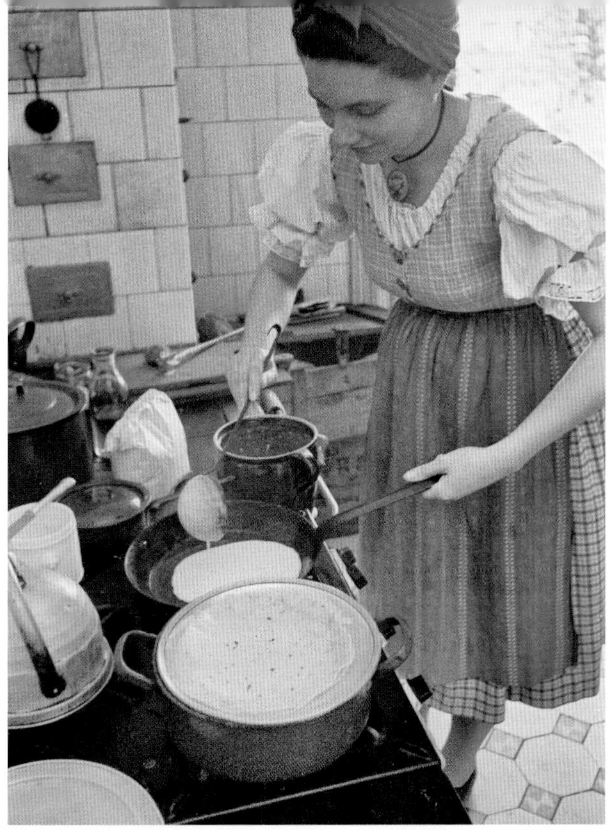

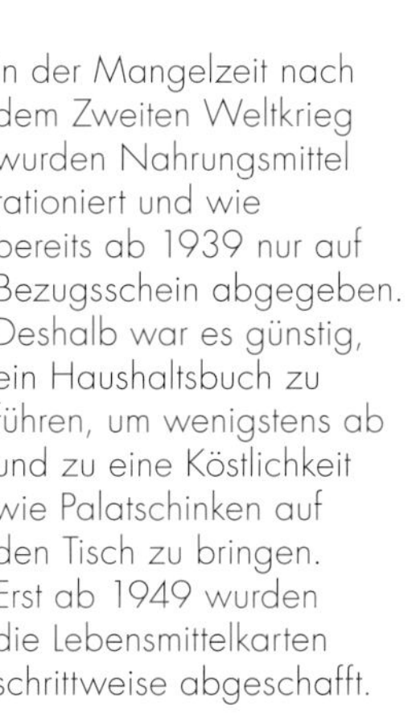

In der Mangelzeit nach dem Zweiten Weltkrieg wurden Nahrungsmittel rationiert und wie bereits ab 1939 nur auf Bezugsschein abgegeben. Deshalb war es günstig, ein Haushaltsbuch zu führen, um wenigstens ab und zu eine Köstlichkeit wie Palatschinken auf den Tisch zu bringen. Erst ab 1949 wurden die Lebensmittelkarten schrittweise abgeschafft.

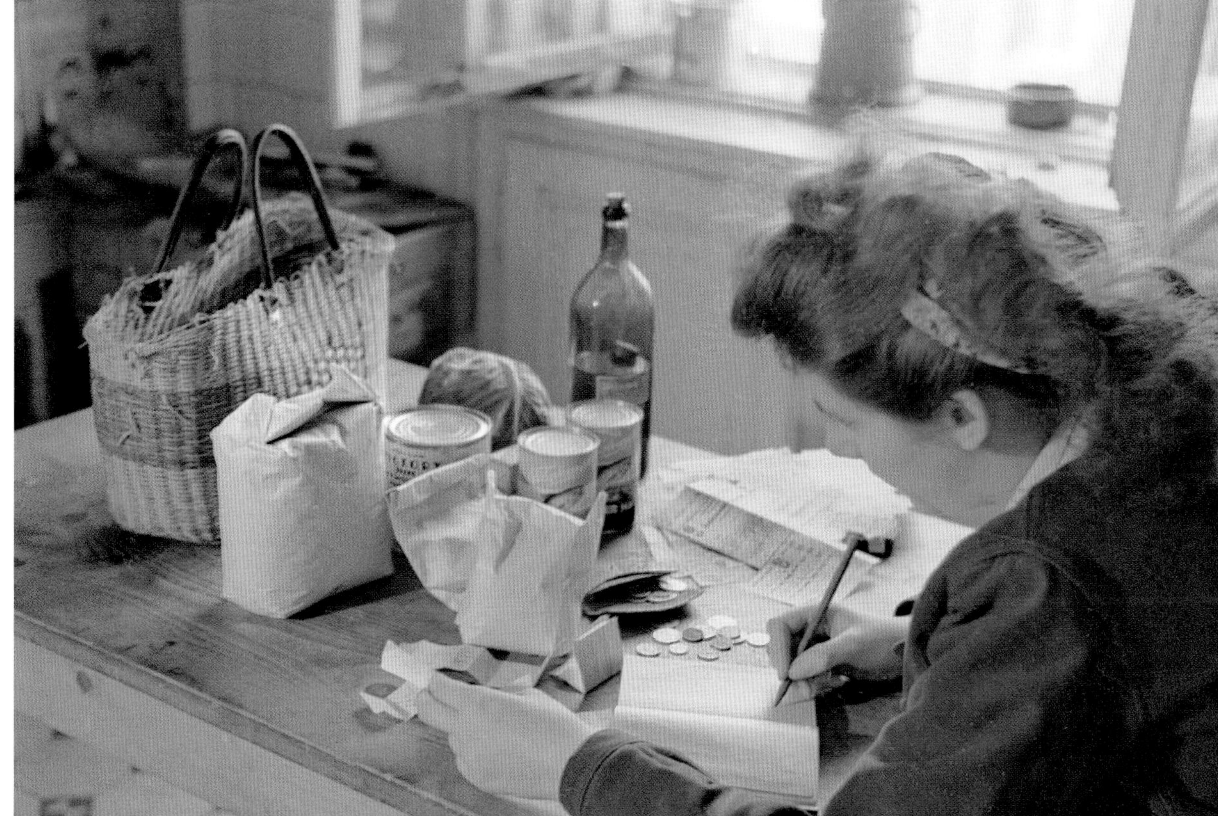

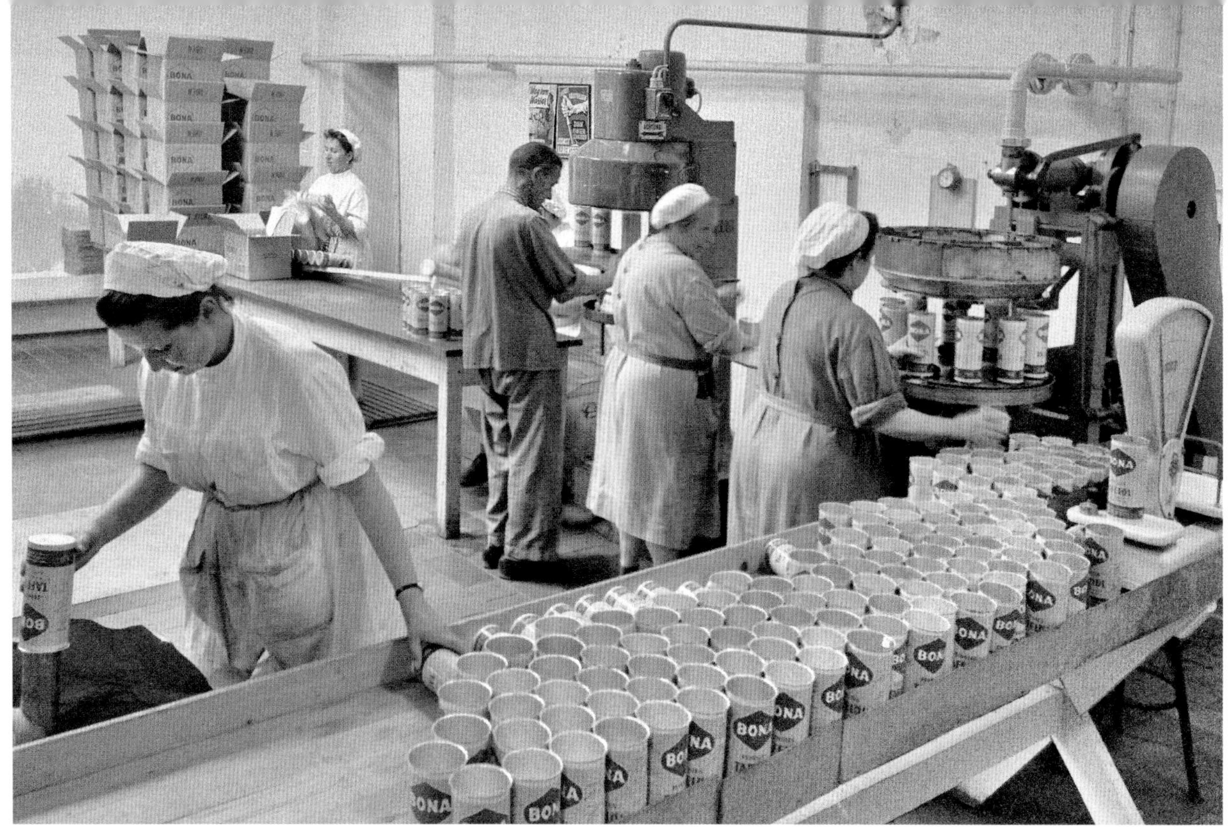

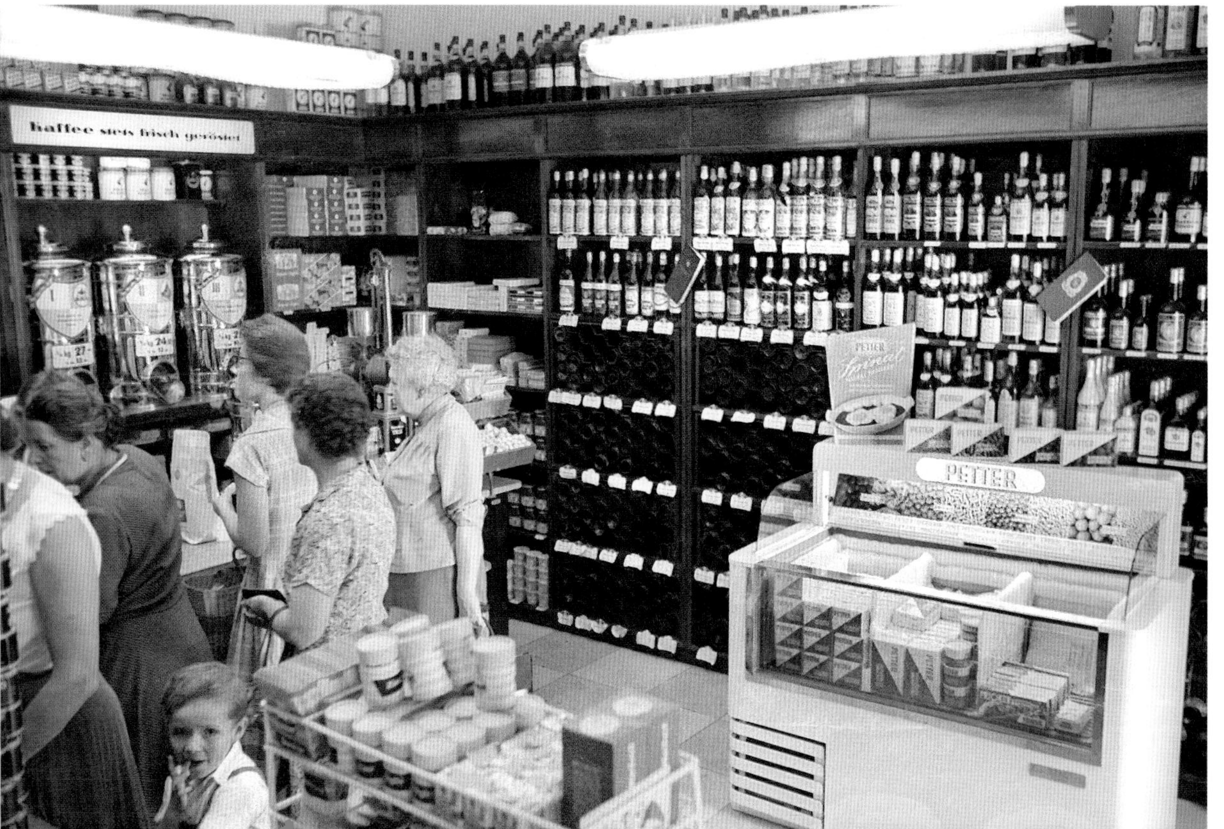

Oben: Speiseöl der Marke Bona wurde bei der Firma Unilever ab 1947 in einem Werk in Wien-Atzgersdorf in grüne Dosen abgefüllt. Das Design der Verpackung ist für viele eine prägende Kindheitserinnerung.

Unten: Eine Meinl-Filiale im Jahr 1957: Das Wirtschaftswunder kündigte sich nicht nur durch die Auswahl, sondern auch durch neue Produkte an: Tiefkühlprodukte der Firma Petter fanden immer mehr Verbreitung und waren damit Vorläufer des Convenience-Trends. Die Firma wurde 1960 von Unilever übernommen und unter der Marke Iglo bekannt.

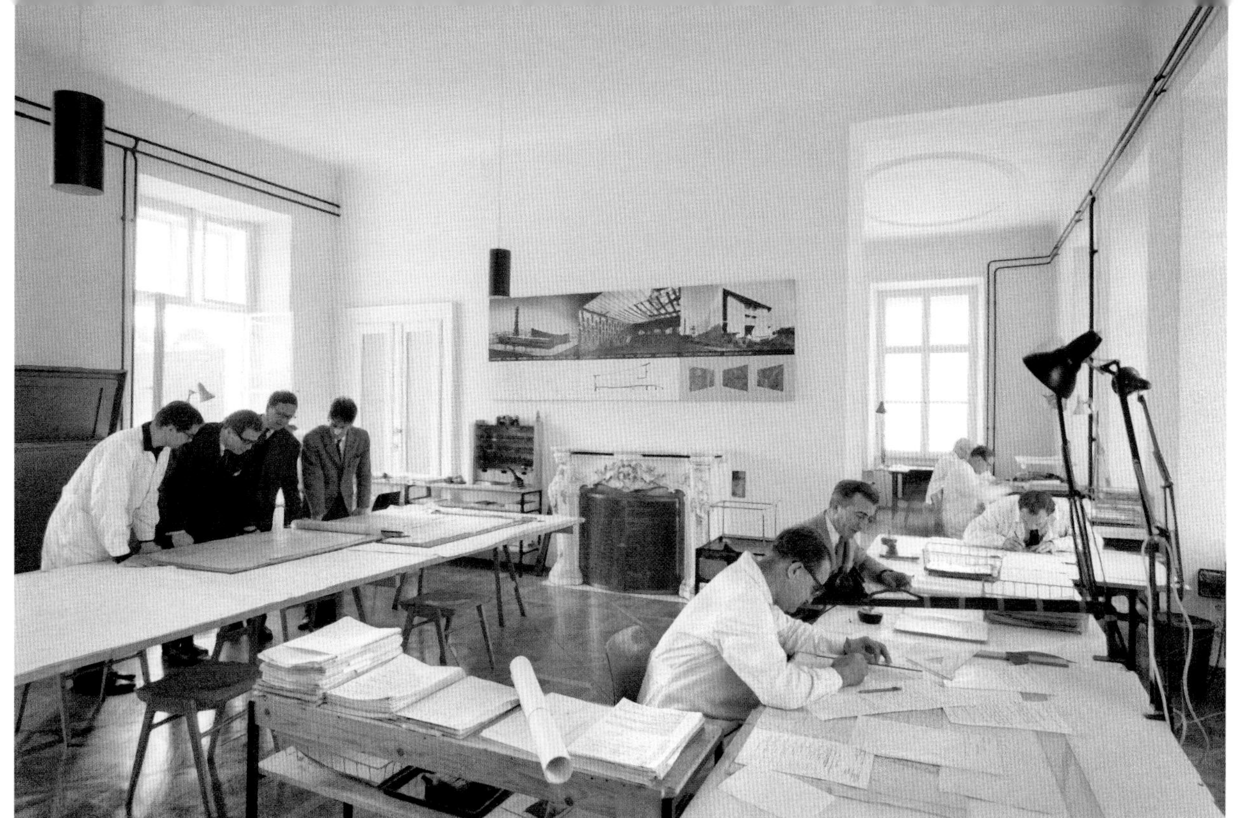

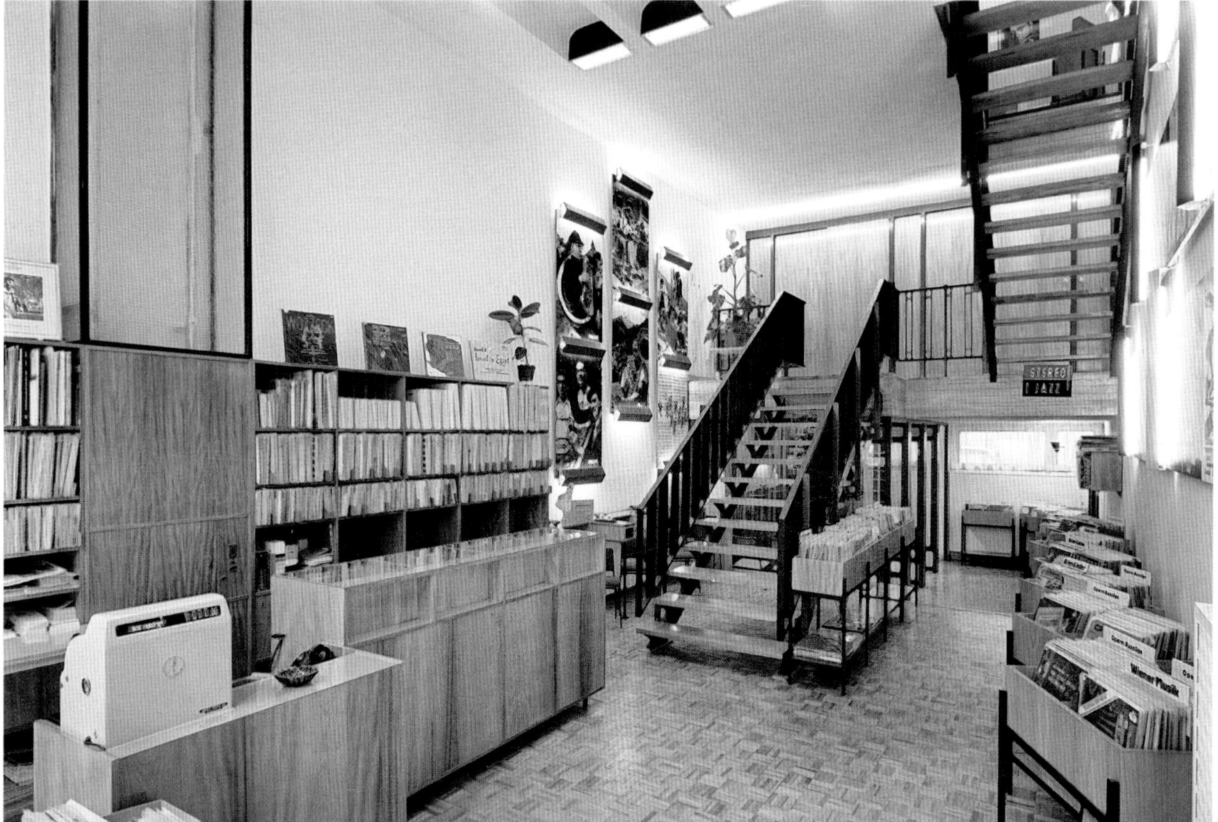

Oben: Die durch die Zerstörungen des Krieges notwendigen Instandsetzungsarbeiten und Neubauten sowohl im privaten Bereich wie im kommunalen Wohnbau bedeuteten in den 1960er-Jahren für Baumeister wie für Architekturbüros in Wien eine sehr gute Auftragslage.

Unten: Die Schallplatte war bis in die späten 1980er-Jahre das beliebteste Medium zum Abspielen von Musik, und in Wien existierten zahlreiche Plattenläden. Dieses Geschäft in der Kärntner Straße bot 1960 auf mehreren Etagen ein besonders breites Sortiment für jeden Musikgeschmack.

Menschen in Wien, Menschen aus Wien

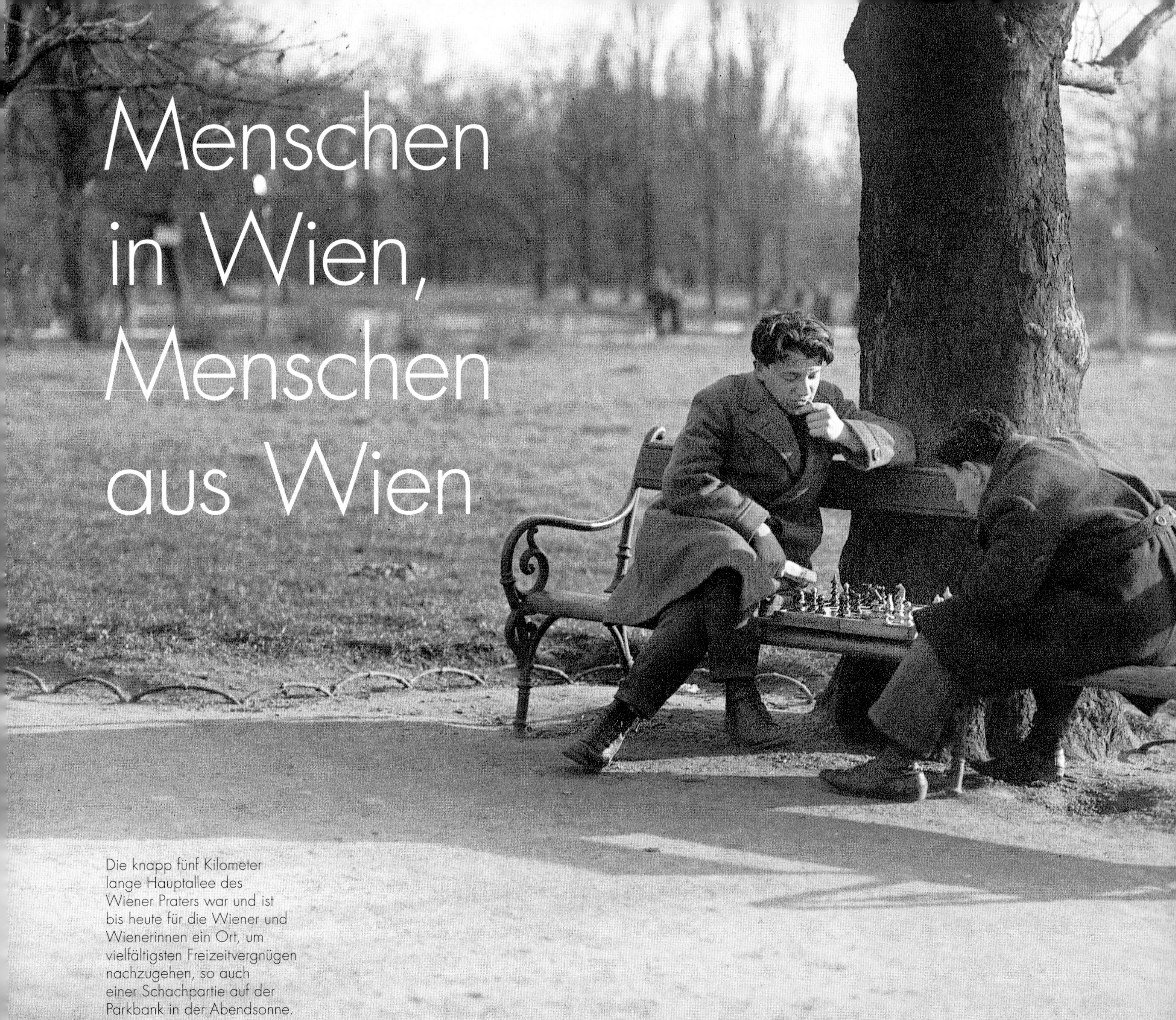

Die knapp fünf Kilometer lange Hauptallee des Wiener Praters war und ist bis heute für die Wiener und Wienerinnen ein Ort, um vielfältigsten Freizeitvergnügen nachzugehen, so auch einer Schachpartie auf der Parkbank in der Abendsonne.

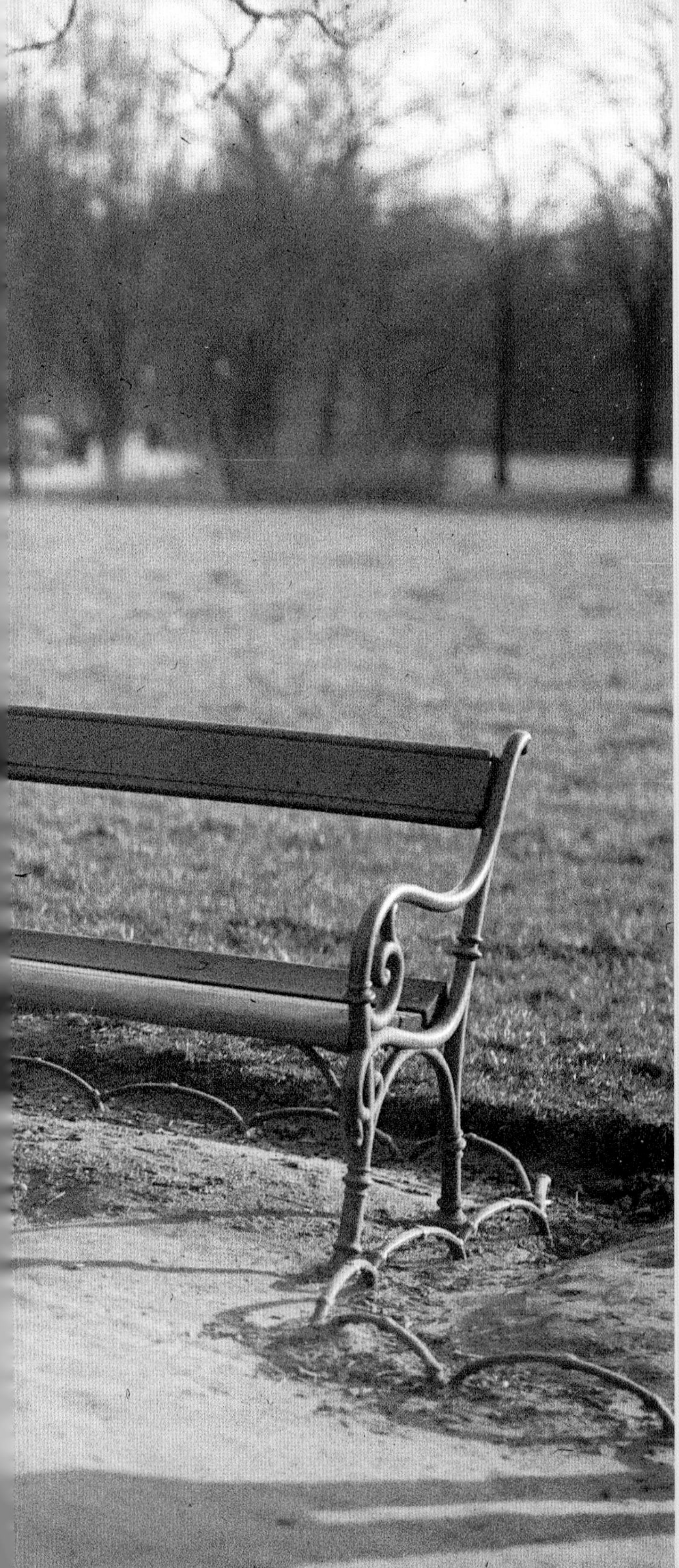

Wer sind die Menschen, die typisch sind für das Wien der 1920er-, 1940er- oder 1960er-Jahre? Welche besonderen Figuren und Charaktere hat dieses Wien hervorgebracht? Und wer sind andererseits jene bekannten oder sogar berühmten Menschen, die mit Wien scheinbar untrennbar verbunden sind oder werden (auch wenn sie gar nicht selten in Böhmen oder Galizien zur Welt gekommen waren)?
Lothar Rübelt fotografierte beide, die charakteristischen Wiener Gesichter und Gestalten wie auch die Stars und Sternchen der Wiener Gesellschaft und der Sport- und Kunstszene, von Anna Sacher bis Viktor Frankl. Ein Foto eines Bettlerautomaten dokumentierte aber ebenso das Elend jener Wiener, die gar nichts mehr hatten. Rübelt hielt mit seiner Kamera auch jene Stars fest, die in Wien gastierten, wie den Prince of Wales, Charlie Chaplin oder die Fliegerin Elly Beinhorn. Und er vergaß nicht auf eines der wichtigsten Ereignisse im Leben jedes Wieners, nämlich sein Begräbnis.
So entwerfen Rübelts Fotos ein buntes Potpourri der Wienerinnen und Wiener und ihrer Prominenz, ob sie nun von hier stammten, ein- oder ausgewandert waren oder die Einheimischen mit ihren Darbietungen faszinierten. Lothar Rübelt war freilich kein Produzent von Autogrammpostkarten mit lächelnden Stars. Interessant werden die Bilder, weil Rübelt das machte, was er in jahrelanger Sportfotografie gelernt hatte, nämlich den richtigen Moment abzuwarten, in dem er den Auslöser bediente.
So entstanden eindringliche Fotos, die oft ein wenig hinter die Kulisse oder die Bühnenmaske blicken lassen. Rübelt zeigt Menschen, die es so wohl nur in Wien gibt. Und er zeigt solche, die ganz ähnlich wohl auch in jeder anderen europäischen Großstadt existieren, wobei er dann aber versucht, gerade in diesen Bildern das typisch Wienerische der jeweiligen Szene zu betonen. Genau an dieser Stelle tritt wieder „Lothar Rübelts Wien" ins Blickfeld: Denn irgendwo im Bild einer solchen „Allerwelts-Szene" markiert doch wieder ein Detail, und sei es ein Gebäude im Hintergrund, eine Werbeaufschrift oder auch nur eine konkrete Geste, dass sich das Geschehen eben nur in Wien zugetragen haben kann.

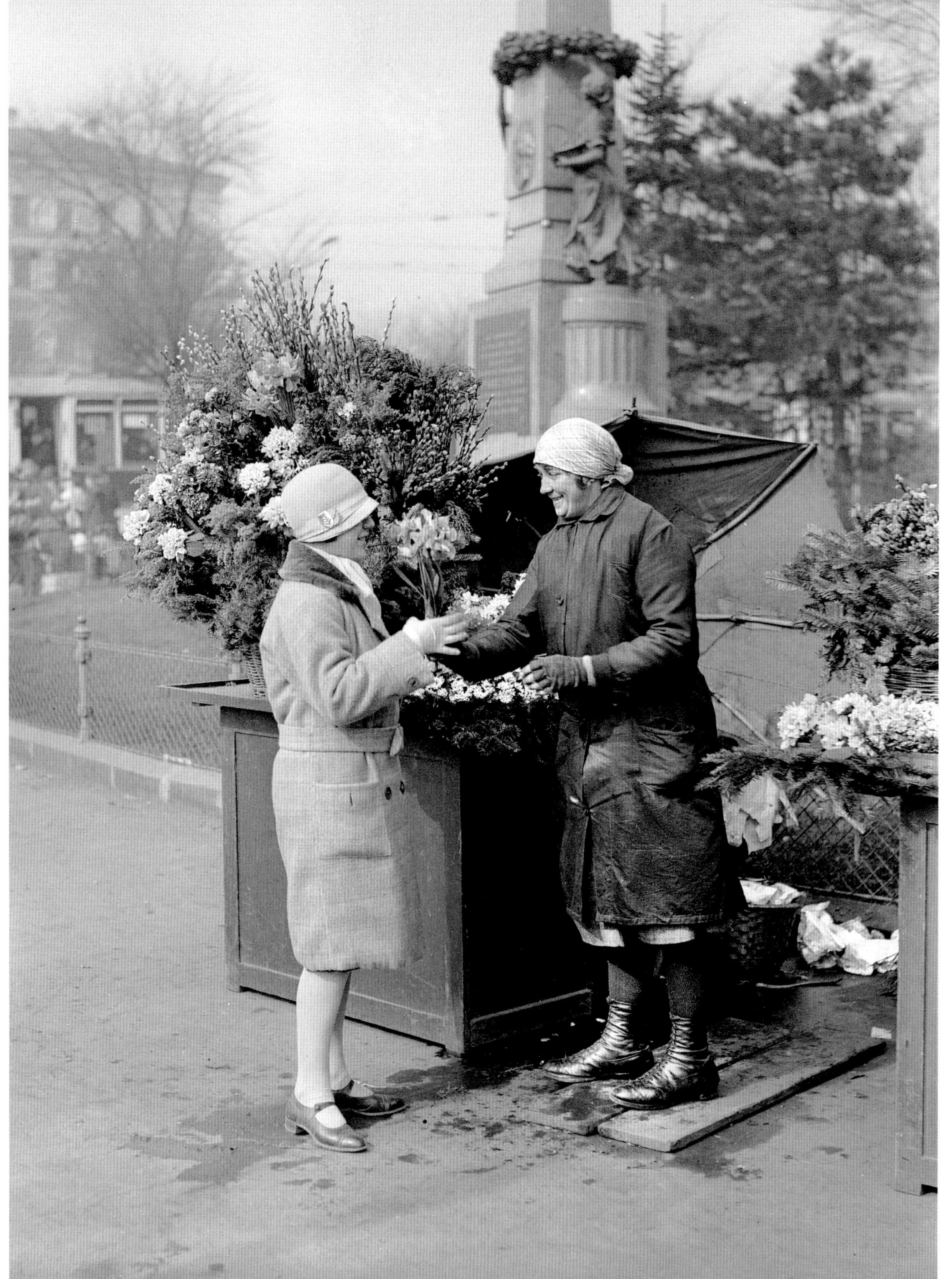

Stände und Kioske mit den unterschiedlichsten Waren prägten in der Zwischenkriegszeit das Stadtbild. Neben Zeitungen und Essbarem konnten auch frische Blumen erworben werden. Die Wiener Blumenfrauen waren fast so berühmt wie ihre Pariser Vorbilder.

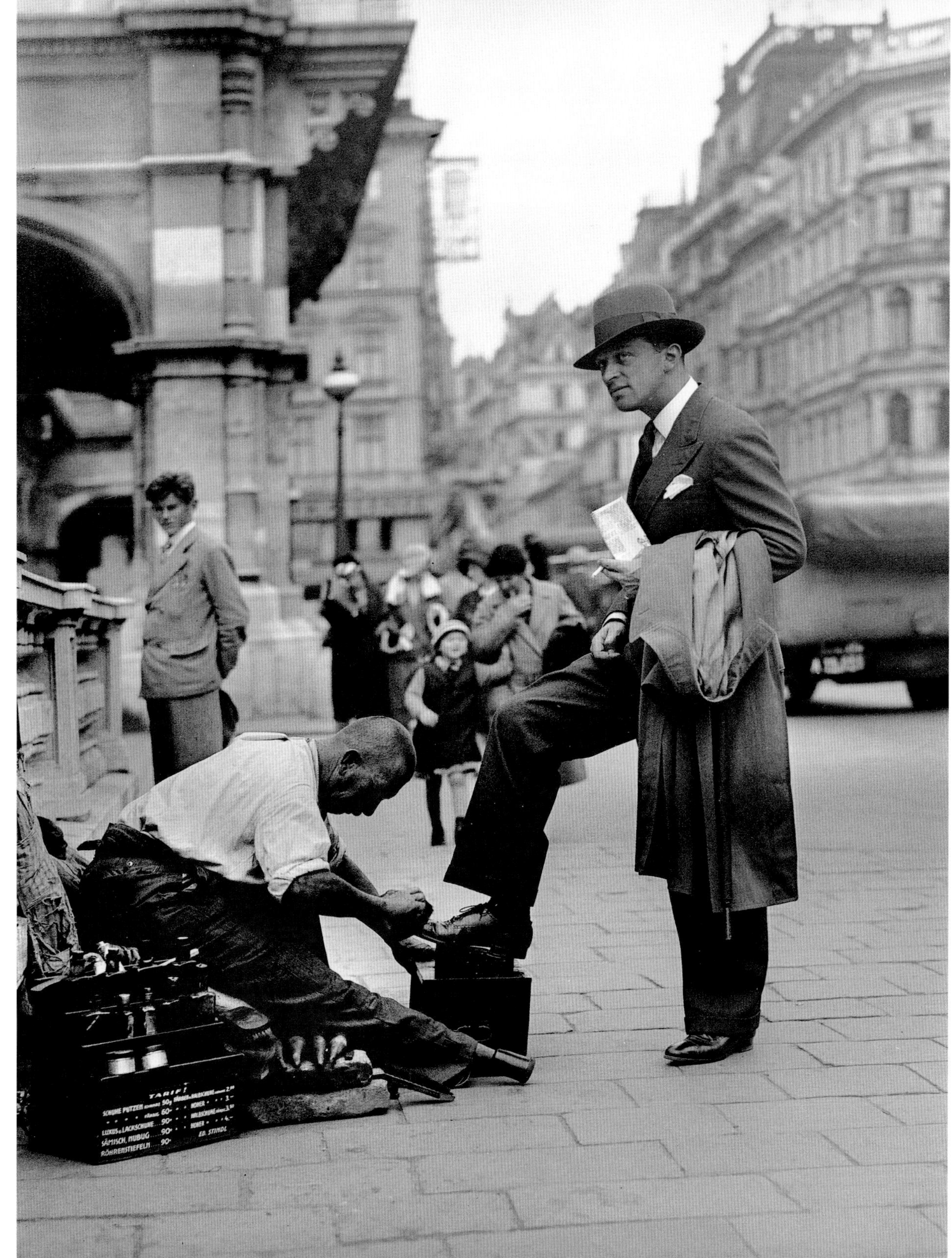

Heute völlig aus Wien verschwunden, war der Schuhputzer in der Vorkriegszeit eine nicht seltene Erscheinung, bei dem sich vor allem feine Herren ihr Schuhwerk auf Hochglanz bringen ließen. Rübelt fing diese Szene vor der Wiener Staatsoper ein.

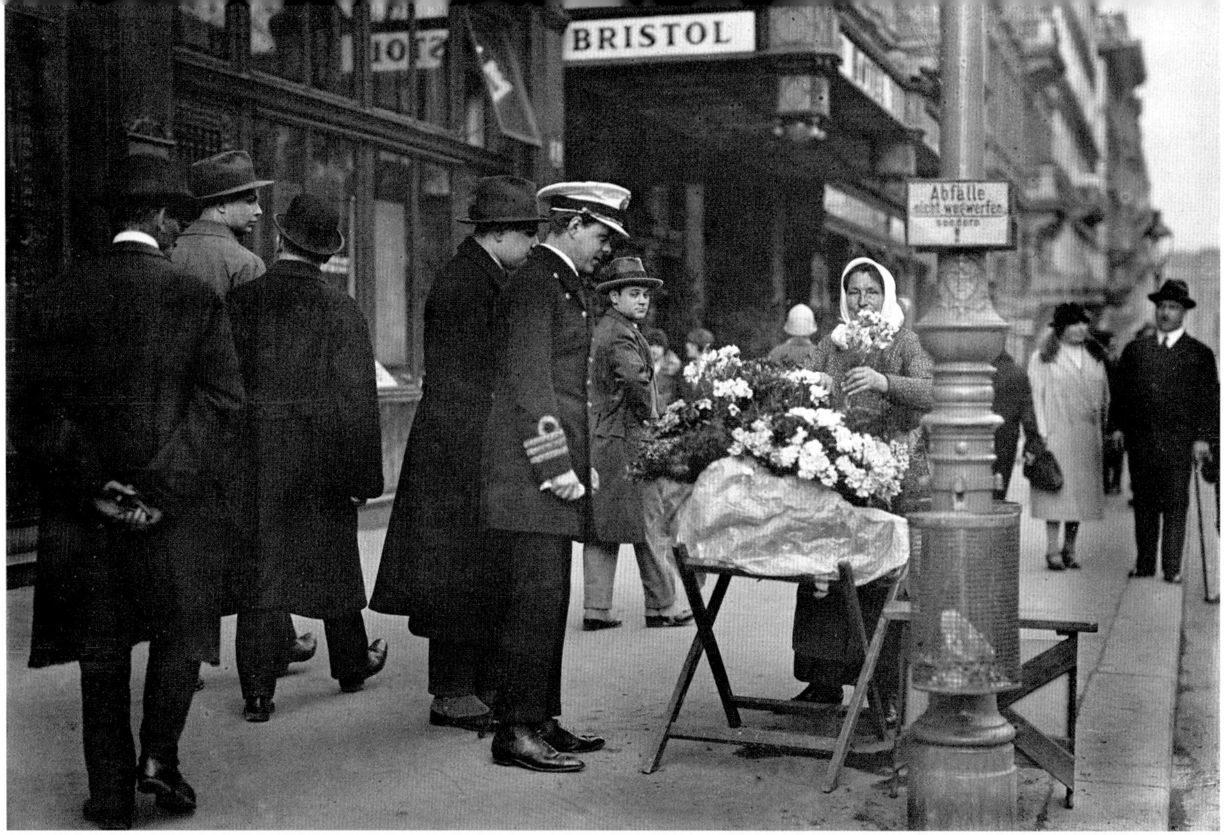

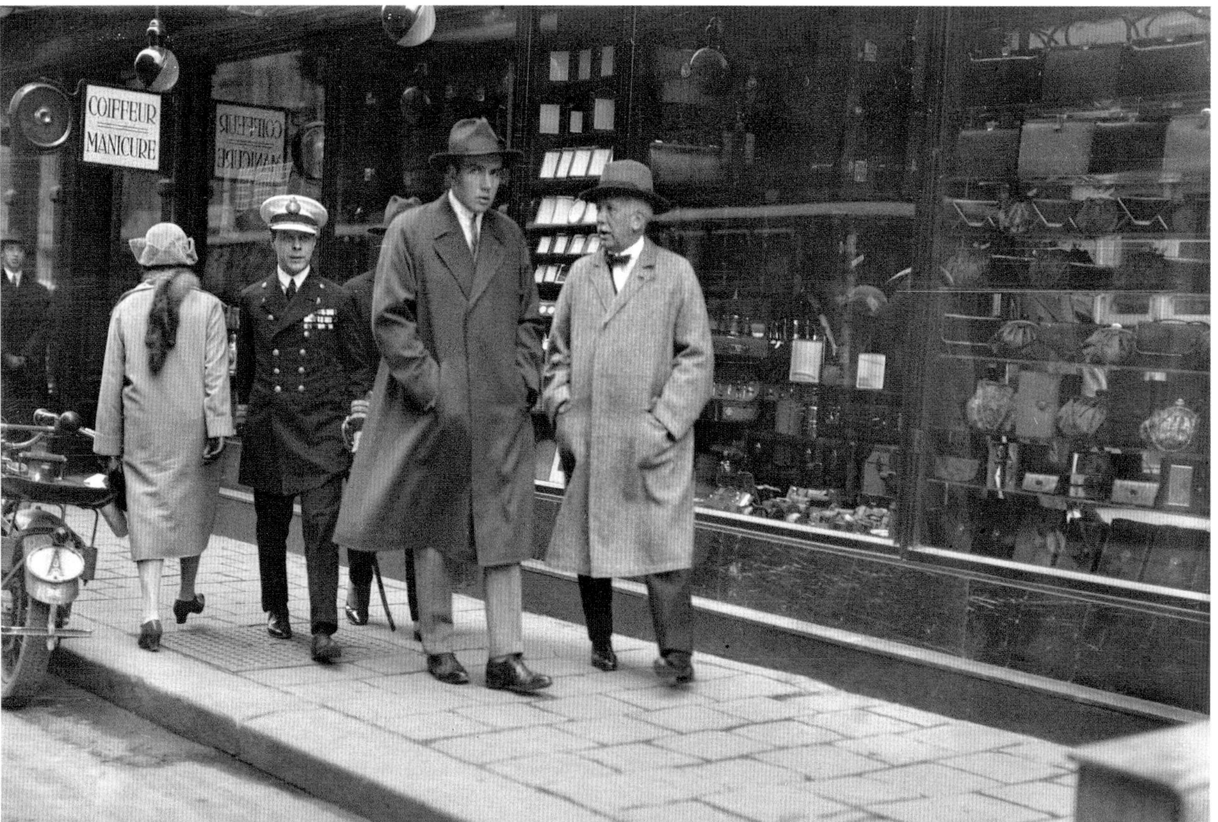

Hoher Besuch im März 1926 in Wien. Der Prince of Wales und nachmalige König Edward VIII. (oben in der Bildmitte, unten Zweiter von links) war im Hotel Bristol abgestiegen und traf bei seinem Aufenthalt mit dem berühmten Komponisten Richard Strauss und dessen Sohn Michael (unteres Bild, Zweiter von rechts) zusammen. Im Jänner 1936 bestieg Edward den Thron, dankte allerdings im Dezember desselben Jahres aufgrund seiner Eheschließung mit der geschiedenen US-Amerikanerin Wallis Simpson wieder ab.

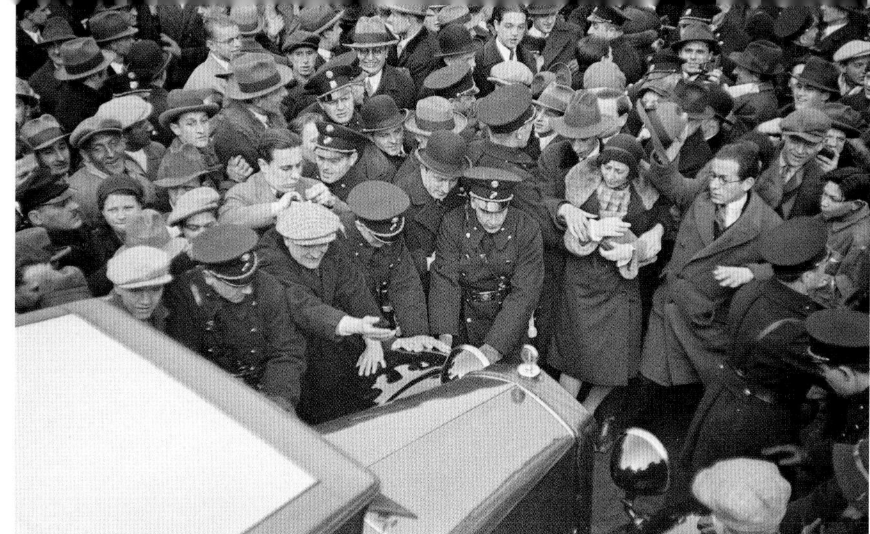

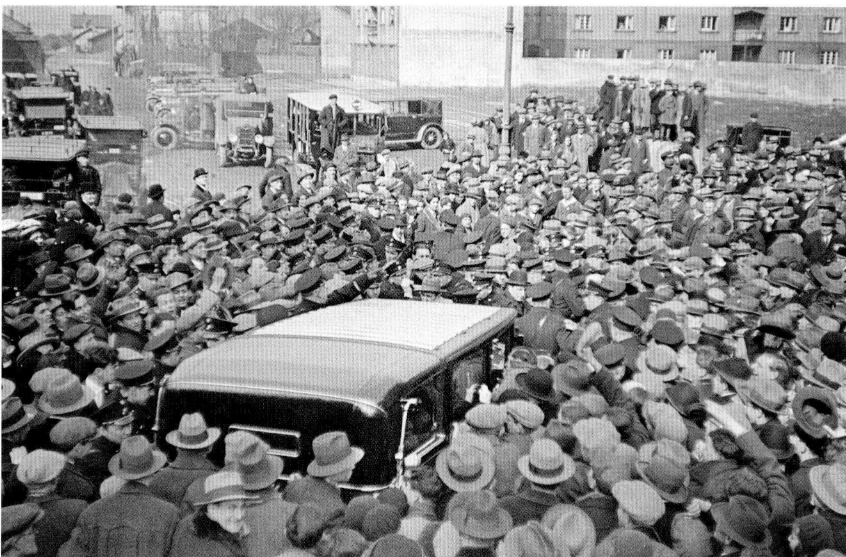

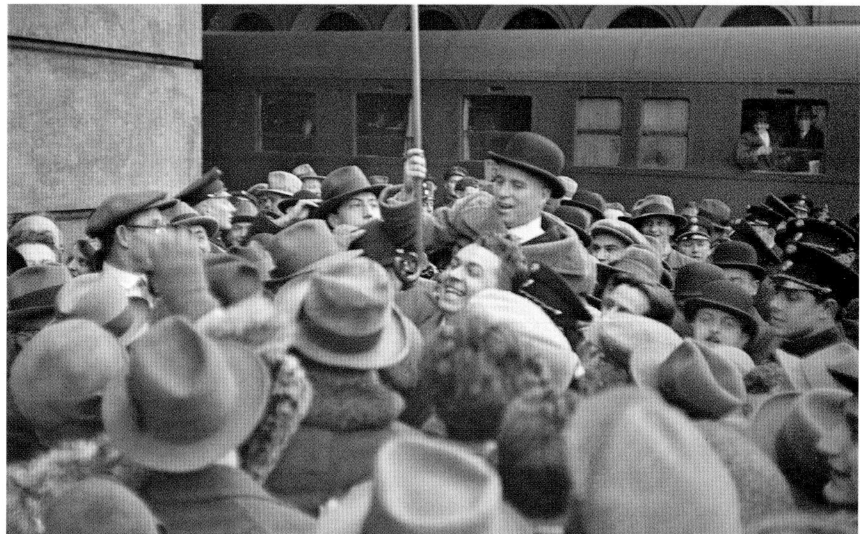

Bei der Ankunft von Charlie Chaplin im März 1931 am Wiener Franz-Josefs-Bahnhof entstand ein Hype wie um einen heutigen Rockstar. Auf Chaplin, der mittels einer Europa-Tour Werbung für seinen Film „Lichter der Großstadt", einen der letzten großen Stummfilme, machte, wartete eine riesige Menschenmenge. Der Hollywoodstar wurde kurzfristig sogar in die Höhe gehoben, womit er wenigstens für einige Momente für alle gut sichtbar war.

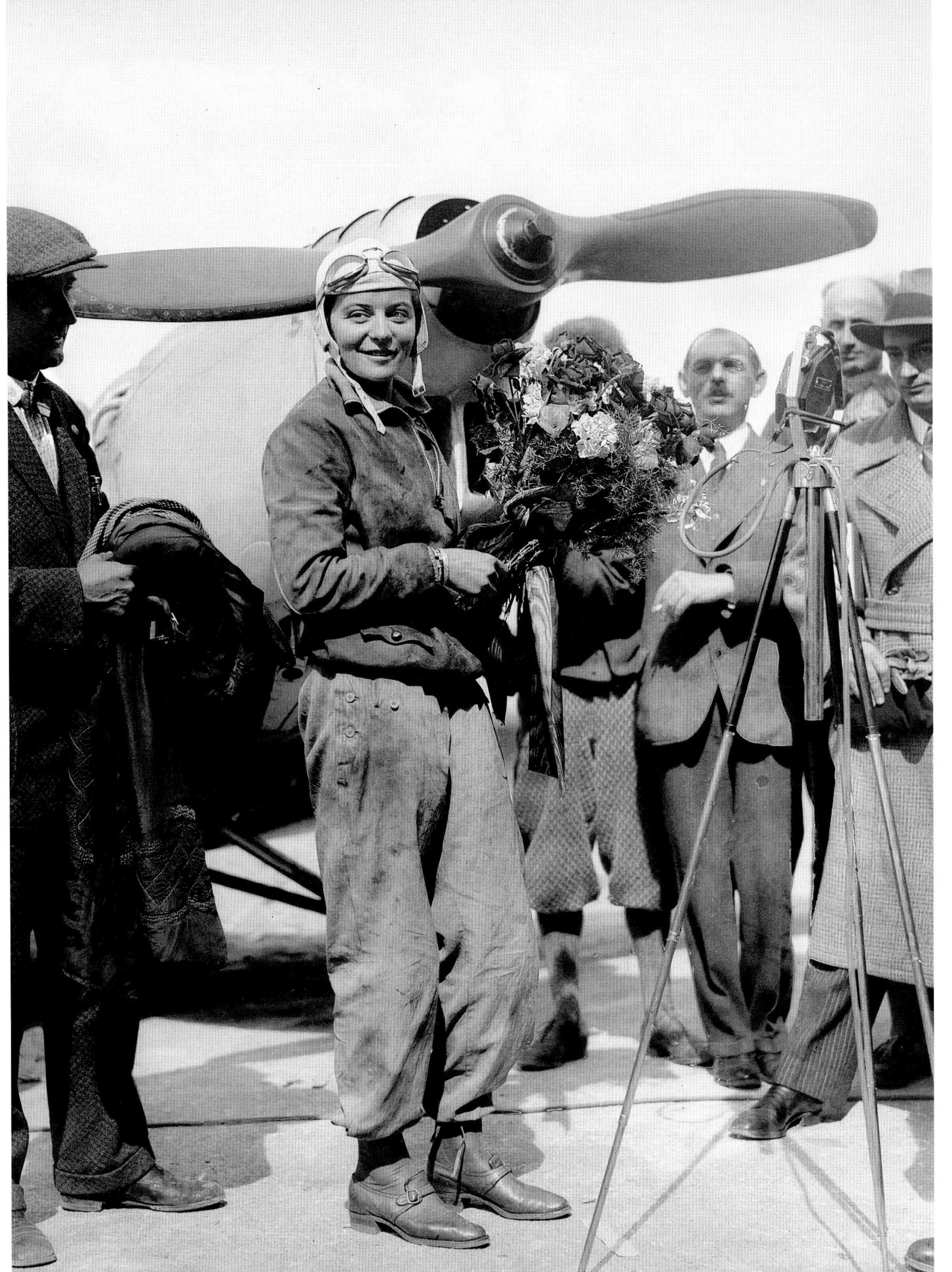

Die deutsche Rekordfliegerin Elly Beinhorn landete am 29. April 1931 von Rom kommend in Aspern. Sie legte auf der Rückreise von ihrem Alleinflug nach Afrika einen Zwischenstopp in Wien ein, ehe sie nach Berlin zurückkehrte. Auch dieses Medienereignis ließ sich Lothar Rübelt nicht entgehen.

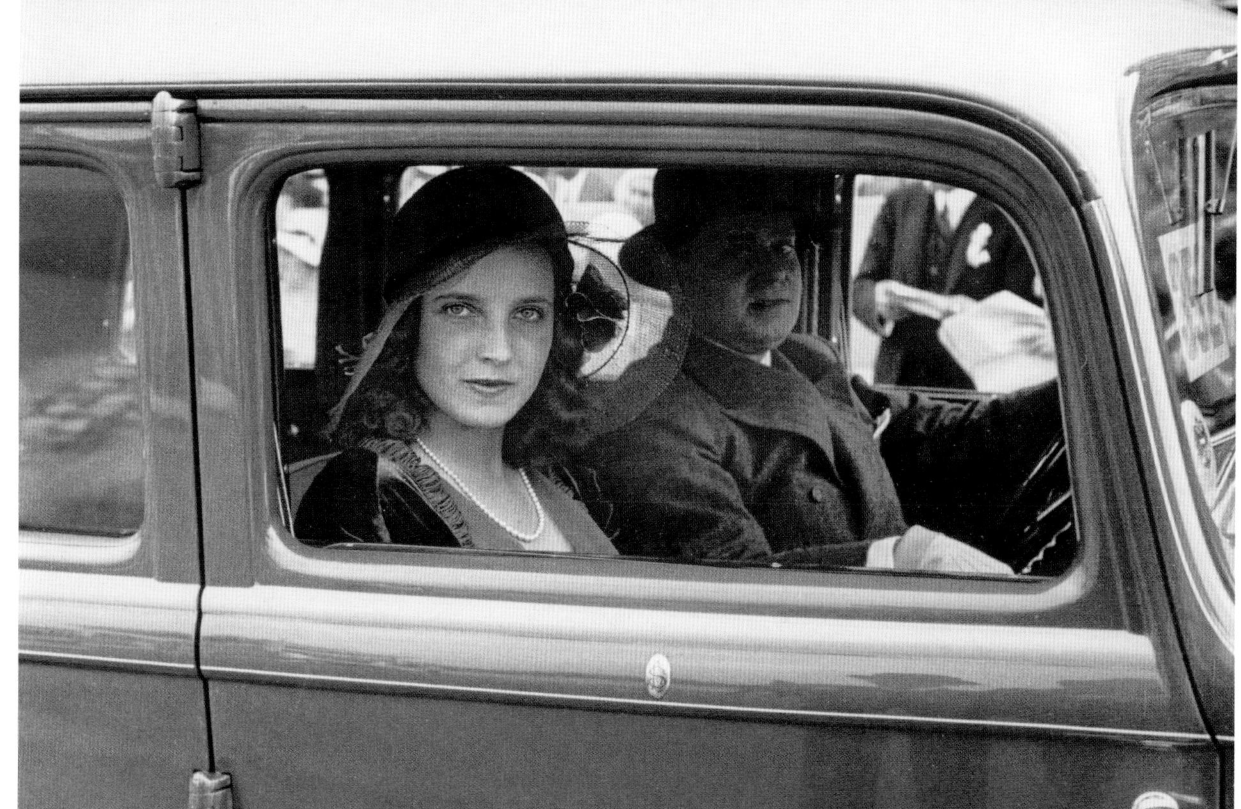

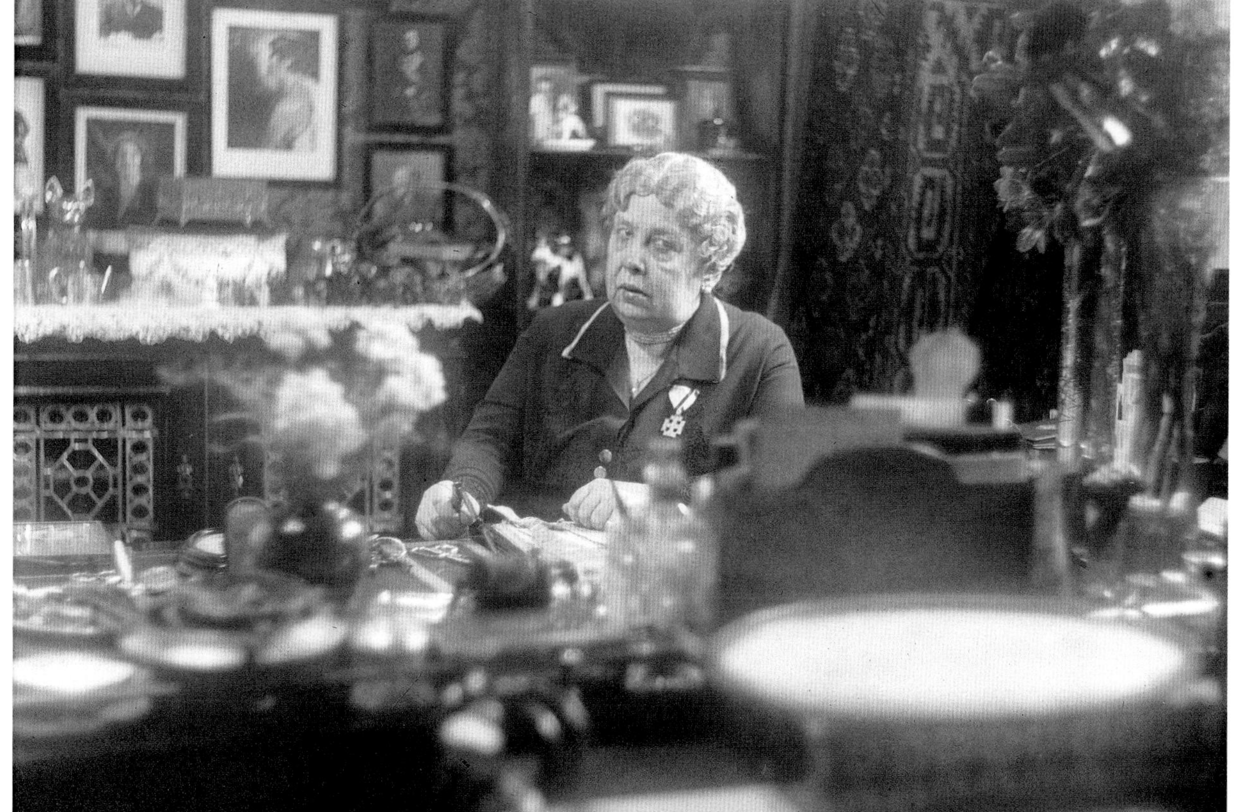

Oben: Lisl Goldarbeiter, „Miss Austria" 1929 und im gleichen Jahr zur einzigen österreichischen „Miss Universe" (einem Vorläufer der heutigen „Miss Universe"-Konkurrenzen) gekürt, war einer der Stargäste beim Concours d'Élégance 1931 vor dem Schloss Schönbrunn.

Unten: Die legendäre Wiener Hotelbesitzerin Anna Sacher wurde – ausnahmsweise ohne ihre geliebten Hunde und ohne Zigarre – von Lothar Rübelt 1929 in ihrem Büro in Szene gesetzt. An ihrer Brust prangt das Goldene Ehrenzeichen der Republik Österreich; sie war die erste Frau, der diese Auszeichnung zuteil wurde.

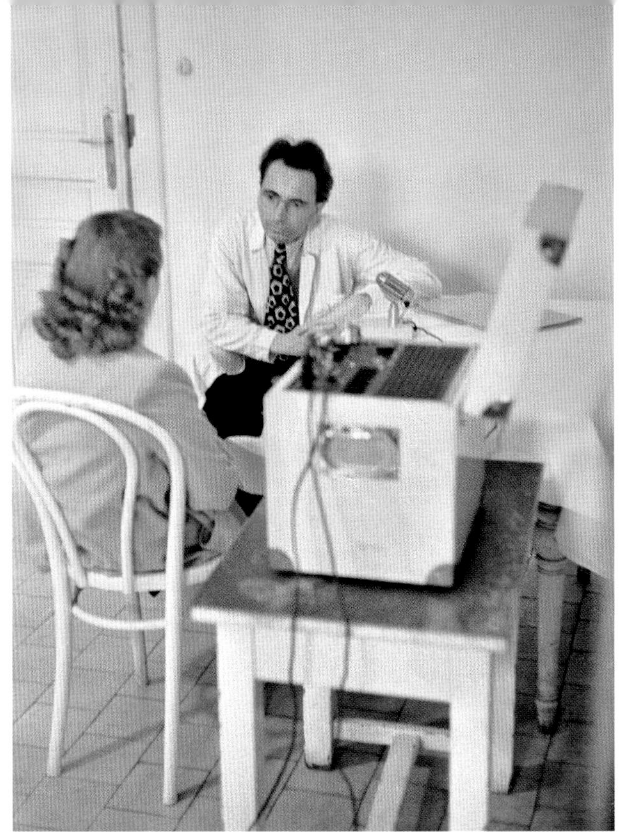

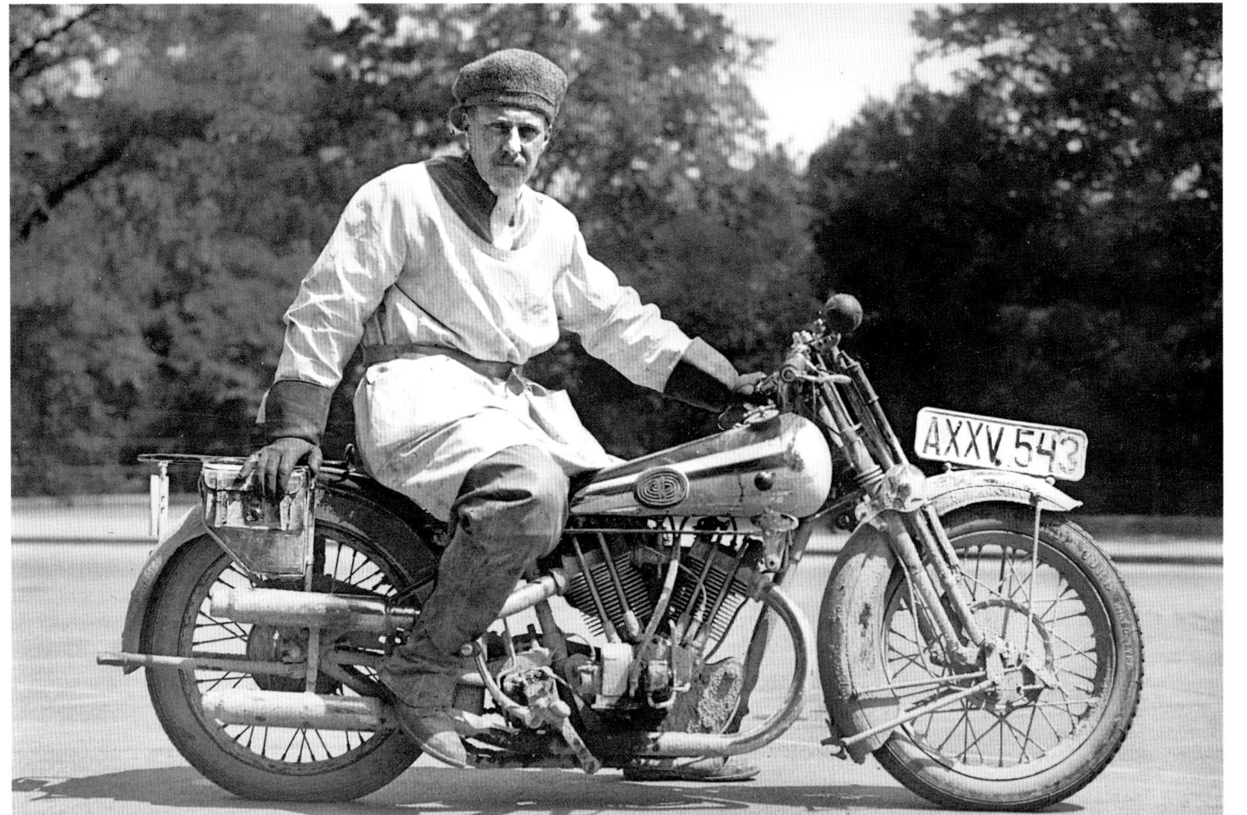

Oben: Der Neurologe und Psychiater Viktor Frankl, Begründer der Logotherapie, wurde 1946 zum Vorstand der Wiener Neurologischen Poliklinik ernannt. Im gleichen Jahr verfasste er mit „… trotzdem Ja zum Leben sagen" den Versuch, seine Erfahrungen in NS-Konzentrationslagern zu verarbeiten.

Unten: Der Verhaltensforscher und Nobelpreisträger 1973, Konrad Lorenz, posiert 1928 auf seiner englischen Brough Superior, die er über Vermittlung von Lothar Rübelt erworben hatte. Lorenz beendete 1928 sein Medizinstudium und trat eine Stelle am II. Anatomischen Institut an, das für seine deutschnationale Ausrichtung bekannt war.

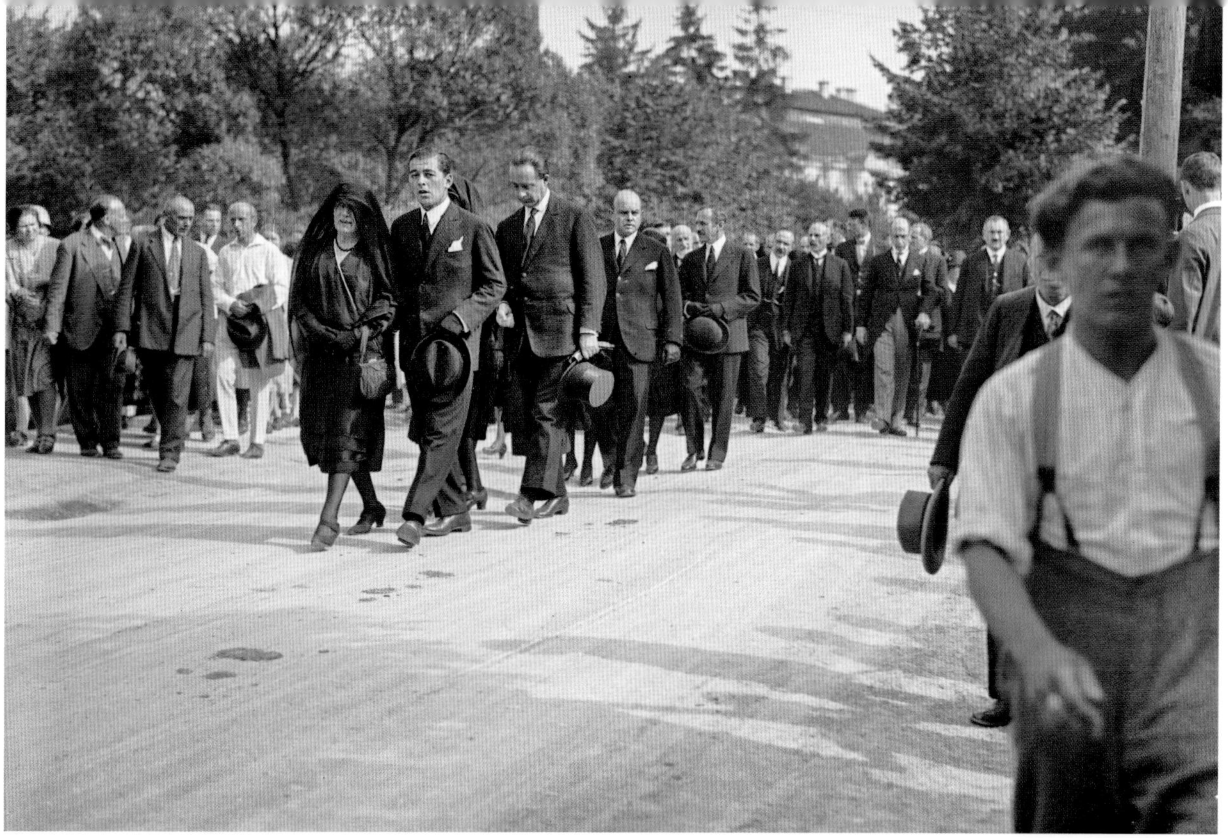

Auch bei Begräbnissen berühmter Literaten war Lothar Rübelt mit seiner Kamera zur Stelle, schließlich musste der Tod gerade in Wiener Illustrierten adäquat repräsentiert sein. 1929 wurde der Schriftsteller Hugo von Hofmannsthal auf dem Friedhof in Kalksburg (oben) zu Grabe getragen; er war zwei Tage nach dem tragischen Suizid seines Sohnes gestorben. Im Oktober 1931 starb Arthur Schnitzler in Wien und wurde am Zentralfriedhof (unten) beigesetzt.

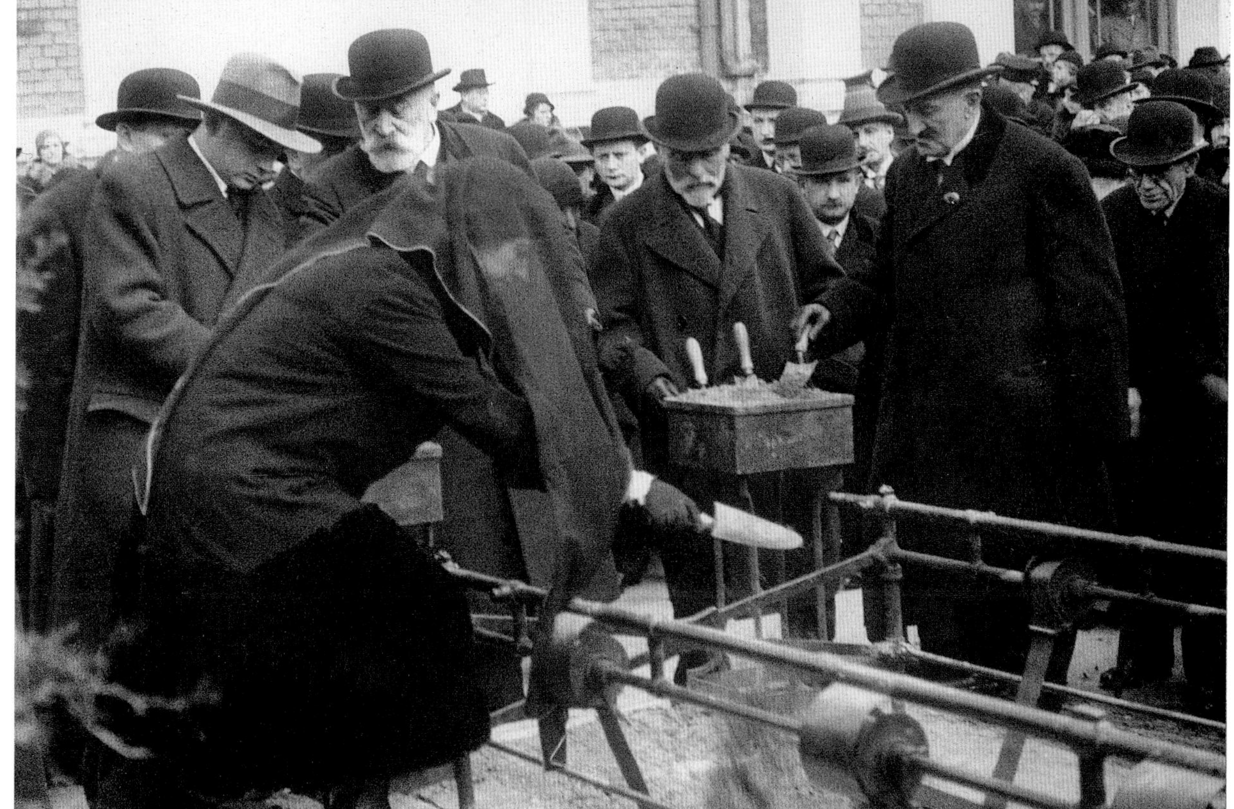

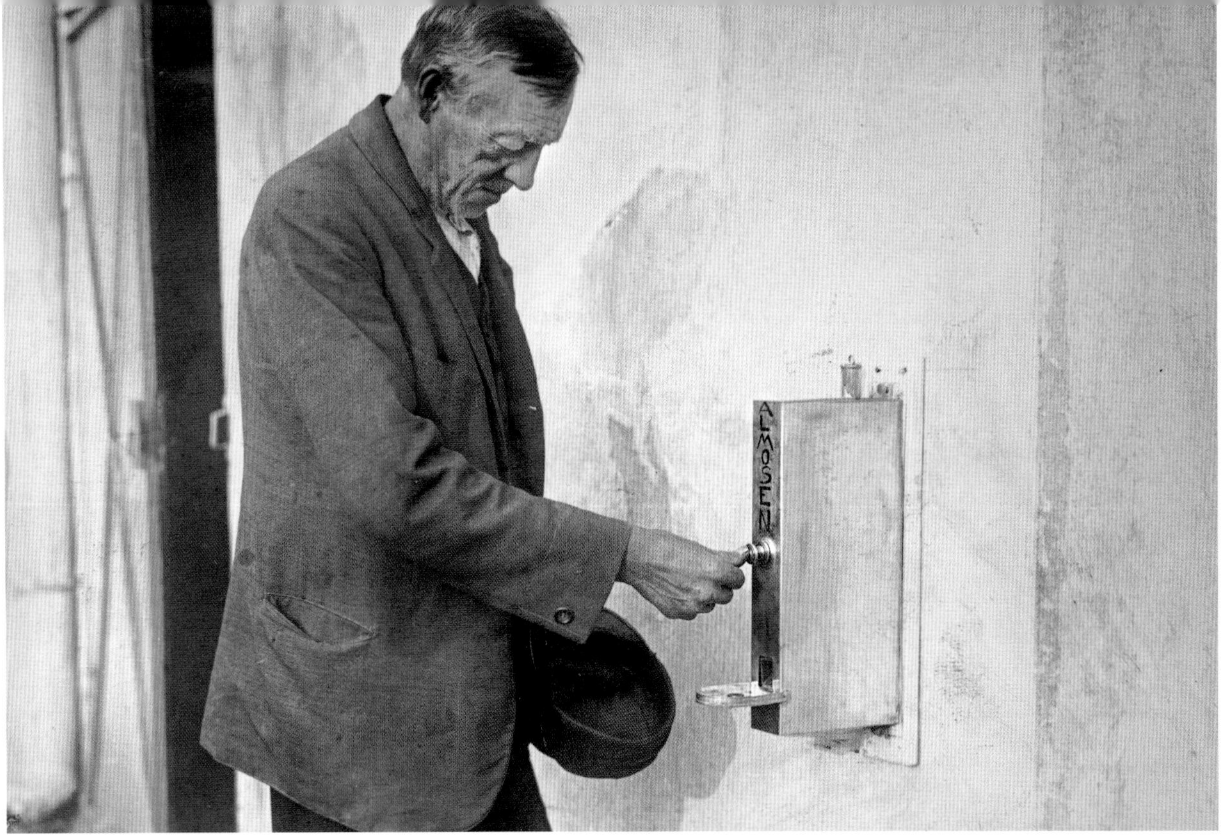

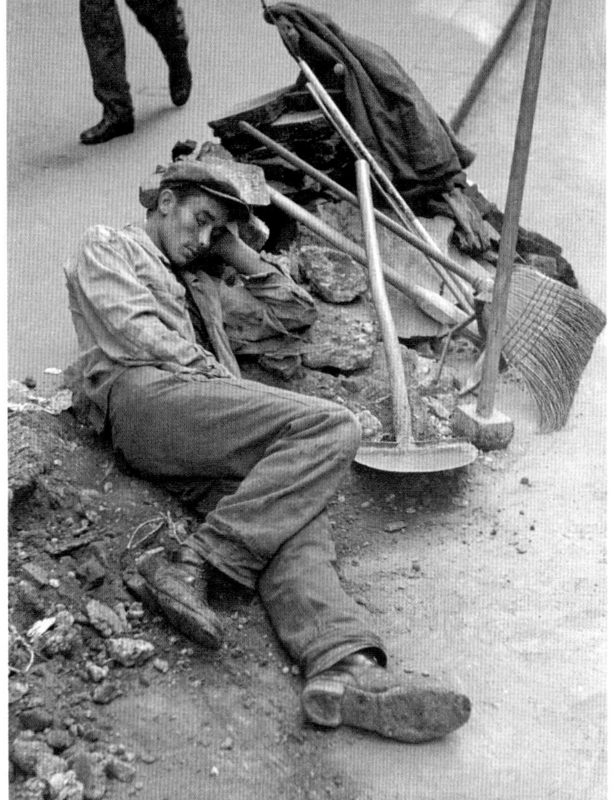

Oben: Bankencrashs und die Weltwirtschaftskrise führten in Wien zu noch größerer Armut und steigender Obdachlosigkeit. Eine Besonderheit der Stadt war der „Bettlerautomat“, den ein Erfinder auf der Wiener Messe 1928 vorstellte. Dieser Automat sollte vordergründig nicht der Bekämpfung der Armut dienen, sondern Hausbesitzer unbehelligt lassen. Schon die zeitgenössische Berichterstattung sagte voraus, dass sich die Idee nicht durchsetzen würde.

Unten: Lange Arbeitszeiten, eine anstrengende Tätigkeit, Angst um den Job und die Versorgung der Familie: Daher gönnt sich dieser Straßenarbeiter 1930 nur eine kurze Rast am Rinnstein.

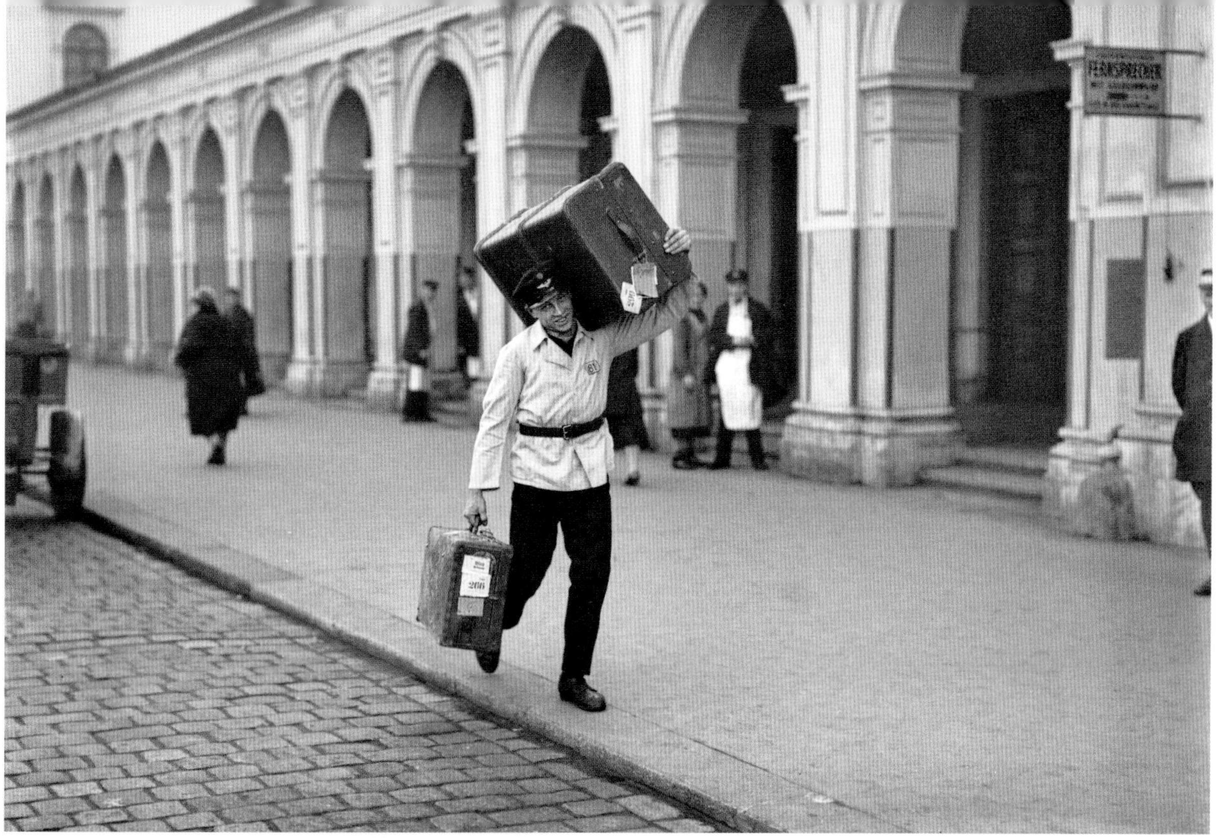

Oben: Ein heute verschwundener Beruf, im Wien der Vorkriegszeit noch ein vertrauter Anblick: der Kofferträger auf Bahnhöfen, hier schwer bepackt vor dem Wiener Westbahnhof.

Unten: Nicht nur im Roten Wien liefen die Fäden der Macht in der Gemeinde im Wiener Rathaus zusammen. Die sozialen Errungenschaften der sozialdemokratischen Stadtverwaltung erlaubten den Mitarbeitern der Wiener Gemeindewache Ende der 1920er-Jahre zumindest eine kollektive Mittagspause.

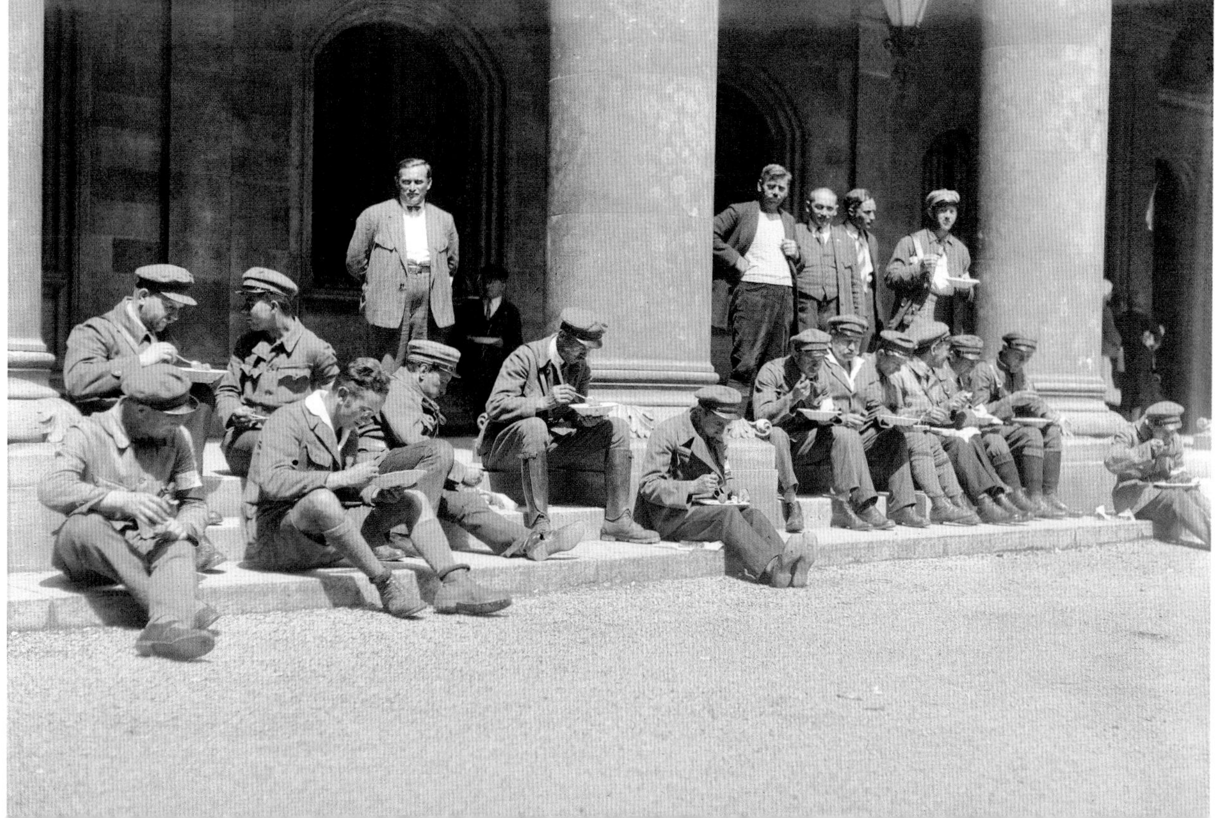

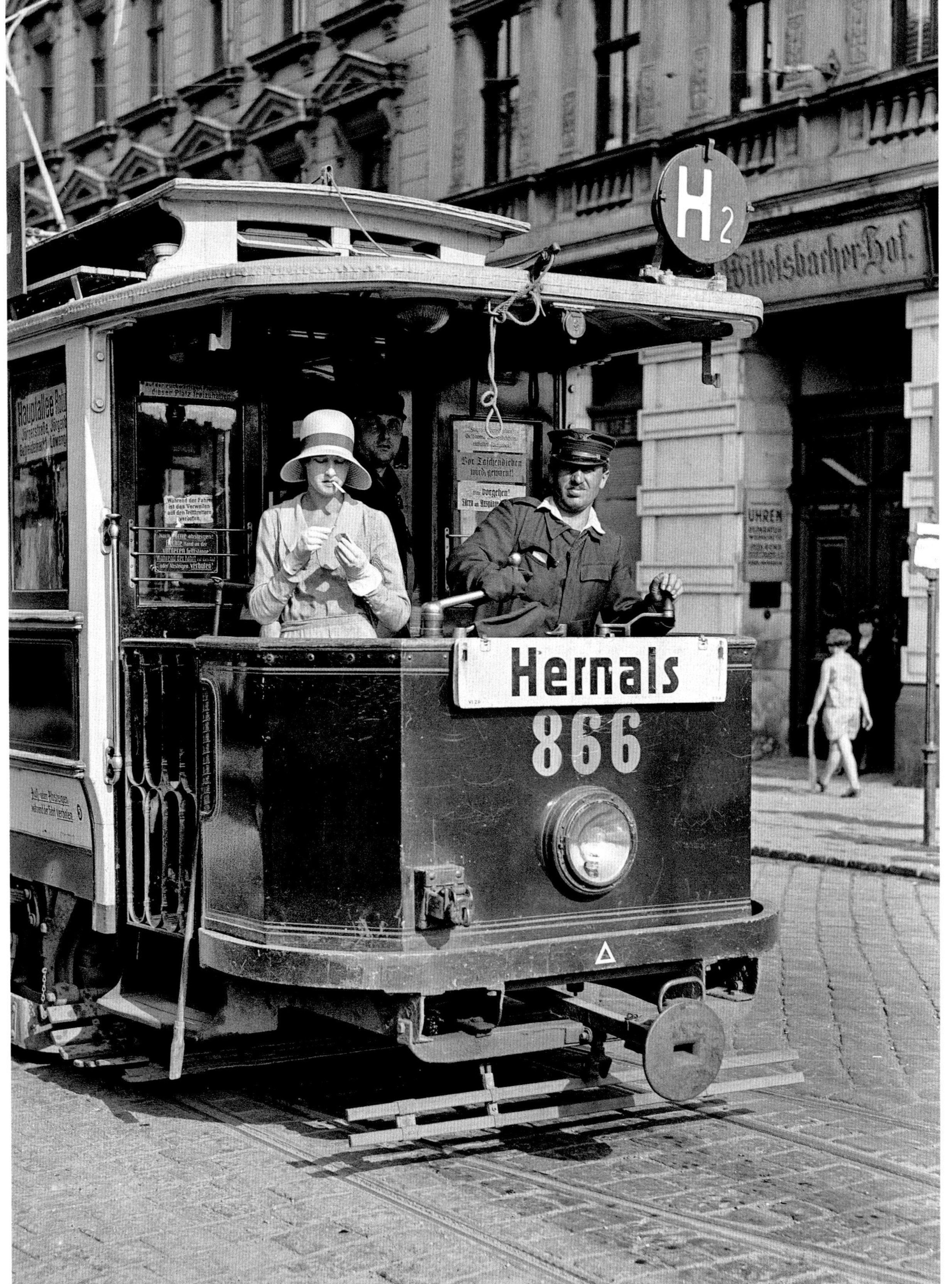

Die Straßenbahnlinie H2 verkehrte bis 1980 zwischen Hernals und der Prater Hauptallee. Bis 1948 war das Rauchen in der Tramway erlaubt – allerdings nur in den Beiwägen. Lothar Rübelt ertappte die junge Dame aber vorn am Führerstand.

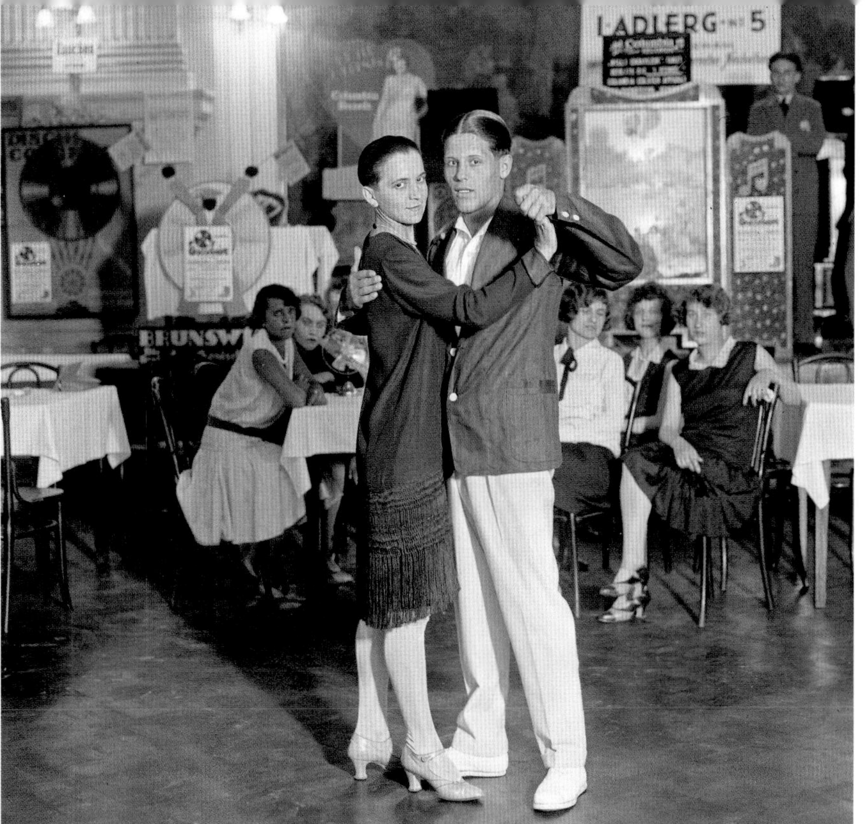

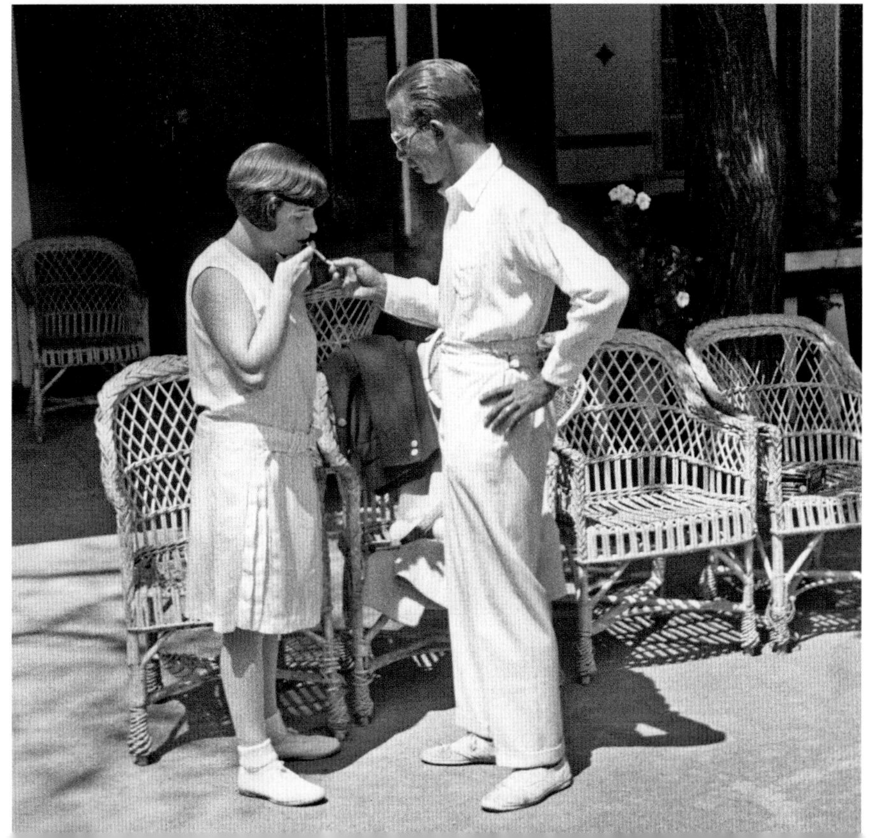

Oben: Moderne Tänze wie der Shimmy hielten in den 1920er-Jahren Einzug in den Tanzschulen Wiens und fanden ein begeistertes Publikum. Praktisch geübt wurden die neuen Tänze in den zahlreichen Musiklokalen.

Unten: Tennis gehörte in der Zwischenkriegszeit zu den elitären Sportarten. Exklusive Klubs in Wien boten die Möglichkeit des Spiels, aber auch der gemeinsamen Unterhaltung vor, zwischen und nach den Matches.

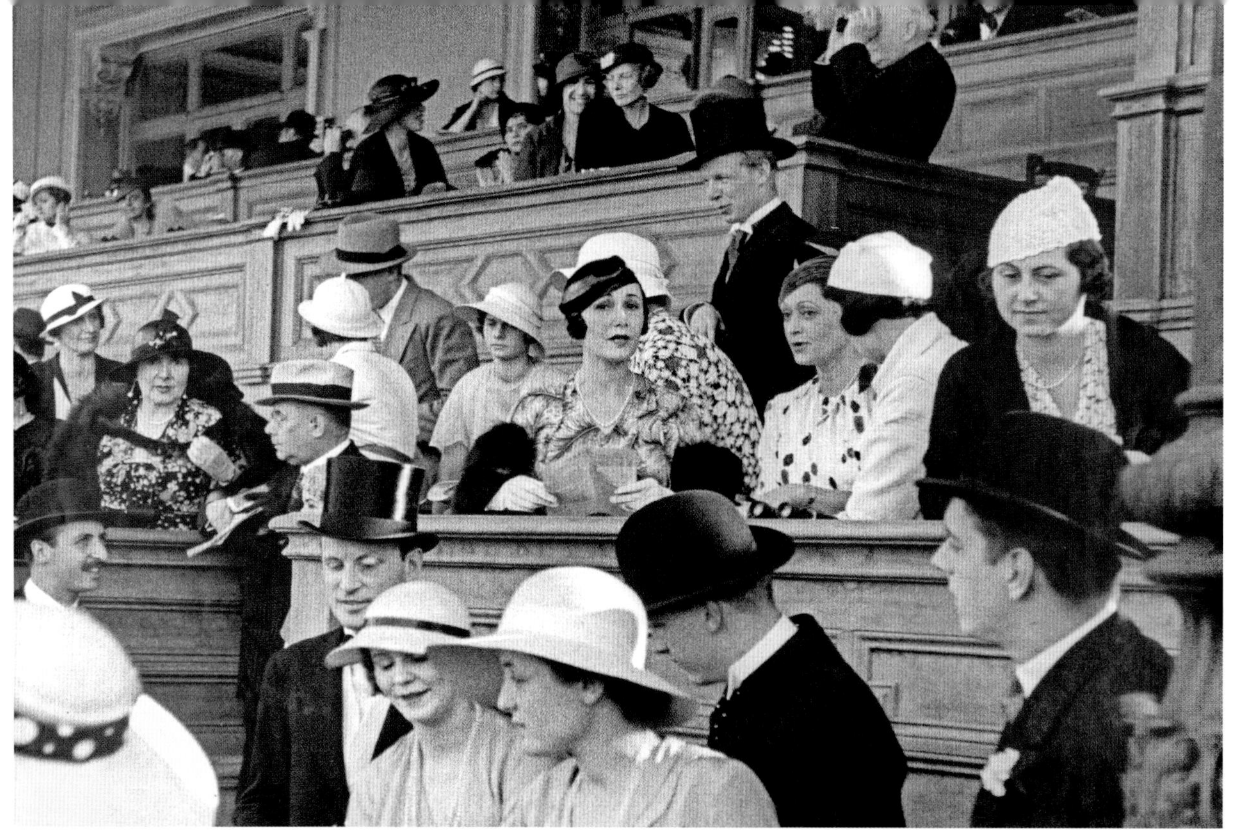

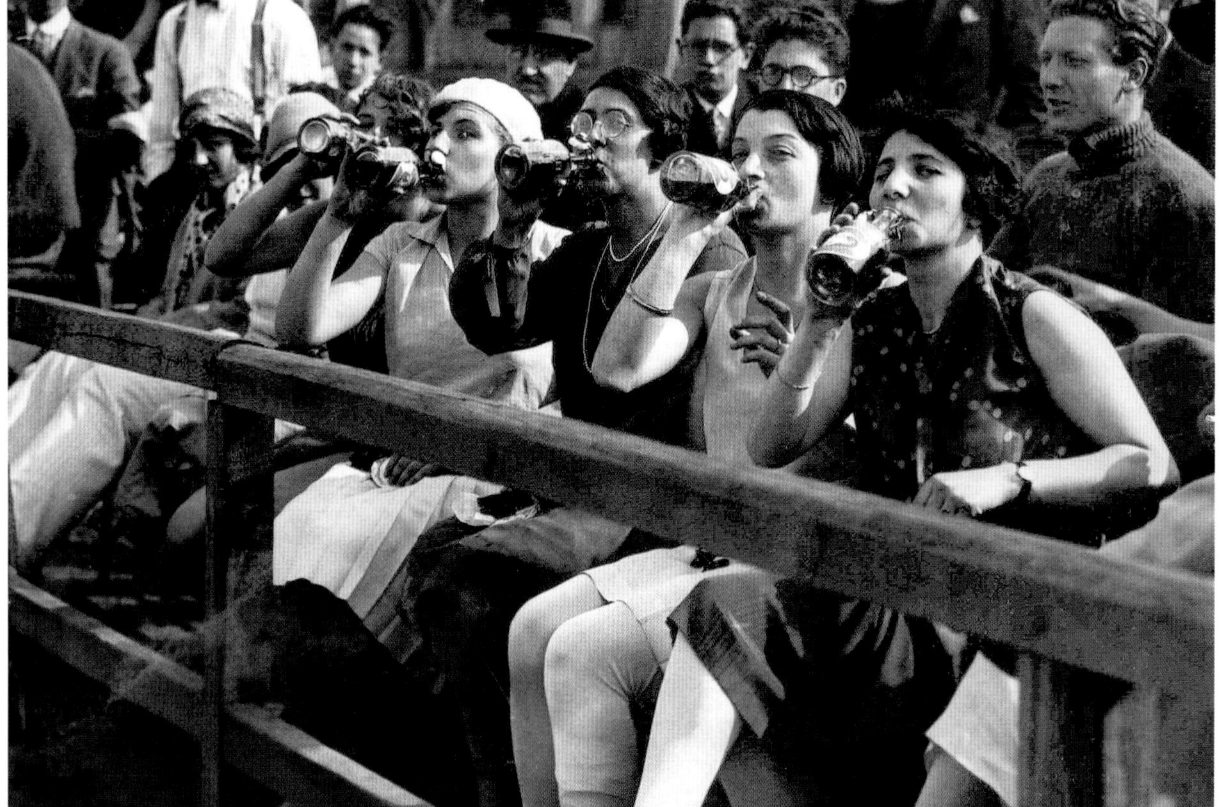

Oben: Der Adel wurde in Österreich 1919 abgeschafft, trotzdem blieben gesellschaftliche Ereignisse wie das österreichische Derby in der Freudenau in der Zwischenkriegszeit beliebte Treffpunkte ehemaliger Adeliger, aber auch des gehobenen und neureichen Bürgertums.

Unten: Besonders kirchliche und konservative Kreise hätten Sport für Frauen gerne generell verboten. Dennoch etablierte sich ein von Frauen betriebener Wettkampfsport: Bei einem Frauensportfest am Wiener WAC-Platz Mitte der 1920er-Jahre stärkten sich Zuschauerinnen mit einem Kracherl, einer beliebten kohlensäurehaltigen Limonade.

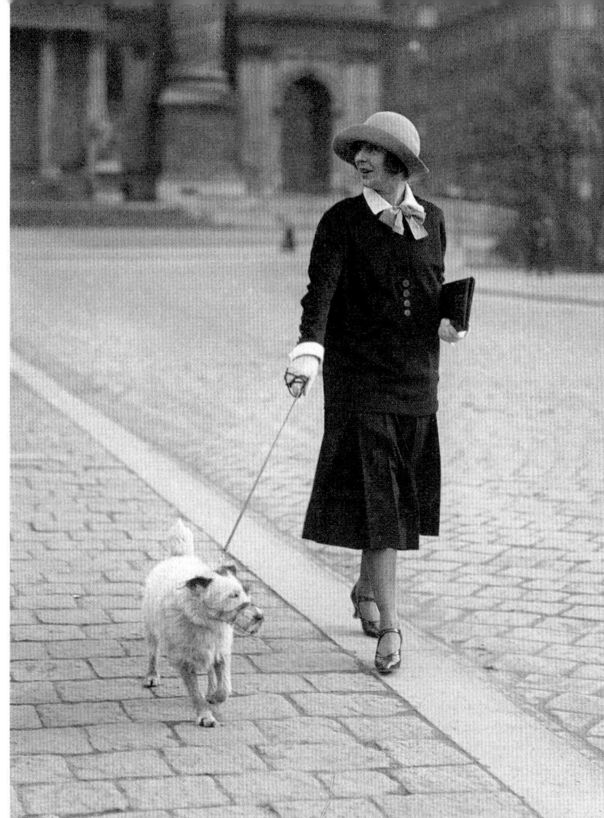

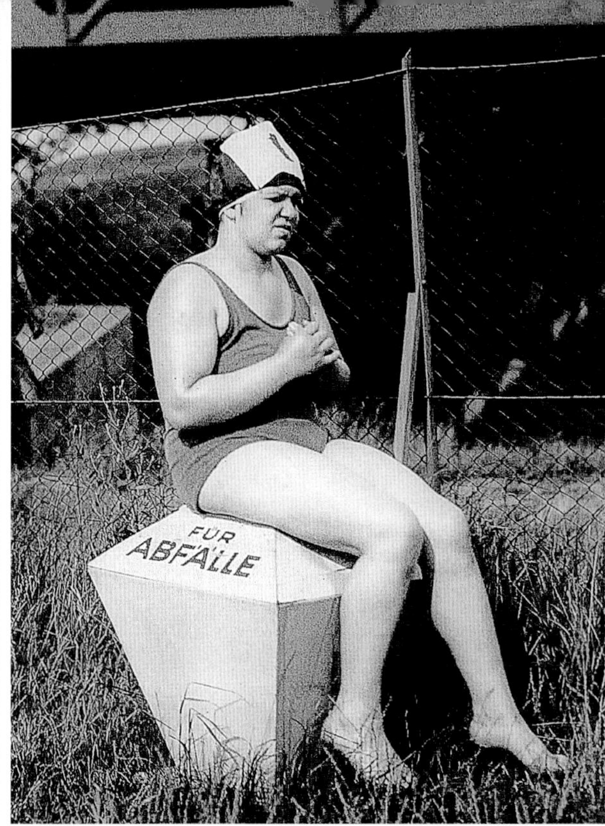

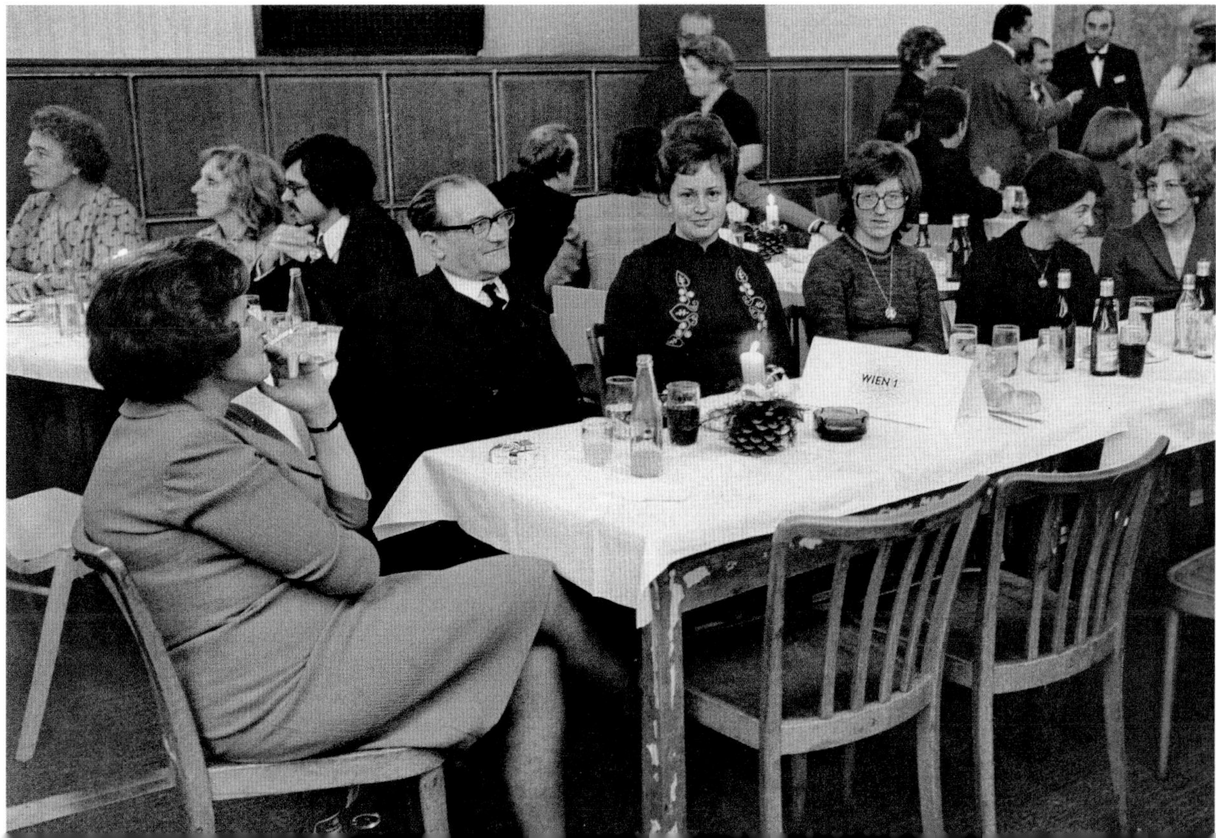

Oben links: Neben dem Roten existierte immer auch ein schwarzes, bürgerliches Wien: Fast wie ein Modefoto wirkt diese so mondän von Lothar Rübelt am Wiener Karlsplatz in Szene gesetzte Dame mit ihrem Foxterrier und dem für die 1920er-Jahre typischen Kleid.

Oben rechts: Die Veranstaltung „Quer durch Wien", ein Schwimmbewerb im Donaukanal, war ein beliebtes Sportereignis, an dem die führenden Schwimmerinnen und Schwimmer der Stadt, aber auch viele Hobbysportler teilnahmen. Manche mussten sich – wie diese Schwimmerin – erschöpft niederlassen, und sei es auch nur auf einem Mistkübel.

Unten: 1965 legte Lothar Rübelt seinen Gewerbeschein zurück, dennoch blieb er seinem Metier zumindest halboffiziell treu: Bei einer Weihnachtsfeier des Autoimporteurs Wolfgang Denzel fotografierte er 1978 die Belegschaft.

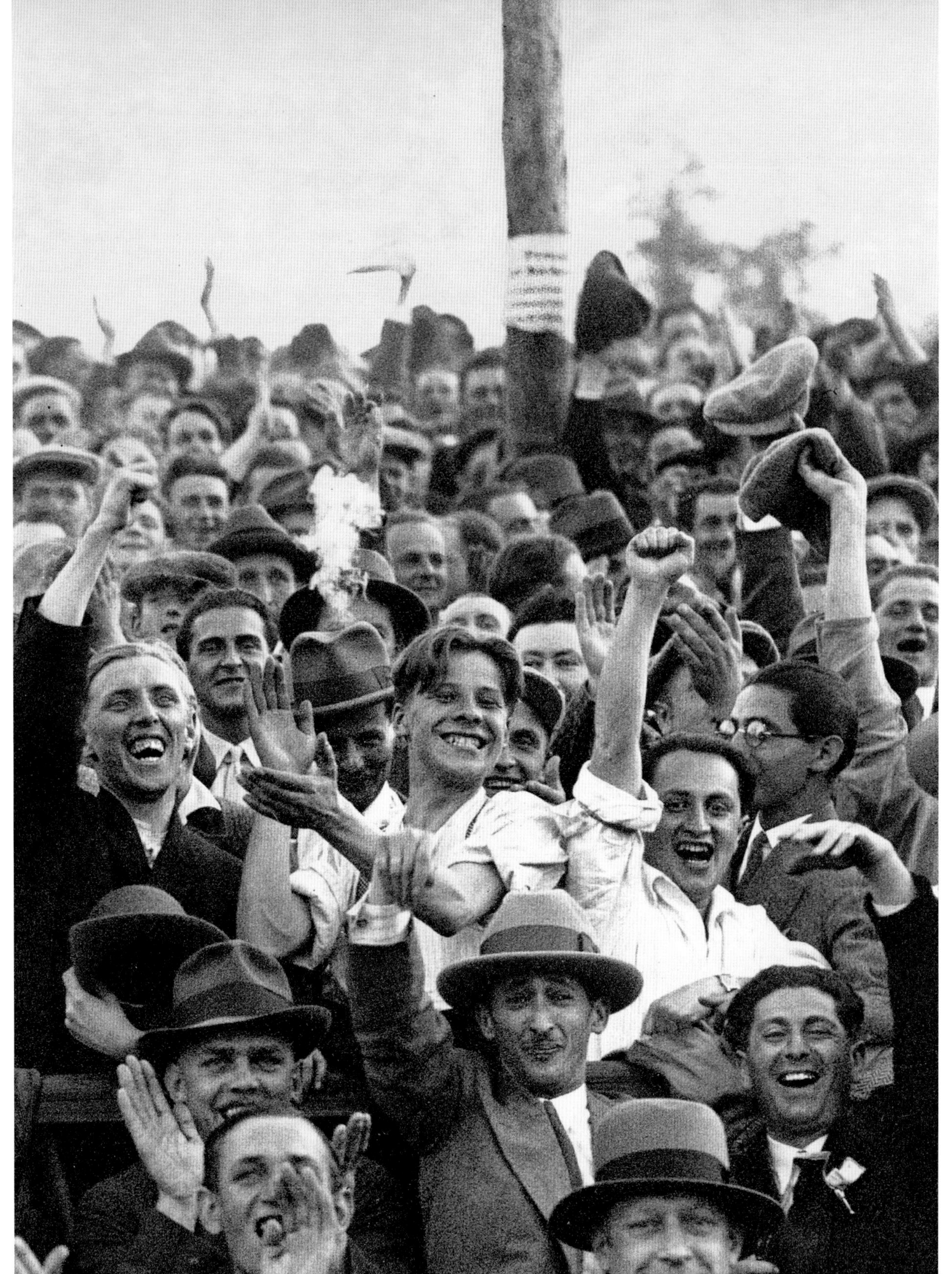

Lothar Rübelts liebstes Motiv war der Fußball: Das legendäre Wunderteam begeisterte zwischen 1931 und 1933 die Fußballfans, die in meist ausverkauften Stadien die eigene Mannschaft lautstark unterstützten. Bei einem der letzten auf der Hohen Warte ausgetragenen Länderspiele jubelten die Zuschauer – und auch einige Zuschauerinnen – über ein Tor.

Aus dem Verlagsprogramm

Das Land um Wien

Wien und sein Umland in der „Perspectiv-Karte des Erzherzogthums Oesterreich unter der Ens"
von Franz Xaver Schweickhardt.
Herausgegeben und ausführlich erläutert von Gebhard König.
26 x 33 cm. 64 Seiten mit 14 großformatigen, ausklappbaren Kartenreproduktionen.
Hardcover. ISBN 978-3-9503378-9-1.
„Wer so etwas gern studiert, für den ist das Buch ein Fressen." *Peter Pisa, Kurier*

Rundgemälde von Wien

und dessen Umgebung

Von Johann Baptist Gregosch (richtig: János Greguss).
Herausgegeben und erläutert von Ferdinand Opll.
Leporello, offenes Format: ca. 360 x 21 cm, geschlossenes Format: 29,7 x 21 cm,
mit 16-seitigem Textheft. Hardcover. ISBN 978-3-9504199-3-1.
„Schlägt man das Buch auf, kann der Betrachter die Seiten wie eine Ziehharmonika auf mehr als drei Meter Länge auseinanderfalten." *Peter Strasser, Kronen Zeitung*

Rundpanorama von Wien

Ansicht der k. k. Haupt- und Residenzstadt Wien vor Beginn
der Stadterweiterung und Demolierung der Basteien im Jahr 1858.
Mit einer Einleitung von Walter Öhlinger.
Leporello, offenes Format: ca. 386 x 21 cm, geschlossenes Format: 29,7 x 21 cm,
mit 16-seitigem Textheft. Hardcover. ISBN 978-3-9503952-1-1.
„Das von Walter Öhlinger kommentierte Rundpanorama von Wien 1858 zeigt bauliche Metamorphosen. Genial!" *Gregor Auenhammer, Der Standard*

Die Wiener Ringstraße

in ihrer Vollendung und der Franz Josefs-Kai in Ansichten von Ladislaus Eugen Petrovits.
Herausgegeben und kommentiert von Walter Öhlinger und Eva-Maria Orosz.
29,7 x 21 cm. 132 Seiten mit 20 doppelseitigen Farbtafeln. Hardcover.
ISBN 978-3-9503739-5-0.
„Die Historiker Walter Öhlinger und Eva-Maria Orosz kommentieren 20 doppelseitige Farbtafeln des Landschaftsmalers Ladislaus Petrovits. Die Xylographien bieten einen großartigen Ausblick auf das Ring-Jubiläum." *Kronen Zeitung*

W-H EDITION WINKLER-HERMADEN

Aus dem Verlagsprogramm

Die Pläne der k. k. Haupt- und Residenzstadt Wien

Von Carl Graf. Vasquez. Neu herausgegeben und ausführlich erläutert von Walter Öhlinger.
12 Pläne in einer Kassette im Format von ca. 32 x 44 cm. Format der Pläne (offen) ca. 63 x 43,5 cm.
Mit einer Begleitbroschüre im Umfang von 32 Seiten. ISBN 978-3-9504475-6-9.
„Dem renommierten Verlag Winkler-Hermaden ist mit den Faksimiles des großartigen Werkes von Carl Graf Vasquez ein bleibendes Stück Wiener Stadtgeschichte gelungen …" *Hans Werner Scheidl, Die Presse*

Der Baumeister des Parlaments

Theophil Hansen (1813–1891). Sein Leben – seine Zeit – sein Werk.
Herausgeber: Parlamentsdirektion.
21 x 29,8 cm. 216 Seiten mit über 200 Farb- und SW-Fotos sowie zahlreichen Planreproduktionen.
Gebunden mit Schutzumschlag. ISBN 978-3-9503611-0-0.
„Das Werk bildet ein würdiges Geburtstagsgeschenk für den Meisterarchitekten der Ringstraße."
Helga Maria Wolf, Austria-Forum

Die Donauwiese

Das Inundationsgebiet – Ein verschwundenes Wiener Wahrzeichen.
Von Matthias Marschik.
23,5 x 20 cm. 120 Seiten mit zahlreichen Abbildungen. Hardcover. ISBN 978-3-9504625-8-6.
„Was das Buch so besonders macht: das profunde Wissen des Autors. Und die vielen großartigen Bilder, die Marschik in mühevoller Kleinarbeit zusammengetragen hat. Absolute Pflichtlektüre!"
Die Floridsdorfer Zeitung

Es geschah in Transdanubien

Neuigkeiten und Bilder von damals. Von Thomas Hofmann. Mit einem Vorwort von Beppo Beyerl.
23,5 x 20 cm. 124 Seiten mit zahlreichen Abbildungen. Hardcover. ISBN 978-3-9504720-8-0.
„Liebevoll gestaltet, sorgfältig redigiert und im Kontext kommentiert, entsteht das lebendige Bild eines Lebensraumes, der auch das Selbstverständnis der Wiener auf der anderen Seite der Donau beeinflusst hat." *Josef Kirchengast, Der Standard*

Verschwundene Wiener Straßennamen

Von Peter Autengruber.
23,5 x 20 cm. 124 Seiten mit zahlreichen Abbildungen. Hardcover. ISBN 978-3-9504475-6-9.
„Der Historiker Peter Autengruber spürt in einem spannenden, reich bebilderten Buch den verschwundenen Wiener Straßennamen nach." *Nina Horaczek, Falter*

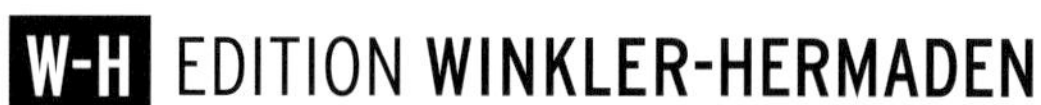

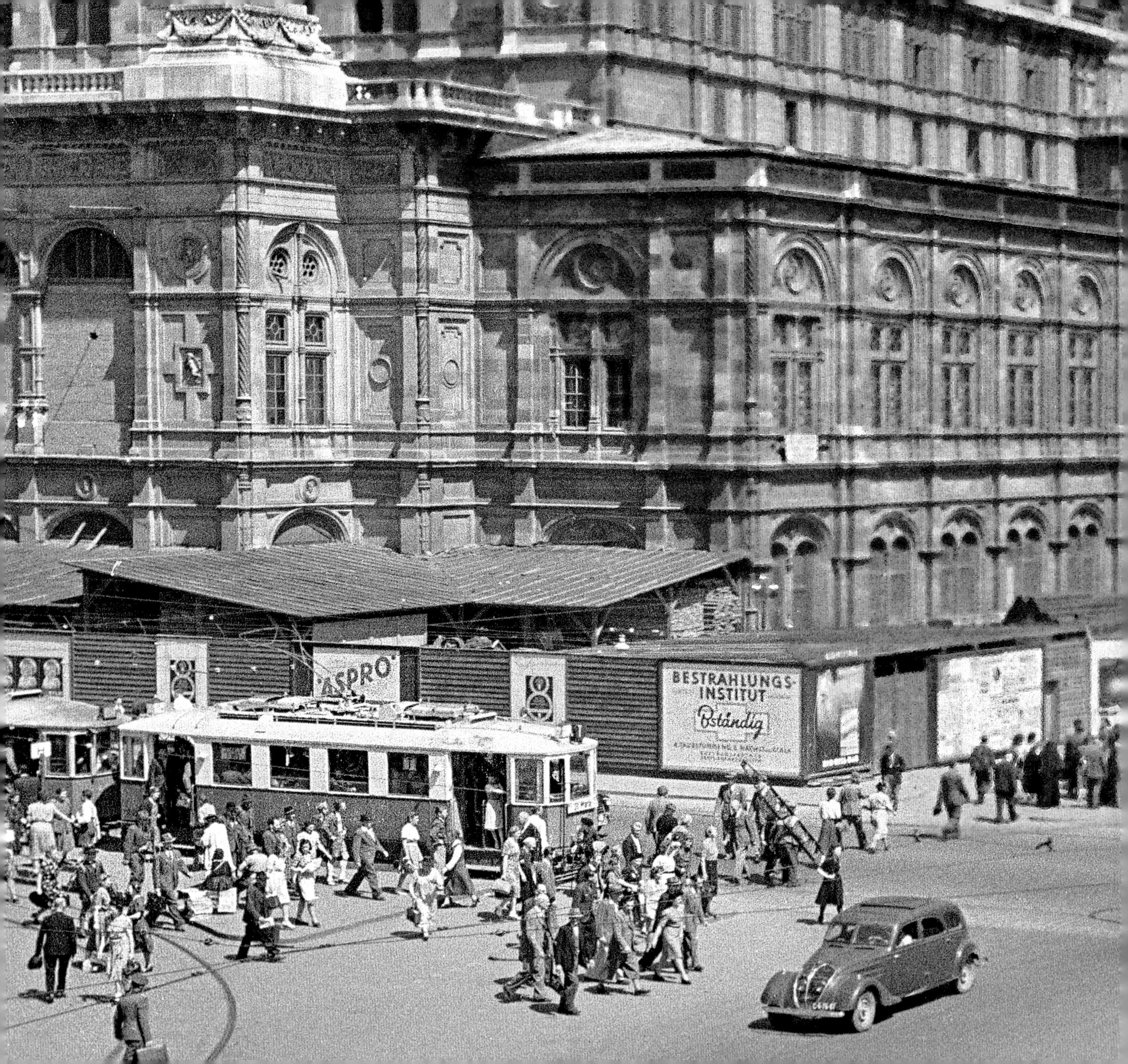
ASPRO
BESTRAHLUNGS-
INSTITUT
Bständig